Peter Haffner *Grenzfälle*

Die Andere Bibliothek

Herausgegeben
von Hans Magnus Enzensberger

Peter Haffner *Grenzfälle*

Zwischen Polen und Deutschen

Eichborn Verlag Frankfurt am Main 2002

ISBN 3-8218-4517-1

Inhalt

Ostsee
Bałtyk
Rzystnowo
Świnoujście
DEUTSCHLAND
Szczecin
Gartz
Odra
Oder
POLEN
Osinów Dolny
Bad Freienwalde
Kostrzyn
Werbig
Berlin
Seelow
Kietz
Lubniewice
Warta
Frankfurt
Słubice
Eisenhütten-
stadt
Krosno Odrzańskie
Guben
Gubin
Zielona
Góra
Odra
Bad
Muskau
Łęknica
Hoyerswerda
Żary
Neisse
Bóbr
Nysa
Niesky
Bautzen
Görlitz
Zgorzelec
Włosień
Zittau
Gryfów Sląski
Jelenia Góra
Flüsse
Staatsgrenze
Ortschaften
50 km
TSCHECHIEN

I

Görlitz/Zgorzelec

Man hatte mich gewarnt. Ich wußte, wo ich hinging. Und ich bin weder ein Autodieb noch Schmuggler oder Zuhälter. Noch hatte ich vor, einen dieser Berufe zu ergreifen, für die Zgorzelec genau der richtige Ort ist.

Man brauchte nur die Zeitung zu lesen. Ich verstand nicht alles, was der *Kurier*, das Lokalblatt, am Tag meiner Ankunft im polnischen Grenzstädtchen zu berichten wußte. Aber was ich verstand, reichte. In Zgorzelec war gerade eine Tankstelle explodiert. Und in Bolesławiec, dem Nachbarort, waren Straßenarbeiter auf Blindgänger gestoßen, als sie den Gehsteig aufrissen. Es lägen, hieß es, davon noch haufenweise in der Gegend herum, doch sie auszugraben fehlte den Gemeinden das Geld.

Es gab auch Erfolgsmeldungen. Bei einer Razzia auf dem Basar waren mehrere tausend Audio- und Videokassetten sowie CDs beschlagnahmt worden, der größte Fang an Raubkopien in jüngster Zeit. Die Piraten, drei Einheimische, standen mit Vornamen und Initial des Nachnamens im Blatt.

Zgorzelec war ein kleines Chicago. Der neue Bürgermeister, der vierte in kurzer Folge, sollte aus dem Amt gedrängt werden, weil er den Alkoholverkauf einschränken wollte. Und die Polizei hatte wieder einmal vergeblich Jagd gemacht auf eine Bande, die mit gestohlenen BMW, Mercedes und Audis durch die Zollschranken gebrochen war wie die Zirkuslöwen durch die Papierwand.

Das ehrbare Gewerbe blühte nicht minder. Den Inseraten nach zu schließen, war die Hälfte der Bevölkerung von Zgorzelec in einem Detektivbüro beschäftigt oder in einer

Werkstatt, die eingeschlagene Autoscheiben – »sofort, alle Marken!« – ersetzte.

Heute aber schien alles ruhig im Städtchen.

Ich faltete die Zeitung zusammen und schaute mich um. Da sah ich sie. Es waren drei. Sie sahen ziemlich unrasiert aus. Weit und breit war niemand in Sicht, der mir zu Hilfe hätte kommen können. Ich war allein im Stadtpark – wenn man diese Wildnis aus kniehohem Gras, überwachsenen Wegen und den paar Betonstümpfen, die von den Sitzbänken übriggeblieben waren, einen Park nennen konnte. Sie standen unter einem Baum und sahen zu mir herüber. Schließlich löste sich einer aus der Gruppe und kam langsam auf mich zu. Er sah nicht besonders kräftig aus, was mich ein wenig beruhigte, bis mir durch den Kopf schoß, daß er möglicherweise eine Waffe hatte. Ich sah schon die Meldung im *Kurier* – »Schweizer nahe der deutschen Grenze erschossen – Täter unbekannt« –, da zog er die Mütze, verbeugte sich leicht und fragte auf polnisch:

»Verzeihung, der Herr, hat der Herr vielleicht eine Zigarette für mich?«

Stotternd tat ich mein Bedauern kund und kramte in allen Taschen in der Hoffnung, irgendwo sei ein Zigarettenpäckchen auf die Welt gekommen. Er verbeugte sich ein zweites Mal, bat um Entschuldigung für die Störung, setzte die Mütze auf und trottete zu seinen Kumpanen zurück.

Ich trat auf die Straße der Helden des Ghettos. Zgorzelec, noch eben der Ort, wo ich den ruhmlosen Tod eines Abenteurers zu sterben fürchtete, dessen Abenteuer noch gar nicht begonnen hatten, erschien mir in neuem Glanz. Hatten die alten Häuser im Licht der schüchternen Frühjahrssonne nicht etwas friedfertig Italienisches?

Frischen Mutes machte ich mich auf den Weg zurück ins *Dom Turysty*, wo ich ein Zimmer bezogen hatte. Ich war der einzige Tourist, den es hierher verschlagen hatte. Und ich sollte auch der einzige Gast bleiben, abgesehen von ein paar Händlern, die vor dem Grenzübertritt nach Deutschland für eine Nacht abstiegen.

Am Abend zuvor war ich mit dem Zug aus Warschau gekommen. Am Bahnhof war von einer Stadt weit und breit nichts zu sehen. Es schien, als sei sie abgefahren und habe ihren Bahnhof mitzunehmen vergessen. Ab und zu brach der Vollmond durch die Wolken, und was er beleuchtete, wirkte kaum lebendiger als er selbst. Der Taxifahrer, der hinter seinem Lenkrad gedöst hatte, zeigte müdes Erstaunen, als ich ihn nach einem Platz zum Übernachten fragte. Dann entschied er, in ein Russenhotel wolle ich sicher nicht, und bestimmt auch in kein rumänisches. Er fuhr mich in ein Sportmotel etwas außerhalb des Zentrums. Es war neu und hatte, leer wie es war, den Charme eines abgetauten Kühlschranks.

Das *Dom Turysty* fand ich anderntags per Zufall. Es lag mitten in der Stadt, und das Zimmer kostete nur 26 Złoty (13 Mark), inklusive Frühstück. Duschen und Toiletten auf dem Flur. Im Zimmer gab es zwar ein paar Möbel, aber kein Bett. Dafür gab es einen *tapczan.* Ich kannte diese Sorte Liege. Sie steht in jeder polnischen Wohnung. Es handelt sich um eine Art flachgeprügeltes Sofa. Nachts rächt es sich. Zu kurz, als daß ein normaler Mensch sich zwischen Stirn- und Fußwand ausstrecken könnte, sorgt der *tapczan* dafür, daß man nicht vom Schlaf übermannt wird. Und sollte es doch geschehen, weckt einen zuverlässig der Spalt, der das Ding der Länge nach teilt.

Vor dem Kleiderschrank standen zwei rote Sessel und ein kleiner Couchtisch. Als ich den Schrank öffnete, fiel das Schloß mitsamt dem Gestänge heraus. Ich ließ es liegen und trat ans Fenster. Ein Fabrikkamin hatte sich davor aufgepflanzt, und in der Luft lag der Geruch von Kohle.

Das Zimmer war groß und sicher drei Meter hoch. Von der Decke hingen zwei Lampen, dazwischen war ein kräftiger Haken eingeschraubt. Wohl eine Aufmerksamkeit des Hauses, falls der Gast sich aufhängen wollte.

Viele Möglichkeiten zu verweilen gab es in Zgorzelec nicht. Gegenüber der Post fand ich eine Kneipe, die *Bar Miła* hieß, was soviel wie »nette Bar« bedeutet. Die Ausstattung bestand aus jener Sorte Möbel, die schon alt aussehen, wenn sie neu sind. Ich bestellte einen Kaffee, setzte mich an einen Tisch und schaute mich um. Am Nebentisch verzehrte ein Mann ein gebratenes Hähnchen, zwei Tische weiter zeigten sich zwei Damen, über deren Beruf es keine Zweifel geben konnte, in einem deutschen Versandhauskatalog die Bildchen. Ein schnauzbärtiger Riese mit einem Bauch, als hätte er einen Gymnastikball verschluckt, stand bei der Garderobiere, die die leeren Kleiderhaken bewachte. Verstohlen reichte er ihr ab und zu eine kleine Flasche Wodka. Die beiden unterhielten sich in einem einschläfernden Plauderton. Im Plastik-Immergrün, das unerreichbar hoch von der Decke hing, verfingen sich die Sonnenstrahlen. Es war ein friedliches Stück Welt. Die Zeit floß wie dicker Honig. Wenn hier drin Mittwoch war, war draußen die Woche bestimmt schon zu Ende.

Vor der Garderobe stand eine leere Vitrine, daneben ein Stuhl, über dessen Lehne ein Handtuch hing. Auf der Sitzfläche waren ein paar Blätter WC-Papier ausgebreitet, das Set für dreißig Groschen.

Ich trank aus und machte mich auf den Weg zum Basar, der am Ende der Straße der Helden des Ghettos lag. Eine Delegation Gartenzwerge empfing mich. Es waren Riesenzwerge, meterhoch, die auf Bierfässern hockten und mit ihren Humpen glubschäugigen Rehen, groß wie Dobermänner, zuprosteten. Noch war ich, so früh am Morgen, der einzige Besucher und damit ein Opfer der Händler, die etwas unwillig schienen, sich beim Schachspiel stören zu lassen, dann aber aufstanden und auf deutsch Sätze wie »Probieren der Herr die Käse!« riefen.

Ein Gartenzwerg, der inmitten fleißiger Kollegen stand, die Schubkarren schoben, mit der Gießkanne hantierten oder Hacke und Schaufel schulterten, hatte die Hosen heruntergelassen und zeigte vergnügt den Hintern. Ich schaute in die Richtung, in die sein Po wies, und sah einen Kahlgeschorenen, der auf seinem Tisch Mützen, Dolche und andere Militaria ausgebreitet hatte, darunter eine Reihe von Anstecknadeln mit Hakenkreuz oder Hammer und Sichel. Auch Hitlers *Mein Kampf* lag auf.

Ich schlenderte weiter. Büstenhalter, mit denen man gut und gerne ein Paar Wassermelonen hätte nach Hause tragen können, erregten meine Aufmerksamkeit. Sehnsüchtig blieb ich stehen. Gleich würde einer rufen: »Probieren der Herr die Käse!«

Der Basar hatte nichts zu bieten, machte aber wie alle Basare Lust, etwas zu kaufen. Doch was sollte ich mit einem Storch, der einen Säugling im Schnabel trug, einem Helm der deutschen Wehrmacht oder einem Trainingsanzug, der, groß beschriftet wie er war, früher einem Herrn namens Hugo Boss gehört haben mußte?

Vor einem Stand mit CDs und Kassetten blieb ich stehen. Der Verkäufer war entzückt, als ich seinen Willkommensgruß auf polnisch erwiderte, und wollte wissen, woher ich sei.

»Der Bodensee!« rief er. »Da war ich auch schon! Der gehört doch zum Teil zu Italien und zum Teil zur Schweiz, nicht wahr?«

Ich nahm es ihm nicht übel. Als Pole hatte er genug damit zu tun, sich die Nachbarländer zu merken, die alle paar Jahrzehnte anders hießen.

Ob die Geschäfte gut liefen? fragte ich.

»Nein!« rief er. Aber das sei ja kein Wunder, ich kaufte ja nichts.

Ich fragte nach Jazz-Kassetten. Er bedauerte. Aber die Spice Girls, die Böhsen Onkelz – alles da.

»Wir können ein Jazzkonzert für Sie geben!« Er intonierte ein paar Töne. Dann beugte er sich vertraulich vor und fragte, ob ich mein Auto dabeihätte. Eine Antwort wartete er gar nicht erst ab.

»Nehmen Sie sich vor den Russen in acht!« flüsterte er.

»Ich weiß«, nickte ich. In Deutschland waren es die Polen, in Polen die Russen und in Russland vermutlich die Außerirdischen, die Autos klauten.

Ich hatte Hunger. Es gab eine Imbißbude, die mit dem Spruch warb: »Bei uns schmeckts schnell und billig!« Ich machte mich auf in Richtung Grenze. Es war Zeit, die Seite zu wechseln.

Görlitz ist, wenn auch nicht wie einstmals Berlin durch eine Mauer, so doch durch eine Staatsgrenze geteilt. Der Gußeisendeckel mit der Aufschrift »Wasserwerk Görlitz«, den ich auf einem Gehsteig in Zgorzelec gesehen hatte, stammte noch aus der Zeit, als das nicht so war. Damals, vor 1945, war das heutige Zgorzelec die östliche Vorstadt von Görlitz gewesen.

Der Weg in den Westen folgte der Schwerkraft. Zgorzelec war eine schiefe Ebene, die sich zur Neiße, dem Grenzfluß, neigte. Am Übergang sammelte sich, was sich oben nicht hatte halten können. Eine junge Frau mit nur einem Bein stand am Straßenrand und bettelte; Krüppel, die Glieder seltsam verdreht, kauerten auf dem Boden und streckten die Hand aus, darunter ein junger Mann mit einem Knie, das nach hinten zeigte. Alle schienen sie irgendwie falsch zusammengesetzt; nun hockten sie stumm da vor den »Non-Stop-Zigaretten«-Läden und den Wechselstuben und baten den Reisenden, der aufrechten Ganges ins gelobte Land ging, um eine Gabe. Als ein Zeichen der Dankbarkeit, daß man ihrem Schicksal entgangen war, als Obolus für eine Grenzüberschreitung, die einem mit ihren vertrauten Ritualen wie Paß- und Zollkontrolle nie selbstverständlich wird und einen Rest von Bangen läßt, in die Fänge eines Apparates zu geraten, an dem alle Unschuldsbeteuerungen abprallen.

Ich habe im Verlauf meiner Reise diese Grenze dutzende Male passiert und wurde diese Furcht lange nicht los. Und als ich glaubte, sie losgeworden zu sein, fürchtete ich, gerade dadurch Verdacht zu erregen.

»Willkommen in Görlitz, der größten niederschlesischen Stadt der Bundesrepublik Deutschland im Freistaat Sachsen«, grüßte eine Tafel unmittelbar nach der Brücke. Die Kraft des positiven Denkens, die aus ihr sprach, hatte bereits Wirkung gezeitigt. Görlitz erinnerte an ein unvollständig geflicktes Gebiß. Einzelne Häuser, teils aus der Jahrhundertwende, waren verputzt und frisch gestrichen und glänzten wie Goldzähne in den bröckeligen Straßenfronten mit den Warnschildern »Achtung Einsturzgefahr«. Es schien, als sei nicht nur die ganze Stadt, sondern ebenso deren deutscher Teil aus zwei Städten zusammengewürfelt, beide gleich unwirklich, die eine zu alt, die andere zu neu. Es gab Bauten, die ihren Entschluß zur Verjüngungskur mit einer ganzen Liste von Vorsätzen ankündigten:

Hier entstehen:
1 Badischer Weinkeller
1 Original italienisches Eiscafé
8 Läden
5 Büro-Praxis-Einheiten
21 Wohnungen
2 Penthouse-Wohnungen

Andere Häuser, in Plastikplanen, warteten darauf, ausgepackt zu werden: »Vereinsbank – bald sind wir für Sie da!«

Ich spazierte durch eine breite Allee, deren Bäume in frischem Frühlingsgrün standen und die Dr. Kahlbaum-Allee hieß. Irgendwo gab es ein altes Bad mit einer Uhr, die auf 12 Uhr 39 stehengeblieben war; es mußte Jahrzehnte her und der »Masseur Herr Rehnelt«, der auf einem vergilbten Zettel seine Dienste empfahl, längst anderswo sein. Gleich gegenüber hatte sich eine weiße Villa ihren Landeplatz ausgesucht. Ein paar Schritte weiter rottete das *Kulturheim Friedensgrenze* vor sich hin.

Görlitz war eine geteilte Stadt, doch die bessere Hälfte schien dies nicht wahrhaben zu wollen. Im Büro der »Tourist Information« bekam ich einen kleinen Stadtplan, der an der Neiße aufhörte – im Osten ein weißer Fleck, *terra incognita* wie einst die Ostseite Berlins. Der 15. Meridian (östliche Länge) verlief mitten durch die Stadt und war markiert mit einem Stein im Park. Die mitteleuropäische Zeit, die er signalisierte, bedeutete nicht, daß man sich beiden Seiten gleich zugewandt fühlte. Görlitz nannte sich »die östlichste Stadt Deutschlands« und nicht »Tor zum Osten«, als wollte man sich, eine Burg gegen die Barbaren, der Rückendeckung durch das Hinterland versichern.

Ein Faltblatt »Stadtrundgang durch Görlitz« verzeichnete alle Sehenswürdigkeiten – Dicker Turm! Kaisertrutz! Napoleonhaus! –, doch keine davon lag im Ostteil, auf den im mehrseitigen Text nur mit einem halben Satz verwiesen wurde. Görlitz zählte 66000 Einwohner, Zgorzelec nur 36000, aber der wichtigere Umstand war, daß die Altstadt im Westen lag. An der alten Handelsstraße, der *via regia*, gelegen, hatte sie ihre Blütezeit im Spätmittelalter. Verwinkelte Gassen, verzierte Fassaden erinnerten an die einstige Größe; prunkvolle Patrizierhäuser, Kirchen, Befestigungs- und Wehranlagen gruppierten sich um die geräumigen Hallenhäuser und Galerien der Tuchmacher, die einst Handel getrieben hatten bis weit in den Balkan.

Ich ging durch dieses Ensemble aus Renaissance, Barock und Gründerzeit, in dem nun neues Leben blühte, Läden wie der »Backshop« oder »Mc' Wuff – die Futterfleisch-Boutique« sich eingenistet hatten, während im Hotel *Haus des Handwerks* gespenstische Leere gähnte und Inschriften wie »Damenputz« an den Fassaden verblaßten.

Ich blieb eine ganze Woche in Görlitz, das heißt in Zgorzelec in meinem *Dom Turysty.* Es gab genug zu sehen, und es war ein guter Ort für Exkursionen in die nähere Umgebung.

Doch dazu brauchte ich dringend eine neue Kopfbedekkung. Ich trug einen »Elbsegler«, eine deutsche Mütze, die Unkundige leicht mit der sogenannten Helmut-Schmidt-Mütze verwechseln. In Polen hatten mir Kinder »Helmut!« zugerufen, wenn sie mich sahen.

In einer kleinen Straße in Zgorzelec fand ich, was ich suchte: »Marian Kania, Herstellung und Verkauf von Mützen«. Der Laden des Mützenmachers, groß genug für ihn und eineinhalb Kunden, war zugleich Werkstatt. In einem alten Schrankregal mit Glastüren waren Mützen jeglicher Fasson gestapelt. Ich suchte mir ein Modell aus, eine weiße Leinenmütze, setzte sie auf und besah mich im Spiegel. Matrose zu werden war ein Bubentraum von mir. Ob sie nicht ein wenig zu klein sei, fragte ich.

»Wenn der Herr sie größer haben will, kein Problem«, sagte Herr Kania.

Er setzte sie auf einen Metallkopf, der in der Mitte gespalten war, und drehte an einer Spindel, die die Hälften auseinandertrieb. Ich glaubte ein Ächzen zu hören.

»Bitte«, sagte er und reichte sie mir wieder. Sie kostete sieben Złoty.

Ich stopfte den Elbsegler in die Jackentasche, setzte die neue Mütze auf und verließ den Laden.

Stolz auf meine Neuerwerbung, wäre ich fast über ein paar Kinder gestolpert, die am Boden saßen und mit einem Kreidestein den Plan für »Himmel und Hölle« auf den Gehsteig zeichneten. Sowie sie mich erblickten, lachten sie und riefen »Helmut!«.

In der *Bar Miła* wurde ich Stammgast. Das Ehepaar, das sie führte, begann das Lokal aufzufrischen. Anstelle der alten Kreidetafel über der Theke hing eines Morgens eine neue Speiseliste mit weißen Steckbuchstaben, und in der Ecke stand ein neuer Kühlschrank.

Die Wirtin freute sich, wenn sie mich sah. Ihre größte Sorge war, daß ich verhungerte. Jedesmal klackte sie mir eine Extraportion Kartoffelbrei auf einen separaten Teller, so daß ich nach dem Verzehr einer Schüssel saurer Suppe, einem Schweinskotelett mit Gurkensalat und dem Kartoffelbrei vollkommen erschöpft im Stuhl hing.

Ich hatte eben gegessen und mich zur Theke geschleppt, um einen Kaffee zu holen, als ein Mann durch die Tür trat, den ich schon mehrmals gesehen hatte. Immer stand er an der Straßenecke, regungslos wie ein Laternenpfahl, und beobachtete die Passanten. Er war dünn, ärmlich gekleidet, der Typ, dem man ausweicht aus Furcht, sich irgendeine Litanei anhören zu müssen und ihn nicht mehr loszuwerden.

Ich dachte, er wolle betteln, aber er schaute mich nur an und setzte sich an den Nebentisch. Dann klaubte er eine Zigarette aus seiner Packung *Popularne* und fragte mich etwas. Ich verstand ihn nicht recht und glaubte erst, er wolle Feuer, aber dann wiederholte er seine Frage auf deutsch. Ob es mich störe, wenn er rauche?

Ich verneinte, und so kamen wir ins Gespräch. Er wollte wissen, woher ich sei und warum ich so gut Polnisch spreche.

»Aus der Schweiz!« sagte er. Ein Leuchten ging über sein Gesicht. »Die Schweiz ist ein so schönes Land«, meinte er verträumt, »so sauber, so wunderbar!«

Ob er einmal in der Schweiz gewesen sei?

»Nein, nein«, wehrte er ab und lächelte. »Aber ich habe davon erzählen gehört.«

Er hatte ein bißchen Kleingeld vor sich auf den Tisch gelegt, ein paar Groschen, zu wenig, um sich irgend etwas kaufen zu können. Ich fragte ihn, ob ich ihn zu einem Bier einladen dürfe. Nein, das komme nicht in Frage, meinte er, und willigte erst ein, als ich darauf bestand. Ich ging zur Theke, um ihm eines zu holen, worauf er rasch rief, »ein *EB* bitte«. *EB* war eine neue Biermarke, ein paar Groschen teurer als die alten, die sich aus dem Sozialismus herübergerettet hatten. Als ich es ihm hinstellte, wollte er mir sein

Kleingeld geben. Ich lehnte ab, worauf er so gerührt war, daß er sich eine Träne aus dem Gesicht wischen mußte. Er schenkte das Bier sorgfältig ein, bis der Schaum über dem Glas stand, und bedankte sich.

Er wollte wissen, wo überall ich in Polen schon gewesen sei, und als ich – nach Warschau und Krakau – Łódź erwähnte, sagte er, da komme er her. Roman heiße er.

Łódź, die zweitgrößte Stadt in Polen, war eine Schöpfung des 19. Jahrhunderts, einst die jüdische Textilmetropole, mit Prunkvillen der Tuchbarone, riesigen Fabrikanlagen und einem Friedhof, der als der größte in Europa gilt. Nun war aus Łódź eine Provinzstadt geworden, deren ganzer Stolz die Hauptstraße war, die Piotrkowska, eine Einkaufs- und Flaniermeile, derentwegen man sogar aus Warschau anreiste.

Er sei unter Juden aufgewachsen und spreche fließend Jiddisch, meinte Roman, was er mir gleich anhand von ein paar Sätzen demonstrierte. Im Krieg hatte er aus Łódź fliehen müssen und war in Tomaszów Mazowiecki, etwa drei Dutzend Kilometer von Łódź entfernt, bei Bauern untergeschlüpft.

Roman war Dekorateur und Reklamemaler gewesen. Daher seine Eleganz, dachte ich, der selbst seine verhärmte Kleidung nichts anzuhaben vermochte, und sein Sinn für eine vielleicht etwas bunte Ästhetik. Er trug einen dunkelblauen Regenmantel, ein altrosa Hemd mit blauen Streifen und eine dunkelblaue, steife Kunststoffkrawatte. Um die Schulter hatte er eine kleine Flugzeugtasche hängen. Nur die schwarze Schirmmütze mit der grellorangefarbenen Aufschrift »USA California« war nicht ganz stilgemäß. Er trug sie wie einen Kopfschmuck, sie sah ganz neu aus und machte den Rest der Kleidung schäbiger, als sie war.

Roman hatte in Görlitz bei der Polizei ein bißchen Geld als Dolmetscher verdient, sein Deutsch war bemerkenswert gut. Nun wohnte er in einem Rentnerheim, ganz in der Nähe. Sie seien zu dritt im Zimmer, sagte er.

»Die beiden sind Alkoholiker.« Er zuckte die Schultern. »Trinken Fensterputzmittel.«

Das Rentnerheim nahm ihm drei Viertel der Rente. Dafür bekam er Frühstück, Mittag- und Abendessen.

»Vom Rest kann ich mir Zigaretten kaufen«, sagte er und wies auf sein Päckchen *Popularne.* »Und Halsbonbons.«

Die brauche er, weil sein Hals schlecht sei und er keine Luft bekomme. Er war froh um das regnerische, feuchte Wetter, das mir die Laune zu verderben drohte.

Er hatte eine schlichte, präzise Art zu reden und lächelte immer wieder, wobei er mich lange ansah. Seine großen, geschwungenen Ohren gaben seinem Kopf etwas von einem Engel; ich hätte mich nicht gewundert, wenn er plötzlich damit geflattert hätte. Als ich ihm von meinen Reiseplänen erzählte, schwieg er und beschrieb mit der Hand einen Bogen, der sich zum Kreis schloß. Er lächelte, die Vorstellung schien ihn zu amüsieren.

Dann bedankte er sich sehr höflich für das Bier und wünschte mir zwei-, dreimal eine gute Reise. Er hatte erst wenig getrunken und schien den Genuß ausdehnen zu wollen, so lange es ging. Ich verabschiedete mich, wobei ich mich unwillkürlich ein wenig verbeugte.

Ich hatte mir vorgenommen, die deutsch-polnische Grenze entlangzureisen, vom Dreiländereck im Süden bis zur Ostsee oder, wie man in Polen sagt, ans baltische Meer. Es war eine Reise den zwei Grenzflüssen Neiße und Oder entlang. Sie gaben die Route im Groben vor, eine Strecke von rund 465 Kilometern. Alles andere wollte ich dem Zufall überlassen; Lust und Laune sollten entscheiden, welche Städte, Dörfer und Weiler ich besuchte. Bedingung war allein, daß sie noch im Energiefeld dieser Grenzlinie lagen, die 1945 wie ein Blitz in Europa eingeschlagen und von Deutschland ein Stück abgetrennt hatte, das Polen zufiel.

Ich war kein Deutscher, der seine verlorene Heimat besuchte, sich erinnerte, wie es war, als man hoch zu Roß über die Felder ritt, den Gutshof im Rücken und die Untertanen im Visier. Mir fehlte das schlechte Gewissen dessen, der sein Interesse für das ehemals Deutsche immer wieder rechtfertigen muß, um nicht in Verdacht zu geraten, für die »Heimatvertriebenen« die Trommel zu rühren.

Mein Blick war ein anderer. Ich wollte wissen, wie es da jetzt aussah.

Denn 1945 war vielleicht der bedeutendste, nicht aber der letzte Einschnitt in der wechselvollen Geschichte dieses Terrains gewesen. Die Revolution von 1989 hatte einmal mehr die Verhältnisse von Grund auf umgekrempelt. Die einst geschlossene Grenze zwischen den beiden sozialistischen Bruderländern, der Volksrepublik Polen und der Deutschen Demokratischen Republik, war jetzt offen; hüben wie drüben hatte das Ancien régime ausgedient, hatte wiederum eine neue Epoche begonnen. »Mögest du in interessanten Zeiten leben«, pflegen die Chinesen zu sagen, wenn sie jemanden verwünschen. Wer in diesem Grenzgebiet lebte, wußte, was das hieß.

Noch war der Umbruch im Gang. Mir war klar, daß manches von dem, was ich zu sehen bekäme, in ein paar Jahren vielleicht nicht mehr dasein würde. Meine erste Reise hatte sieben Jahre nach der Wende stattgefunden; genug Zeit war verstrichen, dachte ich, der Rausch nach dem Zusammenbruch des Alten und die hochfliegenden Erwartungen auf das Neue waren vorüber, nun war so etwas wie Alltag eingekehrt.

Das war es, was mich interessierte: die Sensationen dieses Alltags.

Meine Polnischkenntnisse waren alles andere als überwältigend, aber ich war über das Survival-Stadium hinaus. Es passierte mir nicht mehr, daß ich jemanden auf der Straße fragte: »Wo bitte geht's zum Mond?«, wenn ich zum Bahnhof wollte, weil ich *księżyc* und *dworzec* verwechselte. Auch der entgeisterte Blick des Zimmermädchens im Hotel, als ich hatte wissen wollen, wo ich meine Kirche waschen könne, gehörte der Erinnerung an; nun wußte ich *koszula* für Hemd von *kościół* für Kirche zu unterscheiden.

So packte ich eines Tages im Mai meine Reisetasche und machte mich auf den Weg. Ich reiste mit leichtem Gepäck und genoß das Gefühl, unerreichbar zu sein.

Und ich war als Reisender allein. Niemand war mit einem Rucksack oder einem Samsonite-Koffer unterwegs. Die Sehenswürdigkeiten, auf die ich aus war, standen in keinem Reiseführer.

Mit dem Abend kam die Sonne, und ich machte einen Spaziergang den Fluß entlang. Vom Uferweg aus konnte man auf die deutsche Seite sehen. Eine hübsche Häuserzeile, da und dort gab es ein Café, eine mit neuen Sonnenschirmen bepflanzte Terrasse. Der Blick von drüben nach Polen war wohl nicht besonders schön; viele der Häuser, an denen ich vorbeiging, waren ramponiert, hatten blinde oder zerbrochene Fensterscheiben. Noch vor ein paar Jahren muß sich den Polen das gleiche Bild geboten haben, wenn sie nach Deutschland schauten, wo jetzt schon viele Häuser renoviert oder gerade eingerüstet waren. Eine Kirche ragte aus der Silhouette und dann noch eine, mit einer goldenen Kugel auf der Kirchturmspitze, die im Licht der Abendsonne glänzte wie der Spielball einer Prinzessin.

Bloß Menschen waren drüben keine zu sehen. Hier spielten Kinder, standen Leute herum, rauchten, schwatzten, schauten nach Deutschland hinüber. An manchen Häusern waren Satellitenschüsseln angebracht, allesamt auch nach drüben gerichtet, als wollte man lauschen, ob sich da nicht doch irgendwo Leben regte. Ich kam an dem Haus vorbei, in dem Jakob Böhme gewohnt hatte, der Bauernsohn, der Schuhmachermeister in Görlitz wurde und zum »Philosophus teutonicus« avancierte. Als sich die Häuser verloren, kehrte ich um.

In einer kleinen Bierstube machte ich Rast. Es war die einzige Kneipe auf der polnischen Uferseite, und sie stand inmitten der abgelebten Häuser, als hätte sie sich über Nacht aus Deutschland davongestohlen. Doch die Einrichtung war nicht deutsch. Filmplakate von Belmondo hingen an der Wand, Popmusik lief leise, in der Ecke stand ein Klavier. Das Publikum war jung und geschmackvoll gekleidet.

Ich hängte meine neue Mütze an den Haken und setzte mich an einen freien Tisch. Die Kellnerin fragte mich auf deutsch, was ich wünsche.

»Ein Bier«, antwortete ich auf polnisch.

»Dunkles Bier?« fragte sie auf deutsch.

»Ein helles bitte«, sagte ich auf polnisch.

Sie lächelte.

Vielleicht, dachte ich, sollte ich mir eine polnische Uniform besorgen. Oder eine Tafel um den Hals hängen: »Ich bin nicht Helmut.«

Im Restaurant *West* verbrachte ich die Nacht. Daß es *West* hieß, war ein sicheres Zeichen dafür, daß es im Osten lag. Es war ein Treffpunkt all jener, die es, aus welchen Gründen auch immer, nach Westen zog. Es lag unmittelbar vor dem Grenzübergang an einer Straßenecke, und vom Fenster aus konnte ich bequem die Kolonne von Autos und Reisebussen betrachten, die sich, auf der Ausreise nach Deutschland, vor der Zollstation stauten. Ich sah die müden Gesichter der Passagiere, die im Halbschlaf in den Sitzen der Busse hingen, die fahle Haut erhellt vom blauen Flimmern des Bordfernsehers, dem schon niemand mehr Beachtung schenkte.

Das *West* hatte 24 Stunden am Tag geöffnet. Morgens um sechs kamen ein paar Männer und verdrückten einen Teller *Bigos* – Sauerkraut mit Fleisch und Pilzen –, bevor es Zeit wurde für sie, sich schlafen zu legen, während am Nebentisch einer seinen Frühstückskaffee schlürfte und versuchte, die Augen aufzukriegen. Im Trainingsanzug steckten sie alle; das Markenzeichen für schnelle Geschäfte und die Freiheit von Konventionen. Manche warteten auf Kollegen aus Deutschland oder wollten selber hinüber, Gruppen saßen um Tische herum und heckten irgendwelche Pläne aus, einzelne nahmen mit dem Handy am Ohr Instruktionen entgegen oder gaben selber welche durch. Russen, Rumänen, Polen – eine Gesellschaft, die von der Grenze lebte und die es ohne diese Grenze nicht gegeben hätte. Ich blieb und schaute, bis der Morgen graute.

Ganz Zgorzelec war eine Stadt der Fenstergucker. In den Häusern der Straßen, durch die sich der Grenzverkehr schob, standen und saßen alte Frauen und Männer am Fenster und schauten auf den Verkehr hinunter. Sogar die Hunde hatten die Angewohnheit angenommen, hockten auf den Fensterbrettern wie Nippes in der Vitrine, überwachten die Straße oder dösten vor sich hin in der Erwartung eines Ereignisses.

War die *Bar Miła* geschlossen, ging ich ins Armeekasino. Am Stadtrand lag eine Garnison, wo die Rekruten Tag für Tag Zelte aufstellten und wieder abbrachen. Das Kasino selbst war in der Stadt. Niemanden störte es, daß ich nicht Soldat war. Spätnachts bekam ich dort noch ein Essen, in einem riesigen Saal, in dem ein ganzes Bataillon hätte verpflegt werden können. Der Kellner, im schwarzen Anzug, mit weißem Hemd und Fliege, kam gemessenen Schrittes durch den langen, leeren Saal auf mich zu, nahm die Bestellung auf und ging gleichmütig den langen Weg zurück. Ein Nachtisch, ein zweites Bier, und er brachte es auf einen Kilometer Fußmarsch allein für meine Bedienung.

So wurde ich heimisch in Zgorzelec. Jede Ecke, die ich zum zweiten Mal sah, löste ein Gefühl freudigen Wiedererkennens in mir aus. Da das kleine Geschäft mit »Uhren, Lederbilder, Gürtels, Batterien, Armbanden«, dort der *Bussines Club,* der Zigaretten, für die man in Deutschland dreimal mehr bezahlte, stangenweise feilbot. Immer wieder lief ich einem etwa fünfzigjährigen Mann über den Weg, der mit seinem schwarzen Anzug und mit dem breitkrempigen schwarzen Hut in jedem Western den Bösewicht abgegeben hätte. Er stand auf der Straße und wartete auf den Showdown, der nie kam. In der Abenddämmerung, das Pflaster noch naß vom Gewitterregen, hob sich seine Gestalt von den letzten Sonnenstrahlen ab, in denen die fleckigen Fassaden aufglühten, ornamentiert vom Licht der Leuchtreklamen in Rot und Blau.

Meine Entdeckungsreisen in Zgorzelec verliefen anders als die in Görlitz. In Görlitz überraschte mich das Alte, nicht das Neue. Das Neue, das war das Kaufhaus von Karstadt, das Café am Bahnhof, der Zeitungskiosk – Altbekanntes aus dem Westen, das sich vermehrt hatte. Das Neue in Zgorzelec war etwas, das im Fluß war, ein Zwischenzustand, ein Weder-Noch. Oder es war immer noch das Alte da. Ein Schuhladen mit einer Theke, hinter der die Verkäuferin stand und über das Schuhwerk wachte, das in ihrem Rücken auf einem offenen Regal aufgereiht war, gut drei Meter vom Kunden weg. Wollte der sich ein Paar ansehen, mußte er sie darum bitten, worauf sie es ihm über die Theke reichte, in der, unter Glas, besonders kostbare Exemplare ausgestellt waren. Hier war noch die Ware König, nicht der Kunde.

Görlitz war am Abend eine tote Stadt. Mein Versuch, am Samstagnachmittag auch nur eine Zeitung zu kaufen, endete ergebnislos. In Zgorzelec hatten selbst viele der Lebensmittel- und Alkoholläden abends geöffnet, einige die ganze Nacht hindurch.

Mit einem Pendelbus konnte man über die Grenze vom einen Stadtteil in den anderen fahren. In Görlitz startete er auf dem Postplatz, in Zgorzelec endete er auf dem Basar. In beiden Richtungen waren Leute unterwegs, fuhren mit leeren Einkaufstaschen los und kamen mit vollen zurück. Für sperriges Gepäck und Kinderwagen, die in Polen billig zu kaufen waren, mußte man extra bezahlen. Die Zöllner, Polen und Deutsche, stiegen in den Bus, warfen einen Blick auf die Pässe und waren, ehe man sich's versah, schon wieder draußen.

Aber die Einkaufstouristen unterschieden sich je nach Richtung. Nach Deutschland waren meist jüngere Leute unterwegs, vorwiegend Frauen, die es in die Modeabteilung von Karstadt zog. Nach Polen reisten die Alten, kauften Käse und Socken, zehn Paar für zehn Mark, das elfte gratis. Man fischte noch im Bus die Waren aus den Taschen, befühlte und beschnupperte sie, aufgeregt und glücklich, als habe man nicht einen simplen Einkauf getätigt, sondern eine Eroberung gemacht. Der Grenzübertritt verlieh dem Ganzen die besondere Note. Geschichten machten die Runde, wie jene über die Schmuggler, die einen Schlauchboot-Ponton gebastelt und darauf eine gestohlene Luxuskarosse über die Neiße nach Polen zu bringen versucht hatten. Das Ding war gekentert, einer der Diebe ertrunken.

Zgorzelec, das Städtchen an der Grenze, war nicht nur der richtige Ort für Abenteurer und zwielichtige Gestalten. Es war auch der richtige Ort für Rentner.

II

Zittau

Zittau liegt im äußersten Zipfel Ostdeutschlands, im Dreiländereck, wo Polen, Tschechien und die Bundesrepublik Deutschland aneinandergrenzen. Südlich von Görlitz, war es ein Abstecher auf meiner Reiseroute, die ja nach Norden, in Richtung Ostsee führen sollte. Hier, markiert von der Neiße, beginnt die deutsch-polnische Grenze.

Die Diesellok stieß bei der Abfahrt im Görlitzer Bahnhof eine gewaltige Rauchschwade aus; eine Demonstration des Unwillens, die sie nach jedem Halt mit nicht erlahmendem Eifer wiederholte. Ich war allein im Zug und hatte Muße, die Landschaft zu betrachten. Der Raps stand in voller Blüte, gelbe Felder wechselten mit Kaminen, denen kein Rauch entstieg. Ein Kaninchen hoppelte über eine Wiese, vor dem Bahnhof Oberoderwitz waren zwei ausgeweidete Trabis gestrandet. Ein stilles Land. In Niederoderwitz, der nächsten Station, warnte vor einem mächtigen Baum eine große Tafel: »Parken im Baumbereich auf eigene Gefahr!« Die Haltestellen sahen verloren aus. Nur in Löbau, der größten, hatte man den Bahnhof ein bißchen hergerichtet; dahinter reihten sich kleine, gepflegte Schrebergärten und, braun und bescheiden wie Maulwurfshügel, mehr oder minder gut erhaltene Häuser. Bild um Bild erschien gerahmt im Zugfenster – ein Gartenzwerg, schrumplig und alt, eine moderne, dreiflügelige Windmühle und am Waldrand ein Reh, das sich auch nicht bewegte.

Dann war ich in Zittau. Der Bahnhof hatte etwas von einem alten Griesgram; ein ungelebtes Leben und keine Hoffnung auf ein neues. Es sind Kleinigkeiten, die aus dem bloß Ärmlichen etwas Trostloses machen; die Zettel, die für die »Himmelfahrt ins Blaue« werben, der Aufruf zum »Challenge Day Städte-Wettbewerb«, die Reklame für die Hauptattraktion des Ortes, das »Große Zittauer Fastentuch«.

Vielleicht war es aber auch das Schweigen, das auf dem Ort lastete, weshalb er mir alt und müde vorkam. In der Kneipe, in der ich Zuflucht vor dem Regen suchte, setzte ich mich an einen Tisch zu einem Rentnerpaar, das kaum ein Wort miteinander wechselte. Bald kam ein zweites Paar dazu; gern hätte ich seinem Gespräch gelauscht, bekam aber, da es im Flüsterton redete, nichts davon mit. Das Lokal, groß und dunkel, war beinahe voll, aber es blieb still wie in einem Aquarium. Es war der umgekehrte Party-Effekt – die Leute redeten immer leiser, um nicht aufzufallen.

Bald stand ich wieder draußen im Regen und fragte einen Passanten nach dem Weg zum Grenzübergang. Willens zu plaudern, begleitete er mich ein Stück. Er war schlaksig, groß und trug einen mächtigen Schnauzbart, der ihm etwas Wildes verlieh; ein Eindruck, der noch verstärkt wurde durch die Art, in der er redete und dabei seine langen Arme schlenkerte, an denen Hände groß wie Schaufeln hingen. Er war Fernfahrer gewesen. Jetzt war er arbeitslos und schimpfte über »die da drüben«, die alles kaputtgemacht hätten. Keine Fabrik mehr, die laufe, keine Kolchose, die noch produziere, alles konkurs.

Ich stutzte. »Drüben? Sie meinen die Polen?«

Er winkte ärgerlich ab.

»Die vom Westen natürlich. Haben uns alle übers Ohr gehauen.«

Auch seine Firma habe Pleite gemacht, und Geld habe er keins gesehen.

»Hätte einen Anwalt beschäftigen müssen«, knurrte er. »Aber wie hätte ich den bezahlen sollen?«

Ich fragte ihn, ob er denn mal »drüben«, in den alten Bundesländern, gewesen sei.

»Vier Jahre. Bin 1990, gleich nach der Wende, hingegangen. Hat aber auch nicht funktioniert.«

Er hatte in einer Kleinstadt gelebt, in seinem Beruf gearbeitet und war dann wieder arbeitslos geworden. Nun, sagte er, bekomme er kein Arbeitslosengeld, weil er dafür 250 Tage im Jahr hätte arbeiten müssen, es aber nur auf 249 gebracht habe.

Wovon er denn lebe, wollte ich wissen.

»Sozialhilfe«, sagte er und schwang seinen Arm in Richtung einiger frisch gestrichener Häuser. »Kein Geld, um sich eine Wohnung für tausend Mark leisten zu können.«

Er mochte um die vierzig sein, aber seine Verbitterung machte ihn älter.

Wir gingen nebeneinanderher, vorbei an Häusern, an deren Backsteinmauerwerk, Altersflecken gleich, Reste von Verputz klebten, und er hörte nicht auf zu wettern über »die da drüben«, die schuld an seinem Unglück seien. Wir waren einen Steinwurf von der polnischen Grenze entfernt, aber diese Grenze war für ihn bedeutungslos. Er war kein Ausländerfeind, er war ein Inländerfeind.

Während er so schimpfte, kreiste ein großer, dunkelgrüner Armeehelikopter über unseren Köpfen, der manchmal auf und nieder ging wie eine Riesenbiene, die an unsichtbaren Blumen Nektar tankt.

»Bundeswehrgelöbnis«, sagte mein Begleiter mit einer wegwerfenden Handbewegung auf meine Frage, was da los sei. »Der deutsche Verteidigungsminister kommt.« Auch polnische und tschechische Soldaten würden dabeisein.

Wir gelangten zum Grenzübergang. Lafettenfahrzeuge mit Autowracks stauten sich, jämmerliche Blechhaufen, die Überreste von Karambolagen, die wer weiß wo stattgefunden und ihre Opfer gefordert hatten. Sie warteten auf den Einlaß nach Polen, wo sie, eine moderne Version des katholischen Wunders, ihre Auferstehung feiern würden.

Ich wollte ihn auf ein Bier einladen, aber er hatte keine Zeit und verabschiedete sich.

Dann war ich in Polen. »Ich kaufe Auto!« verkündete eine Tafel, während eine andere denselben Wunsch spezifizierte: »Gerne kaufe Wagen Mercedes Mazda Opel!«

Ich wäre auch für ein bescheideneres Gefährt dankbar gewesen. Es schüttete entsetzlich, auf den Straßen lagen Wasserlachen. Ich wollte über die Friedensstraße, den zweiten Grenzübergang, zurück nach Deutschland. Der Weg führte durch ein kleines Dorf, Porajów, eine Ansammlung bescheidener Häuser, deren Stolz eine Kirche war, groß genug, die ganze Einwohnerschaft samt der des Nachbardorfes zu fassen. Der Bau war Anfang der achtziger Jahre errichtet worden, und hätte er keinen Kirchturm gehabt, hätte man ihn, ein formloses Ding aus Holz und Beton, leicht mit einer Parteizentrale verwechseln können. Unweit davon entfernt, mitten auf einer grünen Wiese, stand eine funkelnagelneue, nicht minder beeindruckende zweite Kirche.

Zurück in Zittau, kam ich gerade rechtzeitig zum Einmarsch der Soldaten auf den Platz vor der St. Johanniskirche, zwischen deren Türmen nun ein Transparent hing: »Völkerfreundschaft statt Waffenbrüderschaft. Freunde brauchen keine Waffen«. Ein junger Mann drückte mir ein Flugblatt in die Hand gegen das »Gelöbnix«. Es forderte die Auflösung der NATO, deren Osterweiterung »gegen den Widerstand Rußlands besiegelt« worden sei, und rief dazu auf, das »unwürdige militaristische Spektakel zu stören«.

Man gab sich redlich Mühe damit. Als die Soldaten auf den Platz marschierten – die Deutschen in grauen Uniformen und rotem Béret, die Polen in gefleckten Tarnanzügen mit schwarzem Béret, die Tschechen in grauen Uniformen mit grauem Käppi –, erhob sich ein Pfeifkonzert, in dem das Konzert der drei Musikkorps fast unterging. Nebst Trillerpfeifen kamen Nebelhörner zum Einsatz. Rund um den Marktplatz waren Zuschauer an den Fenstern, erpicht auf das Spektakel.

Vor mir stand eine ältere Dame in einem grünen Regenmantel, die, als die Musik begonnen hatte, ihren Schirm im Takt hatte tanzen lassen. Nun war sie aufgebracht.

»Was machen Sie denn, wozu sind Sie denn da?« fauchte sie einen jungen Soldaten der Heerespolizei an, der neben ihr stand.

»Nichts«, entgegnete dieser ruhig. »Rein rechtlich können wir nichts machen.«

Die Dame schüttelte empört den Kopf.

Neben ihr gewährte eine andere Dame zwei Jugendlichen Unterschlupf unter ihrem Schirm. Sie plauderte mit den beiden, die etwas scheu schienen.

Die Polen, die einzigen mit Gewehr, hatten ihr Bajonett aufgepflanzt. Abwechselnd spielte nun die polnische, die tschechische und die deutsche Militärmusik, während die erste Dame wieder frohgemut mit dem Schirm wippte und die Demonstranten Luft schöpften.

Der Fahnenaufmarsch begann.

Beim Befehl zum Strammstehen machten die Polen einen Ausfallschritt. Sie trugen Handschuhe, und ihre ganze Erscheinung hatte etwas Tänzerisches, der Schnitt ihrer Uniform etwas Operettenhaftes. Im Unterschied zu den Deutschen waren sie alle kurzgeschoren.

Dann begann der Bürgermeister von Zittau mit seiner Rede, und diese fing an bei der Stadtgründung im Jahre 1238 und ließ sich Zeit bis zur Würdigung des historischen Ereignisses, der Vereidigung von Bundeswehrsoldaten im Beisein von Soldaten der Nachbarländer, die einst von der Wehrmacht überfallen worden waren. Heute brauche es Soldaten, meinte er, um zu helfen, im ehemaligen Jugoslawien, in Zaire, wo auch immer.

»Richtig«, bekräftigte ein älterer Mann neben mir. »Die Bundeswehr sollte ihre Aufgaben neu definieren. Überallhin, wo es kriselt. Rohstoffe, Energie, Umwelt – da muß sie sein, die Bundeswehr.«

Sein Kollege nickte zustimmend.

Grünuniformierte Polizisten, die plötzlich eine Kette bildeten, drängten sanft, aber bestimmt eine Gruppe von Störenfrieden ab. Unter den Ordnungshütern waren Beamtinnen, die nicht älter waren als die Demonstranten – drahtige Punks mit Stiefeln und Irokesenschopf.

Im Hintergrund, vis-à-vis dem Laken mit der Werbung »525 Jahre Großes Zittauer Fastentuch«, entfaltete sich plötzlich ein orangefarbenes Spruchband »Schwerter zu Pflugscharen oder Rüstungsmilliarden für sozialen Frieden«. Die Zittauer Christen, las ich später in der *Sächsischen Zeitung*, waren Erben der DDR-Friedensbewegung und gegen diese Vereidigung. Die Kirche hielt aus Protest ein »Friedensgebet« ab.

Radio- und TV-Teams hatten mit Mikrophonen groß wie Bodenschrubber einen Wald um die mit einer schwarz-rot-goldenen Fahne eingeschlagene Rednertribüne gepflanzt. Dann kam der deutsche Verteidigungsminister. Der Junge und das Mädchen unter dem Schirm der Dame zogen plötzlich Trillerpfeifen aus den Hosentaschen und lärmten, was das Zeug hielt. Rasch wurden sie von zwei Polizisten weggeschleppt, unter beifälligen Kommentaren. Das Mädchen kreischte.

»Recht so!« rief die Dame, die zuvor die Polizisten vergeblich aufgefordert hatte einzuschreiten.

»Drecksäcke!« schrie der Rentner in der Lederjacke.

»Und ich habe die beiden noch beschützt mit meinem Schirm!« rief die zweite Dame, mehr überrascht als böse.

Im Hintergrund tauchte ein Spruchband auf: »Soldaten sind Mörder.«

Der Verteidigungsminister begrüßte seinen polnischen Amtskollegen und den stellvertretenden Verteidigungsminister der Tschechischen Republik samt ihren beiden Ehrenformationen. Und dann seine Soldaten, die Wehrpflichtigen der Jägerbrigade 37 »Freistaat Sachsen« und des Nachschubbataillons 131 aus Zeithain. Es war eine unaufgeregte Rede zu einer Sache, die, wie er sagte, »vor wenigen

Jahren völlig undenkbar« gewesen wäre. Er sprach von der Bedeutung der Stadt für die Geschichte der Deutschen, Polen und Tschechen, doch das meiste ging im Geprassel des Regens unter, der die Aufgabe der Demonstranten übernommen hatte. »Ich gelobe, der BRD treu zu dienen und das Recht und die Freiheit des deutschen Volkes tapfer zu verteidigen«, schworen die deutschen Soldaten. Die deutsche Nationalhymne ertönte, die Feier war zu Ende. Beide, friedliche Soldaten wie kampfeslustige Demonstranten, zogen ab.

Später meldete das Radio, in Zittau seien dreißig Unruhestifter festgenommen worden. Nun bereite man sich auf eine Demonstration in Görlitz vor. Dreihundert Polizisten sollten zum Einsatz kommen, und es sollten verstärkt Fahrzeugkontrollen vorgenommen werden.

In der Gegend war ordentlich was los.

In der Hoffnung, mit Leuten ins Gespräch zu kommen, ging ich in einen Bierkeller, der *Bierkeller* hieß, fand mich da aber allein. So blätterte ich ein bißchen in der *Sächsischen Zeitung.* Wenn ein Markt boomte, dann der für Kleinkredite. Die Institute übertrafen sich in ihren Anzeigen mit Angeboten für »Eil-Kredite«, »Bargeld 24h-Service« und »Blitzauszahlung postbar oder Giro«. Zu Geld zu kommen schien die einfachste Sache der Welt, war »ohne Kreditauskunft, ohne Ehepartner« möglich, überhaupt »ohne Auflagen« und vor allem auch »bei Kontoüberzug« und »bei laufenden Krediten«. Man mußte schon tot sein, um in Zittau als nicht kreditwürdig zu gelten.

Im Büro der »Tourist-Information Zittau« hatte ich einen kleinen Stadtführer gekauft. »Täglich erreichen uns zahlreiche Anfragen interessierter Bürger aus allen Bundesländern, aber auch aus dem Ausland, zu einem Aufenthalt in der Stadt Zittau«, hieß es in der Broschüre, so daß »Informationsmaterialien in alle Welt verschickt« werden müßten. Der Verfasser hatte eine poetische Ader und gefiel sich in seinem Abriß der Ortsgeschichte in Formulierungen wie »noch ehe das Mittelalter verdämmerte«, pries die »großartigen Zeugen«, die sich »aus den Zeitenläuften erhalten« hätten, die »interessanten Bauwerke und romantischen Fleckchen«, die sich aneinanderreihten »wie an einer Perlenkette«. Doch Zittaus Geschichte, gab er zu bedenken, war nicht eine des unaufhaltsamen Aufstiegs, sie war – »wie nichts im Leben eitel glatt verläuft« – ein Auf und Ab von alters her. Nun aber seien »Baugerüste das Zeichen für emsiges Schaffen«.

Letzteres war alles, was der Autor über die Gegenwart zu sagen wußte. »Die Reiche« hatte die Stadt geheißen; einst ein slawisches Dörfchen am Ort, wo Neiße und Mandau zusammenfließen, war sie im Mittelalter zu einer angesehenen Handelsstadt erblüht. Bierbrauerei, Fernhandel mit Tuch und Leinen sowie Landerwerb hatten sie zur mächtigsten Metropole im 1346 gegründeten Oberlausitzer Sechsstädtebund gemacht. Zwischen Prag und Frankfurt an der Oder gelegen, galt Zittau als das bedeutendste Zentrum der Gegend und rangierte, was die wirtschaftliche Stärke anging, in Kursachsen an zweiter Stelle hinter Leipzig.

»Zittauer Zeug« war bis nach Spanien, Portugal und Venedig vertrieben, das »Helle Zittauer« Bier bis nach Wien, Prag und Budapest verschickt worden. Von alldem blieb nach dem Zweiten Weltkrieg nichts mehr übrig. Zittau, von Zerstörungen weitgehend verschont, hatte die Hälfte seines Umlandes verloren. Im Tagebau wurde Braunkohle abgebaut; der Plan, zu den bereits bestehenden zwei Abbaustätten eine dritte zu erschließen, hätte die teilweise Planierung der Stadt erfordert. Er wurde nie verwirklicht, hing aber wie ein Damoklesschwert über dem Ort, der sich kaum mehr zu regen wagte. Eine Offiziershochschule der Nationalen Volksarmee war alles, was man bekam, 1990 wurde sie geschlossen.

Geblieben waren der Stadt zwei Fastentücher aus dem Mittelalter, mit denen man früher die Kirchenaltäre während der vierzigtägigen Fastenzeit verhängte. Das eine, das »Große Zittauer Fastentuch« von 1472, stellt in neunzig Bildern Szenen aus dem Alten und Neuen Testament dar, beginnend mit der Erschaffung der Welt und endend mit dem Jüngsten Gericht. Das »Kleine Zittauer Tuch« von 1573 zeigte die Kreuzigung des Gottessohnes.

Zittaus Fastenzeit war nicht vorbei, und das ließ sich nur schwer verhüllen. Die Stadt glich einer Kastanie; eine reife glänzende Frucht mit einer stachligen, fleckigen Schale. Die Frucht war der Marktplatz mit Rathaus und Johanniskirche, beide nach den Plänen Schinkels erbaut, dazu ein paar Häuser, Kirchen und Schulen im näheren Umkreis. Außerhalb dieser Denkmäler, reichen Bürgerhäuser und öffentlichen und sakralen Bauten aus Gotik, Barock und Renaissance war Zittau von einer müden, grauen Gleichgültigkeit. Erloschene Schriftzüge wie »Fischhaus« über leeren Ladenlokalen standen neben mit Kreide hingeschmierten Hakenkreuzen und Parolen wie »Keine Ausländer«. Verrammelte Fenster säumten verwaiste Straßen. Dazwischen, wie Werbespots, die Westimporte, Läden, Lokale, Reklamen, die ausdünnten, je weiter man sich vom Zentrum entfernte.

An einer Straßenecke drückte mir eine junge Frau einen rosafarbenen Faltprospekt in die Hand: der »Challenge Day (= Herausforderungstag)« stand an in Zittau. Ein Städtewettbewerb, bei dem es darum ging, welche Stadt, »gemessen an ihrer Einwohnerzahl, mehr Menschen als ihre Partnerstadt zu einer mindestens 15minütigen sportlichen Aktivität zu bewegen« vermochte. Was darunter zu verstehen war, wurde gleich ausgeführt – eine »Einkaufswagenrally«, ein »Beamtendauerwettlauf«, ein »Mülltonnenrennen«, ein »Wettangeln« oder »21 Std.-Dauerdisco«. Teilnahmeberechtigt war, wer sich am Veranstaltungstag in der Stadt befand, und als Nachweis des Engagements genügte ein Telefonanruf, der »auf dem Prinzip des Ehrenworts« beruhte. Es sah ganz so aus, als ob die Demonstranten gegen das Bundeswehrgelöbnis die Stadt in die Poleposition bringen würden.

Ich nahm den Zug zurück nach Görlitz. Diesmal wählte ich die Strecke der Neiße entlang. Sie passierte gemäß Landkarte zweimal die Grenze, worüber ich mich wunderte. Als ich den Schaffner danach fragte, erbot er sich an, mir die Grenzübergänge zu zeigen, und lud mich ein, in seinem Dienstabteil Platz zu nehmen.

Immer wenn der Zug hielt, sprang Herr Bilek hinaus auf den Bahnsteig, schaute nach vorn und zurück und gab mit seiner Pfeife dem Lokführer das Signal zur Weiterfahrt. Ein ziemlicher Aufwand für einen einzigen Fahrgast.

»Zuwenig Fahrgäste«, sagte Herr Bilek. »Die Strecke wird vielleicht stillgelegt.«

Es gab niemanden mehr, der zur Arbeit fuhr, weil es keine Arbeit mehr gab. Die Textilindustrie lag am Boden, der größte Betrieb, *Frottana,* ein Hersteller von Frotteestoffen, hatte dichtgemacht.

»Wurden zu DDR-Zeiten sogar in die BRD exportiert«, sagte Herr Bilek nicht ohne Stolz. »Die DDR war ja Billiglohnland, eine Ostmark war dreißig Pfennig wert.«

Neue Betriebe gab es kaum. Herr Bilek wußte von einer US-Firma in Görlitz, die Fleece-Stoffe herstellte. Braunkohle wurde nur noch in Polen, in Bogatynia, abgebaut, im Tagabbau, worüber sich Herr Bilek Sorgen machte.

»Die wollen jetzt noch tiefer gehen, bis 265 Meter«, sagte er. »Das ist gar nicht gut für das Grundwasser.«

Auf der westlichen Seite war man dabei, die ehemaligen Abbaustellen in Naherholungsgebiete umzuwandeln.

»Der Westen hat die Betriebe aufgekauft, um sie zu schließen. Und dann hat er die Grundstücke verkauft.«

Er sagte es nüchtern, aber man konnte spüren, daß er sich, wie viele andere auch, betrogen vorkam. Er wußte von einem Bauvorhaben, das ausgeschrieben worden war und für das eine westdeutsche Firma, nicht eine hiesige, den Zuschlag bekommen hatte. Sie war billiger gewesen.

»Daß man der Firma den Auftrag gibt, die es billiger macht, kann ich verstehen«, sagte Herr Bilek. »Aber ich kann nicht verstehen, wie eine westdeutsche Firma, die die Leute doch herbringen muß, billiger sein kann.«

Ich erzählte ihm von meinen Eindrücken in Görlitz und Zittau, den schönen Häusern, die verfielen. Daß in der DDR nichts gemacht worden war, war nur ein Grund für deren desolaten Zustand. Der andere lag in den Rückforderungen der Alteigentümer, deren Anträge noch nicht bearbeitet waren. Was dazu führte, daß der jetzige Vermieter oder Mieter kein Interesse an einer Instandsetzung hatte.

»Wird nicht angerechnet bei einer Rückforderung«, sagte Herr Bilek. »So verfallen die Häuser noch mehr.«

Ich fragte ihn, wie denn das gelaufen sei mit dem Übergang von der DDR-Reichsbahn zur Deutschen Bahn der BRD.

»War alles vorbereitet«, sagte er. »Die Uniformen waren ja, bis auf die Abzeichen, dieselben. Das lief eine Weile parallel, so daß dann 1994 eigentlich nur noch alles formell bestätigt werden mußte.«

Herr Bilek war jetzt fünfunddreißig. Er hatte Elektriker gelernt, aber nicht den Meister gemacht, und war dann zur Reichsbahn gegangen und Zugführer geworden. In der Nähe von Görlitz hatte er sich ein Häuschen gebaut. Es ging ihm ganz gut, aber er wußte nicht, wie lange noch.

»Man sagt immer, man müsse sich selbständig machen«, sagte er. »Aber womit?« Elektriker gebe es genug, meinte er, und wenn schon, müßte er sich in Mikroelektronik weiterbilden.

Ich wandte ein, daß die Bahn doch ein sicherer Job sei.

»In den alten Bundesländern, ja«, sagte er und wiegte den Kopf. »Aber hier? Vielleicht muß ich doch dahin, in den Westen.«

Es klang, als ginge es darum, auszuwandern.

Im Zugfenster erschien die Neiße, ein braves, vielleicht drei Meter breites Flüßchen. Man hätte es durchwaten können, so unscheinbar war es. Es gab auch welche, die es taten. Wurden sie innerhalb einer bestimmten Zone erwischt, schickte man sie zurück in das Land, aus dem sie herkamen, ohne Verfahren. Das geschah häufig.

»Aber das ist manchmal schwierig«, sagte Herr Bilek. »Bei den Farbigen, da weiß man ja nicht immer genau, woher die sind.«

Wir blickten zum Fenster hinaus.

»Früher ging man eher in die ČSSR«, sagte Herr Bilek »Das war interessanter als Polen. Aber eigentlich ging man auch nicht so oft. Wegen dem Zwangsumtausch. Zwanzig Mark pro Tag.«

Warum denn nicht nach Polen? wollte ich wissen. Er zögerte ein bißchen.

»Der Pole ist so eine Händlernatur«, sagte er dann. »Das hat man nicht so gerne.«

Bei Ostritz, etwa in der Mitte der Strecke, zeigte Herr Bilek auf eine kleine Brücke.

»Da gibt es eine Kontrolle. Man muß den Paß zeigen, wenn man aus der DDR kommt.«

Er verbesserte sich rasch.

»Ich meine natürlich, aus der Bundesrepublik.«

Ein riesiges Gebäude, das ich erst für eine Fabrik hielt, drängte ins Bild. »Jehovas Zeugen, Königreichsaal« stand in großer Schrift auf dem Neubau.

Der Zug hielt. Verfallene Häuser, Lagerschuppen, eine Kirche, deren Dach kaputt war. Waren wir nun in Polen oder in Deutschland? Krzewina Zgorzelec. Am Horizont stand ein großes Kraftwerk mit vier Kühltürmen.

Als ich in Görlitz ankam, fühlte ich mich im Westen. Der Bahnhofskiosk so international wie irgendwo. In Zittau waren es ein paar Zeitungen gewesen, Zigaretten, Billigwein und Kleinkram: Waren, die verwiesen auf das, was fehlte.

III

Die Geschichte der Oder-Neiße-Grenze

Ich hatte ein paar Bücher zur Geschichte der Oder-Neiße-Grenze gelesen und mich gewundert, wie leichtfertig über das Schicksal von Millionen entschieden worden war. Die Alliierten hatten die Grenze festgelegt, ohne die Betroffenen, die Polen und die Deutschen, zu fragen. Beide waren sie schwach. Deutschland hatte den Krieg, Polen fast die Hälfte seines Staatsgebiets verloren; Stalin hatte mit Hitlers Hilfe jene Teile der Ukraine und Weißrußlands, die Polen im Krieg von 1920 erobert hatte, der Sowjetunion einverleibt.

Der Gedanke, Polen im Westen zu geben, was es im Osten verloren hatte, lag nahe. Dazu fühlten sich vor allem die Briten verpflichtet, für die der deutsche Angriff auf Polen Anlaß zum Kriegseintritt gewesen war und die mit der polnischen Exilregierung in London verbündet waren. Als an der Konferenz der »Großen Drei« in Teheran Stalin beim Abendessen am 28. November 1943 sagte, Polen müsse bis an die Oder reichen, stimmte Churchill ihm zu – die Polen, meinte dieser, sollten wie ein Soldat »zwei Schritte nach links« rücken. Daß sie dabei den Deutschen auf die Zehen träten, sei nicht zu ändern. Dann klaubte Churchill drei Streichhölzer aus einer Schachtel, markierte mit dem einen Deutschland, mit dem anderen Polen und mit dem dritten die Sowjetunion und zeigte, wie sie alle drei nach Westen wandern würden.

Die Vorstellung gefiel Stalin, denn genau darauf war er ausgewesen. Während Churchill noch auf ein unabhängiges, demokratisches Polen als Bollwerk gegen den Kommunismus hoffte und die Amerikaner, was die politische

Zukunft Osteuropas betraf, indifferent blieben, hatte »Onkel Joe« schon sein künftiges Imperium vor Augen. Ein kommunistisches Polen, das aufgrund seiner den Deutschen abgetrotzten Gebiete mit Deutschland auf Kriegsfuß stehen mußte und auf den Schutz Moskaus angewiesen war, war Bestandteil seines Plans.

Der Verlauf der Grenze war in Teheran erst im Groben festgelegt worden. Sie sollte der Oder entlang bis zum Bezirk Oppeln und von dort die Glatzer Neiße hinaufführen. Damit wäre den Deutschen Niederschlesien und ein Teil von Oppeln geblieben. Es sollte jedoch anders kommen, denn kurz nach der Konferenz sicherte Stalin den polnischen Kommunisten einen für sie günstigeren Grenzverlauf zu, nämlich jenen entlang der westlichen, der Lausitzer Neiße. Zygmunt Berling, General der polnischen Armee, die unter sowjetischer Führung stand, berichtet in seinen Memoiren darüber, wie er im Januar 1944 in den Kreml bestellt wurde und Stalin eine Landkarte vor ihm ausbreitete. Mit einem Rotstift, erzählt Berling, habe Stalin ohne abzusetzen eine Linie gezogen, die bei Dievenow an der Mündung des östlichen Arms der Oder in die Ostsee begann, am Ostufer der Insel Wollin entlang ins Stettiner Haff und von dort nach Stettin, weiter flußaufwärts bis zur Mündung der Lausitzer Neiße und diese hinauf zur alten deutsch-tschechoslowakischen Grenze führte. »Das wird euch gehören«, habe Stalin gesagt und gefragt: »Na, wird es so gut sein?« Berling wandte ein, daß der Stettiner Hafen so keinen Zugang zum Meer habe, weil dieser weiter westlich liege. Stalin habe gestutzt, etwas in den Schnurrbart gemurmelt, ein Lineal von seinem Schreibtisch geholt, es mit dem einen Ende westlich von Swinemünde und mit dem anderen südlich von Stettin angelegt, die beiden Punkte mit einer Geraden verbunden und gefragt: »Wird es so richtig sein?«

Damit sollte Polen noch mehr bekommen, als in Teheran vereinbart worden war. Die Westmächte, die Stalin erfolgreich über seine Pläne zu täuschen vermochte, sperrten sich schließlich nicht mehr dagegen, zumal Ende 1944, als das Vorhaben publik wurde, die Rote Armee bereits in Richtung Oder vorrückte. Als die Alliierten am 31. Juli 1945 im Schloß Cecilienhof in Potsdam der Grenzziehung zustimmten, war nicht nur ganz Polen, sondern auch der Osten Deutschlands von ihr besetzt. Die Westmächte standen vor vollendeten Tatsachen: Am 2. März 1945 war das gesamte Eigentum von Personen, die vor der Roten Armee geflohen waren, dem polnischen Staat zugesprochen und sämtliches Vermögen Deutscher als aufgegeben erklärt worden, am 14. März hatte die provisorische polnische Regierung die Gründung vier neuer Wojewodschaften – Masuren, Oberschlesien, Niederschlesien und Pommern – bekanntgegeben, am 20. März kam Danzig dazu, und am 24. Mai wurden die deutschen Gebiete östlich der Oder und der Lausitzer Neiße, einschließlich Stettins, per Dekret offiziell der polnischen Verwaltung unterstellt. Bereits zuvor, am 3. Mai, war die Ansiedlung sogenannter Repatrianten aus den ehemals polnischen Gebieten im Osten in diesen Territorien verkündet worden. Die Oder-Neiße-Linie stand, bevor sie offiziell beschlossen wurde.

Sie blieb die umstrittenste Grenze im Europa der Nachkriegszeit. Selbst die deutschen Kommunisten wollten sie anfänglich nicht akzeptieren. Wilhelm Pieck, der spätere erste Staatspräsident der DDR, war bestürzt über die Nachricht, daß die Lausitzer Neiße den Grenzfluß bilden sollte, und trat noch im Sommer 1946 im Namen der Sozialistischen Einheitspartei Deutschlands (SED) für eine Revision ein. In einem Vortrag in seinem Geburtsort Guben, der nun geteilten Stadt, versicherte er seinen Mitbürgern, »daß eines Tages auch der jenseits der Neiße liegende Teil der Stadt Guben wieder unter deutsche Verwaltung gestellt« werde. Erst auf ihrem Parteitag im Sommer 1947 erkannte die SED gezwungenermaßen die Oder-Neiße-Linie als Staatsgrenze an, die dann 1950 im Görlitzer Abkommen zwischen der

DDR und der Volksrepublik Polen als »unantastbare Friedens- und Freundschaftsgrenze, die die beiden Völker nicht trennt, sondern einigt«, festgeschrieben wurde. Zwanzig Jahre später erfolgte die völkerrechtliche Anerkennung und damit der Verzicht auf Gebietsansprüche durch Bonn im Warschauer Vertrag, und 1990, wiederum zwanzig Jahre später, wurde dies vom wiedervereinigten Deutschland im deutsch-polnischen Grenzvertrag bestätigt.

Die Pointe der Geschichte war, daß man damit auf die alte Grenze zurückgekommen war, an der vor tausend Jahren die wechselhafte Geschichte der deutsch-polnischen Beziehungen begonnen hatte. An der Oder waren die Deutschen und die Polen in den sechziger Jahren des 10. Jahrhunderts erstmals aufeinandergetroffen, und bis in die Mitte des 13. Jahrhunderts, bis zum Beginn des deutschen Vorstoßes nach Osten, hatten Oder und Neiße im wesentlichen die Grenzflüsse zwischen den beiden Völkern gebildet. Im Westen vom Deutschen Orden attackiert und besiegt, hatte der polnische Staat sich in der Folge nach Osten ausgedehnt. Nun war diese Ostverschiebung wieder rückgängig gemacht worden, und Polen fand sich 1945 in den Grenzen wieder, die es im Hochmittelalter, im 11. Jahrhundert, gehabt hatte.

Doch mehr als sie der Gewinn im Westen freute, schmerzte die Polen der Verlust im Osten, der Verlust von Lemberg und Wilna. Die beiden Städte waren seit Jahrhunderten Zentren der polnischen Kultur gewesen. Als in der Konferenz vom Februar 1945 in Jalta die sogenannte Curzon-Linie, die Demarkationslinie für den Waffenstillstand von 1920, zur neuen polnischen Ostgrenze erklärt wurde, kam es in Polen zu verzweifelten Reaktionen bis hin zu Selbstmorden, und die größtenteils aus Ostpolen stammenden polnischen Truppen in Italien standen kurz vor der Desertion. Daß man im Westen nach über tausend Jahren in alte polnische Gebiete – die »wiedergewonnenen Gebiete«, wie die kommunistische Propaganda sie nannte – zurückkehren durfte, war ein schwacher Trost dafür. Viel Polnisches gab es da, wo seit Jahrhunderten die Deutschen heimisch waren, nicht mehr. Während die Bevölkerung im verlorenen Osten Polens ethnisch gemischt gewesen war, war sie im gewonnenen Westen, mit Ausnahme des Oppelner Landes und Masuren, ausschließlich deutsch. Beide Länder, Polen und Deutschland, büßten etwa ein Viertel ihres früheren Staatsgebietes ein.

Polen, hatte ich irgendwo gelesen, sei »wie ein Schrank« verschoben worden. Es war ein hübsches Bild, aber man konnte darüber glatt vergessen, welche Katastrophe diese Neumöblierung Europas für Millionen, Deutsche und Polen, bedeutete. 8 Millionen Deutsche und 2,1 Millionen Polen wurden aus ihrer Heimat vertrieben – es war Europas größte »ethnische Säuberung«.

Keine fünfzig Jahre später änderte sich die politische Landkarte erneut, doch diesmal zum Guten für Polen und ganz ohne Grenzverschiebungen. Im Gefolge der Revolution von 1989 bekam Polen an allen seinen Grenzen neue und zumeist freundlichere Nachbarstaaten: im Westen die BRD statt der DDR, im Osten die Ukraine und Weißrußland statt der Sowjetunion, im Norden Litauen und eine russische Exklave, den Oblast Kaliningrad, und im Süden erst die neue Tschechoslowakei und dann Tschechien und die Slowakei.

Was das für Polen bedeutete, kann nur ermessen, wer die letzten zwei, drei Jahrhunderte seiner Geschichte Revue passieren läßt. Mit den drei Teilungen von 1772, 1793 und 1795 zwischen Rußland, Preußen und Österreich war der polnische Staat, vordem ein Großreich, für 125 Jahre von der politischen Landkarte Europas verschwunden. Von Friedrich dem Großen bis zu Hitler haben Deutsche aller politischen Lager die Existenz Polens für überflüssig gehalten; noch in der Weimarer Republik haben selbst Kommunisten und Sozialdemokraten die Lösung der polnischen Frage in der Beseitigung des am Ende des Ersten Weltkrieges wiederbegründeten polnischen Staates gesehen. Zwischen Kaiser Otto III. und Richard von Weizsäcker, während fast tausend Jahren, hat kein deutsches Staatsoberhaupt Polen eines Besuchs für würdig erachtet.

Nun war Deutschland Polens engster Partner im Westen. Mit einem Schlag wurde der polnische Traum von Souveränität und Anschluß an den Westen wahr. Denn Polens territoriale Westverschiebung von 1945 war *de facto* eine politische, ökonomische und militärische Ostverschiebung gewesen; die Teilung Deutschlands hatte auch Polen vom Westen getrennt. Das war mit ein Grund, warum Polen die deutsche Wiedervereinigung und die Mitgliedschaft des vereinten Deutschland in der NATO begrüßte. Endlich war man nicht mehr nur ein Satellit im Sowjetsystem und das Transitland für die Panzer der Roten Armee.

Die Gegend, die ich bereiste, war eine unruhige. Die Weltgeschichte schrieb mit an den Lebensläufen ihrer Einwohner.

IV

Görlitz

Den Aufruf hatte ich in Zgorzelec gesehen, er klebte an einer Hausmauer und war auf deutsch:

> *Farbe bekennen gegen faschistische Gewalt!*
> *Der Etablierung neofaschistischer Strukturen entgegentreten!*
> *Rassistische Übergriffe verhindern!*
> *Antifaschistische Bündnisdemo*
> *Samstag, 24. Mai, 11.00*
> *Görlitz/Obermarkt*

Es versprach ein sonniger Tag zu werden. Ich machte mich auf den Weg über die Grenze und ging auf Seitensträßchen in Richtung Obermarkt, wo sich gegen zweihundert Demonstranten versammelt hatten, aufmerksam beobachtet von halb soviel Zuschauern und einer Menge Polizisten, die sich etwas entfernt in Kampfmontur bereithielten.

Mitten auf dem Platz stand ein Auto mit einem Megaphon auf dem Dach. Drinnen saß ein junger Mann, der Punkt elf die »verehrten Teilnehmer herzlich willkommen« hieß. Er sprach von »unserer Erfahrung mit dem Faschismus im Zweiten Weltkrieg«, machte auf das Vermummungsverbot aufmerksam, mahnte, keine »Ordnungswidrigkeiten« zu begehen und sich »im Falle von Verstößen an die Anweisungen des Ordnungsdienstes« zu halten. »Wir erwarten auch«, sagte er abschließend, »daß der Alkoholkonsum eingeschränkt wird.«

Dann wurde losmarschiert. Den Zug führten Punks an, hinter denen Arbeiter gingen, die kleine Wimpel der IG Metall und des Deutschen Gewerkschaftsbundes trugen.

Den Schluß markierten Polizisten. Vierschrötige Kerle mit »Ordner«-Armbinden marschierten zu beiden Seiten, an Rentnern vorbei, die auf dem Gehsteig standen und Kommentare abgaben. »Das sind keine fortschrittlichen Kräfte«, hörte ich einen sagen, die Hände in den Hosentaschen vergraben. »Die wollen nur Randale machen.«

Es war nicht weit bis zur Frauenkirche, wo ein »Friedensgebet« auf dem Programm stand. Vor dem Portal gab es ein Gedränge, weil die Punks sich nicht entscheiden konnten, ob sie mit in die Kirche sollten oder nicht. Einige gingen schließlich hinein. Hatten sie draußen noch irgendwelche Parolen gebrüllt, verhielten sie sich nun plötzlich still.

Beim Eingang lagen Faltblätter auf mit einem kurzen Abriß der Geschichte der Frauenkirche, der mit dem bemerkenswerten Geständnis begann, sie sei »die jüngste und unbedeutendste Kirche in Görlitz«. 1989 hatte sie als erste Kirche der Stadt ihre Tore für die Friedensbewegung geöffnet. Der Pastor erinnerte an jene Zeit. »Nur mit Gewaltlosigkeit«, meinte er, »wird unsere Demonstration zum gestaltenden Werkzeug gegen faschistische Gewalt.« Seine Ermahnungen, auf der Kundgebung keine Gewalt anzuwenden, nahmen bedeutend mehr Platz ein als die Verurteilung der Gewalt, die der Anlaß dafür war. Er bat Gott, den Verantwortlichen – der Stadtverwaltung und den Bürgern – Mut zu geben: »Hilf uns zur Zivilcourage!«

Zwei-, dreimal legte der Pastor in seinen Ausführungen eine Pause ein, die er jeweils mit den Worten einleitete: »Ich bete.« Es gab mir Gelegenheit nachzudenken. An seiner Predigt war wenig neu; solche Sätze hatte man gehört, als die Kirchenglocken den Tod der DDR einläuteten. Neu war der Adressat. Hier ging es nicht mehr um die Zivilcourage, die nötig war, ein Regime zu stürzen, hier ging es um die Zivilcourage, die es brauchte, die eigene Gesellschaft zu zivilisieren. Damals, 1989, waren nicht einmal die übelsten Stasi-Schergen körperlich attackiert worden; jetzt, ein paar

Jahre später, mußte auf der Hut sein, wen der organisierte Pöbel als volksfremd taxierte. Begonnen hatte es bald nach der Wende, und es war mit den Jahren schlimmer geworden. Der Sturz der Diktatur war friedlicher verlaufen als der Aufbau der Demokratie.

Ordnungskräfte drückten den Kirchgängern Kerzen in die Hand, die diese noch im Vorraum anzündeten und den schütteren Schein vor dem Luftzug zu schützen suchten, der durch die offene Pforte strich. Das Sonnenlicht nahm der Sache einiges von ihrer Wirkung, den Rest besorgte der Wind.

Man ging zur ehemaligen Synagoge, die nun ein »Europäisches Bildungs- und Informationszentrum« beherbergte und, wie es hieß, bald einer anderen, aber nicht der ursprünglichen Bestimmung übergeben werden sollte. Ein Redner erinnerte an die »Leiden des jüdischen Volkes schon zu Babylons Zeiten«, an die »Jüdin Rosa Luxemburg« und den »großen Anteil der Juden an der Gestaltung der Gesellschaft«. »Betroffenheit und Scham«, meinte er, seien »wiederholt hier durch unsere Bevölkerung zum Ausdruck gebracht worden.«

Es ging weiter durch leere Quartierstraßen zurück zum Ausgangsort. Mir war ein kleiner, drahtiger Mann aufgefallen, der eine Tafel trug, auf der die Buchstaben »J.V.VdN« aufgemalt waren unter der Zeichnung einer zum Schwur erhobenen Hand. Die Tafel glich einem Verkehrszeichen, war dreieckig und steckte mit der Spitze nach unten auf einer Stange. Der Mann hatte einen taubenblauen Anzug über einem gelbem Poloshirt an und beige Schuhe mit weißen Socken. Er schien etwas über sechzig zu sein und machte, wie er da mitschritt, einen entschlossenen, ernsten Eindruck. Ich trat auf ihn zu und fragte ihn nach der Bedeutung der Buchstaben. »Interessenverband Verfolgte des Naziregimes«, sagte er, wobei er jedes Wort sorgfältig aussprach, als diktierte er. »Wir sind nur noch wenige«, fügte er hinzu und zählte, so nüchtern wie die Stichworte in einem Curriculum vitae, die Lager auf, in denen er gewesen war: Sachsenhausen, Großrosen, zwei in Rußland. Er habe in die Schweiz zu flüchten versucht und sei in Basel ausgewiesen worden, sagte er, als ich mich mit dem Hinweis, ich sei Schweizer, für meine Unkenntnis entschuldigte. »Helmut Fietze«, stellte er sich vor, ergriff meine Hand, drückte sie mit beiden Händen und ging nach vorne. Er mußte eine Rede halten.

Sie war hölzern und unpersönlich. Er sprach vom »mörderischen Naziregime« und den fünfundfünfzig Millionen Toten, die der Krieg gefordert hatte. Die »lieben jungen Freunde«, an die er sich wandte, hörten ihm nicht zu, riefen dann und wann »Nazis raus!« und mochten sich nicht für die Polen, Tschechen und Litauer interessieren, die im Gefängnis von Görlitz gestorben waren und deren er nun gedachte.

Die Rentner, Fietzes Publikum, sahen es mit zusammengekniffenen Lippen. »Alle ins Arbeitslager stecken!« hörte ich einen zischen, der ungestört der Rede des ehemaligen Lagerhäftlings lauschen wollte. Sie applaudierten, als er schloß mit der Parole »Nie wieder Faschismus, nie wieder Krieg«.

Eine Rednerin trat ans Megaphon. Sie stellte die Übergriffe auf Ausländerinnen und Ausländer an den Pranger, wandte sich gegen die Abschiebung derer, die illegal über die Grenze kamen, und forderte die Auflösung des Bundesgrenzschutzes.

Die Punks applaudierten.

»Die Demonstration hat ihr Ziel erreicht, die Menschen wachgerüttelt«, hielt der Schlußredner namens der Organisatoren fest, einer Koalition von PDS, Bündnis 90/Die Grünen, SPD, Gewerkschaftsbund, Antifa-Gruppen, Kirchen und Jugendorganisationen. Nun gehe es darum, bei Politikern »Lösungen anzumahnen«.

Rund sechshundert hätten an der Demonstration teilgenommen, sollte die *Morgenpost am Sonntag* melden, bei einem Aufgebot von fünfhundert Polizisten. Eine Gegendemonstration der NPD war verboten worden. Ostsachsen, hieß es im Bericht, gelte als Hochburg rechtsextremistischer Kreise; in den vergangenen Monaten habe es mehrere Schlägereien mit Rechtsradikalen sowie Randale um Skinhead-Konzerte gegeben.

Ich ging zu Helmut Fietze und fragte ihn, ob wir uns nicht ein bißchen unterhalten könnten. Er war erfreut, gab mir seine Adresse, und wir verabredeten uns. Ein paar ältere Männer standen um ihn herum und gratulierten ihm zu seiner Rede. Er schien es brauchen zu können.

Am Sonntag besuchte ich Fietzes. »Schön, daß Sie Wort gehalten haben und gekommen sind«, sagte Frau Fietze, als sei das etwas Außergewöhnliches. Sie war klein und von einer mütterlichen Herzlichkeit. Die beiden hatten sich im Jahre 1953 kennengelernt, im Werk »Maschinenbau Görlitz«, wo er Lokführer war. Sie stammte aus Görlitz. Für Kinder war es zu spät gewesen. Frau Fietze hatte ihren ersten Mann wenige Monate nach der Hochzeit in Rußland verloren, er war, wie schon ihr Vater, »im Krieg geblieben«. Wir setzten uns in die gute Stube, und Fietze begann zu erzählen.

Ich hatte Helmut Fietze auf sechzig geschätzt, aber er war achtzig. Schlank und zäh sah er aus, hatte einen breiten Kopf, breiten Mund und glatte weißgraue, nach hinten gekämmte Haare. Er wurde 1917 als Sohn eines Landarbeiters in Lauban geboren. Der Vater war Sozialdemokrat. Die Mutter hatte alle ihre acht Brüder im Ersten Weltkrieg verloren, und Fietze erinnerte sich – er mußte damals sieben oder acht gewesen sein –, wie sie deren Photos betrachtete und sagte: das ist Hermann, das ist Oswald, das ist der und der. Sie hatte geweint, und er hatte sie immer wieder gefragt, warum sie denn tot seien.

Er hätte gerne eine Metzgerlehre gemacht, hatte die Stelle aber nicht bekommen, weil er nicht in der Hitlerjugend war. Deren Kampf- und Schießübungen, sagte er, hätten ihn abgestoßen. Nachdem er eine Zimmermannslehre abgebrochen hatte, trat er in den freiwilligen Arbeitsdienst ein, half Brücken bauen und Flüsse begradigen; doch als man den Reichsarbeitsdienst mit der Waffe leisten mußte, machte er nicht mehr mit. Er schlug sich als Transportarbeiter durch, war auf dem Bau, nahm, was er fand, und als das Saargebiet deutsch wurde, reiste er hin, weil er gehört hatte, entlassene Arbeitsdienstler würden bevorzugt Arbeit bekommen. Aber in Saarbrücken gefiel es ihm nicht, und so ging er im Schutz der Dunkelheit über die Grenze nach Frankreich.

In Forbach ließ er sich für die Fremdenlegion anwerben. Erst habe er nicht gewollt, aber dann sei es ihm doch besser erschienen, als nach Nazideutschland zurückzukehren. Man schrieb das Jahr 1935. Er war in Marseille stationiert und hatte, wie er sagte, »das schönste Leben«. Weil er noch nicht zwanzig sei, hatte der Colonel versprochen, müsse er nicht in die Kolonien, denn Kinder schicke man nicht dorthin. Er half in der Kantine und pflegte Kranke, die mit Malaria aus Afrika zurückkamen. Nach einem halben Jahr hatte er es über und desertierte. Ein Matrose hatte ihm eine Uniform verschafft.

Er machte sich auf nach Paris, fand unterwegs Unterschlupf bei Weinbauern und Zigeunern und lief bald der Gendarmerie in die Fänge. Sie erwischten ihn auf der Straße, zwei auf Fahrrädern. Sie hätten gemerkt, daß er nicht Franzose sei, seien jedoch sehr freundlich gewesen und hätten ihm Zigaretten angeboten. Er mußte mit zu einem nach Hause. Während dessen Frau das Mittagessen aufgetischt und er zugelangt habe, habe der andere einen Übersetzer geholt. Fietze hatte bei der Legion für fünf Jahre unterschrieben. Er wurde ins Spritzenhäuschen gesperrt – nicht ohne Verpflegung –, und am andern Morgen nach Clairmont gebracht. Er fand es ganz fein, wie die Franzosen ihn behandelten.

»Sie dachten erst, ich sei ein Spion. Aber als ich sagte, ich sei vor Hitler weggelaufen, verwöhnten sie mich.«

Ausgeliefert wurde er dennoch. Das deutsche Konsulat in Lyon schickte zweihundert Francs, und er mußte hinfahren und sich melden. Noch heute, sagte er, sehe er die zwei Hakenkreuzfahnen vor sich, die vor dem Haus flatterten. Statt den Hitlergruß zu erwidern, habe er dem Stellvertreter des Konsuls einen »recht schönen Tag« gewünscht, worauf er hinausgeschickt worden sei, das Schild zu lesen – »Der Deutsche grüßt mit deutschem Gruß!« – und nochmals einzutreten. Und als er sich nicht gelehrig gezeigt habe, habe der Konsulatsbeamte gefunden, es sei an der Zeit, daß er Soldat werde, der Führer brauche jeden Mann.

Fietze wurde über die Grenze nach Kehl geschickt, wo man ihn für drei Wochen ins Gefängnis steckte, bevor man ihn nach Bruchsal zur SA verfrachtete. Da waren die Legionäre. Er pflückte zwei Wochen lang Tabak und durfte dann nach Hause unter der Auflage, sich alle paar Monate bei der Polizei zu melden. Er nahm eine Arbeit an, ließ sie wieder liegen und machte sich zum zweiten Mal auf nach Frankreich, denn in Frankreich hatte es ihm gefallen.

Die Erinnerung mochte dazu beitragen, das Bild zu verklären, das er von Frankreich hatte. In Frankreich, schwärmte er, sagten die Polizisten »bonjour, bonjour«, und die Menüs hatten fünf Gänge, von denen jeder besser schmeckte als die Erbsensuppe, die er in Deutschland löffeln mußte. Einmal, erzählte er, habe er sich eine Villa angesehen und eine junge Frau angesprochen, die erst Angst bekommen, dann aber die Gelegenheit genutzt habe, ihre Deutschkenntnisse aufzubessern, während er sich mit Appetit auf die Platten stürzte, die sie auftrug.

Frau Fietze wollte solcher Großzügigkeit nicht nachstehen und servierte uns, während er in vergangenen Freuden schwelgte, Kartoffeln, Blumenkohl, Fleisch und Erdbeeren. Sie verschwand immer wieder in der Küche – »Da könnt ihr noch ein bißchen quaken!« – und kam zurück mit einer neuen Schüssel. »Machen Sie sich ruhig satt«, sagte sie und zwinkerte mir zu, »alles darf weg!«

In Straßburg, setzte er seinen Bericht fort, habe er sich mit einem Juden zusammengetan, und sie beide hätten Unterschlupf gefunden in einem Hotel, das ein deutscher Kommunist führte. Er wollte sie für die Internationalen Brigaden in Spanien verpflichten, aber sie wollten nicht, denn hier, meinte er, hatten sie es gut. Aber eines Morgens habe sich der Gefährte davongestohlen mit seinem Geld und seinen Papieren, und so sei er nach St Louis gegangen in der Hoffnung, von da über die Schweizer Grenze nach Basel zu kommen. Das sei auch nicht schwer gewesen, und er habe sich gleich auf dem Arbeitsamt gemeldet, wo ein netter Mann bedauerte, ihm nicht helfen zu können, da er ohne Papiere war. Er bekam eine Essenskarte und eine Adresse, wo er schlafen konnte. Das war 1937, und es war das zweite Mal, daß er in der Schweiz war. Zwei Jahre zuvor hatte er schon einmal vergeblich um Asyl ersucht. Als er es erwähnte, blickte er mich, den Schweizer, lange an.

Ein paar Männer, die er in Basel kennenlernte, erzählte er, während wir beim Nachtisch waren, hätten ihm eine Belohnung versprochen, wenn er über die Grenze zurück nach Lörrach ginge und dort für sie »Rotbart«-Rasierklingen besorge, die in der Schweiz teuer waren. Er habe sich die Gegend angeschaut, einen Park hinter dem Zollhaus entdeckt und sei da nachts hinübergeschlüpft. Es klappte, man feierte, sie gaben einen aus für ihn, und beschwipst ging er zur Notschlafstelle. Morgens um neun stand die Fremdenpolizei da. Ob er von drüben sei, hätten die Beamten gefragt und ihn geheißen mitzukommen. Er habe nur »oje« gesagt und gefragt, ob das sein müsse.

Sie hätten seine Aktentasche ausgeleert und antinazistische Schriften gefunden. Er blieb vier Tage in Untersuchungshaft und wurde dann, begleitet von einem Polizisten, zur Grenze gebracht. Er habe den Beamten gefragt, was er tun würde, wenn er abhaue. Schießen? Der Polizist habe verneint und nach einer Weile beigefügt, er müsse mal austreten.

»Ich bin dagestanden und habe mich gefragt, was ich nun machen soll. Als er zurückkam, war er erstaunt, daß ich noch da war.«

In Lörrach steckte man ihn ins Gefängnis.

Er sollte eine ganze Reihe von Gefängnissen von innen kennenlernen. Die Storys, die er über seine geglückten und mißlungenen Fluchtversuche zum besten gab, hatten das Zeug zum Drehbuchstoff. Es fehlte nichts – das Loch, das ein Zellengenosse mit einem geschmuggelten Pickel in die Mauer kratzte, das Heizungsrohr, über das er sich mit seinem Zellennachbarn unterhielt, die Säge, mit der er die Gitterstäbe durchtrennte, und das Bettzeug, das er zerriß und zu einem Seil knotete, an dem er sich hinunterließ in einer sternklaren Nacht.

Ich konnte das alles nicht nachprüfen. Das Gedächtnis hatte aus seinem Leben eine Sammlung von Geschichten gemacht, in denen er, halb Komödiant, halb tragischer Held, die Hauptrolle spielte. Doch er war kein Aufschneider. Das Bild, das er von sich zeichnete, war das eines eichendorffschen Taugenichts, der in den Tag hinein lebte, schönes Wetter und gutes Essen genoß und der Weltgeschichte aus dem Weg gehen wollte.

Das konnte nicht gutgehen in jener Zeit.

1938 wurde er gemustert und eingezogen, Infanterieregiment 103 Zittau. Hitler war eben dabei, die Sudetendeutschen heim ins Reich zu holen, und Fietze, der fürchtete, bald auf Zivilisten schießen zu müssen, desertierte ein weiteres Mal. Er schlug sich mit Gelegenheitsarbeiten durch und beschaffte sich falsche Papiere. Eine Frau, bei der er untergeschlüpft war, denunzierte ihn, und als die Polizisten seinen Handschuh umdrehten, fanden sie das Etikett: »Helmut Fietze, Zittau, 103«.

Das bedeutete Kriegsgericht. In Reichenberg wurde er der Fahnenflucht angeklagt. Der Richter, ein alter Herr und kein Nazi, sei ihm wohlgesinnt gewesen, sagte er. Als er gesagt habe, er wolle nicht auf Tschechen schießen, kam er – vom Staatsanwalt als »Vaterlandsverräter« beschimpft – mit einem halben Jahr Gefängnis davon. Er wurde in der Kaserne inhaftiert und sollte nach Torgau ins Wehrmachtsgefängnis verlegt werden. Ein Fluchtversuch mißlang, und als er in Torgau dem Kommandeur vorgeführt wurde, fragte der ihn, warum er, bei einer so kurzen Strafe, denn bloß geflohen sei.

»Ich habe gesagt«, sagte Fietze, »Herr Oberst, Sie müssen sich das so vorstellen: Ein Vogel im Käfig – der muß raus!«

Der Oberst habe darauf wissen wollen, was er, Fietze, denn gegen den Nationalsozialismus habe, und habe ihm sein Ehrenwort gegeben, es für sich zu behalten. Er, Fietze, habe gesagt, was er denke, und auf seinem Standpunkt beharrt, als der Oberst befand, er sei auf dem falschen Weg. Darauf sei der Oberst rot angelaufen und habe geschrien, er gehöre an die Wand gestellt, denn er sei verloren für die deutsche Volksgemeinschaft.

Nach drei Tagen Dunkelarrest bei Wasser und Brot habe man ihn erneut vor den Oberst geführt, den er, weil der sein Wort nicht gehalten hatte, nun auch belogen und gebeten habe, wieder in die deutsche Volksgemeinschaft eingereiht zu werden. Der Oberst habe sich gefreut und ihm das Versprechen abgenommen, nicht zu fliehen.

Vor dem Sonderkriegsgericht in Leipzig wurde er zu einem Jahr Wehrmachtsgefängnis verurteilt – plus zwei Jahren Nachdienen in einer Strafabteilung. Man brachte ihn wieder nach Torgau, wo er in einer Munitionsfabrik arbeiten mußte.

Dann brach der Krieg aus.

Er brauchte nicht nachzudienen. Die Strafabteilung wurde aufgelöst und er nach Zittau geschickt, wo er, wie er sagte, einen schönen Dienst hatte und eine Freundin, die ihn umsorgte. Es war an einem der ersten Septembertage 1939, als man ihm mitteilte, er werde aus der Wehrmacht entlassen. Darüber hätten sich alle gewundert, denn es waren die Tage vor dem Überfall auf Polen, als alle Mann eingezogen wurden.

Doch Entlassung aus der Wehrmacht sollte nicht Freiheit heißen. Er kam ins Gefängnis, wo ihn zwei Herren von der Gestapo erwarteten und ihm einen Zettel zur Unterschrift vorlegten, auf dem stand, er werde wegen »staatsfeindlicher Propaganda in Schutzhaft« genommen.

»Ich habe den Zettel zerrissen und gesagt: Das ist meine Unterschrift.«

Die Herren von der Gestapo seien freundlich geblieben, hätten gesagt, sie kämen wieder. Er habe einen Beschwerdebrief nach Berlin geschickt, und als sie wiedergekommen seien, hätten sie seinen Brief aus der Tasche gezogen, vor seinen Augen zerrissen und gesagt, das könnten sie auch.

Die ganze Zeit, während er redete, saß Fietze leicht vornübergebeugt auf der Sofakante, in einer Art Spannung, als stünde er im Ring. In seiner Jugend hatte er geboxt, er hatte Blumenkohl-Ohren. Er ahmte den Tonfall nach, in dem man ihn angeschnauzt, die Handbewegungen, die einer vollführt hatte. Er erwähnte präzise Einzelheiten und memorierte Sätze wortwörtlich, die irgendein Offizier oder Beamter ihm gegenüber geäußert hatte. Vielleicht hatten diese Sätze anders gelautet, aber nun klang alles, als hätte es nicht anders lauten können.

Er berichtete, wie er nach Sachsenhausen ins KZ kam. Im Gefängnis hatte er einen kennengelernt, der in Sachsenhausen gewesen war und ihn gewarnt hatte, daß er ab durch den Schornstein gehe, wenn er, wie er meine, da jedem eine langen könne, der ihm eine gelangt habe. Nach seinem ersten Tag in seinem ersten Konzentrationslager, während er die Nacht schlaflos verbrachte, habe er sich gefragt: »Fietze, wo bist du gelandet?« Er hatte gesehen, wie der »Eiserne Gustav«, einer der berüchtigten Schergen, einem alten Juden die Hand hingestreckt und gesagt hatte: »Na, Abraham«, und dann, wie der ihm zitternd die seine reichte, brüllte: »Du Judenschwein, erlaubst dir, mir deine dreckige Pfote anzubieten?« Und bald wußte er auch, wie der »Sachsengruß« ging, wie es sich anfühlt, wenn man stundenlang in die Hocke gezwungen wird, und er war froh, daß er jung und kräftig war und es aushielt.

Er stand vom Sofa auf, um es mir zu demonstrieren. Es war ein merkwürdiger Anblick in dieser Wohnung, einem Hort deutscher Gemütlichkeit mit Wohnwand, Nippes und Kissen mit aufgestickten Sinnsprüchen wie »Ich bin Dir gut!«, »Hab mich lieb« oder »Appetit kommt beim Essen«.

Nach eineinhalb Jahren wurde er nach Großrosen verlegt, wo er in den Steinbruch mußte. »Da wurde ich zum Muselmann«, sagte er. So nannte man die, die sich aufgegeben hatten.

Doch das Schicksal schien ihn nicht aufgeben zu wollen. Der Koch, ein Krimineller, fuhr er fort, habe ihn in die Küche geholt, wo er in einem Vierteljahr wieder so zu Kräften kam, daß er erneut in den Steinbruch durfte. Er berichtete von den Aufsehern, die sich einen Spaß daraus machten, Häftlingen etwas zuzuwerfen mit der Aufforderung, es aufzuheben, um sie dann, wenn sie sich bückten – »paff, paff, paff!« – abzuschießen; von den Entlausungen, dem Typhus, dem SS-Arzt im weißen Mantel und all den Schrecknissen des Lagers, von denen ich schon so oft gelesen hatte. Was mich verblüffte, war, daß er das Glück stets in kräftigeren Farben ausmalte als das Unglück. Die große Freude, entwischt zu sein, die kleinen Freuden nach Entbehrungen, ein Essen, Zigaretten – sprach er von solchen Ereignissen, ging ein Lächeln über sein Gesicht.

Der Tag, als er wieder in die Küche kam – diesmal war es die Küche der SS, wohin ihn der Rapportführer holte –, war so ein Glückstag gewesen. Er erzählte, wie er, in ein weißes Jackett gesteckt und mit Servieren beauftragt, Sekt und Zigaretten verschob, bis er erwischt wurde.

Es setzte fünfundzwanzig Stockhiebe, und den Posten war er los. Er wurde krank, litt an Durchfall und hatte das Glück, in die Obhut eines Arztes zu kommen, eines Polen, der ihn als Gehilfen bei Operationen anstellte und sich freute, daß er, Fietze, sich soviel Mühe gab mit den Patienten, die doch ohnehin alle »kaputtgingen«.

Fietze rief seine Erlebnisse ab, als öffnete er ein Dossier mit sorgfältig eingehefteten Akten. Er unterbrach seine Erzählung nur, wenn ich nachfragte, und fuhr hernach genau an der Stelle fort, an der er aufgehört hatte. Sein gutes Gedächtnis führte er auf den Hunger zurück, den er oft litt; zuviel Essen, meinte er, schade dem Gehirn. Um mir sein Erinnerungsvermögen zu beweisen, rezitierte er zwischendurch Gedichte und Balladen aus der Schulzeit, die »Wanderregel« und »Des Sängers Fluch«, fehlerfrei und ohne zu stocken, jedoch wie ein Automat, ohne jeden Sinn für Dramatik. Merkwürdigerweise redete er auch so von seinen schlechten Erfahrungen, ohne Emotionen. Nur manchmal sagte er, indem er die Hand hob und sie rasch durch die Luft schlug: »Das war schlimm«, oder: »Ach, das kann ich gar nicht sagen, schlimm.«

Dann mußte er doch noch in den Krieg, die Wehrmacht wollte ihn wieder. Er kam nach Lauban zurück, in seine Geburtsstadt, nach vier Jahren in Gefängnissen und Lagern und mit nichts, nicht einmal Rasierzeug oder Besteck. Über seine Vergangenheit mußte er Stillschweigen bewahren. Der Kommandeur habe ihm nur gesagt, er sei der einzige, der wisse, woher er komme, und er wolle, daß es dabei bleibe. Nachdem ihm noch drei Wochen Urlaub gewährt wurden, die er bei den Eltern verbrachte, ging es an die Front.

Und wieder sollte er Glück im Unglück haben. Ein paar Tage nur war er im Kessel zwischen Lemberg und Brody, bevor er, es war im Juli 1944, in Kriegsgefangenschaft geriet.

Zusammen mit anderen wurde er nach Kiew transportiert. Es gab Russisch-Unterricht über Lautsprecher auf einer großen Wiese, sie mußten Spießruten laufen, und man warf mit Steinen nach ihnen. Im Herbst brach die Ruhr aus, im Winter erfroren viele.

Als ein neuer Kommandeur, ein feiner Typ, den alten abgelöst habe, der ein Tyrann gewesen sei, sei vieles besser geworden, erzählte er. Sie hätten mehr Essen bekommen, Feuer machen und sich daran wärmen dürfen. Da habe er die Gelegenheit genutzt, sich über eine Wärterin zu beschweren, die sie, die »Faschisten und Saboteure«, aufs Blut gequält habe auf der Baustelle, auf der sie gearbeitet hätten. Die Dolmetscherin habe ihm, als der Kommandeur für einen Augenblick hinausgegangen sei, ins Gesicht gespuckt: »Du deutsches Schwein, wieviel russische Frauen du gevogelt?«

Diese Wärterin sei Jüdin gewesen, sagte er, wie der erste Lagerkommandant auch und wie auch ein Kommandeur der sowjetischen Geheimpolizei NKWD, der ihn später beschuldigt habe, bei der SS gewesen zu sein.

Man habe ein Photo ausgehängt im Lager, sagte er, auf dem in einer Gruppe von SS-Leuten ein Mann abgebildet gewesen sei, der ihm, Fietze, ähnlich gesehen habe. Bei der Heimatbehörde in der sowjetischen Zone habe man nicht, wie er verlangte, nachgefragt, um seine Identität zu prüfen. Er kam in den Bunker und wurde verhört. Wie viele er erschossen habe hinter der Front, wie viele umgebracht im KZ? Er weigerte sich, ein Schuldbekenntnis zu unterschreiben. Ein Schnellgericht, bestehend aus acht Mann, fällte nach einer achtminütigen Verhandlung das Standardurteil: fünfundzwanzig Jahre Zwangsarbeit.

Das war am 9. November 1948. Ein Kamerad, sagte er, über den die gleiche Strafe verhängt worden sei, habe gesagt, die Welt breche zusammen.

»Ich habe ihm gesagt, nein, nicht die Welt – du brichst zusammen.«

Doch auch mit ihm sei es dann abwärtsgegangen. Er habe, als er keine Post mehr bekommen habe, die Hoffnung zu überleben aufgegeben und sich geweigert, zur Arbeit anzutreten. Als er eines Tages den Sold zu Boden geworfen und den Wärter aufgefordert habe, ihn zu erschießen, sei er unter dem Verdacht, verrückt geworden zu sein, zum Stabsarzt geführt worden.

Daraufhin sei ihm ein Brief von seinen Eltern ausgehändigt worden, die fragten, warum er nicht schreibe. So habe er durchhalten können.

Und dann kam er frei, im Frühjahr 1953, zusammen mit sechshundert anderen. Sie wurden aufgehalten auf ihrer Reise nach Hause, als am 17. Juni in der DDR der Aufstand ausbrach. Am 27. September kam er in Fürstenwalde an, wo er einen schönen grauen Anzug kriegte.

»Ja, einen schönen Anzug hast du gekriegt«, sagte Frau Fietze.

Der Krieg war nun auch für ihn vorbei, und Fietze, bald vierzig, begann sein Leben in der DDR. Man wollte, daß er in die SED eintrete, aber er wollte nicht in die Partei, deren Genossen ihn in Rußland gepeinigt hatten, und pochte darauf, daß man seine Unschuld anerkenne. Man warb um seine Mitgliedschaft in der Betriebskampfgruppe und in der »Deutsch-sowjetischen Freundschaftsgesellschaft«, aber er lehnte ab mit der Begründung, wenn er die Russen als Freunde speziell erwähnen würde, hieße das ja, daß alle anderen, Franzosen, Italiener, Polen, Feinde seien. Er hatte Schwierigkeiten, sich in den Alltag und in die Arbeit einzufügen nach all den Jahren im Lager.

In den »Interessenverband Verfolgte des Naziregimes« wurde er seiner Gefangenschaft in Rußland wegen nicht aufgenommen. Er galt als Kriegsverbrecher. Die Verbandsmitglieder waren alle in der SED, wurden verwöhnt von der Partei, bekamen Wohnung, Telefon, Krankenhausprivilegien. Sie gingen mit sechzig in Rente, erhielten einen

Bonus, feierten und ließen es sich gutgehen. Er war magenkrank, und die Frau drängelte ihn, in die Partei einzutreten, des Geldes wegen. Ihm fehlten Rentenjahre, die neun Jahre Kriegsgefangenschaft wurden nicht angerechnet.

Schließlich gab er ihr nach, doch nun ließ man ihn nicht. Die Sowjetunion habe noch nie einen Unschuldigen verurteilt, beschied man ihm. Er solle Zeugen bringen. Aber die waren im Westen, und da suchen durfte er nicht. Er schrieb ein paarmal an Honecker, den Staats- und Parteichef, ohne Erfolg.

Erst nach der Wende, nachdem das Urteil aufgehoben worden war, sagte er, hätten sie ihn in den Verband aufgenommen, und dieselben Leute, die ihn vorher gemieden hätten, hätten ihm auf die Schulter geklopft und gesagt: »Helmut, wenn wir das gewußt hätten...« Er war ihnen nicht gram, meinte, wenn er an ihrer Stelle gewesen wäre, hätte er sich vielleicht nicht anders verhalten.

Fietze war jetzt in der SPD, aber er war kein parteipolitischer Mensch. Seine Anschauungen hatten die Vernunft und die Naivität der politischen Anschauungen Einsteins. In Wirklichkeit, meinte er zum Beispiel, gebe es keine Demokratie auf der Welt, denn wenn man abstimmen würde, ob die Leute die Atombombe wollten, fände sich eine Mehrheit, die nein sagte. Aber die Atombombe sei da, und irgendein Verrückter könne sie zünden.

Am liebsten würde er in die Schulen gehen und der Jugend Unterricht in Demokratie geben, sagte er. Hitler habe es in ein paar Jahren geschafft, die Jugend gefügig zu machen, Honecker ebenso, und heute schaffe man es nicht, sie zur Demokratie zu erziehen?

Fietze erzählte von einem Bekannten aus der Nachbarschaft, Sohn eines Parteifunktionärs, der damals, als es die DDR noch gab, zum Grenzschutz wollte. Er, Fietze, habe ihn gefragt, ob er auch schießen würde, wenn einer zu fliehen versuche, den er kenne? Selbst auf seinen Bruder würde er schießen, habe der geantwortet, denn wer fliehe, sei ein Verbrecher.

Fietzes klagten nicht über die Wende. Sie waren froh, daß die Zeiten vorbei waren, in denen man jede Plastiktüte aus dem Westen mit aufgedruckter Reklame hütete wie einen Schatz. Es sei ein Leben mit der Lüge gewesen, sagten sie, vor allem für die Jugend, die nichts anderes gekannt habe. Die Lehrer hätten den Westen verteufelt, und die Eltern hätten nach den Paketen gegiert, die sie von drüben bekamen. Was Fietzes von der DDR erzählten, waren keine Erinnerungen an eine Welt, die noch heil und darum besser gewesen wäre.

»Ach der, dem du eine geknallt hast«, gab Frau Fietze das Stichwort, »erzähl!« Sie fieberte, die Geschichte zu hören, und als er sie zum besten gab, hätte man glauben können, sie kenne den Ausgang nicht, so sehr stand ihr die Spannung ins Gesicht geschrieben. Es war im »Maschinenbau Görlitz« gewesen, wo Fietze einen Vorgesetzten, über den sich alle vergeblich beschwert hatten, geohrfeigt hatte.

Frau Fietze klatschte in die Hände. »Und dann die Parteileute, erzähl!«

Er war zitiert worden, und man hatte ihn gefragt, ob er richtig finde, was er gemacht habe. Er hatte den Kopf geschüttelt und erwidert, was der andere mache, sei erst recht nicht richtig.

»Und dann fiel einem von denen die Pfeife aus dem Mund!« platzte Frau Fietze heraus, die Wangen rot vor Vergnügen. Wie ein Lauffeuer sei die Geschichte durch den Betrieb gegangen, und alle hätten sie gespannt auf die nächste Ausgabe der Betriebszeitung gewartet. Aber dann war nichts drin gewesen.

Sie ließen mich fast nicht gehen. Frau Fietze wollte Butterbrote schmieren für unterwegs, er erbot sich an, mir hundert Mark zu geben, falls ich kein Geld hätte. Sie drängte ihn, mir eine Photographie zu schenken, einen Abzug des Originals aus sowjetischer Kriegsgefangenschaft.

Ein ernster, entschlossener junger Mann mit kurzgeschorenem Haar.

Er wurde nicht müde zu sagen, wie riesig er sich freue, daß ich ihm zugehört hätte, daß ich ihm glaubte, und daß er das noch erleben dürfe. Er hatte andere Erfahrungen gemacht, und sie waren vielleicht nicht weniger schlimm gewesen als die Erlebnisse selbst. Er schien es jetzt, nachdem er sein Leben erzählt hatte, selbst nicht ganz fassen zu können, daß er nun hier war, in diesem Nest mit Blumentapete, Polstern, Decken und Kissen, auf deren größtem stand: »Wer zuletzt lacht, lacht am besten.«

So war Görlitz für mich die Stadt Helmut Fietzes geworden. Nicht der »Flüsterbogen« machte den Ort für mich zu etwas Besonderem, das spätgotische Portal des Hauses am Untermarkt 22, wo die auf der einen Seite in die Hohlkehle gehauchten Worte für den Lauscher auf der anderen Seite laut und deutlich vernehmbar sind, und auch nicht die Uhr am Rathausturm mit dem Männerkopf, dessen Kinnlade zu jeder Minute herunterklappt, oder der vergoldete Löwe, der zur vollen Stunde mit blecherner Stimme brüllt.

Kehrte ich von meinen Streifzügen hüben und drüben ins *Dom Turysty* zurück, roch es nach frischer Farbe. Irgendwo war immer jemand am Streichen, eine Arbeit, die nie auszugehen schien. Oder sonst am Renovieren. Der kleine Frühstücksraum im Souterrain war mit Holz ausgekleidet worden und hätte ohne Not als Sauna dienen können. Helle Täfelung schien der Inbegriff des Luxus; das beste Hotel in Zgorzelec, *Pod Orlem,* war vollständig damit ausstaffiert.

Vor dem Frühstücksraum im *Dom Turysty* war eine kleine Bar, an der ich jeweils meinen Bon für das Frühstück einlösen mußte. Immer war der Fernseher an. Meist lief eine amerikanische Serie, zu der ein Sprecher die polnische Übersetzung lieferte. Er übernahm alle Rollen, unterschied aber kaum zwischen den einzelnen Protagonisten. In der rechten unteren Bildecke war ein Herr eingeblendet, der das Ganze noch in die Zeichensprache für Gehörlose übersetzte. Mit seinem beigen Anzug, dem gelben Hemd mit roter Krawatte und dem vollen grauen Haar zog er alle Aufmerksamkeit auf sich. Wurde nicht gesprochen, verschwand er von der Bildfläche, nur um wieder, wie der Kobold in der Kiste, herauszuhüpfen, sobald jemand einen Laut von sich gab. Kein Liebespaar war vor ihm sicher.

Am Sonntag war es besonders amüsant. Der Priester, der vor laufender Kamera die Messe las, war in seinem grauen Ornat und mit dem großen Kreuz um den Hals die Würde selbst, während die Marionette in ihrem Papageienkostüm, die ihm zu Füßen stand, ihn mit ihren Gesten zu verhöhnen schien.

Es war Zeit, Zgorzelec zu verlassen.

V

Włosień

So fuhr ich nach Włosień, einem jener Orte, die zu besuchen es eigentlich keinen Grund gibt. Ich hatte den Namen auf der Karte gefunden und sah mich, als ich ankam, nicht enttäuscht. Nicht einmal eine Kneipe hatte das Dorf. Nur einen kleinen Lebensmittelladen, wie man ihn überall in der polnischen Provinz antrifft. Man steht davor herum, trinkt Bier und begafft die, die ebenfalls herumstehen, Bier trinken und einen begaffen.

Der Flecken, wenige Kilometer von der Grenze entfernt, liegt in der Nähe von Görlitz und zählt nicht viel mehr als ein paar verstreute Häuser, deren Gravitationszentrum ein verfallener, riesiger Gutshof ist. Ein alter, kranker Drache. Als ich mich ihm näherte, schien er mir mit seinen ins Dach eingelassenen Augenfenstern zuzuzwinkern, wie um anzuzeigen, daß noch nicht alles Leben aus ihm gewichen war. Ich passierte die Brücke, die über ein Flüßchen führt, das dann bei Görlitz in die Neiße mündet, und trat durch das imposante Eingangstor. Einst war es gedacht, auf den Anblick des Schlosses und der zwei Gutstrakte, die diesem zu Füßen liegen, einzustimmen. Nun bildete es den Rahmen zu einer modernen Version jener romantischen Ruinenlandschaften, an denen sich die Maler früher nicht hatten satt malen können. Eine Tafel war angebracht, die einen freundlich, aber bestimmt darauf hinwies, daß man nach dem Betreten des Geländes entweder invalid oder tot sei.

Für den Mann, der in einem Winkel des Hofes an irgend etwas herumhantierte, traf offensichtlich weder das eine noch das andere zu. Er war von kräftiger Statur und trug einen dicken, schwarzen Schnurrbart.

Ob er da wohne, fragte ich.

»Ja«, sagte er, »seit zehn Jahren«, und wies mit dem Daumen hinter sich, auf ein Fenster im ersten Stock des einen Traktes, dessen Rahmen samt einem Rechteck des Mauerwerkes frisch geweißelt war. Es leuchtete in der Sonne aus dem dunkelroten, brüchigen Backsteinwerk heraus, als wollte es das ganze Elend überstrahlen. Viel war von dem preußischen Gutshof nicht übriggeblieben. Eine Brauerei hatte dazugehört, deren Fundamente in einem Wildwuchs von Buschwerk verschwanden. Der Komplex war nach dem Krieg von der PGR, der Landwirtschaftlichen Produktionsgenossenschaft, übernommen worden. Auch sie gab es nicht mehr. Ein paar der Maschinen, verrostet, standen noch herum, verlassen von den Arbeitern, die sie einst bedient und die in den kleinen Betonkisten gehaust hatten, die neben den Gutshof hingekippt worden waren.

Doch das war es nicht, was den Mann störte. Er war Bauarbeiter, und ihm wollte nicht einleuchten, daß man das Ganze jetzt unter Denkmalschutz gestellt hatte. Was hieß, daß man es verfallen ließ, aber nicht zerstören durfte.

»Alles abreißen«, knurrte er. »Käme billiger.«

Auf dem Weg hierher hatte ich ein eben renoviertes, neu umzäuntes Haus gesehen. Mit seinen strammen Blumenbeeten, dem kurzgeschnittenen Rasen und der frisch geteerten Auffahrt machte es sich in der Gegend aus wie ein Pfadfinder, der vom Weg abgekommen war. Eine Tafel »Uwaga! Zły pies!« hatte davor gewarnt, sich dem Ding auch nur zu nähern, wollte man nicht als Hundefutter enden. Ich fragte den Mann, was es damit auf sich habe.

»Die Deutschen«, sagte er. »Kaufen alles auf, Land und Häuser.«

Ob sie das denn einfach so dürften, fragte ich.

»Geht alles über Strohmänner«, sagte er und zuckte die Schultern. Dann wandte er sich ab. Er hatte zu tun.

Ich ging zum Bauernhof, in dem ich, wie er mir gesagt hatte, übernachten könne. Es war ein schöner Sommertag.

Die wenigen Dorfbewohner, denen ich begegnete, ausschließlich Männer, waren allesamt bis auf die Badehose nackt. Selbst im Auto fuhren sie mit entblößtem Oberkörper. Es war das einzig Bemerkenswerte, das ich wahrnahm. Wenn nichts geschieht, ist das, was nicht geschieht, irgendwie bedeutungsvoll. Ich dachte: Włosień würde sich mir einprägen als der Ort, in dem alle mit nacktem Oberkörper herumliefen und ein Bauarbeiter allein in einem alten Gutshof hauste, in einem von ihm hergerichteten Zimmer, das umgeben war von Dutzenden von Räumen, deren Wände einstürzten und in deren Gemäuer die Pflanzen Wurzeln schlugen wie langsame, geduldige Meißel.

Es kam anders. Włosień sollte sich mir mit einer ganz anderen Geschichte einprägen.

Die Straße, an der das Gehöft von Anna und Ryszard Kamiński lag, hieß Platerówka. Straßen dieses Namens findet man überall in Polen. Emilia Plater, die polnische Jeanne d'Arc, hatte sich im Novemberaufstand von 1830 gegen die Russen in Litauen als Guerillaführerin hervorgetan; als die Revolte im darauffolgenden Frühjahr zusammengebrochen war, hatte sie sich geweigert, sich zu ergeben, und war, 25jährig, im Untergrund gestorben. Sie entstammte einer bedeutenden adligen Familie. Daß sie so geehrt wurde, war ein Beleg dafür, daß selbst die im Sozialismus verordnete Völkerfreundschaft es nicht vermocht hatte, die Polen in ihrer Überzeugung zu beirren, die Russen, nicht die Deutschen, seien ihre wahren Feinde. Sie hatten die Erfahrung auf ihrer Seite.

Der Hof der Kamińskis lag etwas versteckt, an der Biegung der schmalen Straße, die von Jelenia Góra über Lubań – wo Helmut Fietze herstammte – nach Zgorzelec führte. Ein großes Holzkreuz mit einer Jesus-Figur stand am Straßenrand, da, wo die Auffahrt zum Gehöft abzweigte. Das Gehöft selbst, verdeckt von dichtem Buschwerk, thronte auf einer leichten Anhöhe.

Ein Schwarm pechschwarzer Hühner trippelte mir entgegen, als ich in den Hof trat. Gäste schienen hier selten zu sein. Was nicht hieß, daß sie nicht willkommen waren. Bereitwillig zeigte mir Frau Kamiński – »Anna, bitte« – den Hof und das Haus, in dem sie wohnten. Ryszard war Tierarzt, sie passionierte Jägerin. Von ihrem Jagdglück zeugten eine Menge Trophäen an den Wänden, Geweihe, Urkunden und Medaillen für die sieben Jagdhunde, die sie einst gehabt hatte. Vor ein paar Jahren hatten sie ihr Haus und ihr Land in der Nähe von Warschau verkauft und diesen Bauernhof erworben, um hier den Lebensabend zu verbringen. Ryszards Vater war Förster gewesen und stammte aus dem heutigen Weißrußland, den ehemals polnischen Gebieten, deren Bevölkerung nach dem Krieg hierher zwangsumgesiedelt worden war. Sieben Hektar Land, zwei Pferde, fünf Katzen, drei Hunde, vierzehn Ziegen, zwei Enten, ein Dutzend Hühner: Das war Annas und Ryszards Reich. Auf den Feldern bauten sie Gemüse und Mais an.

Ryszards große Leidenschaft galt der Züchtung. Er war mächtig stolz auf seine schwarzen Hühner. Manche hatten Federn an den Füßen und sahen aus wie alte Weiber mit Lockenwicklern und Pantoffeln. Sie seien robuster als andere Rassen, sagte Ryszard, hielten Minustemperaturen von zwanzig Grad Celsius aus und lebten sehr lange. Zehn Jahre!

Bloß Eier legten sie weniger als normalsterbliche Hühner, räumte er ein. Und im Winter überhaupt keine. Doch das Eigelb sei so groß wie das von Batteriehühnern, versicherte Ryszard.

Er krümelte den Küken Brot hin. Sie schlugen sich durch den Urwald von Gras, das ihnen weit über die Köpfchen wuchs, und trippelten hinter ihrem Ernährer her, ängstlich darauf bedacht, ihn nicht zu verlieren. Mit seinem grauen Bart und den ruhigen Bewegungen erinnerte Ryszard ein bißchen an den Verhaltensforscher Konrad Lorenz.

So nahe der Grenze, wie sie lebten, bekamen Ryszard und Anna einiges mit von dem, was da lief. Einmal, erzählte Anna, sei ihr Mann auf der Straße vom Fahrer eines schwarzen BMW, dem ein weißer Mercedes folgte, gefragt worden, wo es nach Zgorzelec gehe. Ryszard habe die Richtung gezeigt, worauf der Mann, der – wie auch sein Beifahrer – einen schwarzen Anzug und einen schwarzen Hut trug, es genauer habe wissen wollen. Ryszard sei näher getreten, um es zu erklären. Und da habe er die Uzis gesehen, die israelischen Maschinenpistolen, die die beiden auf den Knien gehabt hätten. Und die Frau im weißen Kleid, die im Fonds gesessen und ihn angelächelt habe, eine Pump-Gun auf dem Schoß. Da habe er, Ryszard, einen vorsichtigen Blick auf den nachfolgenden Mercedes und dessen Insassen geworfen. Vier Männer, schwarze Anzüge, schwarze Hüte, saßen darin, Uzis auf den Knien. Sie mußten alle denselben Film gesehen haben. *Pulp fiction.*

Kurze Zeit später habe man lesen können, in Zgorzelec sei eine Mafiabande verhaftet worden, lauter junge Burschen.

Die Gegend hatte nicht den besten Ruf. Der Schmuggel florierte – Autos, Zigaretten, Menschen, was immer sich lohnte, hin und her verschoben zu werden. Allein in den zwei Nachbardörfern, wußte Ryszard, waren rund tausend Gerichtsverfahren anhängig. Wenn man Zöllner war, war es besser, man kontrollierte den Auspuff seines Wagens, bevor man abfuhr. Konnte sein, daß eine Sprengladung darin steckte.

Den alten Zeiten trauerten Ryszard und Anna dennoch nicht nach. Der Kommunismus habe nichts, aber auch gar nichts Gutes gebracht, meinten sie beide. Aber man erwache erst allmählich aus der Lethargie, sagte Ryszard. Man beginne, sich Mühe zu geben, die Dörfer der Umgebung veranstalteten neuerdings Schönheitswettbewerbe. Fassaden wurden frisch gepinselt, Blumenbeete angelegt, Wege ausgebessert. Das habe es früher nie gegeben.

Sie hatten mir ein kleines Zimmer zugewiesen, das für Gäste eingerichtet war. Eine kalte Dusche und eine Trockentoilette fanden sich auf dem Flur. Doch abends luden sie mich zu sich ins Wohnzimmer; einem stattlichen Raum mit schweren Möbeln, Stichen und Bildern, die allesamt Jagdszenen zeigten. Es war an einem dieser Abende, als Ryszard mir seine Geschichte erzählte. Wir hatten über Tiere gesprochen, und über seine Lieblingsbeschäftigung, das Züchten. Plötzlich fixierte mich Ryszard mit einem Blick, der besagte, daß er eine bedeutsame Mitteilung zu machen habe.

»Es ist mir gelungen«, sagte er, »Wisent und Kuh zu kreuzen.«

Ich sah wohl nicht besonders beeindruckt aus. Meine Kenntnisse in Veterinärmedizin sind rudimentär. Ryszard nahm es mir nicht übel. Er erklärte mir die Vorteile dieser Kreuzung, und die Art, wie er davon sprach, machte deutlich, daß der Wisent, der »europäische Bison«, der »König der Wälder«, sein Tier war, das Geschöpf, dem er sein Leben geweiht hatte. Er sprach von seiner unglaublichen Stärke. Er selbst hatte einmal gesehen, wie ein Bulle aus dem Stand drei Meter hoch gesprungen war. Ihm sei die Kinnlade auf den Bauch gefallen, sagte er. Der Wisent könne, auch aus dem Stand, zwei- bis dreimal schneller beschleunigen als ein Pferd. Wölfe könnten ihm nichts anhaben, so behend und so stark sei er. Ryszard wußte eine ganze Reihe solch außerordentlicher Leistungen des Tieres aufzuzählen, das außerdem genügsam, nicht wählerisch im Futter und – mit Ausnahme von Tollwut – kaum anfällig für Krankheiten war.

Ich fragte ihn, was ihn denn bewogen habe, dieses wunderbare Wesen mit einer gewöhnlichen Kuh zu kreuzen. Er sah mich an wie jemand, der vom Manna gekostet hat und sich mit diesem Erlebnis alleine findet.

»Das Fleisch«, sagte er. Und dann gebrauchte er Worte, die er dem Hohenlied entnommen haben mußte. So zart, so schmackhaft. Der kräftige Wisent, schmal, ein Waldtier, das zwischen den Bäumen durchkommen muß, und die füllige Kuh, weich und weiblich; das ergab Steaks ganz ohne Fett, schmackhaft und so zart, daß man sie mit der Gabel zerteilen konnte.

»Das Problem ist nur«, sagte er, »daß man beim Wisent nichts mit *power* machen kann. Nur mit Psychologie.«

Er ballte die Faust, als er *power* sagte, und legte eine Pause ein, als wollte er die Bedeutung seiner Leistung auskosten.

»Es geht um das Sperma«, sagte er. »Man kann einem Wisent-Bullen kein Sperma abzapfen, wenn man das Tier nicht zu nehmen weiß. Vollkommen unmöglich.«

Eben das aber war ihm geglückt. In der Landwirtschaftlichen Produktionsgenossenschaft von Jeziora Wielkie in der Nähe von Poznań, in der er als Veterinär angestellt war, hatte er Mitte der siebziger Jahre die beiden Tierarten erstmals kreuzen können, zuerst auf natürlichem Wege, dann mittels künstlicher Befruchtung. Die ersten Kälblein der Kühe hatte er mit Kaiserschnitt entbinden müssen, so groß waren sie gewesen. Sein Erfolg machte die Runde; Amerikaner, Franzosen, Italiener seien gekommen, sich seine Zucht anzusehen. Ein deutscher Jude, der das Fleisch probierte, habe ihn mit Geschenken überhäuft und gesagt, er bezahle jeden Preis für das Sperma von Wisent-Bullen oder für lebende, gekreuzte Tiere. Ryszard wollte nicht. Er verkaufte nur das Fleisch. Schließlich hätten er und sein Chef aber doch mit dem Deutschen ins Geschäft kommen wollen. Das ging nicht ohne Politik und ohne die Leute, die damals das Sagen hatten. Der Chef des polnischen Geheimdienstes, Kiszczak, interessierte sich für die Sache, sein Vorgesetzter, General Jaruzelski, war bei den Gesprächen dabei. Man wollte ein Business mit dem Westen aufziehen. In den Wäldern von Bieszczady im südöstlichen Zipfel von Polen, wo die Nomenklatura ihre Landsitze hatte.

Dann hätten die Russen Wind von der Sache bekommen. Eines Tages tauchten zwei auf, ein Wissenschaftler und ein Politkommissar, sagten, sie wollten eine Zucht in Rußland starten, und boten Ryszard eine Stelle zu guten Konditionen in Sibirien an. Ryszard lehnte ab. Sein Chef hatte ihn geheißen, dem Aufgebot Folge zu leisten, aber irgendwie hatte er es deichseln können, daß er doch nicht gehen mußte. Er wollte nicht zu den Russen. Noch heute verfolgten sie ihn, sagte er.

Ryszard beugte sich vor und senkte die Stimme.

»Ich besitze noch ein Röhrchen mit gefrorenem Sperma«, sagte er. »Dreißig Jahre alt. Aber immer noch gut!«

Ich sah mich um. Es war Nacht geworden, und die Kerze flackerte leise und warf tanzende Schatten an die Wand. Jeden Augenblick konnten die Russen hereinstürmen, dachte ich, Ryszard und mir ihre Kalaschnikows unter die Nase halten und die sofortige Herausgabe des kostbaren Spermas erzwingen.

Normalerweise, sagte Ryszard, seien bei Kreuzungen nur die Weibchen fruchtbar. Einem Landsmann von ihm war Ende der fünfziger Jahre in Białowieża die Kreuzung zwischen Wisent und Kuh auch geglückt, aber ohne daß die Männchen fruchtbar gewesen wären. Ihm, Ryszard, sei es gelungen, Tiere zu züchten, bei denen beide Geschlechter fruchtbar waren, Exemplare mit einem Anteil von drei Viertel Wisent und einem Viertel Kuh.

Er stand auf, holte ein Photoalbum, schlug es auf und reichte es mir. Zu sehen war ein Tier, das ich nicht zweifelsfrei zu identifizieren vermocht hätte.

»Ares«, sagte Ryszard. »Mein erster potenter Mischlingsbulle. Sein Großvater väterlicherseits war ein Wisent, die Großmutter mütterlicherseits eine Kuh.«

Er nahm das Album wieder an sich, schaute eine Weile auf das Photo und schüttelte den Kopf.

»Was für ein Kerl! Allerdings schlecht zu sprechen auf blonde Kühe. Dabei sind sie gut, die Blonden.«

Ryszard wandte sich mir zu und hob die Hände.

»Als ich ihm eine brachte, ein dreihundert Kilo schweres Tier, nahm er sie auf die Hörner und warf sie wie ein Spielzeug in die Luft. Wir konnten sie retten, indem wir ihn mit Wasser vertrieben. Sie hatte ein paar Löcher im Bauch, blieb aber am Leben.«

Bewunderung schwang in seiner Stimme mit, die Bewunderung des Vaters für den Sohn, der in der Schule ein halbes Dutzend Klassenkameraden krankenhausreif geprügelt hat.

Sein Sohn, der Wisent, war nicht nur stark, er hatte auch ein unglaubliches Gedächtnis. Alles behalte er im Kopf, sagte Ryszard. Er erzählte von einem, dem er ein Halsband anzulegen versucht hatte, ein Unterfangen, das nicht mehr als zwei Minuten gedauert habe und mißlungen sei. Als er es zwei Jahre später noch einmal probieren wollte, habe das Tier, sowie es das Halsband bemerkte, die Flucht ergriffen.

Ich hatte gezögert, Ryszard zu fragen, wie er es denn geschafft habe, den Bullen Sperma abzunehmen. Schließlich war er der einzige, dem das gelungen war, und die Weise, wie er das herausgestrichen hatte, ließ ein geheimes Ritual vermuten, dessen Einzelheiten meine Phantasie um so mehr reizten, als sie vollkommen im dunkeln lagen.

Ryszard schien auf die Frage gewartet zu haben. Er beugte sich vor, und seine Augen leuchteten, gelb wie die Bernsteinkette, die er um den Hals trug.

»Psychologie!« sagte er. »Man muß die Psychologie der Tiere kennen!«

Dann lehnte er sich zurück und berichtete, wie er die andere, die natürliche Kreuzung zustande gebracht habe. Auch das keine einfache Sache. Es geht nur mit unerfahrenen Jungbullen, denn haben sie einmal ein Wisentweibchen gedeckt, wollen sie immer eines. Einen solchen Jungbullen sperrte er ein, fütterte ihn mit Proteinen, damit er stark und potent wurde, und brachte eine Kuh in seine Nähe, die er beschnuppern konnte. Dann nahm er sie ihm wieder weg. So ging das hin und her, bis er scharf war. Ryszard paßte den Moment ab, ließ die Kuh herein, und der Bulle besprang sie.

Ich beschloß, mich nicht länger hinhalten zu lassen, und fragte, wie er denn die Spermaentnahme zuwege gebracht habe. Mit einer künstlichen Vagina?

»Eine künstliche Vagina!« Ryszard schien empört. »Nein, das funktioniert nicht. Der Wisent ist viel zu heikel.«

Ryszard richtete sich auf, formte die rechte Hand zu einer Röhre und unterstrich jeden seiner Sätze mit einer raschen Bewegung, als melke er ein Euter. »Er muß genau den richtigen Druck, die richtige Temperatur, die richtige Feuchtigkeit spüren.« Er betonte jedes einzelne Wort, und der Silberreif um sein Handgelenk rutschte bei jedem Satz nach vorn und zurück.

»Sonst funktioniert es nicht?« fragte ich zögernd.

»Funktioniert es nicht?« Ryszard hob seine Stimme und schlug sich auf die Schenkel. »Nicht nur das – er wird böse!«

Dann fischte er ein Plätzchen aus der Schale, die seine Frau hingestellt hatte, und biß heftig ein Stück ab. Er seufzte und lehnte sich zurück.

Es sei gefährlich, sagte er, ihn zu dem Thema zu befragen. Er könne drei Tage lang darüber reden. »Sie kennen die Geschichte der künstlichen Befruchtung?«

Ich verneinte.

»Da waren zwei verfeindete Scheiche. Der eine hatte eine Stute, die er unbedingt vom Hengst seines Feindes gedeckt haben wollte. Da er weder selbst zu ihm gehen noch seine Stute bringen lassen konnte, schickte er einen Beduinen mit einer anderen Stute hin, die dann vom Hengst gedeckt wurde. Wie sie wieder zurück war, entnahm der Scheich ihr mit einem Schwamm das Sperma und befruchtete damit seine eigene Stute. So geht die Legende. Und so habe ich es gemacht.«

Es klang plötzlich einfach. Aber es war nicht so einfach gewesen.

»Man muß die Kuh vorbereiten«, sagte Ryszard. »Ihr Vaginalsekret durch eine Substanz ersetzen, die das Sperma konserviert, so daß man es wieder entnehmen kann. Das habe ich gemacht, und ich bin der einzige, der damit erfolgreich gewesen ist.«

»Weil die anderen die Flüssigkeit nicht hatten?«

»Weil sie die Geduld nicht hatten. Ich sage Ihnen: Es gibt nur einen Fall, bei dem man sich beeilen darf – wenn man Flöhe hat.«

Dreihundert Tiere habe er gemacht, sagte er.

Wir schwiegen ein Weile. Ich sagte, daß heute, mit der Gentechnologie, ja wohl alles viel einfacher sei.

»Sicher«, sagte Ryszard. »Aber die Frage ist auch da: Wie kriegen Sie das Sperma?«

Dann sprach er über Gentechnologie, begeisterte sich an den Möglichkeiten. Er hätte am liebsten alles mit allem gekreuzt. Er wußte von einem Labor in Spanien, in dem mit Menschenklonen experimentiert wurde. Der Bruder eines seiner Freunde sei dort Sicherheitschef gewesen. Er fragte mich, ob ich Erich von Däniken kennte, ein Landsmann von mir.

»Nicht persönlich«, sagte ich. »Aber ein paar seiner Bücher.«

»Erich von Däniken hat recht«, sagte Ryszard. »Ich habe alles gelesen von ihm.«

Ich warf ein, daß nichts, was von Däniken geschrieben habe, überprüfbar sei und daß er, Ryszard, als Wissenschaftler doch auf der Überprüfbarkeit als Wahrheitskriterium bestehen müsse. Zum Beispiel die Sache mit den Ufos. Immer, wenn man einen angeblichen Beweis überprüft habe, habe es sich als Täuschung oder als Fälschung erwiesen.

Ryszard war nicht einverstanden. Er war in guter Gesellschaft; jeder zweite Amerikaner glaubt an Ufos, die früheren Präsidenten Jimmy Carter und Ronald Reagan eingeschlossen. Es war sinnlos, darüber zu streiten.

Ein Gewitter hatte sich zusammengebraut, und Blitze rissen Fragmente von Jagdszenen aus der Dunkelheit der Wände. Ryszard sah mich an.

»Hier«, sagte er und wies mit der Hand hinter seinen Rücken, »hier ist ein Ufo gelandet.«

Er wartete die Wirkung seiner Worte ab. Ich fragte, wann das gewesen sei.

»Vor zwei Jahren«, sagte er. »Es kam regelmäßig, einmal im Monat. Wir merkten es im voraus, wenn die Pferde scheu wurden.«

Ob er die Insassen gesehen habe?

»Nein«, sagte er. »Einmal wollte ich es photographieren, aber ich war zu spät.«

Ein Blitz erleuchtete die Fenster hinter Ryszards Rücken und ließ sie in hellem Violett aufstrahlen.

Unversehens erschien mir Ryszards Geschichte in einem anderen Licht. Vielleicht war alles erfunden, er ein Schwindler... Vielleicht gab es gar keine Kreuzung zwischen Wisent und Kuh, kein Röhrchen mit gefrorenem Sperma und keine Russen, die hinter der Sache her waren. Vielleicht litt Ryszard an einer Paranoia. Ich hatte Leute gekannt, mit denen man über Gott und die Welt reden konnte wie mit irgendwem, bis man auf ihre fixe Idee stieß. Dann stellte sich heraus, daß der KGB, angestiftet vom CIA, die Milch vergiftete, weshalb sie äußerst vorsichtig sein mußten, was sie in ihren Kaffee gossen. Ryszard hatte am Tag zuvor erzählt, welche Schwierigkeiten sie mit der Renovierung des total ruinierten Gebäudes gehabt hätten. Selbst das Dach sei beschädigt gewesen. Der Mann, dem sie den Auftrag gegeben hätten, alles in Schuß zu bringen, sei hier früher Parteisekretär gewesen. Er habe für das Geld, das er bekommen habe, nur ein Zehntel der versprochenen Arbeit geleistet und für jede Handreichung zusätzlich Geld verlangt. An die Behörden oder an das Gericht hätten sie sich nicht wenden können, weil da überall seine Freunde gesessen hätten. Auch das eine Verschwörung?

Ob es irgendwo in Polen noch Tiere aus seiner Zucht gebe, fragte ich Ryszard.

»Ja, es gibt noch eine Herde«, sagte er und schien plötzlich traurig. »Aber sie ist zum Aussterben verurteilt. Die Russen schießen jedes Jungtier ab.«

»Wo denn?« fragte ich, mehr, um der Sache Genüge zu tun, als aus Interesse.

»Hier in der Nähe«, sagte er, »ein paar Kilometer weit weg.«

Er muß mein Erstaunen gespürt haben.

»Aber ich gehe nicht mehr hin«, sagte er. »Seit einem Jahr bin ich nicht mehr dort gewesen. Ich kann es nicht sehen – die toten Jungtiere.«

Ich mochte ihn nicht nach genaueren Ortsangaben fragen. Wenn es denn die Herde überhaupt gab – da eigenmächtig hinzugehen wäre, als wollte ich auf seiner Seele herumtrampeln.

Es sei, sagte er, der Rest jener Herde, die er in Jeziora Wielkie gezüchtet habe; als die dortige PGR in den achtziger Jahren in die Krise schlitterte, habe man die Tiere hierher, in die PGR Sulikowo, verfrachtet; die Landwirtschaftliche Produktionsgenossenschaft, deren Überreste ich gesehen hatte. Das war der Grund, weshalb Ryszard in Włosień war, er war den Tieren nachgereist. Der Chef der PGR Sulikowo, erzählte er, sei verrückt geworden, habe begonnen, die Tiere zu foltern. Am Schluß sei er in der Klinik gelandet. Wenn er, Ryszard, am alten Gutshof vorbeigehe, schaue er weg. Er könne es nicht mit ansehen, wie alles verfalle. Als die PGR aufgelöst worden sei, sei kein Geld mehr dagewesen, die Arbeiter zu bezahlen, worauf diese die Jungtiere geschlachtet und gegessen hätten. Andere habe man ausländischen Möchtegern-Jägern vor die Flinte getrieben, damit sie sie abschießen konnten. Er wußte von einer italienischen Gräfin, die sich dabei hatte filmen lassen.

Es erinnerte an die Eskapaden von Ceaușescu, dem größten Jäger der Karpaten.

Wir sprachen noch eine Weile über dies und das, aber es war, als bewegten wir uns auf vermintem Gelände. Er war Antisemit und machte aus seiner Abneigung gegen die Juden, die die Welt beherrschten, kein Hehl. Das zweite, was ihm auf die Nerven ging, war der Vegetarismus. Darin wurde er vehement unterstützt von seiner Frau, deren Jagdleidenschaft sich auch auf Vegetarier zu erstrecken schien. Ja mehr noch, sie haßte sie, wie wohl kein Jäger sein Opfer haßt.

Ryszard litt an Rheuma, hatte dicke, geschwollene Finger. Er war gerade dabei, eine russische Therapie zu erproben, die zwei Monate dauerte. Sie bestand aus Bienenstichen. Man begann mit einem, steigerte das im Verlauf eines Monats auf dreißig pro Tag und ging dann wieder hinunter bis auf einen. Außerdem hatte er Gelbsucht, Folge einer kranken Leber.

Wenn Anna etwas einwarf, ließ er sie reden. Dann fragte er mich, ob ich wisse, warum Frauen länger lebten als Männer. Ich verneinte.

»Weil sie keine Ehefrauen haben.«

Das Merkwürdige war, daß Ryszard stets die präzise Art des Wissenschaftlers beibehielt. Für alles hatte er Beweise, Belege, Zahlen, Fakten, die in sich stimmig waren. Er war Mitglied der Akademie der Wissenschaften, hatte er mir gesagt. Er neigte nicht zu Sentimentalitäten. Nur einmal sagte er trocken, es sei nicht gut, daß der Mensch so alt werde. Das sei das Traurigste, das Alter. Er hoffte auf irgendeine Gentherapie. Nicht für sich, aber für die Wissenschaft, für die Menschheit.

Am nächsten Morgen ging ich im Lebensmittelladen einkaufen. Viel war nicht zu bekommen. Brot, ein bißchen Wurst und Obst. Einer der drei Säufer, die vor dem Laden herumstanden, trat neben mich und verlangte drei Flaschen

Bier, während ich die Regale nach etwas absuchte, worauf ich vielleicht doch Lust hätte. Er streckte der Verkäuferin einen Fünfzig-Złoty-Schein hin. Sie konnte nicht herausgeben und sagte, er solle das Geld behalten und später zahlen. »Nein«, sagte er, »besser ist, das Geld bleibt bei dir.« – »Nein«, sagte sie, »bei dir.« – »Nein«, sagte er, »bei dir.« Das ging so eine ganze Weile hin und her. Es war ein Spiel, das sie spielten, die Art von Ping Pong, die man in Włosień spielt.

Zurück im Hof, verzehrte ich meine Kabanosy, die lange dünne Trockenwurst, das Brötchen und den Apfel und schlenderte ein bißchen herum. Ein Metallgehege, nur ein paar Dutzend Schritte von Ryszards Haus entfernt, erregte meine Aufmerksamkeit. Es bestand aus starken Rohren und Stangen und glich ein wenig jenen Koppeln, die man fürs Schlachtvieh baut.

»Für den Wisent«, sagte Ryszard. Ich hatte nicht bemerkt, wie er hinter mich getreten war. Hier, sagte er, habe er die Tiere, die er kreuzen wollte, zusammengeführt. Eine eigene Herde habe er nie besessen. »Das braucht viel Land«, meinte er. »Ein Hektar pro Tier, mit Wald. Da, wo sie jetzt sind, haben sie zweihundert Hektar.«

Dann gab er sich einen Ruck.

»Wollen wir uns die Herde ansehen?«

Ich sah ihn an und nickte. »Sehr gern.«

Wir stiegen in sein Auto, einen alten Peugeot, und fuhren los. Die meiste Zeit ging es durch den Wald, auf Forststraßen. Ryszard sprach kein Wort. Nach etwa zehn Kilometern hielt er an, und wir stiegen aus. Ryszard hatte, seines Rheumaknies wegen, Mühe damit. Wir passierten einen Schlagbaum und gelangten zu einer Lichtung. Sie war groß, eine Wiese, von Wald umrandet, in deren Mitte, wie eine Insel, ein kleines Wäldchen stand.

Und da waren sie.

Fünfzehn Tiere zählte ich. Sie standen im Schatten der Bäume, bewegten sich kaum. Riesige Tiere. Wir gingen auf sie zu. Ryszard wußte von jedem, welche Art Kreuzung es war, mit welcher Kuhrasse – es waren Hereford-Kühe und eine französische Rasse namens Charolais darunter – und in welchem Verhältnis, wieviel Prozent Wisent, wieviel Prozent Kuh. Man konnte es ihnen ansehen. Je größer, bulliger, zotteliger, aber auch je schmaler sie waren, um so mehr Wisentanteil war in ihrem Blut. Diejenigen, die mehr von einer Kuh hatten, waren deutlich kleiner und dicker.

Alle hatten sie kurze, aufgebogene Hörner. Die größten, sagte Ryszard, brachten es auf eine Tonne Lebendgewicht. Ich schätzte ihre Schulterhöhe auf gut zwei Meter. Sie waren dunkelbraun, wie amerikanische Bisons, mit langwolligem Pelz an Kopf und Vorderkörper, das Hinterteil kurzhaarig. Sie sahen zu uns herüber. Sie hätten ein feines Gehör, hatte Ryszard gesagt.

Ich ging neben ihm her, allein hätte ich mich nicht in die Nähe der Tiere getraut. Er stellte sie mir alle mit Namen vor, Wojtek, den Leitbullen, seine Frau Bizonka, Kreska, Żółta, Siwula…

Was man tun solle, falls man angegriffen werde, fragte ich Ryszard.

»Auf keinen Fall wegrennen«, sagte er. »Wegrennen weckt ihre Lust, hinterherzurennen. Man muß ruhig auf sie zugehen.«

Wojtek war der einzige Bulle, muskelbepackt wie ein Bodybuilder, doch elegant in seinem hohen Wuchs. Noch dreißigjährige Weibchen, sagte Ryszard, bekämen Junge von ihm. Es erstaunte ihn selber.

»Sie sind Sommer wie Winter draußen. Macht ihnen überhaupt nichts aus. Regen, Schnee ignorieren sie. Bloß Sonne haben sie nicht gern, dann suchen sie den Schatten unter den Bäumen auf.«

Er meinte, das sei, neben dem besseren Fleisch, einer der entscheidenden Vorteile. Die Tiere bräuchten keinen Stall, was das Teuerste an der Viehzucht sei.

Ryszard war hinter die kleine Hütte getreten, die auf der Wiese stand, als eine Frau auf mich zukam. Sie trug hohe Gummistiefel, hatte ein Fernglas um den Hals gehängt und eine Flinte über der Schulter.

Was ich da suche, fragte sie barsch. Ich wies auf Ryszard, den sie übersehen hatte. Ihr, das heißt ihrem Mann, stellte sich heraus, gehörte die Herde nun.

Sie machte ein ernstes Gesicht, während sie mit Ryszard sprach. Ihr Mann war in die Ukraine gereist und nicht zurückgekommen. Eine Woche habe er in Kiew bleiben wollen, um über ein Geschäft mit den Tieren zu verhandeln. Das war vor zwei Monaten gewesen. Ihre Nachforschungen hatten nichts ergeben. Nun bewachte sie die Herde.

Ryszard hatte mir nicht viel erzählen wollen über den, der die Herde übernommen hatte und nun verschollen war. Er hatte, soviel war herauszuhören gewesen, etwas gedeichselt mit jemandem, der genügend Einfluß hatte, damit er von der PGR das Land mit dem Wald bekam.

Als wir uns abwandten und zurückgingen, meinte Ryszard, da sei nicht mehr viel Hoffnung. Wer die Grenze zur Ukraine passiert habe, sei seines Lebens nicht sicher. Banditen, Wegelagerer, was man will. Dann blieb er stehen und sah mich an. Wenn der andere nicht zurückkomme, sei es aus mit der Herde. Denn sie müsse rund um die Uhr bewacht werden.

»Sie sind vermutlich der letzte, der die Tiere lebend gesehen hat.«

Er stieg ins Auto, ohne sich noch einmal umzusehen. Er warf den Motor an, und wir fuhren los.

Erst jetzt, im nachhinein, fiel es mir auf. Unter den fünfzehn Tieren war kein Jungtier gewesen. Ryszard schien meine Gedanken erraten zu haben.

»Das letzte kam im Mai zur Welt«, sagte er. »Es wurde getötet. Erschossen. Und liegengelassen wie alle andern.«

Keiner sagte mehr ein Wort, während wir nach Włosień zurückfuhren.

VI

Gryfów Śląski – Jelenia Góra

Gryfów Śląski muß einmal ein schönes Städtchen gewesen sein. Nun sah das Ganze aus, als hätte man zwei Modellbaukästen durcheinandergeschüttelt – »Architektur des realexistierenden Sozialismus« und »deutsches Bürgerhaus, 19. Jahrhundert«. Die Betonklötze waren wesentlich neuer, sahen aber nicht so aus. Was die Geschwindigkeit des Verfalls betraf, hatte der Sozialismus es geschafft, den Kapitalismus zu überholen.

Ich besuchte den Friedhof, der von einer hohen Mauer umgeben war. An ihrer Innenseite lagen die ältesten Gräber. Die meisten Grabsteine trugen deutsche Namen, »Rüdiger«, »Petermann«, »Familie Elsner«. Militärisch knapp meldeten sich manche an der Himmelspforte: »Bäckermeister Georg Schmidt, vollbracht«. Viele Gräber waren verwildert, es gab wohl niemanden mehr, der sie pflegte. 1954 war die jüngste Jahreszahl, die ich fand, das Ehepaar Anna und Hermann Brückner.

Ein Denkmal mitten auf dem Friedhof erinnerte an die Kämpfer, die den »Heldentod bey Erstürmung der von den Franzosen besetzten Stadt« gestorben waren. Auch das war lange her.

Von all den Aufregungen der Historie war nichts mehr zu spüren. Es war still in Gryfów Śląski, und Einwohner waren kaum zu sehen. Als ich den Friedhof verließ, gelangte ich an einen kleinen Platz, wo auf der einzigen Bank zwei Alte saßen und miteinander schwatzten. Aus dem Fenster des nebenstehenden Hauses lehnte sich eine weitere Alte, die den beiden beim Schwatzen zuschaute, und ein paar Schritte davon entfernt stand eine vierte. Sie hatte einen kleinen Hund bei sich und schien auf jemanden zu warten, vielleicht die fünfte Alte. Der Hund war es leid und zerrte ungeduldig an der langen Leine, was seine Herrin nicht beeindruckte.

Ob sie von hier sei? sprach ich sie an.

Sie bejahte. Seit fünfundsechzig Jahren wohne sie in Gryfów Śląski, sagte sie. Sie hatte eine Zahnlücke, und auf ihrem Kinn sprossen ein paar dunkle Barthaare.

Dann habe sie wohl viel erlebt, sagte ich. Und bestimmt auch Schlimmes, den Krieg, die Deutschen.

Sie strahlte.

»Der Krieg!« sagte sie. »Das war meine schönste Zeit!«

Sie ruckte mit der Leine und reckte sich. »Ich war fünf Jahre in Deutschland, als Dienstmädchen bei einer Familie. In der Nähe von Straßburg.«

Sie war verschleppt worden, und dabei hatte sie das große Los gezogen. Die Hausherrin sei oft weg gewesen, schwärmte sie, habe ihr die Schlüssel gegeben und gesagt: »Fühl dich wie zu Hause!«

Und das war besser gewesen als zu Hause.

Sie war jetzt noch beeindruckt von soviel Vertrauen.

Nein, die Deutschen seien in Ordnung, meinte sie. Manche kämen immer wieder hierher. Vor drei Jahren sei das Ehepaar gekommen, das früher in ihrer Wohnung gelebt hatte, und habe sie gefragt, ob es sich die Wohnung ansehen dürfe.

»Sie hatten eine Tasche dabei voll mit Geschenken. Schokolade, Kaffee. Und haben wollten sie nichts dafür – sich nur die Wohnung ansehen!«

Sie konnte Deutsch und hatte verstanden, was die beiden miteinander geredet hatten, während sie ihre Wohnung inspizierten, und es war nichts Schlechtes dabeigewesen.

Ihr rechter Arm zitterte in einem fort, während sie erzählte. Sie habe einen Hirnschlag erlitten vor zwei Jahren, erklärte sie, aber ihr Temperament schien davon unbeeindruckt geblieben zu sein. Sie redete, ohne abzusetzen, schimpfte über ihre Landsleute und die Schweinereien, die sie machten, ohne näher darauf einzugehen, was sie damit meinte. Unversehens zog sie mit einem kräftigen Ruck an der Leine, so daß der Hund ins Japsen kam. Halb Gryfów Śląski konnte hören, wie sie rief:

»Ich werde lieber einem Deutschen den Arsch küssen als einem Polen das Gesicht!«

Im nahen Jelenia Góra hätte sie dazu reichlich Gelegenheit gehabt. Das einstige Hirschberg ist ein beliebtes Ausflugsziel für Deutsche. Sie kommen in Gruppen angereist, die Photoapparate umgehängt, die Videokameras griffbereit. Sie stehen auf dem Rathausplatz, alte Männer von schlanker Statur und mit grauen, nach hinten gekämmten Haaren, neben sich ihre fülligen Frauen. Später sitzt man im Freien bei Kaffee und Kuchen. Die Frauen, zurechtgemacht, halten ihre Taschen auf dem Schoß und zeigen sich die Kleinigkeiten, die sie gekauft haben, Kunsthandwerk aus den Läden in den Lauben, die den Platz säumen.

Es sind Szenen des Tourismus, die erst auf den zweiten Blick erkennen lassen, daß diese Touristen nicht irgendeine Fremde besuchen. Sie hören dem Reiseleiter zu wie anderswo auch; doch die Bemerkungen, die sie fallenlassen, zeigen, daß sie manches besser wissen als er. Sie kommen angereist, um sich ins Bild zu setzen, aber nicht der Unterschied zu dem Ort, von wo sie hergereist sind, interessiert sie, sondern allein der Unterschied zu dem, was hier früher einmal war. Sie sind in ihrer alten Heimat.

Sie sind nicht unzufrieden mit dem, was sie sehen. Der Platz mit seinen Laubenhäusern aus dem 17. bis 19. Jahrhundert ist noch so, wie sie, ihre Eltern und Großeltern, ihn gekannt hatten, mit dem Neptunsbrunnen in der Mitte und dem barocken Rathaus an der Stirnseite. Die Häuser sind renoviert, ein dezent bunter Kranz von senfgelben, olivgrünen und altrosa Fassaden in den verschiedensten Abtönungen.

In der Pfarrkirche mit ihrem hohen, von weitem sichtbaren Turm finden sich Anweisungen auf deutsch. »Adoration des Heiligsten Sakramentes. Wir knieen niedert«, steht auf einem Zettel.

Auf meinem Rundgang entdeckte ich eine Tafel, die den Amtssitz des Denkmalpflegers anzeigte, »Państwowa Służba Ochrony Zabytków«. Herr Śliwa empfing mich in seinem Büro voller Aktenschränke mit Hängeregistraturen, auf denen Planrollen und Stücke von alten Mauerfriesen lagen. Er hatte eben gehen wollen, es war Feierabend. Nun hängte er sein Jackett wieder an den Haken, setzte sich hinter den Schreibtisch und seufzte, als ich ihn nach der Bedeutung der Fragmente auf den Regalen fragte.

»Gehen Sie in den Desa-Laden und schauen Sie sich die Stiche aus dem 18. Jahrhundert an«, sagte er. »Da sind sie drauf, die Friese und Ornamente.« Er zeigte bekümmert auf die Trümmer. »Und das ist alles, was davon übriggeblieben ist.«

Nach dem Krieg hatte man die Häuser verfallen lassen. Sie waren keine begehrten Objekte gewesen wie später dann die Plattenbauten, die man am Stadtrand hochzog. Und noch heute waren billige Kommunalwohnungen in den Altbauten, zwar in bester Lage, aber mit wenig Komfort. Für Warmwasser mußten die Mieter selber sorgen. Vom Staat gab es nichts. In den sechziger Jahren hatte man mit dem Umbau und der Sanierung begonnen; nun, nach der Wende, war sie abgeschlossen und das Ziel, den originalen Zustand des einst deutschen Städtchens wiederherzustellen, soweit wie möglich erreicht. Man hatte sich die Sache einiges kosten lassen, die Farben für die Fassaden bekam man nicht im Supermarkt. Herr Śliwa war stolz darauf, daß die Stadt alles selber bezahlt hatte, ganz ohne deutsche Hilfe.

Ich fragte ihn, was ich mir in Jelenia Góra sonst noch ansehen sollte.

»In Jelenia Góra?« Er schüttelte den Kopf. »Gehen Sie nach Krzeszów, ins Kloster. Eine Zisterzienserabtei, schlesischer Barock. Die Deutschen haben die Instandsetzung der Kirchenorgel finanziert. Aber wissen Sie – ist man am einen Ende des Gebäudes fertig, muß man am anderen wieder beginnen. Die Strafe für den Geiz der Priester!«

VII

Die Vertreibung der Deutschen und der Polen 1945

Die wenigen deutschen Touristen, die ich in den Kleinstädten im polnischen Westen, der einst zum Deutschen Reich gehört hatte, immer wieder antraf, waren die letzten der Generation, die den Krieg und die Vertreibung erlebt hatten. Es gibt eine nicht sehr umfangreiche Literatur über ihr Schicksal, historische Studien und persönliche Erinnerungen. Letztere sind oft nicht frei von Ressentiments; auch sie belasten das deutsch-polnische Verhältnis bis heute.

Für die betroffenen Deutschen begann die Katastrophe des Zweiten Weltkrieges mit dem Tag, als die Rote Armee die Schwelle ihres Hauses übertrat. Für die Polen hingegen war die Vertreibung der Deutschen die Konsequenz eines Krieges, den Deutschland begonnen hatte. Mitleid mit dem Los des Aggressors konnten sie kaum aufbringen. Polen hatte im Krieg gemessen an der Einwohnerzahl die höchsten Verluste erlitten. Ein Fünftel seiner Bevölkerung war umgekommen, weit weniger durch Kriegshandlungen als durch systematische Ermordung. Rund 6 Millionen, davon 3,5 Millionen Juden, waren Hitlers »Generalplan Ost« zum Opfer gefallen, der die Auslöschung des europäischen Judentums und die Versklavung, Vertreibung oder Vernichtung des größten Teils der polnischen Bevölkerung zum Ziel hatte. 2,8 Millionen Polen waren als Zwangsarbeiter ins Dritte Reich verschleppt worden. Jedes polnische Geschichtsbuch zitiert Heinrich Himmlers Order: »Für die nichtdeutsche Bevölkerung des Ostens darf es keine höheren Schulen geben als die vierklassigen Volksschulen. Das Ziel dieser Volksschulen hat lediglich zu sein: einfaches

Rechnen bis höchstens 500, Schreiben des Namens und eine Lehre, daß es göttliches Gebot ist, den Deutschen gehorsam zu sein und ehrlich, fleißig und brav zu sein.«

Die Deutschen im Osten mußten für die Verbrechen des Nationalsozialismus büßen, als sich das Blatt wendete. Diejenigen, die nicht rechtzeitig vor der Roten Armee geflohen und daher von der Front überrollt worden waren, drohten ausgeraubt und mißhandelt, die Frauen vergewaltigt zu werden. Im Mai 1945, noch vor dem Beschluß der Potsdamer Konferenz, die deutsche Bevölkerung östlich von Oder und Neiße umzusiedeln, begann deren Vertreibung durch Kommandos der polnischen Miliz. Im Juni wurden die Flußübergänge für Rückwanderer gesperrt. Dann räumten polnische Militäreinheiten nach Plan Ortschaft um Ortschaft. Frühmorgens wurden die Bewohner aus ihren Häusern gejagt. Sie durften, wenn überhaupt, nur ein bis zwei Gepäckstücke mitnehmen, waren auf ihrem Weg in den Westen nicht sicher vor Plünderern und Räubern und kamen, zu Fuß oder mit einem Handwagen, zerlumpt, hungrig und oft krank, in einem vom Krieg verwüsteten Land an, manche mit nichts mehr am Leib als den Unterkleidern. Städte wie Frankfurt an der Oder und Küstrin, in die Hunderttausende strömten, waren nahezu vollständig zerstört, ohne Lebensmittelvorräte und ohne Wasserversorgung. Es gab keine Unterkünfte, keine Transportmittel, keine medizinische Hilfe – und keine Menschen, die den Flüchtlingen in ihrer Not hätten beistehen können.

Insgesamt 11,7 Millionen trafen in Deutschland ein, acht Millionen aus den ehemaligen, nun Polen gehörenden Ostgebieten. Viele siedelten sich in der Nähe der neuen Grenze an, da sie mit einer baldigen Rückkehr rechneten – nicht ob, sondern wann dies geschehe, war die Frage, die sie beschäftigte.

Sie beschäftigte auch die Polen, die in die von den Deutschen verlassenen Häuser einzogen. Man ließ den Koffer gepackt für den Fall, daß sich Deutschland wieder zurückerobern sollte, was es verloren hatte; eine Angst, die bis in die siebziger Jahre anhielt und immer wieder virulent wurde, wenn die Grenzfrage zur Debatte stand – zuletzt anläßlich der deutschen Wiedervereinigung. Zur Unsicherheit über die Rückkehr der Deutschen kam die Hoffnung, selber wieder in die alte Heimat zurückkehren zu können. Nur zögernd begann man mit dem Neubau privater Häuser.

Denn auch die Polen, die in Deutschlands ehemaligem Osten siedelten, waren Vertriebene. Sie stammten von jenseits des Bugs, aus dem von der Sowjetunion annektierten polnischen Osten. 2,1 Millionen waren es. Sie kamen in ein fremdes Land. In vielen Erlebnisberichten wird die gespenstische Atmosphäre dieser verlassenen und großenteils verwüsteten Landstriche beschworen. Das Getreide reifte, die Ernte nahte, die Wohnungen waren eingerichtet. Bloß Menschen waren keine da, und weder Hund noch Vieh. Vielerorts war alles verwüstet, das Geschirr zerschlagen, die Betten aufgeschlitzt, die Möbel demoliert. Anderswo war die Einrichtung so, wie die Bewohner sie verlassen hatten, als seien sie in den Ferien. Manche, die einzogen, schämten sich, in Besitz zu nehmen, was ihnen nicht gehörte. Andere, die früh gekommen waren, trieben die alten Bewohner eigenhändig aus den Häusern, um sich darin breitzumachen. Und es gab welche, die sich mit ihren eigenen Landsleuten um die besten Bauernhöfe stritten.

Alle aber empfanden sie ein Gefühl der Fremde – die Straßenschilder, die Geschäfte, die Architektur war die eines anderen Volkes; eines Volkes, von dem sie früher eine Distanz von tausend Kilometern getrennt hatte. Da, wo sie herkamen, waren die Häuser aus Holz, die Dächer mit Stroh gedeckt und der Boden festgeklopft. Die Erde hinter dem Bug war schwarz und fruchtbar, gedüngt werden mußte nicht. Hier waren die Äcker sandig, und die Felder konnte man »mit dem Pferdeschwanz eggen«. Die Bauernhäuser waren aus Backstein, die Straßen gepflastert, es gab elektrisches Licht. Wohl fühlte man sich in dieser Umgebung nicht. Die Friedhöfe waren umheimlich, die ersten Siedler wollten auf ihnen nicht begraben werden.

Der Krieg war vorbei, aber Frieden war noch nicht eingekehrt. Räuberbanden zogen durch die Gegend, Beutemacher und Schieber bemächtigten sich der deutschen Habe, die polnische Miliz, das Militär und der Zoll mischten mit. Es war Polens »Wilder Westen«.

Man kann sich darüber streiten, wer von den beiden, Polen oder Deutsche, das schlimmere Schicksal hatte. Aus ihrer Heimat vertrieben worden waren sie beide, und beide mußten sie ein neues Leben beginnen. Während die Polen weite, entleerte Landstriche vorfanden, die für ihre Aufnahme bestimmt worden waren, kamen die Deutschen in ihrem eigenen Land an, wo sie sich jedoch erst einen Platz erobern mußten. Willkommen waren sie nicht. Die Gesellschaft mußte zusammenrücken, um Raum zu schaffen; was man den Heimatlosen gab, nahm man den Einheimischen weg. Die Sorben, eine slawische Minderheit in der Gegend von Bautzen, wehrten sich gegen die »Überfremdung« und empfingen die Neuankömmlinge mit Steinen. »Thüringen – Heimat für drei Millionen« hieß eine Solidaritätsaktion vom Frühjahr 1948, die ganze 110 Paar Schuhe, 132 Kochtöpfe und 10 Herde erbrachte. Vielerorts wurden die vertriebenen Deutschen von ihren Landsleuten beschimpft, als »Pack«, »Gesocks« oder gar »Polacken« tituliert.

Von solchen Feindseligkeiten blieben zwar auch die Ostpolen nicht verschont, die man da und dort verächtlich als »das von hinter dem Bug« bezeichnete. Doch hatten sie das Anrecht, wesentlich mehr ihrer Habe, einschließlich ihres Viehs, mitzunehmen. Um so stärker hatten sie mit dem Heimweh zu kämpfen in einem Land, das die letzten paar hundert Jahre fast ausschließlich von Deutschen besiedelt und von deutscher Kultur geprägt worden war. Viele derer, die aus den übervölkerten Dörfern Zentralpolens ausgewandert waren, kehrten in ihre alte Heimat zurück. Sie, die freiwillig gekommen waren, hatten sich ködern lassen von Werbebroschüren wie *Na Zachód!* (»In den Westen!«), mit denen der polnische Staat 1945 Siedler für die gewonnenen Gebiete warb:

Geh dorthin!
Ehe Du Dich umschaust
Bist Du besser und reich
Denn der Bauer im Westen
Ist dem Wojewoden gleich!

Die überwiegende Mehrzahl indes hatte keine Wahl und konnte nicht mehr zurück.

Während die kommunistische Propaganda die deutsch-polnische Freundschaft beschwor, die beiden Völker zu »Brudervölkern« und die Grenze zur »Friedensgrenze« erklärte, tat sie alles, um davon abzulenken, daß die neuen Bewohner dies- und jenseits von Oder und Neiße tatsächlich ein gemeinsames Schicksal, nämlich die Vertreibung, verband. Im Westdeutschland der Nachkriegszeit waren 16,5 Prozent der Bevölkerung Vertriebene, in Ostdeutschland 24,2 Prozent und in Polen 10 Prozent. Während die »Heimatvertriebenen« in der BRD Verbände gründeten und auf Revanche sannen, war es in der DDR verboten, nur schon von »Flüchtlingen« oder gar »Vertriebenen« zu reden; gemäß offizieller Sprachregelung waren sie »Umsiedler«, obwohl sie, beraubt und verjagt, ihre Heimat keineswegs freiwillig verlassen hatten.

In Polen wurden die aus ihrer Heimat Vertriebenen – ganz im Sinne des Orwellschen Newspeak – »Repatrianten« genannt, die die »wiedergewonnenen Gebiete« nach Jahrhunderten deutscher Fremdherrschaft für das Mutterland unter den Pflug nahmen. Man setzte alles daran, die Spuren der deutschen Vergangenheit zu tilgen, ideologisch unterstützt von der ostdeutschen Parteipropaganda, die die Zahl der Vertriebenen herunterspielte und die Rolle der deutschen Kultur in den angeblich »urpolnischen Gebieten« negierte.

Die Betroffenen nicht nur in der BRD, sondern auch in der DDR sahen es anders. Als am Neujahrstag 1972 die Grenze erstmals geöffnet wurde, strömten Tausende von DDR-Bürgern in ihre alte Heimat. Sie seien, erinnerten sich Einwohner im polnischen Gubin, gekommen »wie Pilger nach Mekka«. Die Polen verriegelten die Haustüren und standen ängstlich hinter den Fensterscheiben. Niemand, wird berichtet, habe an diesem Tag sein Haus verlassen, und auf den Straßen seien nur Deutsche gewesen, Familien mit Großeltern, Tanten, Freunden und Bekannten, die – oft ohne um Erlaubnis zu bitten – ihre einstigen Höfe, Häuser und Gärten besichtigt, sich jede Pforte und jeden Baum angesehen hätten.

Polens verlorener Osten hingegen war, wie es die Propaganda wollte, immer schon sowjetisches Territorium gewesen, und was dort geschehen war, wurde weder in der VR Polen noch in der DDR ein Gegenstand der historischen Forschung. Das Terrorregime der Sowjetunion, des großen Bruders, war tabu. Der deutsche Überfall auf Polen vom 1. September 1939 ist ein historisches Datum im westeuropäischen Bewußtsein; daß zweieinhalb Wochen später, am 17. September, die Rote Armee in Ostpolen einfiel, hat die Polen nicht minder traumatisiert. Hitler und Stalin hatten in ihrem Pakt vom 23. August 1939 Polen aufgeteilt. Der eine schuf »Lebensraum« im Osten, der andere im Westen seines Imperiums: Während der 21 Monate dauernden sowjetischen Herrschaft in Ostpolen wurden 1,25 Millionen Polen, etwa neun Prozent der angestammten Bevölkerung, in Viehwagen nach Sibirien und Zentralasien deportiert – »in die Tiefe«, wie der Volksmund sagte, wo sie in Arbeitslagern, Gefängnissen und Zwangssiedlungen verelendeten oder umkamen. Andere »Feinde der Revolution« wurden an Ort und Stelle liquidiert, Lehrer, Richter, Geistliche – wie Hitler war auch Stalin entschlossen, die polnische Führungsschicht auszulöschen. Katyn, Twer und Charkow, wo im Frühjahr 1940 mehr als 21000 polnische Internierte, davon 8100 Offiziere, vom sowjetischen NKWD per Kopfschuß ermordet wurden, sind noch immer keine Orte im europäischen Gedächtnis.

Die Alliierten waren es gewesen, die beschlossen hatten, die territoriale Neuordnung Europas mit der ethnischen Neuordnung zu koppeln. Damit folgten sie einem Prinzip, das Hitler 1939 durchzusetzen begonnen hatte: Staatliche Grenzen sollten mit nationalen in Übereinstimmung gebracht werden. Erst hatte er jene, dann diese verändert. Churchill legte Ende 1944 vor dem britischen Parlament seine Überlegungen zu ethnischen Trennungen dar und sagte, daß zur Vermeidung künftiger Konflikte »die nach unserem Ermessen befriedigendste und dauerhafteste Methode die der Vertreibung« sei. »Mich beunruhigen«, hatte der Kriegspremier beigefügt, »diese großen Umsiedlungen nicht, die unter modernen Verhältnissen besser als je zuvor durchgeführt werden können.«

Die Folge war, daß das Polen, das nach dem Krieg neu erstand, kein multikulturelles Land mehr war. In Polens Osten hatte man vordem selbst in ein und derselben Familie wählen können, ob man Ukrainer, Belorusse, Litauer, Russe oder Pole sein wollte. Und mit der neuen, willkürlich gezogenen Grenze im Westen gehörte auch das traditionelle deutsch-polnische Grenzgebiet mit seiner Vermischung von Sprache und Kultur der Vergangenheit an. An Oder und Neiße standen sich Entwurzelte gegenüber, die bisher nie etwas miteinander zu tun gehabt hatten.

Die Kommunisten sollten dafür sorgen, daß sich daran auch nichts änderte. In den 45 Jahren, während deren Oder und Neiße die Grenze zwischen zwei sozialistischen Bruderländern bildeten, war diese 36 Jahre lang geschlossen.

VIII

Bautzen

Bautzen war der Ort, wo die DDR ihre Dissidenten verwahrte; »Ab nach Bautzen« bekam zu hören, wer nicht so wollte wie das Regime. Das hatte mir in den achtziger Jahren in Berlin ein junger Schauspieler erklärt, der »rübergemacht« hatte, das heißt aus Ostberlin abgehauen war. Er hieß Atze und war so betrunken gewesen, daß er kaum zusammenhängend hatte reden können. Bautzen, gab er mir zu verstehen, stand für härtesten Vollzug, für lebenslang, für Todeskandidaten und Legenden, deren eine er beinahe selber geworden wäre. Immer, wenn er die Gefahr beschwor, der er ausgesetzt gewesen war, hieb er mit der Faust auf den Tresen und rief »Ab nach Bautzen!«.

Frühmorgens ging ich über die Grenze und nahm in Görlitz den Zug. Schneeweiße Windmühlen drehten träge ihre Flügel, an der Böschung blühte roter Mohn. Die kleinen Ortschaften an der Strecke waren alle zweisprachig angeschrieben, deutsch und sorbisch. Bautzen – Budyśin – war der Hauptort der Sorben in der Oberlausitz, dem mit etwa 60000 Angehörigen kleinsten slawischen Volk Europas. Die Sorben, im Deutschen »Wenden« genannt, waren Nachkommen slawischer Stämme, die bis ins 10. Jahrhundert die Gebiete östlich der Elbe bewohnt hatten. In Bautzen, las ich in meinem Reiseführer, gab es ein Sorbisches Institut, ein Sorbisches Museum und ein Sorbisches Gymnasium; außerdem beherbergte die Stadt das Sorbische National-Ensemble und das Deutsch-Sorbische Volkstheater. Die Sorben hatten ihre eigenen Schulen, Vereine und Medien, ihre eigene Sprache, ein westslawisches Idiom, das dem Polnischen und Tschechischen verwandt war und in dem es so schöne Ausdrücke wie »Waschmaschinka« gab. Die Sorben hatten alles, was sich eine Minderheit nur wünschen konnte, waren sie doch schon in der DDR protegiert worden. Nur ihre Heimat hatten sie nicht mehr. Man hatte ihnen das Land unter den Füßen weggebaggert. An die sechzig Dörfer waren dem Braunkohleabbau zum Opfer gefallen, die Bewohner in Plattenbauten umquartiert worden.

Neben dem Bautzener Bahnhof stand das Polizeigebäude, an dem eine Gedenktafel für Ernst Thälmann angebracht war, den deutschen Kommunistenführer, der 1943/44 in Bautzen eingekerkert und im KZ Buchenwald ermordet worden war. Auf dem Vorplatz gab es einen Stadtplan mit einem Verzeichnis der öffentlichen Gebäude und Einrichtungen. Das Gefängnis, nach dem ich suchte, war darauf nicht zu finden.

Also fragte ich mich durch. Es war nicht einfach. Die Verkäuferin in einer Buchhandlung, bei der ich mich erkundigte, hatte keine Ahnung. Eine ältere Kundin wußte Bescheid; der Weg, den sie beschrieb, schien ziemlich lang zu sein. Um sicherzugehen, fragte ich unterwegs einen Rentner, der von Kopf bis Fuß in Beige gekleidet war.

»Strafanstalt eins oder zwei?« fragte er streng, wobei er mit dem Stock auf den Boden klopfte.

»Da, wo die Politischen inhaftiert waren«, sagte ich.

»Justizvollzugsanstalt eins!« sagte er und faßte sich an die Mütze. »Das gelbe Elend!«

Er erklärte mir genau, wie ich dorthin gelangte, und ich fragte ihn, ob das jetzt eine normale Haftanstalt sei. Er bejahte und meinte, es seien aber nicht mehr viele Gefangene darin. Und dann ging ein Leuchten über sein Gesicht.

»Politische gibt's ja keine mehr!«

Ich mochte etwa einen Kilometer gegangen sein, da tauchte das »gelbe Elend« auf, ein großer Backsteinbau der Jahrhundertwende. Er stand etwas außerhalb, da, wo das Städtchen ausfranste in Reihenhäuschen mit Gärten und Geranien. Neben dem Eingangstor war eine Tafel, wieder für Ernst Thälmann. Aber sie war ergänzt worden mit weiteren Informationen, die besagten, daß die Anstalt vom Kriegsende bis 1950 von der sowjetischen Besatzungsmacht als eines ihrer Sonderlager für politische Gefangene genutzt worden war und mehrere Tausend darin der unmenschlichen Haftbedingungen wegen ihr Leben gelassen hatten. Anschließend war das Gefängnis ans Ministerium des Innern übergeben und von der Deutschen Volkspolizei geführt worden. Im Herbst 1989 saßen noch 2200 Gefangene ein, seit 1990 waren es nur noch 600. Die Humanisierung des Strafvollzuges unter Mitwirkung einer Bürgerinitiative war in Angriff genommen, das Gebäude saniert und renoviert worden.

Aber ich war an der falschen Adresse; dies war nicht das Gefängnis, nach dem ich suchte. Ich ging den Weg zurück, fragte unterwegs wieder mehrere Passanten und wurde wieder zum »gelben Elend« gewiesen, bis ich – per Zufall schon ganz in der Nähe des Ziels – auf jemanden traf, der sich auskannte. Mittlerweile hatte ich den Grund für die Verwirrung erkannt: Wer »politische Häftlinge« hörte, dachte an den Nationalsozialismus und dessen Opfer, an Ernst Thälmann und Genossen, deren Schicksal Schulstoff war, und nicht an die Opfer des Sozialismus.

Der zweite Grund, weshalb niemand wußte, wo sich das politische Gefängnis befand, war, daß man es auch dann nicht sah, wenn man direkt davorstand. Die »MfS-Sonderhaftanstalt« lag nahe am Stadtwall unweit vom Bahnhof, in einer ruhigen Wohngegend mit stillen Häuserzeilen, vielen Bäumen und kleinen Parks. Von der Straßenseite her waren nur ein paar vergitterte Fenster eines großen, älteren Gebäudes zu erkennen; nichts, was nach Stacheldraht, Wachttürmen und scharfen Hunden ausgesehen hätte. Es war, wie ich erfuhr, das ebenfalls um die Jahrhundertwende errichtete Amts- und Landgericht, ein U-förmiger Bau, in den, von der Straße her nicht einzusehen, ein fünfgeschossiges Untersuchungsgefängnis in Form eines T eingefügt worden war. Der Zellentrakt, dessen Seitenflügel den Komplex zur Parallelstraße hin abschlossen, ragte in den Hinterhof des Justizgebäudes, mit dem der eine der beiden Flügel über einen Gang – die »Seufzerbrücke« – verbunden war. »Gerechtigkeitskombinat« hatte der Schriftsteller Erich Loest, hier sieben Jahre inhaftiert, den karreeförmigen Komplex spöttisch genannt.

Bautzen II, wie das Gefängnis hieß, war nun eine Gedenkstätte. Ich streifte durch die leeren Korridore, den Zellentrakt mit den Neonleuchten, Gitterböden und Metalltreppen, begleitet vom Widerhall meiner Schritte. Die Wände waren gelb gestrichen, Sonnenlicht fiel durch die Fenster auf die kalten Steinböden. Ich bildete mir ein, das Klirren eines Schlüsselbundes zu hören.

Die Zellen waren klein, sechs Quadratmeter, und spartanisch eingerichtet: Bett, Klapptisch, Toilette, Spülbecken, Schrank und Heizkörper. Sie hatten innen eine Gittertüre und außen eine schwere Holztüre mit einem Guckloch. Es gab auch Zwei-Bett-Zellen sowie Arrestzellen, die weder Tisch noch Spülbecken hatten. Ein in der Mitte angebrachtes Quergitter verkleinerte deren Grundfläche auf etwa drei Quadratmeter und versperrte den Zugang zum Toilettentrichter. Sechzehn Stunden am Tag, hieß es in einer Informationsbroschüre, mußte ein Arresthäftling in der Unterwäsche auf dem Betonfußboden stehen oder kauern. Er war ohne Arbeit, isoliert von den Mitgefangenen, durfte keinen Besuch empfangen, bekam weder Pakete noch Briefe und nur jeden dritten Tag eine warme Mahlzeit. Die Schlafpritsche durfte er nur auf Befehl herunterklappen. Im März 1982 hatte sich in einem solchen »Tigerkäfig« der Deutschkanadier Dieter Vogel, wegen Spionage zu lebenslanger Haft verurteilt, die Pulsadern aufgeschnitten.

In einem Raum waren ein paar Exponate zu besichtigen, ein »Erlaubnisschein für ein Paket«, eine Stickerei »Arbeit ist Glück«, die aus der Zeit stammte, als die Sowjets das Gefängnis verwalteten. Auch einer der sogenannten Dreifachschlüssel war ausgestellt, ein schweres Ding, mit dem manche Aufseher die Häftlinge schlugen. Ein einziges Mal, 1964, war zu lesen, wurde in Bautzen II Weihnachten gefeiert.

Alles war etwas improvisiert, Informationen darüber hinaus gab es kaum, vor allem nicht über die dreiunddreißig Jahre, in denen das Ministerium für Staatssicherheit, die Stasi, hier Regie geführt hatte. Es schien, als sollten die Dinge für sich selber sprechen. In einem Büro grüßte, vor leuchtendblauem Hintergrund, ein Honecker-Portrait, eine Uniform mit Mütze hing am Haken, und auf dem Tisch standen ein Telefon und eine Schreibmaschine. Der Boden war eine Holzparkett-Imitation und die Türe gepolstert – ein beängstigendes Stilleben, das nach Beamtentum und einer schwer zu definierenden Brutalität roch.

Isolationstrakt und Arrestzellen, Krankenstube, Frauenflügel und Arbeitsräume – bald wollte ich nur noch hinaus, irrte durch die Korridore, versuchte den Pfeilen am Boden, mit denen der Rundgang markiert war, in Gegenrichtung zu folgen und verlief mich. Schließlich war ich wieder da, wo ich begonnen hatte – beim Eingang mit der Losung »Das Leben dem Menschen. Die Zukunft dem Kommunismus«. Ich trat ins Freie, das heißt in den Hof, und stieg auf den Wachtturm. Der Ausguck war so niedrig, daß ich kaum aufrecht stehen konnte. Hier Dienst zu tun mußte ein zweifelhaftes Vergnügen gewesen sein.

Die einzige Befriedigung mochte darin bestanden haben, zu sehen, daß es den Häftlingen noch schlechter ging. Der Hof, grau ummauert und mit verschlissenem Rasen, hatte die Form eines großen Rechtecks und war in zwei Hälften geteilt, deren eine wiederum von hohen Mauern in fünf einzelne Segmente unterteilt wurde, die die Form von Tortenstücken hatten: die »Einzel-Freiganganlage für Isolationsgefangene«.

In Berichten von Gefangenen wird das Regime geschildert, das hier herrschte. Auf das Kommando »Ablaufen« hieß es raus aus der Zelle, auf »Einlaufen« wieder zurück. Waren mehrere Gefangene zusammen auf Freigang, führte einer das Kommando, laut, daß der Wachtposten mit der MP im Anschlag auf dem Turm es hören konnte: »565, halten Sie den Schritt. 284, Ihr Abstand ist zu kurz. 518, drehen Sie sich nicht um, sprechen Sie nicht.« Der Gefangene war eine Nummer und hatte, wurde seine Zellentür geöffnet, in »Habtacht« zu stehen, Hände an der Hosennaht, und Meldung zu erstatten: »Zelle 4, belegt mit einem Strafgefangenen, es meldet Strafgefangener 4 Strich 58.« Erst im Sommer 1964 wurde die Namensnennung eingeführt, und in der letzten Hausordnung vom Januar 1987 hieß es zu Meldung und Grußpflicht: »Beim Aufschluß bzw. Betreten des Verwahrraumes durch Strafvollzugsangehörige haben die Verwahrraumältesten ›Achtung!‹ zu rufen und Meldung zu erstatten. Die anderen Strafgefangenen haben sich von den Plätzen zu erheben. Meldebeispiel: Guten Morgen, Herr Obermeister. Verwahrraum II/22 belegt mit Strafgefangenem Müller, keine Vorkommnisse.«

Ich stieg wieder vom Turm hinunter. Bisher hatte ich keinen anderen Besucher erblickt. Beim Eingang lag ein dickes Gästebuch auf; es war, abgesehen von den ersten Seiten, leer. Der allererste Eintrag stammte vom 8. September 1996 und lautete: »Es ist erst 6 Jahre her.« Zwei, drei Schulklassen und Studentengruppen bedankten sich höflich für die »interessante Führung« und den »Einblick in die deutsche Geschichte«.

Über dem Tisch war eine Gedenktafel, die noch aus alten Zeiten stammte und an Julius Fučik erinnerte, den tschechischen Kommunisten und Widerstandskämpfer, der im Sommer 1943 in Bautzen inhaftiert und in Berlin Plötzensee hingerichtet worden war. »Wir haben unseren Eltern den Vorwurf gemacht, daß sie von den Nazis das nicht wußten«, hatte jemand ins Gästebuch geschrieben. »Und jetzt stellen wir fest, daß hier auch nicht nur ein Gefängnis war. Unsere Kinder müssen darüber alles wissen, deshalb muß das alles bleiben.«

Damit hatte es sich schon, bis auf zwei, die ihrem Unmut über das etwas dilettantische Ausstellungskonzept Luft machten. »Tja, das hätte die SED-Bez.-Leitung nicht schöner machen können«, mokierte sich der eine, während der andere ins Detail ging: »Diese Ausstellung am heutigen Tag brachte nicht das, was wir erwartet haben. Keller und Dachgeschoß, Hof, Gefangenentransport konnten wir nicht besichtigen. In Anbetracht dessen, daß wir uns mit der DDR-Vergangenheit auseinandersetzen wollen, war der Weg umsonst. Auch die Leiterin scheint urlaubsreif.«

Mit der letzten Bemerkung mochte der Verfasser nicht ganz unrecht haben. Frau Richter, die mich in ihrem Büro empfing, schien sehr nervös. Sie leitete die Gedenkstätte seit 1992, als die allerletzten Häftlinge nach Bautzen I – dem »gelben Elend« – überführt worden waren. Im Herbst 1989 waren es noch 131 Gefangene gewesen, und alle Politischen – die überwiegende Mehrzahl – waren noch vor Weihnachten entlassen worden. Einer von ihnen war Bodo Strehlow, ein ehemaliger Obermaat der DDR-Volksmarine, der es beinahe geschafft hatte, ein Schiff mit vierundzwanzig Mann Besatzung in den Westen zu bringen. Er war schwer verwundet und in einem Geheimprozeß zu lebenslanger Haft verurteilt worden – fast zehn Jahre verbrachte er in der Isolation, in der »verbotenen Zone« des Hochsicherheitstrakts von Bautzen II, während seine Freunde und Verwandten von der Stasi drangsaliert wurden.

Frau Richter hatte vorher in einem ganz anderen Beruf gearbeitet, in einer Getränkeabfüllung, die abgewickelt worden war. Noch sei das Ganze im Aufbau, entschuldigte sie. Die Ausstellung sollte nicht nur die Geschichte von Bautzen II, sondern auch die des »gelben Elends« behandeln, von der Kaiserzeit über den Nationalsozialismus und die sowjetische Besatzung bis zur DDR. Es war kein einfaches Unterfangen. Mit den politischen Häftlingen waren auch alle Unterlagen verschwunden. (Dies kaum aus demselben Grund wie in den Jahren 1945 bis 1947 in Bautzen I, wo die Akten, die Aufschluß über die Geschichte von 1933 bis 1945 geben könnten, von den Häftlingen zerrissen und als Toilettenpapier benutzt worden waren.) Auch das Personal war verschwunden, das heißt von der Justizvollzugsanstalt Bautzen I übernommen worden, darunter der stellvertretende Leiter.

Ehemalige Häftlinge, die ihre einstigen Peiniger zur Rechenschaft ziehen wollten, hatten es schwer. Die Bediensteten, nun Beamte der Bundesrepublik, hatten sich als Genossen nur mit Dienstgrad angeredet; es gab keine Namen, keine Photos. Und es gab keine Zeugen, die Mißhandlungen hätten bestätigen können. Ein einziger Prozeß hatte bisher stattgefunden. Im Oktober 1995 war ein ehemaliger Aufseher vom Bautzener Landgericht wegen Körperverletzung zu einer Freiheitsstrafe von zwei Jahren, ausgesetzt auf Bewährung, sowie zur Zahlung von dreitausend Mark zugunsten des Bautzen-Komitees, der Interessengruppe ehemaliger Häftlinge, verurteilt worden. Er hatte Häftlingen mit einem Holzhocker, mit Knüppel und Schlüsselbund die Zähne eingeschlagen.

»Heute haben es die Häftlinge schwer, sich Gehör zu verschaffen«, meinte Frau Richter. »Unmittelbar nach der Wende war es leichter, alle Medien interessierten sich für ihr Schicksal. Jetzt muß einer schon etwas ganz Spezielles anzubieten haben, damit er in die Presse kommt.«

Und in Bautzen selbst interessierte sich schon gar niemand dafür. Die PDS, die Nachfolgepartei der SED, war stark in der Stadt. Frau Richter fürchtete, sie wolle die alten Verhältnisse wieder. Sicher war jedenfalls, daß die Stadt ihren Ruf als Knastort loswerden wollte.

»Wir möchten diese Gedenkstätte in den Tourismus integrieren«, sagte Frau Richter. »Aber die Stadt will das nicht.«

Ich erzählte ihr von meinen Mühen, das Gefängnis zu finden. Sie nickte resigniert.

»Noch bis vor kurzem hat sich die Touristeninformation geweigert, Auskunft über Bautzen II zu geben.«

Zudem war ein Streit um die Gestaltung der Gedenkstätte entbrannt, und Frau Richter stand, soviel war klar, von mehreren Seiten unter Druck. Ehemalige Häftlinge hatten 1996 im Hof in eigener Regie ein dreißig Meter langes Gleisstück verlegt, auf das sie den Gefangenentransportwaggon des »Grotewohl-Expresses« stellten, der früher zweimal in der Woche im Bautzener Bahnhof gestanden hatte. Das Gleisstück wurde von den Behörden weggeräumt, der Waggon nächtens von Unbekannten demoliert. Das Bautzen-Komitee hatte sich mit der Sächsischen Gedenkstättenstiftung und dem Wissenschaftsministerium angelegt. Was die einen als verharmlosend rügten, war den anderen zu wenig wissenschaftlich und dritten überhaupt nicht genehm – Bautzen II sei eine ganz normale Haftanstalt gewesen, hatte etwa die PDS verkündet und mit der Gründung eines »Alternativen Bautzen-Komitees« gedroht.

Die Besucher, rund tausend im Jahr, meist Schüler und Studenten, waren zur Hälfte aus Ost- und zur Hälfte aus Westdeutschland. Was sie zu sehen bekamen, war nur die Kulisse dieser Schöpfung der Stasi, einem Überwachungsstaat im kleinen, in dem auf je zwei Häftlinge eine Aufsichtsperson gekommen und für jeweils eine Gruppe von Gefangenen ein »Erzieher« verantwortlich gewesen war. Über eine Abhöranlage war jede Zelle belauscht worden; selbst der hauptamtliche Gefängnispfarrer hatte als »IM Roland« Spitzeldienste geleistet.

Es gab ein ausgeklügeltes System von Disziplinarstrafen. Entzug der Schreibgenehmigung, Paketsperre, Sportsperre, Kultursperre (das heißt kein Fernsehen), Freizeitarrest, Einkaufssperre und Verweigerung zusätzlicher Vitamine waren die mildesten. Schikanen wie das Wecken durch regelmäßiges kurzes Lichteinschalten in der Zelle kamen dazu. Die schärfste Strafe war die dreimal 21tägige Arreststrafe im »Tigerkäfig« mit jeweils eintägiger Unterbrechung.

Doch es gab auch, wie im Staat, Privilegien. Die Stasi hatte Weisung, unter den Strafgefangenen »perspektivvolle Werbungen« durchzuführen. »Kalfaktoren« und »Brigadiere« unter den Häftlingen, fast alles ehemalige Stasi-Offiziere, wohnten in einem Flügel für sich, hatten ein Aquarium auf dem Korridor, durften Uhren tragen, jeden Abend fernsehen, sich ungehindert im Haus bewegen und duschen, so oft sie wollten.

Sie gehörten zur dritten Kategorie von Häftlingen, die straffällig gewordene Funktionäre der SED umfaßte, Offiziere der Nationalen Volksarmee (NVA) oder der Stasi, Leiter von Staatsbetrieben und Mitarbeiter der zentralen Wirtschaftsverwaltung, verurteilt wegen krimineller oder politischer Delikte wie Bereicherung, Geheimnisverrat und versuchter »Republikflucht«. Zur ersten Kategorie zählten Regimekritiker, Intellektuelle wie Walter Janka, der Leiter des Aufbau-Verlags, der als Jungkommunist zur Nazizeit im »gelben Elend« gesessen hatte (und nun zum zweitenmal kurzgeschoren wurde: »immer begann es damit, die Köpfe zu verunstalten«), der Journalist Gustav Just, der Philosoph Wolfgang Harich oder der Schriftsteller Erich Loest; Wissenschaftler wie der Mediziner und Arbeitsphysiologe Adolf-Henning Frucht, der Triebwerksingenieur Manfred Gerlach und der Ökonom Rudolf Bahro; Kader wie der frühere SED- und spätere IG-Metall-Funktionär Heinz Brandt, der erste Außenminister der DDR Georg Dertinger und der Justizstaatssekretär Helmut Brandt. Die zweite Kategorie bildeten Ausländer, die wegen Staatsverbrechen wie Spionage oder Fluchthilfe – als »illegaler Menschenhandel« strafrechtlich verfolgt – verurteilt worden waren, darunter solche, die von der Stasi aus dem Westen in die DDR verschleppt worden waren. Sie waren nützlich fürs Devisengeschäft und wurden bei Gelegenheit in den Westen verkauft.

Wie überhaupt die Anstalt auch ein Wirtschaftsunternehmen war. Anfangs galt Arbeit als Privileg, dann wurde sie Pflicht. Trafobleche legen, Druckknöpfe auf Verkaufskarten drücken, Schrauben mit Unterlagsscheiben bestükken – es wurde im Akkord gearbeitet, ob in der Zelle oder in Produktionsbrigaden, und die Nichterfüllung der Norm wurde disziplinarisch geahndet.

Mein Reiseführer, *Bautzen in der schönen Oberlausitz,* war drei Jahre nach der Wende erschienen und strich die »Besonderheiten« der Stadt heraus, die ihr »den Ruf verleihen, einmalig und unverwechselbar zu sein« – die Lage auf dem Felsplateau, die Spree, die im Bogen die Altstadt mit ihren Türmen und trutzigen Mauern umströmt. Die beiden Strafanstalten zählten nicht dazu. Die Stadtgeschichte hörte in der Nachkriegszeit mit der Schilderung des Wiederaufbaus auf, und was die jüngste Geschichte anging, verlor man sich in Formulierungen wie »dunkle Schatten«, »düstere Orte« und »geistige Trümmer«.

Ich ging zurück zum Bahnhof, wo die Commerzbank – »Ihr Partner für Geld, Bausparen und Versicherungen« – in der Halle mit einer großen Leuchtreklame für ihre Filiale an der Karl-Marx-Straße warb. Sie überstrahlte ein paar verblichene Wandgemälde, auf denen Arbeiter und Arbeiterinnen zu sehen waren, die ganz wild darauf schienen, Stahl zu gießen, Steine zu brechen und Äcker zu pflügen. Bald werde die Stadt, so hoffte mein Reiseführer, »wieder ihren gebührenden Platz in der schönen Oberlausitz« einnehmen.

Jahre später sollten mir in Berlin große Plakate ins Auge fallen, die Werbung für die Stadt als neuen Ferienort machten – nun mit dem Slogan »Ab nach Bautzen!«.

IX

Hoyerswerda

Die Fahrt von Bautzen nach Hoyerswerda dauerte eine Stunde. Der Zug wurde von einer Diesellok gezogen, und ich war alleiniger Fahrgast, bis in Löbau ein Schulklasse zustieg. Gelbe Rapsfelder, große Rechtecke, wechselten mit anderen, in denen taubenblau das Korn stand; manche waren vom Wind zerzaust und trugen Spuren, als seien Außerirdische darin Go-Kart gefahren. In einem Flüßchen stand ein Reiher; kleine Seen, umsäumt von Bäumen, träumten in der Heide vor sich hin.

Hoyerswerda war eine nette kleine Stadt, die ein paar Jahrhunderte auf dem Buckel hatte. Nun war man daran, sie neu einzukleiden und herauszuputzen, strich Fenster und Fassaden, riß Straßen und Gassen auf. Beflissene kleine Handwerkerhäuschen und behäbige Bürgerbauten zeigten sich im Sonntagsstaat, gruppiert um eine große Kirche, die Johanniskirche, vor der eine Tafel stand: »Kirchengelände! Befahren nur mit Sondergenehmigung! Widerrechtlich abgestellte Fahrzeuge werden kostenpflichtig entfernt!«

In der Langen Straße, der früheren Handwerkermeile, in der jetzt kleine Geschäfte und adrette Läden waren, blieb ich stehen und betrachtete die Passanten. Schließlich war ich nach Hoyerswerda gekommen, um... Ja, wozu eigentlich? Hoyerswerda war der Ort, in dem im September 1991 unter dem Beifall zahlreicher seiner Bewohner Jagd auf Ausländer gemacht worden war. Etwas über hundert rechtsradikale Jugendliche hatten zwei Wohnheime für Asylbewerber und sogenannte Kontraktarbeiter belagert, Steine und Molotowcocktails geworfen und »Ausländer raus« und »Sieg heil« gerufen. Der Krawall hatte eine ganze Woche gedauert. Die Gastarbeiter, Vietnamesen und Mosambikaner – die »Fidschis« und »Mossis« im Jargon – wurden evakuiert, während die Asylbewerber vergeblich um die Verlegung nach Berlin baten und sich dann auf dem Dach des Blocks verschanzten, wo sie von den Skins mit Stahlkugeln beschossen wurden. Die Polizei hatte sie nicht zu schützen vermocht.

Das war alles, was ich über Hoyerswerda wußte, und hätte ich es nicht gewußt, wäre ich nicht nach Hoyerswerda gekommen. Was hoffte ich zu finden? Wonach sollte ich fragen? Und vor allem wen?

Die Tat war zu frisch und zu häßlich; jetzt darüber etwas in Erfahrung bringen zu wollen hieß in der Wunde stochern. Ich faßte einen Jungen ins Auge, bei dem ich mich nach dem Ort des Geschehens erkundigen wollte, ließ es aber bleiben. Was, wenn er mir frech kam? Vielleicht lieber den Alten dort? Aber der schaute so verbittert drein. Das Rentnerpaar? Ich entschied mich für einen Herrn in meinem Alter, der einen eleganten Anzug und Krawatte trug und eben dabei war, seine Hosenbünde mit Fahrradklammern festzuzurren.

Er richtete sich auf und hielt sein Rad am Sattel fest.

»Die Ausländerheime? Eines ist etwa vier Kilometer entfernt, das andere liegt näher, etwa eine halbe Stunde zu Fuß. Ist aber nichts mehr zu sehen da, beide Gebäude sind totalsaniert. Sind jetzt normale Wohnungen.«

Ich fragte ihn, ob es eine Gedenkstätte gebe, eine Tafel, irgend etwas, was auf das Verbrechen hinwies. Er zuckte bedauernd die Schultern.

Im Büro der »Tourist- und Stadtinformation« lagen Mengen bunter Prospekte auf, Broschüren und Hefte über Hoyerswerda und Umgebung, fast alles kostenlos. Ich ließ mir von der jungen Dame, die am Schalter saß, einen Packen in eine Tüte stecken, kaufte ein paar Postkarten und eine stattliche Broschüre, die Auskunft gab über die neuen Straßennamen im Hoyerswerda der Nachwendezeit. Kein

Zweifel, man gab sich Mühe, Hoyerswerda aus dem Gerede und ins Gespräch zu bringen.

Dann sprach ich sie auf das an, weswegen ich hergekommen war.

»Ja, das hört man jetzt immer von Hoyerswerda«, sagte sie etwas vorwurfsvoll, als hätte ich einen Fauxpas begangen. »Aber da waren halt viele Probleme nach der Wende, viele Ausländer, Arbeitslosigkeit«, fügte sie hinzu. »Und viele Leute, die geschlafen haben.«

Sie hatte ein rundes, frisches Gesicht, etwas bieder und bäuerlich. Ihr Kollege, über seine Papiere gebeugt, hatte zu arbeiten aufgehört und schaute zu uns herüber. Sie reckte sich ein bißchen.

»Ausländerfeindlichkeit gibt's aber auch im Westen«, sagte sie dann bestimmt. »Im Sozialismus hat es das nicht gegeben.«

Ihr Kollege nickte. Ich fragte sie, ob sie glaube, die Ausländerfeindlichkeit sei eine Folge der Wende.

»Früher hat's das jedenfalls nicht gegeben«, wiederholte sie entschieden.

Ich klemmte die Tüte mit den Prospekten unter den Arm und verabschiedete mich. Sie sahen mir beide nach, neugierig und, wie mir schien, auch etwas spöttisch.

Sie hatten ja zweifellos recht. In der DDR waren keine Türken gejagt, keine Vietnamesen verprügelt und keine Afrikaner umgebracht worden. So etwas gab es nur im Westen, und mit dem Westen, mit der Wende, war es in den Osten gekommen. Also war, letzten Endes, der Westen schuld – wie er auch schuld war an der Arbeitslosigkeit, der Hoffnungslosigkeit, der Trostlosigkeit.

Die Rechnung war einfach, aber falsch. Die DDR hatte ihre Ausländer eingesperrt, genau wie ihre eigene Bevölkerung, nur getrennt davon. Während man die internationale Solidarität hochleben ließ, tat man alles, um das eigene Volk rein zu halten. Wo man keinen Ausländer zum Freund haben konnte, konnte man auch keinen zum Feind haben.

Jetzt war das anders – und zumindest was die Ausländerfeindlichkeit betraf, schien man ebenso Nachholbedarf zu haben wie in anderen Bereichen der Mangelgesellschaft. Es war paradox: Der Grund, weshalb es so viel Ausländerfeindlichkeit im Osten gab, war die Tatsache, daß es früher gar keine hatte geben dürfen.

Auf dem Marktplatz waren die Gemüse- und Obsthändler am Aufräumen. Ein beschaulicher Ort, ein Flecken, in dem jeder jeden kannte. Das war mein Eindruck von Hoyerswerda, bis ich wirklich nach Hoyerswerda kam. Denn es gab zwei Hoyerswerda. Das zweite, die Neustadt, war eine Megalopolis von Mietskasernen, L-förmigen, zehnstöckigen Blöcken, die jenseits der Schwarzen Elster, einem von Pappeln gesäumten Flüßchen, sich über die Ebene erstreckten, ohne daß ein Ende abzusehen gewesen wäre. Hoyerswerda-Neustadt war eine Pioniertat; hier war erstmals die Platten- und Großblockbauweise erprobt worden zur Errichtung der Wohnstadt für die Arbeiter des Kombinats Schwarze Pumpe, das Braunkohle veredelte. Eine urbane Wüste mit riesigen Grünflächen und einem »Freizeitkomplex Ost« (FKO), sechzehn Hektar, die für Spiel, Sport und Erholung eingeplant waren. In der Ferne schob ein Paar einen Kinderwagen. Eine Weite, die beengend war. Zu Pferd, dachte ich, wäre man hier richtig.

Ein junges Mädchen kam mir entgegen. Ich fragte sie nach den Ausländerwohnheimen. Sie wußte genau Bescheid. Es gab zwei, eines in der Thomas-Müntzer-Straße, das andere, nähere, in der Albert-Schweitzer-Straße.

Ich hatte beschlossen, jeden zu fragen, der mir begegnete. Eine alte Frau, beladen mit Einkaufstaschen, wies auf den riesigen, langgezogenen Block, als ich in der Albert-Schweitzer-Straße war.

»Das ist es«, sagte sie.

Ob noch Ausländer drin seien?, fragte ich. Sie wußte es nicht. Dann ergriff sie ihre Taschen.

»Aber jetzt ist Ruhe«, sagte sie. »Und hoffentlich bleibt es so.«

Offensichtlich wußte hier, im Unterschied zu Bautzen, jedermann Bescheid. Hoyerswerda war in allen Medien gewesen.

Die Außenwände des Blockes waren gekachelt. Es gab mehrere Eingänge, in regelmäßigen Abständen. Ich ging auf zwei junge Mädchen zu, die auf dem Vorplatz herumtrödelten. Die eine hatte platinblondes, kurzgeschnittenes Haar, schwarze Locken die andere. Sie runzelten beide die Stirn, als ich sie ansprach. Dann platzte die Schwarzhaarige, als sei ihr die richtige Antwort plötzlich eingefallen, heraus:

»Das war hier!«

Sie zeigten beide auf einen Eingang. Ja, sie wohnten da, bekräftigten sie eifrig.

»Da war ordentlich was los. Molotows, die in Hauseingänge geschmissen wurden!«

»Im Fernsehen hat man Hoyerswerda gesehen!« bestätigte die Platinblonde aufgeräumt. Beide kicherten.

Ob das denn der Stadt nicht schade, dieser schlechte Ruf, fragte ich, schließlich sei auch ich nur deswegen nach Hoyerswerda gekommen.

»Nein, nein«, sagten sie beide, verwundert über die Frage. »Jetzt kommt ja der Sachsentag nach Hoyerswerda, nächstes Jahr!«

Ein großes Fest, dreihunderttausend Besucher wurden erwartet.

»Und es ist alles renoviert«, sagte die Schwarzhaarige. »Die Wohnungen sind ganz ausgeräumt worden, innen total neu.«

Erst seither wohnten sie da, sagten sie, irgendwie stolz, in einem geschichtsträchtigen, von den Medien beachteten Haus zu leben.

Den Rückweg wies eine Richtungstafel, die vor der Brücke über das Flüßchen stand: »Zentr. Altstadt Bahnhof/Behördenpark«. Ich setzte mich in eine Kneipe und packte den Stapel Prospekte aus, den ich von der »Tourist- und Stadtinformation« bekommen hatte. Es gab viel zu sehen in Hoyerswerda, dem Urlaubsparadies für Freunde der Natur und alten Brauchtums. In der Nähe war ein Moor, das Neudorf-Dubringer Moor, von dem es hieß, es habe früher als Versteck vor und für Räuberbanden gedient, die an der Handelsstraße von Leipzig nach Breslau Kaufmannszügen auflauerten. Die große Mittagsfrau ging um und der Nix, der Dämon des Wassers; auf dem Grund des Moores lag ein Schloß, der Sitz von Raubrittern, der durch den Fluch eines ihrer Opfer untergegangen war.

Die Raubritter hatten ihre Nachfahren. Man hatte Torf gestochen und Braunkohle abgebaut und, obzwar das Gebiet schon in der DDR unter Naturschutz stand, den Kohleabbau ausdehnen wollen, bis nichts mehr vom Moor übriggeblieben wäre. Nun war es wieder ein Eldorado für Vogel- und Pflanzenfreunde, die Waldschnepfen, Bekassinen und Rohrsänger beobachten und Supfporst, Fieberklee und Braunes Schnabelried sehen wollten. Auch Fischotter gab es, die man aber, wie es hieß, leider kaum je zu Gesicht bekam. Man wurde gewarnt, nur auf gekennzeichneten Wegen zu gehen, weil »der Ortsunkundige sich leicht im unzugänglichen Gelände verirrt und gar im Morast steckenbleiben kann«.

Vom Bergbaumuseum Knappenrode aus, der ehemaligen Brikettfabrik, konnte man mit der Lausitzer Grubenbahn in der Gegend herumgondeln vom Knappensee, einem einstigen Tagebaurestloch, bis zu den Pechteichen, wo man früher Holz aus dem Heidewald verschwelte und Holzkohle, Pech und Wagenschmiere produzierte. Im Steinbruch, den man dabei passierte, wurde Grauwacke für die Schotterherstellung gewonnen. Und es gab einen Campingplatz mit FKK-Strand und mehreren sogenannten Getränkestützpunkten, an denen man seinen Durst löschen konnte.

Auf dem Papier war alles Natur, die gegenwärtig, oder Kultur, die längst vergangen und zur Folklore geworden war; beides im barmherzigen Licht der Morgen- oder Abenddämmerung photographiert. Hoyerswerda war der Ort, in dem »die Begegnung mit Storch und Graureiher alltäglich« war und Deutsche und Sorben seit Jahrhunderten friedlich Tür an Tür lebten, gemeinsame Traditionen und Bräuche pflegend.

Nicht minder Fiktion sollte Hoyerswerdas größte Attraktion werden, die eben im Stadium der Planung war: »Karl-May-Land«, ein »einzigartiger Natur- und Wildpark«, der unweit vom Silbersee, einem ebenfalls aus dem Braunkohletagebau entstandenen Badesee, errichtet werden sollte. Von Laubusch aus würde man die Reise ins 19. Jahrhundert antreten können, nach *West Town, Indian Village* oder zur *Cattle Ranch.* Zwei Absteigen, das luxuriöse *Gouvernor's Castle* und das bescheidenere *Military Fort,* ermöglichten auch einen längeren Aufenthalt in dieser Neuen Welt, in der es weder Autos noch Fahrräder geben sollte, nur Kanus, Planwagen und Dampfeisenbahnen, Pferde und Büffel.

Das war der »Wilde Westen« für die Touristen. Für die Geschäftsleute, woher auch immer, war die Broschüre *Hoyerswerda bietet mehr! Ein Wirtschaftsstandort in Sachsen.* Von Hoyerswerdas »breit gefächertem und qualifiziertem Arbeitskräftepotential« war darin die Rede, das »aufgrund von Umstrukturierungen hochmotiviert und flexibel zur Verfügung« stehe, vom »gut organisierten und marktorientierten Umschulungs- und Fortbildungssystem« für die »zur Zeit arbeitslosen Arbeitnehmer«.

Das kleine Handwerkerstädtchen, das einst das größte Braunkohleveredelungsunternehmen der Welt beherbergt hatte und auf über 60000 Einwohner angewachsen war, suchte den Anschluß. Arbeitskräftepotential, Bildungsangebote, Kinder- und Jugendeinrichtungen, Freizeit, Kultur und Sport, soziale und medizinische Betreuung – nichts, womit man nicht Werbung gemacht hätte, um Investoren anzulocken, die die Gewerbe- und Industriegebiete, deren Erweiterungen, das »Sondergebiet« und den Autopark nutzen und von den guten Verkehrswegen, Straße, Schiene, Flugzeug, der Nähe zu Großstädten, zu Polen und zur Tschechischen Republik profitieren sollten. Selbst in der Altstadt war ein Gewerbegebiet ausgezont worden mit dem seltsamen Namen »TML«, Tausendmannlager.

Die dickste Broschüre, das Heft *Hoyerswerda. Neue Straßennamen,* war 64 Seiten stark. Mit der SED-Vergangenheit war gleich nach der Wende aufgeräumt, die Parteifunktionäre waren aus dem Stadtplan gestrichen worden. Konrad Zuse, der Erbauer des ersten Computers, der am Reformrealgymnasium von Hoyerswerda sein Abitur gemacht hatte, kam zu neuen Ehren; an die Dörfer, die dem Braunkohletagebau hatten weichen müssen, wurde jetzt erinnert. Im Wohnkomplex, in dem die Straßennamen der »Eroberung des Weltraums durch den Menschen« gewidmet waren, hatte man die Titowstraße kurzerhand in N.-Armstrong-Straße und die Lunikstraße in M.-Collinsstraße umbenannt – das Ende der sowjetischen Raumfahrt und ihrer Kosmonauten, die vergebens nach Gott im Weltraum ausgeschaut hatten. Begründung: Die »rücksichtslose Offenheit« der Amerikaner sollte Hoyerswerda Vorbild sein und nicht die »strengste – geradezu absurde – Geheimhaltung« der Sowjets.

Was sollte man da noch die Schandtaten erwähnen, die einen unliebsam in die Schlagzeilen gebracht hatten? In einer der Broschüren, eingeleitet mit einem Vorwort des Oberbürgermeisters, war auf zwei Seiten die Chronik der Stadt verzeichnet. Eine Seite umfaßte die Zeit von 1268, als Hoyerswerda zum erstenmal urkundlich erwähnt wurde, bis 1989, als man auch hier, nachdem man es anderswo schon getan hatte, zu demonstrieren begann. Die zweite Seite referierte die Geschichte von den ersten Kommunalwahlen am 6. Mai 1990 bis zur Gegenwart. Kein Ereignis war unbedeutend genug, nicht gewürdigt zu werden, weder die Premiere des lokalen Fernsehsenders »HOY-TV« noch die »Ernennung des Hoyerswerdaer Tiergartens zum anerkannten ›Zoo‹« oder das »erste Brunnenfest der Stadt«.

Nur unter dem 2. Oktober 1993 war etwas Besonderes vermerkt: »Der Ministerpräsident des Freistaates Sachsen, Prof. Dr. Kurt Biedenkopf, und die Bundestagspräsidentin, Prof. Dr. Rita Süssmuth, weilten anläßlich der Fachkonferenz ›Handlungsstrategien gegen Intoleranz und Fremdenfeindlichkeit‹ in Hoyerswerda.«

Warum sie das taten, blieb unerwähnt.

X

Niesky

Das Stadtmuseum von Niesky war in einem alten Fachwerkbau untergebracht. Das Haus, Nieskys erstes, war 1742 errichtet worden und hatte dem Weber und Ortsvorsteher Johann Raschke gehört. Ich hatte, nicht zuletzt unter dem Eindruck dieses Schmuckstückes, das aussah, als sei eines jener putzigen Modelleisenbahn-Häuschen erwachsen geworden, eine adrette, ordentliche Ausstellung zum Thema »DDR Alltagskultur – erlebte Geschichte« erwartet, deren Anzeige ich in der *Sächsischen Zeitung* entdeckt hatte. Was ich fand, war eine Gerümpelkammer, angefüllt mit jener Sorte Plunder, den man bei Umzügen loszuwerden bestrebt ist. Ich war von dem Kram, den sehen zu dürfen ich Eintritt bezahlt hatte, derart verwirrt, daß ich zunächst kaum einzelne Gegenstände wahrnahm.

Museen pflegen die Welt zu ordnen. Die Art, wie sie das tun, mag eine Fiktion sein und mit dem, was sie abbilden sollen, der Wirklichkeit, nicht viel gemein haben. Aber hier wurde nicht einmal eine Fiktion geschaffen. Es gab keine Hinweistafeln mit Zahlen, Daten, Fakten, keinerlei Erläuterungen, die einem zu Hilfe gekommen wären.

Schlampigkeit oder Unfähigkeit der Museumsleitung konnte nicht der Grund sein. Neben dieser Sonderausstellung gab es zwei Dauerausstellungen im Haus, eine über Niesky und die Evangelische Brüdergemeine Herrnhut, die andere über die Wohnsituation einer Familie im Jahre 1920. Beide waren sie, wie man sich Ausstellungen vorstellt, übersichtlich und informativ.

Schließlich begriff ich, daß es sich nicht um eine Ausstellung, sondern um ein Familienfest handelte, in das ich geraten war. Man war unter sich und wußte, womit man zu tun hatte. Was sollte ich mit drei Rollen grauen Toilettenpapiers, mit leeren Waschmittelpackungen oder all dem verhärmten Plastikzeug anfangen, das ich nie in Händen gehabt hatte und dem in seiner Biederkeit noch der Reiz des Exotischen mangelte?

Ich begann, mir die Sachen näher anzusehen. Sie waren in zwei Räumen aufgehäuft, Küchenwaren in einem, Wohnzimmergegenstände im anderen. Die meisten Produkte waren aus Plastik. Photoapparate aus Plastik, Radios aus Plastik, Küchenwaagen aus Plastik – es schien, als habe es in der DDR eine Maschine gegeben, die auf Knopfdruck Plastikwaren nach Wunsch ausspuckte. Nun war der ganze Ausstoß versammelt.

Im Nebenraum waren Lebensmittel und Putzmittel, wobei das eine oft schwer vom anderen zu unterscheiden war. Die Verpackungen sahen aus, als seien sie alle durch dasselbe Bleichbad gegangen, ob »Tempobohnen« oder »Tortenguß«, ob »Backfreude« oder »Japa-Windeln«. Die Kinderzahncreme hieß »Putzi«, das alkoholfreie Bier für Autofahrer »Aubi« und das Beruhigungsmittel »Faustan«. Ob »quasi – das bleichende Putz- und Scheuermittel« nur so tat, als erfüllte es seine Aufgabe?

Neben einem Heft mit Rezepten »Was Männer gern kochen« und einem »Pionierkalender« entdeckte ich eine Karte »Glückwunsch für Mutti zum 8. März«. Ich drehte sie um. In säuberlicher Handschrift stand darauf:

Meine Mutti ist Abteilungsleiter
alle Tage steht sie ihren Mann
Nur zu Hause kommt sie gar nicht weiter,
packe ich im Haushalt nicht mit an.
Liebe Mutti, ich verpflichte mich, immer abzutrocknen.
Deine Eva-Maria.

Zwar gab es ein Geschirrspülmittel, das »Fit ohne abzutrocknen« hieß, aber Eva-Maria scheint es nicht gekannt zu haben.

Ich blätterte in ein paar Zeitschriften. *Frösi – fröhlich sein und singen* hieß das »Pioniermagazin« für Kinder, das vom Zentralrat der FDJ, der »Freien Deutschen Jugend«, herausgegeben worden war. »Korbine Früchtchen« und »Atomino«, zwei Comicfiguren, erkundeten für die kleine Leserschaft Umwelt, Wissenschaft und Technik.

Für die noch Kleineren gab es *Bummi*, ebenfalls vom Zentralrat der FDJ herausgegeben. Bummi war ein kleiner Teddybär, der seinem Freund Maxl sozialistisches Comment beibrachte und ihn lehrte, daß man beim »Soldatenspiel« nicht »Leute und Vögel totschießen und Häuser umwerfen«, sondern lieber »unseren Soldaten zum Tag der Volksarmee gratulieren« sollte. Neben den Bären Maxl und Mischka und der Babypuppe »Schlenkerlieschen« waren auch einige *dramatis personae* des realexistierenden Sozialismus mit von der Partie, wie die Gruppenpionierleiterin Janina, der Jungpionier Pfiffel Fröhlich oder »Onkel Lenin«. Die Geschichten handelten von schrottsammelnden Pionieren, die das Stahlwerk besuchten oder sich bei Mähdreschern und Panzersoldaten umsahen. Bastelanleitungen für »Winkelemente« und »Maisonnen« dienten der Vorbereitung der Demonstrationen zum 1. Mai, und mit dem Orden der »Goldenen Kindersonne« wurde der Nachwuchs auf den Blechregen vorbereitet, mit dem man die Großen in der DDR überschüttete – »Held der Arbeitsproduktivität«, »Verdienter Meister des Sports«, »Hervorragender Melker«. Ob »Internationaler Frauentag« oder »25. Jahrestag der DDR« – Bummi war immer dabei, beglückwünschte die Straßenbahnfahrerin oder den Staat mit Blumen und Fahnen. »Unser liebes Heimatland«, hieß es an einer Stelle, »ist da, wo der Volkspolizist an der Ecke steht, wo die Genossenschaftsbauern für unser Brot und Essen sorgen und wo Erich Honecker unser guter Freund ist.«

Ein »Lehrquartett für Kinder von 10 Jahren an« schulte den Nachwuchs, der sich um die »Erfüllung des Klassenauftrages der Deutschen Volkspolizei« bemühen wollte.

Was, wie es in der Spielanleitung hieß, »fundierte Grundkenntnisse der marxistisch-leninistischen Weltanschauung« voraussetze. Auf einer der Karten, die Auskunft gaben über Schießausbildung, Durchsuchungs- und Beobachtungstechniken, war ein Mann zu sehen, der mit einem Fernglas in der Hand hinter einem Baum stand und einer Gruppe von Verdächtigen nachspionierte.

Auch Kinderspielzeug war da: »Plaspi. Der kleine Großblockbaumeister«. Der Baukasten enthielt vorgefertigte Elemente, mittels deren man Häuser und Siedlungen in Plattenbauweise erstellen konnte – jene Neubauwohnungen, die ein Markenzeichen des Sozialismus geworden sind und im Jargon »Arbeiterschließfächer« hießen.

Doch das Erstaunliche waren nicht die Gegenstände, das Erstaunliche waren die Menschen, die gekommen waren, sie zu bestaunen. Es waren viele, und es waren ausschließlich Ostdeutsche. Sie standen vor dieser schönen alten Welt und sahen sich all die Ostwaren so genau an, wie sie sich früher wohl Westwaren angesehen hatten. Es schien, als habe sich für sie ein Fenster in die Kindheit geöffnet; in jene Zeit, in der die Dinge ein Eigenleben haben und die einem gegenwärtig wird, wenn man im Speicher auf sein längst vergessenes Lieblingsspielzeug stößt. Der Zauber, der davon ausgeht, liegt in der Intensität der Empfindung, der Erinnerung an eine Zeit, in der einem alles naheging, weil alles neu war.

Nur, daß es sich hier nicht um Kindersachen handelte, auch wenn das Aluminiumgeld, das im Tresor einer Wohnwand aus plastifizierter Spanplatte lag, an Spielgeld erinnerte, leicht und wertlos, wie es war. Die verzauberte Welt, die heraufbeschworen wurde, war die Alltagswelt der DDR, einer Diktatur, deren Herrschaft erst ein paar Jahre her war. Die meisten Besucher, die jetzt in Erinnerungen schwelgten, waren damals keine Kinder mehr gewesen.

Ich blätterte im Gästebuch. Es war, anders als das von Bautzen, bereits halb voll mit Eintragungen, obschon die

Ausstellung noch keine zwei Wochen lief. Man fand es »prima«, »echt toll« und »originell«, »lustig«, den »hellen Wahnsinn« und »nostalgisch«. Fast alle unterschrieben mit Namen oder mehr oder minder ernst gemeinten Kollektivbezeichnungen wie »Berufsgruppe aus gelernten DDR-Bürgern«. Ganze Schulklassen hatten sich verewigt. »›Ossi‹-Sein war auch schön!« hieß es ein paarmal; man fand es »gut, daß nicht alles vergessen wird« und »ein lebendiges Stück Erinnerung – nicht die schlechteste!«.

Die Mehrzahl der Einträge war von der blutleeren Pädagogik von Kalendersprüchen (»Nur wer die Vergangenheit kennt, kann die Gegenwart verstehen und die Zukunft gestalten«), hatte den unbeholfenen Charme von Mädchenalben (»Und ist das Museum noch so klein, es bringt viele Erinnerungen und Gaben ein…«) oder von Kegelklub-Lyrik (»Wir waren nicht zum Osterreiten – wir schwärmten lieber für die ›alten Zeiten‹!«). Einer mahnte: »Erinnere dich gerne – schau dann aber vorwärts!«

Nur vereinzelt tauchten politische Parolen auf, und es war schwer zu entscheiden, ob die Ironie beabsichtigt war oder nicht. »An alle Ostbürger: Geht weiter den Sozialistischen Weg! Proletarier aller Länder vereinigt euch. Es grüßen Euch eure Genossen«, hatte ein Mann geschrieben, während eine Frau bekannte: »Pittiplatsch war mein Lieblingsplüschtier. Pionierhalstuch habe ich immer getragen, Wodka und Blockschokolade war meine Ernährung. Ich finde es super in alte Erinnerungen zu tauchen. Für Friede u. Sozialismus seid bereit!« Ernster war es wohl dem Parteiveteranen, der in etwas zittriger Schrift festhielt: »Es war sehr lehrreich. DDR, unser Vaterland. FRIEDEN.« Wie mochte es wohl jener gemeint haben, der eine ganze Seite gebraucht hatte für den schwungvoll hingeschriebenen Satz: »Die DDR war unser, oder?«

Fraglos gut war offensichtlich *Nudossi.* »Ich für mich persönlich ess ja die *Nudossi* am liebsten!!« hieß es, oder: »Ich habe gerne die *Nudossi* gegessen!« Das stand so viele

Male drin, daß ich mich an einer Stelle verlas und statt »Ossi-Sein« las: »*Nudossi*-Sein war auch schön!«

Die Ausstellungsleiterin, eine muntere, etwas forsche Brünette in den Dreißigern mit Bubikopf, klärte mich auf.

»Das war ein Schokobrotaufstrich, den man – das Vorbild war Nutella aus dem Westen – selber verfeinerte und dann in Gläser abfüllte. Wenn's ging, versetzt mit einer Haselnußcreme, die man in delikat-Läden bekam«, sagte sie und verdrehte dabei die Augen.

Ich fragte, wie sie das Ausstellungsgut zusammenbekommen habe.

»Wir machten einen Aufruf«, sagte sie. »Kurz vor Weihnachten – mit dem Hintergedanken, daß dann die Leute räumen.«

»Was anscheinend geklappt hat.«

»Ja, und wie!« entgegnete sie. »Wir haben noch den ganzen Keller voll. Nach der Wende wollten die Leute ja alles neu haben, alles renovieren, alles Alte wegschaffen.«

»Und nun haben sie es dem Museum geschenkt.«

»Oder geliehen«, sagte sie. »Manche wollen die Sachen zurückhaben.«

Man habe begonnen, die Waren von damals wieder zu schätzen, meinte sie. Sie selber kaufe wenn immer möglich DDR-Ware, noch heute. »Ist ja Bückware geworden.«

»Bückware?«

»Na ja – Mangelware. Früher war das die Ware, die schwer zu bekommen war und unterm Ladentisch gehandelt wurde. Mußte besonders bezahlt werden. Heute sind es die alten Sachen, die man ganz unten im Regal versteckt.«

Sie sagte es in einem Ton, als gelte die Kränkung, die man ihren Lieblingswaren zufügte, ihr persönlich.

»*Spee* zum Beispiel. *Konsument-Waffeln. Hallorenkugeln.*«

Spee war ein Waschmittel, die leeren Packungen hatte ich gesehen. Und was *Konsument-Waffeln* waren, konnte ich mir vorstellen. Aber *Hallorenkugeln*?

»Ein Konfekt, mit Schokolade überzogen. Produziert vom VEB Halloren in Halle. Ist jetzt wieder erhältlich!«

Ich fragte sie, ob auch Leute aus dem Westen kämen, sich die Ausstellung anzusehen.

»Kaum«, sagte sie. »Und wenn, dann solche, die schon früher Kontakt hatten. Die verstehen das besser. Die andern glauben ja manchmal die schrecklichsten Dinge über die DDR zu wissen. Schauergeschichten. Dabei haben sie keine Ahnung.«

»Sie meinen, es ist nicht wahr, was man sich so erzählt über die DDR?«

»Bestimmt nicht. Sonst wüßten wir davon, wir haben ja in der DDR gelebt.«

Vergleichbares hatte ich in Polen nicht erlebt; die Warenwelt des Sozialismus in einer Ausstellung zu würdigen wäre niemandem in den Sinn gekommen. Zwar gab es auch ein neues Selbstbewußtsein, was die eigenen Produkte betraf, die plötzlich Kleber erhielten mit Aufschriften wie »dobre – bo polskie« (»gut – weil polnisch«) nebst einer Landkarte der nun freien Nation. Aber das waren neue Produkte, nicht die alten. Als ich das erste Mal nach Polen gekommen war, Ende der achtziger Jahre, hatte man die Milch, die man abgepackt im Laden bekam, nicht trinken können, so schmutzig war sie. Das alles hatte sich geändert und westlichen Standards angepaßt. Ich kannte niemanden, der das bedauerte.

Mir kam ein Gespräch in den Sinn, das ich einst mit Krystyna hatte, als sie mich vom Flughafen in Warschau abholte. Krystyna ist Schauspielerin. Sie ist längst pensioniert, aber wo immer sie ist, versteht sie es, den Boden in die Bretter zu verwandeln, die ihr die Welt bedeuten. Sie hatte hinter dem Steuer ihres kleinen Opel Corsa gesessen und mit achtzig durch den Warschauer Stadtverkehr gekurvt, in der Linken eine kleine Flasche Cognac, aus der sie ab und zu einen Schluck nahm.

»Eben habe ich meinen Keller aufgeräumt«, hatte sie gesagt, während ich mich am Türgriff festgeklammert hatte. »Und weißt du, was mir in die Hände fiel?«

»Eine Leiche?« hatte ich geraten.

Sie hatte gelacht und sich bemüht, die Spur zu wechseln, kein einfaches Unterfangen in einer Stadt, in der das Recht des Stärkeren gilt.

»Eine Flasche Putzmittel für die Badewanne. Ein westliches Produkt. Von Johnson.«

»Was du nicht sagst.«

»Ja. Und darin war noch ein kleiner Rest.« Sie hatte eine Kunstpause eingelegt, bevor sie fortfuhr. »Diese Flasche hat mir 1983, zur Zeit des Kriegsrechts, eine Freundin aus dem Westen mitgebracht. Und damit habe ich die Badewanne geputzt. Und darauf geachtet, jeweils so wenig wie möglich davon zu verbrauchen. Mit unseren Mitteln kriegtest du ja nichts sauber.«

Die Ampel hatte auf Rot gestanden. Krystyna hatte kurz nach links und nach rechts geblickt und rasch einen Schluck aus ihrem Cognacflacon genommen.

»Stell dir das einmal vor – über Jahre habe ich eine Flasche Badewannen-Putzmittel wie ein Heiligtum behandelt. Sie stand zuoberst auf dem Regal, ein Kultgegenstand. Und jetzt, wie sie mir wieder in die Hände fiel, nach einem Dutzend Jahren, war ich schockiert: Wie weit kann ein Regime einen Menschen bringen, daß er beginnt, ein Putzmittel zu verehren? Ist das nicht der Gipfel der Entwürdigung?«

Sie war in Zorn geraten, so daß mir, als sie aufs Gaspedal trat, von neuem angst und bange geworden war.

Der jungen Deutschen aus dem Osten konnte ich diese Geschichte nicht erzählen. Eine andere Erfahrung lag ihrer Frustration zugrunde. Wohlmeinende Redner hatten nach der Wiedervereinigung immer wieder betont, nun müsse man voneinander lernen, Ostler wie Westler. Doch was sollte es voneinander zu lernen geben? Die Ostler mußten sich dem Westen anpassen, je schneller, desto besser. Nicht

Westdeutschland war es, das den Maßstab setzte, sondern der Kapitalismus, die freie Marktwirtschaft, deren Sitten und Gebräuche. Die Erfahrungen, die man im Sozialismus gemacht hatte, nützten einem nirgendwo sonst. Den Polen war die Lektion leichter gefallen, nicht nur, weil der Kommunismus, wie schon Stalin bemerkt hatte, auf sie gepaßt hatte wie der Sattel auf die Kuh. Polen war auch kein geteiltes Land gewesen, dessen eine Hälfte sich der anderen hatte fügen müssen. Die deutsche Wiedervereinigung war hingegen eine Familiengeschichte; daß der reiche Teil dem armen beistand, war dessen Glück wie Pech. Es beschleunigte den wirtschaftlichen Aufschwung und begünstigte den Rückzug in die moralischen Ressentiments.

Wenn im Gästebuch häufig zu lesen war, man habe hier »ein Stück seines Lebens« wiedergefunden, so stand dahinter der – andernorts oft ausgesprochene – Vorwurf, die BRD, die Wessis, versuchten einem dieses Stück Leben zu nehmen. »Gelebtes Leben« war die etwas merkwürdige Bezeichnung, die man dafür hatte; ein Pleonasmus, der an Begriffe wie »Volksdemokratie« erinnerte.

Als ich nach Görlitz zurückfuhr, hatte der Regen den Himmel gereinigt. Die Sonne schien, und die großen Wolken, die sich auftürmten, strahlten wie mit *Spee* gewaschen über dem schweren, nassen Grün; schneeweiße Gebirge in einer weiten, flachen Landschaft mit Gipfeln bis ins lichte Blau.

An der Haltestelle »Görlitz Marktkauf« stiegen drei Polinnen zu mit vollgepackten Einkaufstaschen. Sie sahen nicht aus, als seien sie auf der Jagd nach Bückware gewesen.

In Niesky war im 18. Jahrhundert, *avant la lettre,* die DDR erfunden worden. Die überraschende Entdeckung hatte ein Freund gemacht, ein Historiker, der mich auf ein Buch hinwies, Peter Sebalds *Geschichte von Niesky.* Die Lektüre war faszinierend, die Analogien waren frappant. Niesky war eine Niederlassung der Herrnhuter, mährischer Auswanderer, die wegen ihres evangelischen Glaubens in der katholischen österreichischen Monarchie verfolgt worden waren und 1722 in der sächsischen Oberlausitz einen neuen Ort, eben Herrnhut, gründeten. Die religiöse Vereinigung, die sie 1727 offiziell aus der Taufe hoben, nannten sie »Brüdergemeine«.

Niesky war ihre zweite Siedlung. Der Spatenstich erfolgte am 8. August 1742. Das Territorium in der Heide, ohne Landstraße und ohne fließendes Wasser, hatte Siegmund August von Gersdorf, Gutsherr von Trebus, zur Verfügung gestellt. Gersdorf war eines Tages so heftig von einem Pferd getreten worden, daß er über den Sinn des Lebens und seine religiöse Einstellung nachzudenken begann. Das brachte ihn in Verbindung mit der Brüdergemeine.

Es gibt unterschiedliche Versionen, weshalb die Namenswahl auf Niesky fiel, was in allen slawischen Sprachen »niedrig« bedeutet. Jedenfalls wurde sie durch das Los entschieden, obsiegte über Alternativen wie »Versammlung« oder »Lammsweide« und entsprach dem brüderischen Grundsatz des »Niedrig-Seins-vor-Gott«. (Den Nazis sollte der ungermanische Einschlag nicht behagen; Bestrebungen, den Ort in »Niskien«, »Herrnhag« oder »Pimpflingen« umzutaufen, verliefen indes im Sand.)

Die Unität hatte bald Repräsentanten und Stützpunkte in ganz Europa; eine richtige Internationale, die schon 1732 den Schritt nach Übersee wagte und schließlich Missionen von Afrika bis Grönland dirigierte.

Der Alltag in der Gemeine war strikt geregelt: Nachtruhe von 23 Uhr bis 4 Uhr, drei Stunden für »geistliche und leibliche Speise«, sechzehn Stunden für »leibliche Arbeit«. Geweckt wurde mit Bibelversen, dann ging's ans Bettenmachen und nach Frühstück und Morgensegen zur Arbeit. Das Mittagessen nahm man bei einer Lesung ein, hernach wurde wieder gearbeitet bis zum Abendbrot, an das sich die Gemeine- und häufig noch eine Chorversammlung anschloß. Den Rest des Abends bis zu Abendsegen und Bettruhe verbrachte man auf den Stuben. Zahlreiche Klagen über den schlechten Besuch der Versammlungen, wiederholte Ermahnungen und Maßregelungen lassen jedoch ahnen, daß es mit der Parteidisziplin haperte.

Der Tagesablauf, darauf angelegt, die Gemeinemitglieder von jeder Berührung mit der Außenwelt abzuschotten, bot wenig Abwechslung. Eine war der Besuch auswärtiger Brüder, und wer immer die Erlaubnis erhielt, ging gern selbst auf Reisen – wie die Genossen »Reisekader« zwei Jahrhunderte später.

Alle Brettspiele waren verboten, Alkoholgenuß war verpönt. Man hielt sich fit für die täglichen Andachten, die Singstunden, die Gemeinestunden, die Kinderstunden und das sonntägliche Abendmahl, für das man die vierzig Kilometer nach Herrnhut zu Fuß wanderte, geübt im »Nieskyer Schritt«, der einem in der Knabenanstalt und am Pädagogium, den beiden Internatsschulen, antrainiert worden war. Da waren die Zöglinge in »Stuben« und »Kolonnen« organisiert. Die Erziehung war streng, die Kinder durften ihre Eltern, sofern diese in Niesky wohnten, nur am Sonntagnachmittag kurz besuchen. Man war der Meinung, so Graf Nikolaus Ludwig von Zinzendorf, einer von Nieskys Gründervätern, »daß die Eltern ums Heilands willen nicht an die Besorgung ihrer Kinder denken können« und daß so ein »Gemeinkind« folglich auch keinen Anspruch auf seine Eltern habe. Es war eine Erziehung im Geist des Kollektivs, nicht auf die Bildung herausragender Persönlichkeiten ausgerichtet, sondern darauf, »charakterfeste, fromme, anspruchslose, vielseitig gebildete, anpassungsfähige Männer« heranzuziehen, »die den verschiedensten Aufgaben des Gemeindieners gerecht werden konnten«, wie ein Rektor der Schule im Rückblick schrieb. Ein Jahrhundert später redete man von der »allseitig entfalteten sozialistischen Persönlichkeit« als dem Ziel der Pädagogik.

Die zwanzig Punkte umfassenden Statuten von Niesky, festgeschrieben, um »allen Unordnungen u. denen daraus entstehenden schädlichen Folgen auf bestmögliche Weise vorzubeugen«, lesen sich wie ein Entwurf der Verfassung der DDR. Von der klassenlosen Gesellschaft bis zur Planwirtschaft, vom demokratischen Zentralismus bis zur Parteilinie, von der Parteidisziplin bis zu Sanktionen wie Ausschluß und Ausweisung nahm dieser Kodex das Regime des Einparteienstaates vorweg. Und auch dessen Pflichtenheft für Genossen, mit Parteibeitrag und Subbotnik, dem freiwilligen Arbeitseinsatz.

Getreu dem Leninschen Grundsatz »Vertrauen ist gut, Kontrolle besser«, wurde namentlich der Kontakt mit Ausländern überwacht, war doch »keyner befugt, jemand in sein Haus aufzunehmen oder auch nur eine Nacht zu logieren, ohne vorbewußt u. hierzu erhalten Erlaubnis«. Auf Moral wurde geachtet. Die »Polizey-Anordnung« von Niesky schrieb getrennte Spazierrouten für ledige Brüder und Schwestern an den einzelnen Wochenabenden vor. Doch während es verboten war, an Sonn- und Feiertagen zu arbeiten, Wäsche zu waschen oder aufzuhängen, war der Handel vor und nach der Predigt erlaubt: Man wollte die werktätige Kundschaft der Nachbardörfer, die nur sonntags nach Niesky zum Einkauf kommen konnte, nicht verlieren.

Es war eine egalitäre Gesellschaft, die man anstrebte; sozialer Status und ethnische Unterschiede sollten keine Rolle spielen. Man redete sich – der »Genosse« läßt grüßen – mit »Bruder« und »Schwester« an, ob arm oder reich, Adliger oder Arbeiter. Im Gottesdienst saß man beisammen und lag nach dem Tod in der gleichen Grabreihe unter gleich großen, schmucklosen steineren Grabplatten – nicht nach Ansehen der Person, wohl aber nach Geschlechtern getrennt. Im Diesseits sorgte die Gemeine für soziale Sicherheit, kümmerte sich um die Witwen und Waisen, betreute die Kranken, erzog die Kinder und bildete die Jugend im Handwerk aus. Es gab in Niesky weder ein Lumpenproletariat noch gewissenlose Geschäftsleute und Wucherer.

Der Grundsatz, daß, wer arbeitet, auch essen soll, galt auch umgekehrt – Faulenzer wurden im »Dorf des Herrn« nicht geduldet.

Niesky war ein Arme-Leute-Ort; die Chronik vermerkt im ersten Jahr den Zuzug von ein bis zwei Personen pro Monat, aber auch – ein früher Fall von »Republikflucht« – am 18. Mai 1743, daß einer »heimlich nach Berlin ging«. Beim gemeinsamen Liebesmahl reichte es nur zu Wasser und Brot, und als sich die Versorgungslage besserte, waren Verschwendung und Luxus wie Tee- und Kaffeetrinken Traktandum einer Konferenz, die damit Schluß machen wollte. Was die Devisenbeschaffung anging, zeigte man weniger Skrupel – antimilitaristisch eingestellt, bewarb man sich doch, lag eine Armee in der Nähe, um Lieferungen und machte etwa im Siebenjährigen Krieg ansehnlichen Gewinn. Zu guter Letzt verdiente man, trotz proklamierter Abstinenz, mit dem Bau von Schnapsbrennereien.

Auch die Brüdergemeine war, wie die DDR, eine durchorganisierte Gesellschaft, in der Arbeit und Freizeit kollektiv geregelt waren. Die gesamte Einwohnerschaft war in Massenorganisationen, den sogenannten Chören, gegliedert, getrennt nach Geschlecht, Alter und Familienstand. Es gab einen »Ehe-Chor«, der seinerseits wieder unterteilt war in den Chor der verheirateten Männer und den der verheirateten Frauen. Es gab den Chor der ledigen Brüder, der Witwer, der Knaben und der Kinder und, analog, ebensoviele Chöre der weiblichen Gemeineglieder. Die zwei Gemeinehäuser der Unität, das Brüderhaus und das Schwesternhaus, waren durch den Kirchsaal getrennt, den selbst Ehepaare nur separiert durch je zwei Seitenportale betreten durften. Der Grundriß des Städtchens basierte auf einem Plan, der die Besonderheit der Brüdergemeine auch dadurch hervorhob, daß alle, die nicht zu ihr gehörten, außerhalb ihrer Gemarkung siedeln mußten. Es gab zwar keine Mauer, aber doch eine Art »antiimperialistischen Schutzwall« – der im Unterschied zur Berliner Mauer allerdings nicht das Weglaufen der eigenen Bürger, sondern das Eindringen Unbefugter verhindern sollte.

Das Kollektiv verlangte Disziplin und Gehorsam. Dissidenten machten der Brüdergemeine von Anfang an zu schaffen. Georg Leonhard Stock, Lehrer, Prediger und Verfasser der ersten Historie der Brüdergemeine, klagte über die »verschiedenen mit eingeschlichenen unlautern Seelen, die wie der Krebs um sich fraßen« und den »Gang des Ganzen schwer machten«. Eine Einschätzung, die Günter Urban Anton von Lüdecke, Bruder in Herrnhut und später Patron von Niesky, teilte: »Es waren aber doch die wenigsten der damaligen Einwohner solche subjecta«, schrieb er, »die in ihrem Herzen von der Gemein-Sache und der Absicht unseres Herrn mit seinen Brüdern und seinem Volk eine klare Einsicht und tiefgehendes Gefühl hatten.« Infolgedessen wurde der Ort »von solchen Personen, die nicht den rechten Sinn hatten, gesäubert«.

Die Unität hatte Menschen aus allen Schichten angezogen und deshalb bald mit dem zu kämpfen, was ihre Nachfahren dann als »Rechtsabweichung« und »bürgerliche Dekadenz« zu geißeln pflegten. Die harte Arbeit, die verlangt war, war nicht Sache der Adligen, die des öden Lebens bald überdrüssig waren und zahlreiche Festtage mit üppigen geistlichen Feiern einführten. Nicht lange, und es gab statt drei- oder viermal im Jahr drei- oder viermal in der Woche Kaffee und Kuchen, was den einfachen Gemeinemitgliedern zwar behagte, der Sache als solcher aber abträglich war. Die Unität verlor deswegen ihren Sitz in Herrnhaag/Marienborn, von wo sie im Februar 1750 vom hessischen Großherzog aus Sorge über die negativen Auswirkungen dieses Lebensstils auf seine Untertanen ausgewiesen wurde. Die Krise ist als die »Sichtungszeit« in die Geschichte der Brüdergemeine eingegangen.

Kritik und Selbstkritik gehörten mit zu den Ritualen, die man pflegte. »Aber sind wir das wirklich, was wir sein sollten? Und sind wir auf dem rechten Wege, es immer mehr zu werden?« fragte anläßlich der Synode von 1801 ein anonymer Kritiker und forderte ganz im Sinn von Lenins Lehre der Avantgardepartei: »Wir wollen lieber an Anzahl abnehmen und an Lauterkeit wachsen, lieber ein kleines, aber rechtschaffenes Volk sein, als daß wir ein verwischter Haufen und ein Körper ohne Geist werden sollten.« Mochte die Einwohnerzahl sinken, das Fähnlein der Getreuen schrumpfen – Hauptsache, es blieb aufrecht.

Zwischen Ideologie und Realität, Predigt und Praxis tat sich eine Kluft auf. Es waren die Jungen, die sich zuerst daran stießen und rebellierten. 1818 hatte man beschlossen, sie im Kirchsaal vorne sitzen zu lassen, um die Lücken zu füllen, die entstanden waren, weil die Bürger lieber spazierengingen oder zu Hause blieben. Von dem, was ihr gepredigt wurde, spürte die Jugend im Alltag wenig und sah sich mißbraucht als »Saalfüller« für die Redeübungen ihrer Lehrer.

Auch Intellektuelle wollten nicht immer so wie die Partei. Ein Doktor Keller, der am 30. September 1748 mit seiner Frau, einer Hebamme, zugezogen war, machte sich, ungeachtet aller geschätzten ärztlichen Kunst, mit seinen Ansichten über das Heiraten mißliebig: »Kellers angesagt, hier wegzuziehen«, vermerkt die Chronik am 19. Oktober 1750. Keine zwei Monate später ging das Ehepaar.

Doch die Brüdergemeine scheiterte wie auch die DDR weniger an ihrer Ideologie als an ihrer Ökonomie. Niesky hatte eine Planwirtschaft, die anfangs ganz leidlich funktionierte, dann aber – erst mit der Konkurrenz von Privaten und schließlich im Zug der Industrialisierung – unter die Räder der Marktwirtschaft geriet. Von Anfang an hatten die Siedler handwerkliche Tätigkeit mit Ackerbau und Gartenarbeit kombiniert. Man kannte drei Eigentumsformen: gemeinschaftliches Eigentum in Form der Produktionsstätten der ledigen Brüder und Schwestern, Privateigentum in Form von Familienbetrieben sowie Betriebe und Geschäfte, die der Gemeine als Ganzer gehörten, wie etwa

Apotheke, Gasthof und Eisenwarenhandlung. Ein Großteil der Überschüsse floß in den nichtproduktiven Bereich, finanzierte die Gemeine Niesky, die Unität und deren Missionstätigkeit. Die privaten Handwerks- und Dienstleistungsbetriebe wirtschafteten dagegen in die eigene Tasche und wurden so zu einer effizienten Konkurrenz, die bis zum Ende des 19. Jahrhunderts die Oberhand gewann. Mancher Handwerker baute sich lieber ein Häuschen, als daß er sein Leben im »Brüderhaus« verbrachte. Die Idee, daß Gemeinnutz vor Eigennutz gehen sollte, scheiterte an der Wirklichkeit – der »realexistierende Sozialismus« von damals vermochte die wachsenden Bedürfnisse nicht zu befriedigen. »Überholen ohne einzuholen«, wie Ulbricht es Jahrzehnte später propagieren sollte, erwies sich schon damals als unmöglich.

Wie der DDR, so liefen auch der Gemeine die Bürger davon: Während Niesky, die Zone, stagnierte und seine Einwohnerzahl sank (1882, im 150. Jubiläumsjahr, waren es gemäß Statistik 988), florierte die Agglomeration und erfreute sich regen Zuwachses. Fabriken, die nicht mehr für den lokalen Markt produzierten, blühende Vorortsiedlungen und eine rasch anwachsende nichtbrüderische Gemeinschaft im Brüdergemeineort selbst sprengten in der zweiten Hälfte des 19. Jahrhunderts Nieskys geschlossene Gesellschaft, und die gemeinschaftlich betriebenen Gewerke – die volkseigenen Betriebe gewissermaßen – verschwanden.

Vergeblich hatte die Brüdergemeine noch versucht, die private Initiative einzuschränken. Sie betrachtete die Wirtschaft ungeachtet unterschiedlicher Eigentumsformen als eine Einheit. Nicht nur bestimmte die Gemeine, wer sich in Niesky niederlassen durfte, sie entschied auch – und das bis 1867 –, wie viele und welche Gewerbe sich etablieren durften und wer das Recht auf Grundbesitz hatte. Wer sich erdreistete, sein Geschäft zu diversifizieren, wurde ermahnt. Bruder Maroske etwa, Stellmacher, wurde geheißen, von Anstreicharbeiten abzusehen, und Bruder Lissel, Baumeister, von Tischlerarbeiten und Kachelöfen zu lassen, da »beides nicht in sein Geschäft gehört«. Konkurrenz war unerwünscht – so sollte Bruder Schütz den Handel aufgeben mit »Schnittwaren, trocken Gemüse, Tabak, Lichten in Talg & Stearin, Seife«. Daß die Planwirtschaft auch eine Mangelwirtschaft war, geht aus der Ermahnung an J. H. Mory, den einzigen Fleischer, hervor, von dem man wünschte, daß er »die Wurstmacherei umfassender betriebe, um dem Anspruch des Publikums zu genügen«.

Hundert Jahre hatte die Brüdergemeine die Sache in der Hand, mehr als doppelt so lang Bestand gehabt wie die DDR. Der neuen Zeit war sie nicht gewachsen. Daß ich den Bus hatte nehmen müssen, um nach Niesky zu gelangen, ging auf jenes Unvermögen zurück. Als 1861 die Eisenbahn von Berlin nach Görlitz eröffnet wurde, führte die Strecke gute fünf Kilometer an Niesky vorbei; zu spät hatten die Stadtväter die Bedeutung des neuen Verkehrsmittels erkannt. Die Folgen des Versäumnisses sind noch heute sichtbar, stehen die Glas- und Ziegelfabriken doch alle in den Nachbardörfern. Niesky hatte den Anschluß verpaßt; bei der Streckenplanung war die Brüdergemeine vom Kapital übergangen, waren die »Ossis« von den »Wessis« ausgetrickst worden.

Die DDR hatte Zirkel und Hammer in ihrem Wappen geführt. Auf Nieskys Wappen sind Kreuz und Hammer – entstanden ist es allerdings erst im 20. Jahrhundert, als Niesky nicht mehr die Stadt der Brüdergemeine und noch nicht ein Ort der DDR war.

XI

Bad Muskau / Łęknica – Żary

Diesmal war ich mit dem Auto unterwegs. Ich wollte die Gelegenheit nutzen, an Orte zu gelangen, die mit Bus und Bahn schwer erreichbar waren. Als ich bei Łęknica, auf der polnischen Seite der Grenze, eine Weile durch den Wald fuhr in der Hoffnung, etwas Bestimmtes zu entdecken, blieb ich unversehens in einem Wasserloch stecken. Alle Versuche, da wieder herauszukommen, schlugen fehl. Ich legte Äste, Steine, selbst die Bodenmatten des Autos unter das Rad, vergeblich. Schließlich gab ich es auf und machte mich auf den Weg, um Hilfe zu suchen. Ich hatte Glück, der Mann, auf den ich am Waldrand traf, war Automechaniker. Er holte sein Auto und zog mich aus dem Sumpf. Ich wollte ihm etwas geben, aber er lehnte ab.

Es regnete in einem fort. Ich war von Bad Muskau her gekommen, wo ich den berühmten Park besichtigt hatte. Hermann von Pückler-Muskau hatte ihn am Anfang des 19. Jahrhunderts entworfen und anlegen lassen; 1823 war der erste Baum gepflanzt worden. Es war Gartenbaukunst im klassischen Landschaftsstil und bestimmt eine Lust, sich da bei schönem Wetter zu ergehen im Schatten der alten, teils nun fast zweihundertjährigen Eichen und seltenen, allesamt großen und mächtigen Bäumen. Die Natur dient der Erhebung des Menschen; wer hier wandelte, wurde wie von selbst vornehm, schön und reich. Das Alte Schloß, ein Renaissancebau, stand noch, ebenso das Tropenhaus. Das Neue Schloß am Rand des Parks, da, wo er in offene Landschaft überging, war im Krieg ausgebrannt. Die Ruine hatte man stehenlassen, sie gab dem Ganzen den melancholischen Anstrich.

1945 wurde der Park geteilt, und von den 570 Hektar kamen 370 auf polnischen Boden zu liegen. 1993, informierte eine Tafel, wurde eine Stiftung »Fürst Pückler-Park Muskau« gegründet, die in rascher Folge eine »Baumsanierung«, eine »Wurzelraumsanierung« sowie eine »Sanierung des Pücklerischen Gartengerätehauses« in Angriff nahm.

Im Parkrestaurant hatte ich einen Kaffee getrunken und war dann über die Grenze gefahren, um den Parkteil in Polen zu besuchen. Ich konnte ihn nicht finden. Ich versuchte, mich im Gelände zu orientieren, aber da, wo der Park hätte sein sollen, war nur Wald. Bis ich merkte, daß der Wald der Park war. Da und dort, wie alte Indianer in einem Schwarm von Kindern, standen die Bäume der einstigen Anlage, erhaben über die dicht sich drängenden Kleinen, deren Kronen ihnen gerade bis zur Schulter reichten. Der Sozialismus hatte den Boden, die Natur den Park in Besitz genommen, und so war ein halbes Jahrhundert ins Land gegangen.

Nach bestandenem Abenteuer fuhr ich ein Stück weit ins Landesinnere von Polen, nach Żary. Das hätte ich nicht tun sollen.

Mein Wagen starrte vor Dreck. Ich parkte ihn auf dem großen Marktplatz, stieg aus und sah, daß ich selber nicht besser dran war. Die Hosen waren steif geworden, und wenn ich mich bewegte, fielen Lehmklumpen von mir ab.

Es war nicht das richtige *outfit* für die Schönheiten, die ich in Żary anzutreffen hoffte. Denn daß der Ort nahe der Grenze lag, war nur der Vorwand gewesen hierherzukommen. Viel mehr interessierte mich das, wofür mehrere Tafeln am Straßenrand, unter Angabe einer Telefonnummer, warben: »Mannequins aus Żary!«

Doch vorerst sah es nicht danach aus, als müßte ich mich einem Ansturm reizender Damen erwehren. Der Ort war leer bis auf zwei Betrunkene, die auf mich zuwankten, und ein junges, elegant gekleidetes Paar, das über den Platz schlenderte. Ich ging, dreckig wie ich war, auf das Paar zu, hielt ein wenig Abstand und fragte nach einem Hotel. Sie nannten eine Adresse, beschrieben den Weg dorthin und schienen nicht im mindesten verwundert über meine Erscheinung.

Was man von den beiden Betrunkenen nicht sagen konnte. Sie waren vor dem Auto stehengeblieben und glotzten es an. Dann glotzten sie mich an. Es waren junge, kräftige Kerle, und ich war die Sorte Unterhaltung, die ihrem versoffenen Sonntag die besondere Note geben würde.

Warum ich so verdammt schmutzig in ein so verdammt schmutziges Auto einsteige, verdammt?

Der größere der beiden, in einem giftiggelben T-Shirt und mit pechschwarzen Haaren, stierte mich an. Er ließ keinen Zweifel daran, daß jede Antwort die falsche sein würde.

Ich murmelte irgend etwas, stieg ein, schnallte mich an und wollte losfahren.

Der Gelbe lehnte sich aufs Fensterbord, blies mir seinen Atem ins Gesicht und wiederholte die Frage, ohne auch nur ein einziges »verdammt« auszulassen.

Ich startete den Motor.

Er langte nach dem Steuerrad und hielt es fest.

Ob er das Steuerrad bitte loslassen würde, sagte ich.

Er grinste.

Dann sagte er, daß er Polizist sei und eine Gaspistole habe. Und ob er, verdammt, mich damit vergasen solle?

Ich drückte auf die Hupe in der Hoffnung, jemand würde mir zu Hilfe kommen. Aber es gab niemanden. Das Paar war weg. Żary, das waren sie und ich.

Der Kleine war inzwischen um das Auto herumgewankt und hatte Posten bezogen vor der Beifahrertür. Nachdem er sie vergeblich zu öffnen versucht hatte, hämmerte er mit beiden Fäusten auf die geschlossene Scheibe.

Ich schrie den Gelben an, sie sollten sich zum Teufel scheren.

Es dauerte eine Weile, bis die Botschaft in seinem Hirn angekommen war. Dann ließ er das Steuerrad los. Ich löste die Handbremse. Er lächelte, griff nach dem Blinker und knickte ihn langsam ab. Dann ließ er mich fahren.

Den Verlust der Hupe, die mit demselben Hebel betätigt wurde, konnte ich verschmerzen. Den Blinker schon weniger. Der Hebel hing schlaff an ein paar Drähten und pendelte hin und her, während ich zum Hotel fuhr und mit der Hand aus dem Fenster winkte, wenn ich abbiegen wollte. Woher plötzlich all die Autos kamen?

Ich wollte weg aus Żary. War es nicht die häßlichste Stadt, die ich je gesehen hatte? Ein Kaff voller besoffener Idioten, in dem das eben renovierte Hotel leer stand, weil außer mir kein Mensch auf die Idee kam, in Żary abzusteigen. Frühstück, beschied man mir mitleidlos, gebe es nicht.

Ich duschte, zog frische Kleider an, fragte nach der Polizei und machte mich auf den Weg dorthin. Das Auto mußte warten. Die Kerle konnten noch nicht weit sein, vermutlich lümmelten sie irgendwo in der Stadt herum auf der Suche nach Blinkerhebeln, die noch intakt waren.

Die zwei Polizeibeamten hörten sich meine Geschichte an und machten ein bekümmertes Gesicht. Es tue ihnen leid, sagten sie, daß mir dies in ihrer Stadt passiert sei, und daß ich sofort hätte kommen sollen und daß man jetzt sein Bestes tun werde. Sie vertrödelten keine Zeit mit dem Ausfüllen von Formularen, sondern baten mich, in den Streifenwagen zu steigen. Ich nahm Platz neben dem Fahrer, einem blonden Hünen. Der zweite Polizist, der ein merkwürdig flaches Gesicht und eine unglaublich lange Nase hatte, setzte sich nach hinten. Die beiden waren nicht älter als die Rowdys. Wir fuhren zum Tatort und dann in die Richtung, in die sie abgezogen waren. Die Straßen waren verwaist bis auf ein paar alte Männer, die vor den Alkoholläden herumstanden und uns nachschauten, als wir langsam an ihnen vorbeifuhren, wieder und wieder, bis wir alle

Querstraßen abgefahren hatten. Ich kam zu einer Stadtbesichtigung, wie sie bequemer und gründlicher nicht hätte sein können. Ein Schloß mit Palais, mehrere Kirchen, alte Stadtbefestigungen, das Rathaus und ein paar Bürgerhäuser. Ein bißchen Barock, ein bißchen Renaissance und viel Sozialismus. Die beiden Kerle blieben verschwunden.

»Sind bestimmt auf der Kirmes«, meinte der im Fond.

Der Fahrer nickte.

Der Jahrmarkt war etwas außerhalb, auf einer großen Wiese, und gut besucht.

Der Blonde blieb im Auto, während sein Kollege mit mir kam. Wir drängten uns durch die Menge. Wären wir nackt gewesen, wären wir weniger aufgefallen.

»Wir sind nicht gerade beliebt hier«, entschuldigte sich mein Begleiter. »Eine Menge Leute in Żary haben Ärger mit uns.«

Wir kurvten nochmals durch die Straßen und gaben es schließlich auf.

»Melden Sie es uns sofort, wenn Sie sie wiedersehen sollten«, sagte der Hüne. Beide schüttelten sie mir die Hand, nicht ohne nochmals ihr Bedauern kundzutun.

Nun kannte ich die Stadt, und die Stadt kannte mich. Ich hatte keinen Grund zu der Annahme, daß deren Einwohner mich mehr liebten, als sie die Polizisten liebten, in deren Gesellschaft sie mich gesehen hatten.

Ich ging zu dem Platz, wo alles begonnen hatte, wobei ich mich nach allen Seiten umschaute. Konnte ja sein, daß die Kerle wieder in der Gegend waren und nun, nachdem sie den Blinker ausgehängt hatten, es vielleicht mit meinem Arm versuchen wollten.

Der Platz hatte sich belebt. Betrunken waren sie fast alle, die Männer, die herumstanden oder in jener stillen, hochkonzentrierten Art versuchten, von einem Laternenpfahl zum anderen zu gelangen. Meine beiden Freunde waren nicht darunter.

Ich wollte ins Kino, aber die Vorführung hatte schon begonnen, und so setzte ich mich in die dazugehörige Bar, trank ein Bier und leerte einen Beutel Kartoffelchips, der mit hundert weiteren bunten Tüten voller Fernsehfutter in einem monströsen Gestell hing.

Neben mir stand ein Typ von der Sorte, von der man nicht weiß, ob man sie dick oder kräftig nennen soll. Er trug einen blonden Pferdeschwanz und half dem Kollegen hinter der Theke, sich zu langweilen. Ich fragte ihn nach dem Schloß, das ich bei meiner Sightseeing-Tour mit der Polizei gesehen hatte. Es war so imposant wie unelegant; ein Riesending und offensichtlich baufällig.

Er zog die Stirn kraus, und über der linken Augenbraue bildete sich eine merkwürdige Grube.

»Sie meinen die Residenz?«

Ich nickte. Die Grube glättete sich.

»Ist vor zwei Jahren von einem Privatmann gekauft worden. Hat alle Sanierungskredite kassiert und ist dann abgehauen. War ein gutes Geschäft für ihn. Der Kaufpreis war niedriger als die Kredite, die er bekam.«

»Und renoviert wird nicht?«

Wieder zog er die Stirn kraus, und die Grube kam und verschwand.

»Dazu wäre er verpflichtet gewesen. Es gibt jetzt einen anderen Interessenten, der es kaufen möchte. Das kann er aber erst, wenn man sicher ist, daß der erste nicht mehr auftaucht. Und nicht innerhalb eines Jahres anfängt. Das ist die Frist.«

Er warf einen Blick auf die Uhr.

»Ich muß die Filmrollen wechseln«, sagte er und verschwand. Nach einer Weile stand er wieder da.

»Auf Durchreise?«

»Kann man so sagen«, sagte ich. Ich berichtete von meinem Abenteuer. Als ich die Polizei erwähnte, zog er erneut die Stirn kraus, so daß die Grube über seiner linken Augenbraue sich bis über die Nasenwurzel dehnte.

»Üble Sache«, meinte er. »Gibt Leute hier, die haben zuviel Freizeit.«

»Sie meinen Arbeitslose?«

»So nennt man sie, ja. Aber die sind das nur auf dem Papier. Wenn Sie mich fragen, die müßten dreimal stempeln am Tag, dann wäre es vorbei mit der Arbeitslosigkeit. Weil die Chefs einen nicht dreimal am Tag gehen lassen.«

Wieder sah er auf die Uhr.

»Die Filmrollen«, sagte ich.

Er nickte und verschwand. Es mußten kleine Filmrollen sein, die da liefen.

Wo man denn sonst hingehe, um sich zu amüsieren in Żary, fragte ich ihn, als er seine Aufgabe erledigt hatte.

»Schwierig«, sagte er. »Gibt nicht viel hier. Ist einfach zu teuer. Ein Kabarett zum Beispiel. Die wollen dreitausend Złoty, und im Vertrag steht, daß sie das Geld auch kriegen, wenn sie aus irgendeinem Grund ausfallen. Hat einer den Schnupfen – schon ist es aus. Kann man sich nicht leisten.«

»Also geht man woandershin.«

»Genau. Nach Zielona Góra. Da ist schon mehr los.«

Schließlich gab ich mir einen Ruck und fragte ihn nach den Mannequins. Er stutzte.

»Mannequins? Ach so – Sie meinen die Schaufensterpuppen. Ja, es gibt eine Fabrik hier. Beliefert die Modehäuser!«

Ein geübter Blick auf die Uhr, und er machte sich auf zu seinem Rendezvous mit den Filmrollen. Mußte ein Art Flohkino sein.

Am nächsten Morgen, mit leerem Magen, suchte ich nach einer Autowerkstatt, um den Blinker reparieren zu lassen. In der erstbesten, die ich fand, ließ ich den Wagen waschen und zeigte dem Mechaniker die Bescherung. Er fingerte kurz am Blinkerhebel herum, der an seinen Drähten baumelte, und schüttelte den Kopf.

»Man muß das Steuerrad abmontieren«, sagte er. »Da steckt die ganze Elektronik drin.« Er pfiff durch die Zähne. »Das habe ich noch nie gemacht.«

Ich sah ihn schon zu Hammer und Meißel greifen, begierig, dem unbekannten Ding auf den Leib zu rücken, aber er schüttelte erneut den Kopf.

»Mache ich nicht«, sagte er. »Ist mir zu riskant. Da muß ein Spezialist her.«

Er verwies mich an eine Werkstatt in der Nähe.

»Fragen Sie nach Herrn Kmiecik«, sagte er. »Der kann alles.«

Herr Kmiecik war ein kleiner, dicklicher Mann mit Glatze, auf der seine schwarzen, ölverschmierten Hände reichlich Spuren hinterlassen hatten. Er besah sich den Schaden und fuhr sich mit der Hand über den Kopf.

»Sie brauchen einen neuen Blinkerhebel«, sagte er. »Der ist gebrochen. Leimen kann man das nicht.«

Er nannte mir die Adresse eines Ladens, der Autoteile führte. Vielleicht hätte ich ja Glück, und sie hätten einen am Lager.

Ich hatte kein Glück. Es gab ein paar Läden in Żary, die alle möglichen Autoteile führten, von Bremsbacken über Federbeine bis zu Zierblenden, aber nicht das, was ich brauchte.

Herr Kmiecik schien nichts anderes erwartet zu haben, als er mich zurückkommen sah.

»Dann machen wir uns eben an die Arbeit«, sagte er.

Ich schaute ihm eine Weile zu und erhielt bald Gesellschaft. Die ganze Werkstatt lief zusammen, voller Neugier, was sich in so einem Steuerrad alles finden würde. Herr Kmiecik arbeitete langsam und sorgfältig und besah sich jedes Teil, bevor er es zur Seite legte.

»Kommt wohl nicht oft vor, daß Sie so was auseinandernehmen müssen?« fragte ich schüchtern.

Herr Kmiecik brummte. »Habe ich noch nie gemacht.«

Ab und zu murmelte er ein »interessant«, strich sich über die Glatze, und die Ölspuren hinterließen ein Muster wie auf einer stark befahrenen, leicht verschneiten Straßenkreuzung.

Ich sagte, daß ich noch etwas zu erledigen hätte, und verabschiedete mich. Ich brauchte Plastiktüten. In irgendwas würde ich das Auto schließlich nach Hause tragen müssen.

Vorher wollte ich mir aber noch das Schloß ansehen. Es hatte einen Turm und einen Arkadenhof und nebendran ein Palais, das ein bißchen an den Buckingham-Palast erinnerte. Allerdings gab es keine Wache, keinen Pomp und keinen Prunk, nur eine kleine Tafel mit der Warnung »Vorsicht, bissiger Hund!«.

Aber auch der mußte längst das Weite gesucht haben. Vielleicht war er in den Park gerannt und überfahren worden; mit einer Durchgangsstraße, der Aleja Warszawska, hatte man den Park vom Schloß abgetrennt. Schloßplatz, Gebäudekomplex und Park hatten einst ein Gesamtkunstwerk gebildet, aber offensichtlich hatte das niemanden in der Stadtverwaltung beeindruckt.

Auf gut Glück ging ich ins Rathaus und erkundigte mich nach jemandem, der mir Auskunft geben könnte über das Schicksal dieses größten Baus von Żary. Ich hatte Glück. Herr Piekarczyk, der stellvertretende Stadtarchitekt, nahm sich persönlich Zeit, meine Neugier zu befriedigen.

Die Burg der Familien Dewin und Biberstein, im 12. Jahrhundert als frühgotisches Schloß errichtet und im 15. Jahrhundert in eine Renaissanceresidenz umgebaut, war im Krieg Sitz der Gestapo gewesen. Bis Anfang der fünfziger Jahre blieb alles intakt, dann, 1953, begann man, die Möbel nach Żagań zu schaffen, ins Schloß, das Wallenstein hatte bauen lassen, nachdem er vom Kaiser zum Herzog des Ortes, des früheren Sagan, ernannt worden war. Das Promnitzpalais aus dem 18. Jahrhundert, das neben dem Schloß von Żary stand, war einst das Zentrum der höfischen Kultur der Region gewesen und, wie Herr Piekarczyk sagte, beliebt als »Hochzeitsplatz«.

Nach dem Krieg, erzählte er weiter, hatte man die Gebäude nicht zu nutzen gewußt, bis auf das Gartenpalais, aus dem ein Krankenhaus wurde. Ein Teil des Schloßmobiliars war beim Umzug verschwunden, und in der Residenz selbst breiteten sich die Spinnweben aus. Bis sich der Stadtarchitekt des Objekts annahm. Das war in den siebziger Jahren. Es wurde unter Denkmalschutz gestellt, Kategorie erste Klasse, und man begann zu renovieren. Je mehr man renovierte, auf desto mehr Renovierungsbedürftiges stieß man – vom Dachstuhl bis zu den Fresken, die man entdeckte. Wenigstens konnte man das Ding soweit instandsetzen, daß es nicht einstürzte.

»Na ja, und leider floß das Geld nicht im selben Maße, wie die Aufgaben wuchsen«, sagte Herr Piekarczyk.

Herr Piekarczyk hatte ein schmales Gesicht, das hinter einer schwarzen Hornbrille verschwand. Sein Oberlippenbart bewegte sich kaum, wenn er redete. Das einzige, was sich an ihm bewegte, waren seine Hände, in denen er unablässig einen kleinen Taschenrechner drehte.

»1992 ist das Schloß verkauft worden. Für hunderttausend Dollar.«

Es hatte eine Auktion gegeben, die beiden Konkurrenten, ein Deutscher und ein Pole, hatten alles getan, um in den Besitz der Liegenschaft zu gelangen. Der Deutsche hatte argumentiert, Berlin, nur hundert Kilometer entfernt, werde das neue europäische Zentrum, also werde es interessant in der Gegend. Er wollte ein Hotel eröffnen, ein Restaurant, versprach, die Arbeitslosen zu beschäftigen, redete vom Geld, das die Sache der Stadt einbringen würde.

»Der Bürgermeister sagte, wir können das Schloß jedem verkaufen, einem Schweizer, einem Amerikaner – nur nicht einem Deutschen.«

Herr Piekarczyk rückte seine Krawatte zurecht, auf der Dutzende von Glückskäfern herumkrabbelten. Einer hatte eine Sprechblase und bahnte sich seinen Weg durch das Gewimmel: »Move over!«

»Also bekam es der Pole, ein gewisser Herr Hamerlik aus Krakau.«

Herr Hamerlik war ein Immobilienhai. Er habe Bankkredite von insgesamt einer halben Million Dollar eingestrichen, um die geforderte Instandsetzung zu finanzieren, statt dessen aber eine Immobilie in Krakau gekauft, berichtete Herr Piekarczyk.

»Man sagt, er sei verschwunden«, sagte ich.

»Verschwunden ist er nicht. Jetzt will er der Stadt das Schloß zurückgeben, wenn sie ihm dafür Land gibt. Die Hypotheken hat er zurückbezahlt.«

Herr Piekarczyk drückte ein paar Tasten des Taschenrechners, ohne auf die Anzeige zu sehen.

»Zwanzig Millionen Dollar kostet es, das Schloß wieder instand zu setzen. Aber wir haben keine zwanzig Millionen Dollar. Fast alles Geld, das wir haben, geben wir aus für den Bau einer Anlage zur Wasseraufbereitung.«

Herr Piekarczyk packte seinen Taschenrechner in den Aktenkoffer, ließ die Schlösser zuschnappen und erhob sich.

»Wenn wir das Schloß wiederkriegen, werden wir gar kein Geld mehr haben.«

Es war Zeit, sich um das Auto zu kümmern. Herr Kmiecik mußte sich inzwischen mehrfach am Kopf gekratzt haben; nur noch vereinzelte Fleckchen von rosa Haut schimmerten inmitten der kreuz und quer verlaufenden Spuren, die die Glatze eingeschwärzt hatten. Er stand am Tisch, vor sich die beiden Stücke des malträtierten Hebels, und war eben dabei, mit Klebeband und feinem Draht das Ding zu schienen wie ein Chirurg ein gebrochenes Bein. Er nahm, konzentriert auf die Operation, meine Anwesenheit nicht wahr, und ich ging auf Zehenspitzen wieder hinaus. Ich setzte mich in eine Bar in der Nähe, trank eine Cola und studierte die Hochglanzbroschüre über Żary, die ich von Herrn Piekarczyk bekommen hatte.

Sie glich merkwürdig der, die ich in Hoyerswerda erhalten hatte, der Stadt in Deutschland, die auf fast demselben Breitengrad liegt, nur etwas weiter von der Grenze entfernt als Żary. Derselbe Optimismus, dieselben schönen Bilder und Grafiken, dieselbe Balz um Investoren, die, wenn man der Broschüre glaubte, schlecht beraten wären, irgendwo anders auf der Welt als hier in Żary ihr Geld vermehren zu wollen. Nicht nur, daß sich die Stadt »innerhalb eines Gebietes, wo die mobilen Telephone ungehindert gebraucht werden können«, befand. Auf der Europakarte, die abgedruckt war, lag Żary genau im Mittelpunkt. Und betrachtete man das Netz der Verkehrswege, mußte man zum Schluß kommen, daß die Hauptstadt der polnischen Lausitz nicht mehr und nicht weniger als der Nabel der Welt war.

Und ein bißchen war sie das auch gewesen. Żary, das »Manchester Westpolens«, wurde für die Textilindustrie nach dem Krieg im kleinen das, was Łódź Anfang des 20. Jahrhunderts war – *boomtown.* Bereits im 19. Jahrhundert waren große Manufakturen für Leinen- und Tuchfabrikation entstanden, eine Glas- und Keramikindustrie hatte sich entwickelt, und am südwestlichen Stadtrand war Braunkohle abgebaut worden.

Die Textil- und Bekleidungsbetriebe hatten die Wende nicht überlebt, einer nach dem anderen war bankrott gegangen, darunter die »Bawelna« mit zweitausend Beschäftigten. Doch Żary hatte neue Investoren angezogen; der größte war der Schweizer Konzern »Kronospan«, der das Holzspanplattenwerk »Kronopol« betrieb. Die Stadt bezeichnete sich als wohlhabend; die Arbeitslosigkeit nahm ab, die Steuereinnahmen stiegen. Eine neue Kläranlage und eine Mülldeponie standen bereits, die Wasseraufbereitungsanlage war im Bau, Gas-, Heiz-, Wasserversorgungs- und Kanalisationsnetz wurden überholt, die Pläne für eine

Ringstraße waren fertig. Wie Hoyerswerda strich man die Grenznähe als Vorteil für Unternehmer heraus, denen man Immobilien zuhauf anbot. Wovon man indes am meisten zu profitieren hoffte, stand nicht in der Broschüre: Die Löhne, rund fünfmal niedriger als in Deutschland, sollten einem Investor, der Massenware produzierte, die Standortwahl nicht schwermachen. Aus einer Säulengraphik konnte man ersehen, welche Anteile der Bevölkerung im »Vorproduktionsalter«, im »Produktionsalter« und im »Nachproduktionsalter« waren. Die grüne Säule schoß in die Höhe – von Żarys rund 40000 Einwohnern waren die meisten im besten »Produktionsalter«.

Daß Żary auch ein »attraktiver Ferienort« sein sollte, war vielleicht etwas übertrieben. Im Bombenangriff vom 11. April 1944 hatten die Alliierten das damals deutsche Sorau, das eine Filiale der Flugzeugwerke Focke-Wulf beherbergte, in Schutt und Asche gelegt. Davon hatte sich die Stadt nur schwer erholt; all die schönen Bilder in der Broschüre zeigten, was überlebt hatte, in konzentrierter Form.

Als ich in dem Heft blätterte, trat ein Junge in die Bar. Er mochte etwa sechzehn sein, war abgerissen und steckte in verwaschenen Jeans, die so schmutzig waren wie er selber; sein Oberlippenflaum stach hell ab von seinem ungewaschenen Gesicht. Er fragte nach Kassetten und wollte, da es keine gab, schon wieder hinaus, da fiel sein Blick auf meine Broschüre. Er trat neben mich, beugte sich über meine Schulter, zeigte mit seinem schwarzen Finger auf die Bilder und fragte mich, was das sei. Als ich ihm sagte, das sei doch Żary, fragte er, ob er sich setzen und die Broschüre mit ansehen dürfe. Ich reichte ihm das Heft. Er blätterte es Seite um Seite um, voller Ehrfurcht, und betrachtete Bild um Bild, gebannt wie ein Kunstfreund vor soviel Schönheit. Dann sah er mich an und sagte, nein, das könne er nicht glauben, daß das Żary sei. Als hätte er in einen Spiegel geschaut und an seiner Statt einen jungen Prinzen erblickt.

Ich fragte ihn, ob er von hier sei, was er bejahte. Er blätterte nochmals das Heft durch, schlug es schließlich zu und stieß, als er das Titelblatt sah, auf dem in der Abenddämmerung das Rathaus im Schein der Laternen leuchtete, einen Ausruf des Entzückens aus.

»Das sieht aus wie Kopenhagen!«

Ich ging zur Werkstatt zurück. Herr Kmiecik war fertig.

»Sie müssen das Originalteil bestellen und es einsetzen lassen«, meinte er. »Aber vorläufig sollte das halten.«

Er wollte nur zwanzig Złoty für seine Arbeit, die Stunden gedauert hatte.

»War eine interessante Sache«, meinte er. »Habe so ein Ding selbst noch nie von innen gesehen.«

Die anderen standen ehrfurchtsvoll um ihn herum. Herr Kmiecik war der Chefchirurg von Żary, kein Zweifel.

XII

Zielona Góra – Krosno Odrzańskie

Ich war erleichtert, als ich das Auto wieder los war. Die Langeweile hatte mir gefehlt, das stundenlange Warten an einer Bushaltestelle, an der ich die Auslagen eines kleines Kiosks auswendig lernen, die immergleiche Kassette hören und mir jedes Detail der vollkommen uninteressanten Umgebung einprägen konnte.

Ich begann wieder in Zgorzelec, am Bahnhof, wo alles angefangen hatte.

Als ich das Gebäude bei Tageslicht sah, konnte ich nicht glauben, hier jemals mit dem Zug angekommen zu sein. Es sah überhaupt nicht so aus, als käme hier jemals ein Zug an. Es schien, als hätte man mit den Abbrucharbeiten innegehalten, vor Jahren schon, irgendwie die Lust verloren, der Sache eine Ende zu machen. Zwar hingen noch zwei Fahrpläne da, einer mit den Abfahrts- und einer mit den Ankunftszeiten, aber es war, als hätten sie sich irrtümlich zwischen die zahlreichen handgeschriebenen Zettel mit den hilfreichen Botschaften verirrt, daß es etwas ganz Bestimmtes – zum Beispiel Telefonkarten – hier *nicht* zu kaufen gebe. In dem Ensemble von eingeworfenen Fensterscheiben, zersplittertem Billigholz und einer leeren Ladenpassage in der ersten Etage traute man selbst der Uhr nicht. War sie nicht per Zufall zum richtigen Zeitpunkt stehengeblieben?

Ich wollte nach Zielona Góra fahren.

Der Schalter war verwaist, auf Auskunft nicht zu hoffen. Ich irrte durch die Ruine, mutterseelenallein bis auf einen zerlumpten Jungen, der einen Abfallkorb durchwühlte, stieg ins Untergeschoß, wo es eine Damen- und eine Herrentoilette gab, die getrennt waren von einem Kabäuschen, in dem, als hätte man sie zu evakuieren vergessen, die Toilettenfrau saß und eine Papierrolle und ein Stück Seife hütete. Deren Inanspruchnahme kostete, falls man nur das Pißbecken benutzte, fünfzig Groschen, und siebzig, wenn man sich die mit »1. Cl.« beschriftete Toilette leistete.

Auf einem Zettel, von innen an die Scheibe des Schalters geklebt, kaum mehr leserlich in der sonnengebleichten Handschrift, waren zwei, drei Abfahrtszeiten zu einem Ort namens Węgliniec notiert und die Anschlüsse von dort weiter nach Wrocław. Niemand schien auf den Gedanken gekommen zu sein, man könnte von hier aus anderswohin fahren wollen. Es war einen Versuch wert, vielleicht kam ich von Węgliniec nach Zielona Góra.

Ich brauchte ihn nicht zu machen. Als ich mich am Morgen vom *Dom Turysty* verabschiedete, sagte mir die Rezeptionistin, es gebe einen Bus, der eine halbe Stunde früher fahre als mein Zug und direkt zum Ort, wohin ich wollte – nach Zielona Góra. Ich hetzte mit dem Gepäck zum Busbahnhof, von dessen Existenz ich bislang nichts gewußt hatte, und kam, verschwitzt und außer Atem, gerade noch rechtzeitig, als der Fahrer eben einsteigen und abfahren wollte.

»Wohl Backsteine drin?« fragte er, als er mir die Reisetasche mit all den Broschüren abnahm und sie im Gepäckraum verstaute.

»Ja«, keuchte ich. »Ich reise nie ohne meine Backsteine!«

Er lachte, händigte mir die Fahrkarte aus, und wir fuhren los.

Der Bus schaukelte durch die Landschaft, passierte Weiler und Dörfer, in denen Schulkinder zu- und ausstiegen und Frauen, die vom Einkauf kamen oder dahin unterwegs waren. Es war eine kleine Gemeinschaft mit ihrem eigenen Fahrer, der einem seinen breiten Rücken zuwandte und dem man vertraute, daß er sich nicht aus der Ruhe bringen lassen würde durch die halsbrecherischen Überholmanöver irgendwelcher Rowdys, die ihre neuen Westautos Geschwindigkeitstests unterzogen, deren Ergebnis man da und dort im Straßengraben sehen konnte.

Ich wurde nicht müde, die Warntafeln zu bewundern, die vor jeder bedeutenderen Kurve aufgepflanzt waren. Sie waren gelb, mit einem Auto darauf, das eben einen Mann gerammt hatte, der nun mit ausgebreiteten Armen durch die Luft flog. Nicht etwa »Unfallgefahr« stand darunter, sondern »Wypadki« (»Unfälle«).

Die Fahrt dauerte zweieinhalb Stunden, durch Birken- und Kiefernwälder und unter geräumigen Buchen hindurch, die über der Straße zusammenwuchsen und einen grünen, hellen Tunnel bildeten, der den Bus auf seiner Fahrt geborgen hielt. Graue sozialistische Mietskasernen und ziegelrote deutsche Backsteinbauten standen in unmittelbarer Nachbarschaft; gravitätische Häuser mit bis zu fünf Augenfenstern auf den ausladenden Dächern schienen träge zu beobachten, was sich auf der Straße bewegte – der schlesische Schlafzimmerblick. Eine Kirche, ein Kinderspielplatz, eine Tankstelle, ein Restaurant, ein, zwei Lebensmittelläden und vielleicht eine Buchhandlung: das waren die größeren Ortschaften, diejenigen, in die man fuhr, wenn man einkaufen, etwas erleben wollte, Pieńsk, Iłowa, Żagań. Da, am Busbahnhof, stand eine Sitzbank mitten im Freien mit einer Tafel darüber: »Tu wolno palić!« – »Hier Rauchen erlaubt!«

Es war kalt und regnerisch, als ich in Zielona Góra ankam. Zwei- und dreistöckige Giebelhäuser säumten den Marktplatz, von dem Straßen in alle vier Himmelsrichtungen abgingen; das Rathaus schmückte ein Turm mit einem dreistöckigen Barockhelm, der etwas von einer Weltraumrakete hatte. Rundum lagen weitere kleine Plätze, umgeben von Straßen und Gassen, in denen es zahlreiche Geschäfte gab, Läden und Lädelchen mit Schmuckartikeln, Lederwaren und Modesachen; ein Angebot für Touristen, die ihr Geld in einer der vielen Wechselstuben tauschen konnten.

Ich ging in das größte Lebensmittelgeschäft, um einzukaufen. Es war unterteilt in eine Fleisch-, Brot-, Getränke- sowie eine Obst- und Gemüseabteilung; mit je vier Kassen, vor denen vier Schlangen standen, in denen ich mich der Reihe nach anstellte, um meine Wurst, mein Brot, das Mineralwasser und den Apfel zu bezahlen. Wollte man das Schlangestehen genießen, jetzt, da die Regale voll waren und man Gewißheit hatte, daß man für seine Geduld auch belohnt wurde?

Der Stolz der Stadt war ein Eibenbaum, der in der Kopernika-Straße stand und angeblich achthundert Jahre alt war. 1890 war er mit einem Gitter gesichert und mit einer Inschrift versehen worden: »Ältestes Lebewesen Grünbergs, vermutlich älter als die erste Ansiedlung auf der Stelle des heutigen Rathauses. Dem Zeugen bewegter Vergangenheit widmet dies Schutzgitter die Bürgerschaft Grünbergs.«

In den Schaufenstern der Buchläden lagen Bücher über die zwei Männer, die dem Land Himmel und Hölle bedeuteten: Karol Wojtyła und Adolf Hitler, der polnische Papst und der deutsche Diktator. Ihre Konterfeis, bunt und schwarzweiß, zierten die Schutzumschläge, gütig lächelnd der eine, von dämonischem Ernst der andere. Auf der Straße der Helden der Westerplatte stand ein Denkmal für Katyn, das Massaker der Russen an polnischen Offizieren, geschmückt mit frischen Blumen und Kerzen. Zwei kleine Altäre waren davor aufgebaut: »Jezus Chrystus, zbawiciel, wczoraj i dziś ten sam i na wieki«, »Jesus Christus der Erlöser, gestern, heute und immerdar«, hieß es auf dem Tuch.

Im »Teatr Lubuski« wurde *Jubileusz* von George Tabori gezeigt. Für die Premiere waren keine Karten mehr zu bekommen; als ich dann zwei Tage später die Vorstellung besuchte, gab es kaum mehr Publikum als Schauspieler. Die

Bühne zeigte einen jüdischen Friedhof vor einer Wohnung mit erleuchtetem Fenster, von dessen Brüstung Wäsche hing; ein Nazi im schwarzen Ledermantel kam, sprayte »Do gazu« (»ins Gas«) und ein Hakenkreuz an die Mauer, die Toten erwachten und krochen hinter ihren Grabsteinen hervor.

Verwaist wie mein Hotel war auch das »Muzeum Ziemi Lubuskiej«, das Museum des Lebuser Landes. Den Hall meiner Schritte im Ohr, ging ich durch die kalten Säle. Sie waren dunkel, wurden aber einer nach dem anderen, sowie ich eintrat, wie von Geisterhand erleuchtet; das Werk der Wächterinnen, die im Finstern bereitstanden und das Licht anknipsten, wenn sie mich kommen hörten. Madonnen aus Holz, Jesus Christus am Kreuz, Ikonen mit den Heiligen – die ganze leidvolle Traurigkeit des Christentums war versammelt, Gesichter, von Schmerz gepeinigt. Das meiste war aus dem 16. Jahrhundert. Die Künstler hatten in der Art ihrer Darstellung, der Interpretation der biblischen Motive, gewiß auch gegen Konventionen verstoßen. Ihre Anspielungen, dachte ich, waren für den Laien heute so wenig lesbar, wie es die Tricks der Künstler im Sozialismus, der Zensur ein Schnippchen zu schlagen, auch schon bald sein würden.

Zielona Góra, das alte Grünberg, war ein beliebtes Ziel von deutschen Touristen, die – oder deren Vorfahren – einst da gelebt hatten. Man schien sich auf sie einrichten zu wollen, war aber damit noch nicht sehr weit gekommen. Im Hotel sprach niemand deutsch, den *Informator kulturalny,* das monatliche Veranstaltungsprogramm, gab es nur auf polnisch, und im Reisebüro »Lubtour«, wo ich nach einem Stadtplan fragte, kramte die junge Dame verzweifelt in einem Haufen von Prospekten, bis sie es aufgab; wo einer zu bekommen wäre, wußte sie nicht. Ich fand dann einen in der Buchhandlung gleich nebenan, wo ein ganzer Stapel auflag, nebst einem Reiseführer in deutsch über Stadt und Wojewodschaft von Zielona Góra, »Grünberg in Schlesien«.

Der Reiseführer richtete sich an Deutsche, die in Zielona Góra nach den Spuren ihrer ehemaligen Heimat suchten. Eine Liste mit den alten und neuen Straßennamen war darin. Das deutsche Kaiserreich, die Weimarer Republik und Hitlerdeutschland waren getilgt: Aus der Bismarck-Straße war die Ulica Bolesława Chrobrego geworden, aus dem Hindenburg-Platz der Heldenplatz und aus dem Horst-Wessel-Platz der Platz Słowiański – königlich-christlich, heroisch und slawisch sollte die neue Heimat sein.

»Lieber Gast: Wenn Du wenigstens einmal hier übernachtest, willst Du länger bei uns bleiben«, stand im Hotelprospekt zu lesen. Es war eine Nacht im Eisschrank. Im Zimmer mochten es nicht mehr als fünf Grad sein; eine dünne Kunststoffdecke und eine Wolldecke waren alles, womit ich mich zudecken konnte.

Es war Fronleichnam. Ich kam gerade recht zur Messe in die Kirche, die der Gottesmutter von Częstochowa gewidmet war und vor der sich eine Menge festlich gekleideter Menschen drängten unter einem plötzlich klaren, blauen Himmel, freudig erregt vom Sonnenschein und vom Ereignis. Ich ließ mich mitziehen vom Strom, der das Gotteshaus füllte, wurde hochgeschwemmt in die erste, in die zweite Etage – U-förmig angelegte, von mächtigen Säulen getragene Emporen, von denen man auf den Priester hinuntersehen konnte und auf den Altar, auf die Engel mit den goldenen Flügeln, die Heiligen mit den goldenen Gewändern und Petrus mit dem goldenen Schlüssel; lauter Glanz und Schimmer, der über dem Purpur leuchtete, mit dem das Gestühl bezogen war. Gleich dem Murmeln eines verborgenen Gewässers drang die sanfte, einlullende Stimme des Priesters hoch, der, assistiert von Ministranten, sein rätselhaftes Ritual vollzog. Nach dem Ende des Gottesdienstes gingen sie, junge Buben in Turnschuhen und einem gestickten Überwurf über dem Jeanshemd, durch die Reihen und sammelten Geld. Es war unmöglich, nichts zu geben.

Ich schaute mich im Publikum um. Keine Generation fehlte, pubertierende Jünglinge und Mädchen in Miniröcken schienen von demselben ergriffenen Ernst wie die alten, zahnlosen Weiblein und die dürren Männlein. Man sang vereint und aus vollen Kehlen.

Der Papst kam nach Polen, die letzten freien Plätze für die Fahrt zum Heiligen Vater wurden angeboten. Als die Menge aus der Kirche strömte, sang sie weiter, sang gegen einen Himmel an, der sich unversehens wieder getrübt hatte und Regenwolken ballte drohend wie Fäuste. Am Anschlagbrett beim Eingang hing Propaganda gegen die Abtreibung; das Photo eines Fötus, mindestens zehn Wochen alt, neben dem eines weinenden Neugeborenen, beide Köpfe in gleicher Position aufgenommen.

Die Kirchgänger hatten sich zur Prozession formiert und zogen durch die Straßen, und während ihr Gesang sich in der Ferne verlor, öffneten die ersten Läden. Männer standen davor herum, tranken und schwatzten. Dann näherte sich die Prozession wieder, und als sie an ihnen vorbeikam, sangen sie mit.

Ich ging in ein kleines Café in der Nähe des Theaters. Der Kaffee, kochendheiß, kam in einem hohen Glas, das im Unterschied zu handelsüblichen Teegläsern weder Fassung noch Griff hatte. Es war unmöglich, sich nicht die Finger zu verbrennen, und nach der durchfrorenen Nacht auf dem *tapczan* genau das, was ich brauchte. In der *Gazeta Lubuska,* die auflag, gab es eine Rubrik »Polizeichronik« mit Kurzberichten über Unfälle und Verbrechen. Am meisten Platz nahm eine Liste mit den gestohlenen Autos ein, die nach Marke, Typ, Farbe, Kennzeichen und Herkunft aufgeführt waren. Angegeben war auch, welchen Wert der Wagen und wo er gestanden hatte. Żary war nicht auf der Liste.

Es blieb kalt in Zielona Góra, und es regnete fast ununterbrochen; Zeit, die Seite zu wechseln und nach Guben zu reisen. Dort, hatte ich gelesen, war der wasserfeste Hut erfunden worden.

Ich nahm den Bus um 9 Uhr 45, just als die Sonne durchbrach. Bald schon waren wir in Krosno Odrzańskie. Ich stieg aus, um mich ein bißchen umzusehen.

Krosno Odrzańskie, das Städtchen, das an der Mündung des Bóbr in die Oder liegt, war einst ein bedeutender Ort; hier überquerte die Handelsstraße, die von Schlesien an die Ostsee führte, die Oder. Eine alte Postmeilensäule an der Brücke erinnert an die Wege, die von Crossen nach Frankfurt an der Oder, Grünberg, Guben und Schwiebus führten.

Der Bóbr leitet der Oder eine beträchtliche Menge Wasser zu; von hier ist sie noch rund dreißig Kilometer ein polnischer Fluß, bevor sie, am Zusammenfluß mit der Neiße, zum deutsch-polnischen Grenzfluß wird. Vor dem Wiener Kongreß von 1815, der verfügte, daß Sachsen die Niederlausitz an Preußen abzutreten habe, hatte die Oder hinter Crossen eine andere Staatsgrenze passiert – von preußischem war es auf sächsisches Territorium und dann, bei Frankfurt an der Oder, wieder zurück auf preußisches gegangen. Den Preußen war dieser »Transitzwang« durch Sachsen der zu entrichtenden Zölle wegen ein stetes Ärgernis gewesen; ihre Pläne, die Oder bei Crossen umzuleiten, konnten sie fallenlassen, nachdem die Niederlage Napoleons, mit dem der sächsische König verbündet war, die politische Landkarte zu ihren Gunsten verändert hatte.

Mitten in der Stadt, auf einem großen Platz, stand ein Denkmal, das aus mehreren in den Boden gerammten Betonblöcken bestand. Nur drei Worte waren darauf: »Byliśmy, Jesteśmy, Będziemy« (»Hier waren wir, hier sind wir, hier werden wir sein«). Das Monument war 1969 errichtet worden und in seinem hilflos-beschwörenden Trotz der

Beweis, wie unsicher man damals noch über den neuen Besitzstand war. Das Gebiet um Crossen war keineswegs immer polnisch gewesen, von einer »Rückkehr zum Mutterland« konnte nur reden, wer weit – aber nicht zu weit – in die Geschichte zurückging und ein paar Jahrhunderte aus der Chronik tilgte. Eine germanische Siedlung, ein slawisches Fischerdorf und schließlich eine polnische Burg – das alles war der Ort gewesen, als im Jahre 1005 der deutsche König und spätere Kaiser Heinrich II. versuchte, den Oderübergang zu erobern. Er scheiterte am Widerstand des polnischen Herzogs Bolesław; der Torturm, ein Überrest der Residenz der frühpolnischen Herrscherdynastie der Piasten, ist noch zu besichtigen. Doch 1339 war mit der Errichtung der böhmischen Herrschaft in Schlesien der Anschluß an das damalige deutsche Reich vollzogen, und es dauerte sechshundert Jahre, bis Hitlers Überfall auf Polen ein neues Kapitel eröffnete, an dessen Ende die Stadt als Trümmerstück seines tausendjährigen Reiches wieder Polen zufiel.

Die eigentliche Attraktion von Krosno Odrzańskie war jedoch nicht dieses Denkmal, sondern die Kirche der Heiligen Hedwig, der Schutzpatronin Schlesiens und, ungeachtet ihrer deutschen Abstammung, der herausragenden Heiligen Polens. Der spätgotische Bau, als Marienkirche im 14. Jahrhundert errichtet und im 18. Jahrhundert stark verändert, geht auf eine Stiftung von ihr zurück; sie hatte einst am selben Ort eine Betstätte errichten lassen. Sie stammte aus Bayern, war eine Tochter des Grafen Berthold VI. von Andechs und wurde der Legende nach im Alter von zwölf Jahren mit Heinrich I., dem »Bärtigen«, verheiratet. Daß sie in Polen so verehrt wurde, war eine Ironie der Geschichte, hatte sie doch für den Zuzug deutscher Siedler nach Schlesien, die Errichtung von Klöstern und die Verbreitung der deutschen Kultur gesorgt. Nach dem Tode ihres Mannes, der über ein selbständiges Herzogtum mit loser Bindung zum deutsch-römischen Kaiserreich gebot und in dessen Auftrag der Militärstützpunkt Krosno die Herrschaft über das Lebuser Land sicherte, zog sie sich mit Familie und Hofstaat auf die Wasserburg Crossen zurück; 1243 starb sie im Kloster Trebnitz bei Breslau.

Das Zentrum der Stadt lag rechts der Oder; das alte Crossen hatte sich zwischen die Flüsse geschmiegt. Im Krieg zerstört, war es nicht wiederaufgebaut worden. Die Neustadt am gegenüberliegenden Ufer sitzt auf einer Anhöhe, von der aus man eine schöne Sicht auf die Oderniederung und die Reste der Altstadt hat.

Doch Krosno war kein Ort zum Verweilen. Irgendwie paßte nichts zusammen; die verödete Altstadt mit ihrer Kirche und der Schloßruine, die belebte Neustadt mit ihren Mietskasernen und den Wasserreservoiren, die Bunkern gleich über dem Fluß thronten, entlang dem sich eine schöne Promenade zog.

Ich stieg in den Bus nach Gubin. Wir passierten den Bóbr, der sich ein Stück nördlich zu einer Art See erweiterte. Rehe ästen auf der Wiese, und nicht minder echte Gartenzwerge siedelten in Kolonien am Straßenrand vor den Reklameschildern für die Bordelle: Deutschland rückte näher.

XIII

Guben/Gubin

An der Grenze stauten sich Lastwagen; PKW, Autowracks im Schlepptau oder auf Anhängern, waren in Gegenrichtung unterwegs. Ich stellte mich in die Schlange vor dem separaten Übergang für Fußgänger, hinter Frauen und Männer, alles Deutsche, die schwer beladen waren mit Einkaufstaschen voller Fleisch, Gemüse und Käse. Ich war, obwohl mit leeren Händen, der einzige, der kontrolliert wurde. Mein roter Schweizerpaß weckte die Neugier des polnischen Beamten. Er blätterte ihn von vorne bis hinten durch, besah sich die Stempel und wollte wissen, wann und über welchen Grenzübergang ich nach Polen eingereist sei.

Ich wußte es selber nicht mehr. Ich hatte so viele Male die Seite gewechselt. Ich sagte irgend etwas, und er gab mir, nachdem er eine Weile gezögert hatte, den Paß zurück und ließ mich gehen.

Und schon war ich in der DDR. An der Brandmauer des Hauses direkt an der Brücke prangte eine erloschene Leuchtreklame:

Dederon
Grisuten
Chemiefasern der DDR
International anerkannt

Unweit davon, im Schaufenster eines Hutgeschäftes, hing ein Anschlag, ein »offener Brief«, der mit »Liebe Gubener, liebe Gäste der Stadt!« überschrieben und vom Vorsitzenden der Stadtverordnetenversammlung, einem Herrn Eckert, unterzeichnet war. Es war ein Aufruf für die

Gubener Hutwerke, für die, wie es hieß, es »kaum noch Hoffnung« gebe. Den Mitarbeitern war gekündigt worden, die Zulieferer wollten Geld sehen, und eigentlich sei, stand darin, »die Zeit für eine Umstrukturierung des Betriebes davongelaufen«. Von »Versuchen, einen dauerhaften Standort zu finden« war die Rede, von »Stückkosten senkenden Investitionen« und davon, daß die Stadt durch Bürgschaften und den Kauf einer Immobilie »alle ihre Möglichkeiten ausgeschöpft« habe. Investitionskredite von 3,4 Millionen Mark seien zugesagt und stünden abrufbereit. Es fehlte eine halbe Million, die man nun zusammentrommeln wollte.

Das Ganze glich dem Versuch, einen kurz vor dem Weltuntergang zum Abschluß einer Hausratversicherung zu bewegen. Der Spendenaufruf war formuliert als »verzweifelte Bitte« und untermauert mit Argumenten, die in ihrer Dringlichkeit an die Mahnungen eines Priesters und in ihrer Ehrlichkeit an die Geständnisse eines Beichtenden erinnerten. Wenn »500 Menschen mit einer Spende von 1000 DM« helfen würden, ja, wenn »20 Mark je Einwohner der Stadt« zusammenkämen, dann… »Vielleicht verschiebt sich dadurch der Autokauf«, hieß es, »vielleicht wird die Urlaubsreise schlichter, vielleicht muß sich mancher eine 20-DM-Spende vom Munde absparen.«

Wer sich davon nicht abschrecken ließ, wurde darauf hingewiesen, daß seine Spende nicht von der Steuer abgezogen werden könne.

Ich betrat den Laden und kaufte einen Hut. Er war hellgrau, aus Kaninchenhaar, mit einem schmalen, nur leicht ornamentierten Lederband und gab mir ein Aussehen von verwegener Eleganz. Es war ein echter »Gubener Hut«. Nur das Schweißband war Lederimitat. Als ich die Verkäuferin darauf aufmerksam machte, erbot sie sich an, in der Fabrik anzurufen und zu fragen, ob sie noch ein Echtlederband vorrätig hätten. Damit seien die Hüte früher ausgestattet gewesen, versicherte sie. Ich dankte, leider konnte ich nicht die paar Tage warten, die es dauern würde, es einzunähen.

Die Verkäuferin gehörte zu den letzten, die für den Betrieb arbeiteten. 57 waren sie noch, von ehemals 700. Die Fabrik, erzählte sie, stehe größtenteils leer. Und wer seinen Job noch habe, nehme Einbußen in Kauf.

»Ich arbeite für acht Mark die Stunde«, sagte sie. »Damit wir überleben können. Anderswo hätte ich zwanzig.«

Alle Kosten, Strom, Heizung, Wasser seien gleich hoch wie im Westen, nur die Löhne nicht, meinte sie vorwurfsvoll.

Sie mochte um die fünfzig sein. Wie und ob es weiterging, konnte sie nicht sagen. Nur, daß es schiefgelaufen war. Der erste, der die Fabrik übernommen hatte, hatte die Subventionen der Treuhand kassiert und war nach fünf Jahren gegangen. Nun hatte man ein paar Investoren, aber eben nicht genügend.

Ich war der einzige Kunde im Laden, und die wenigen Modelle, die in den Regalen lagen, gab es nicht mehr in jeder Größe.

»Da kommen Leute aus dem Westen und kaufen gleich drei Stück!« sagte sie mit einem Stolz, in den eine Prise Empörung gemischt war. »Die sagen, soviel müßten sie im Westen für einen bezahlen. Ich weiß nicht, wieviel Sie verdienen, aber ich könnte mir das nicht leisten!«

Ich setzte den Hut auf und machte mich auf einen Spaziergang durch Guben. Die Straßen waren leer. Die Häuser waren leer. Die Fabriken waren leer. Sogar der Bahnhof war leer. Er hatte acht Gleise, aber auf dem Fahrplan waren nur wenige Züge aufgeführt. Mit seinen schwarzen Schriften aus den sechziger Jahren und den hellgelben Kacheln sah das Gebäude aus wie die Kulisse für einen Spionagefilm aus dem Kalten Krieg. Frischen Pflastern gleich klebten die neuen Insignien der Deutschen Bahn auf dem wunden Leib, der Informationsschalter eine Erinnerung an die Zukunft.

»Guben Wolle« stand auf einer der verwaisten Fabrikhallen. Ihrer Größe nach mußte man da Tücher produziert haben, unter denen das ganze Sowjetimperium Platz gefunden hatte. Ich steckte meine Nase durch das Loch in einer Scheibe. Es roch nach Öl, nassen Lappen und Pleitegeier. Gleich ein paar dieser Werkhallen, römisch numeriert, standen auf dem Gelände, rote mehrstöckige Backsteinbauten mit eingeschlagenen Fensterscheiben. In einem Raum war ein Kleiderständer mit vielleicht hundert leeren Bügeln daran. Das Mobiliar war in die Brüche gegangen, Gestänge lag wirr verstreut, und jemand hatte auf die Mauer gesprayt: »Gebt den Linken mehr zu trinken.« An einem Haus mit heruntergelassenen Rollos hing ein Zettel: »Gaststätte *Kugelbrücke* bleibt bis auf weiteres geschlossen.« Es mußte schon ein Weilchen her sein, die Schrift war verblaßt, die fünfzehn Sorten Eis und die Pommes frites, die im »außer Haus Verkauf« angeboten wurden, waren ausverkauft. Im einzigen intakten Gebäude fand sich ein Sicherheitsdienst – das »Institut für Sicherheit und Objektschutz«.

Ich nahm den Poetensteig, der das Flüßchen entlangführte. An seinem Ende gab es eine Postmeilensäule von 1736, auf der die Entfernungen zu verschiedenen Städten und Ortschaften angegeben waren: »Torgau 31 St. $^5/_8$«, »Wittenberg 35 St. $^1/_4$«, »Berlin St.« Die Angabe zu Berlin fehlte – als habe man schon damals gewußt, daß aus der Sache nichts würde.

Ich wollte hinüber nach Gubin. Vielleicht war es in Polen lustiger, dachte ich. Vor dem Grenzübergang stand eine Tafel, ein solides Ding aus Blech, die unterzeichnet war vom »Tierschutzverein Guben und Umgebung e.V.«: »Achtung Tierfreunde! Kauft keine jungen Hunde in Polen! Sie sind viel zu jung, meist krank und sterben qualvoll.

Die Einfuhr darf nur mit gültiger Impfbescheinigung erfolgen. Welpen unter acht Wochen dürfen nur mit Muttertier eingeführt werden.«

Am deutschen Zollhäuschen war ein Zettel an die Wand gepinnt: »Wer den nebenstehenden Hund unversehrt an uns zurückgibt, erhält 300.– DM Belohnung.«

Ich sah mich um, sah aber keinen Hund neben mir stehen und las, enttäuscht über die entgangene Belohnung, weiter.

»Unser Hund, Name Waldi, wurde uns am 30.04.97 gegen 13.00 Uhr in Gubin samt Golf II von einem Parkplatz am Gemüsemarkt in etwa 700 m Entfernung vom Grenzübergang Guben gestohlen. Also in Sichtweite Deutschlands. Unser Hund ist ein Mischlingsrüde, im Dezember 1992 geboren als Welpe eines altdeutschen Schäferhundes und einer hochbeinigen Dackelhündin. Er ist sehr sprunggewandt, intelligent, lernfähig und gut auf kurze Kommandos ausgebildet. Er stellt sich dar als verkleinerte Ausgabe des Schäferhundes mit Dackelohren und Dackelzügen im Gesicht. Auf eine warme ruhige Stimme: ›Ich bin Dein Freund, wir gehn zu Herrchen‹ wird er möglicherweise zutraulich. Auf das Kommando ›paß auf‹ hat er bisher sicher Auto und Wohnung bewacht.«

Eine Telefonnummer war angegeben, und ein Photo zeigte Waldi vor dem Golf II. Ich streckte dem Grenzbeamten den Paß hin und murmelte schon mal probehalber: »Ich bin dein Freund, wir gehn zu Herrchen.«

In Polen wartete eine Kolonne blitzblanker Taxis am Flußufer, lauter Mercedes, beschriftet mit den Namen der Bordelle, die sie bedienten – »Elite«, »Pigalle«, »Moulin Rouge«.

»Hey, Indiana Jones!« rief ein Junge aus einer Schar, die an einer Häuserecke stand und sich im Rauchen übte. Ich lüftete den Hut zum Gruß.

Mein Hotel, wieder ein *Dom Turysty,* lag gleich beim Grenzübergang, und vielleicht war dies der Grund dafür, daß es wie ein militärischer Kommandoposten gesichert war. Die Rezeption war vergittert, so daß ich die Dame kaum je zu Gesicht bekam, die mir gegen Vorauszahlung von sechzig Złoty den Zimmerschlüssel und die Fernbedienung für den Ferseher durch das schmale Schiebefensterchen geschoben hatte. Der Zugang zur Treppe, die zu den Zimmern führte, war mit einer Gittertür versperrt, und ich konnte erst passieren, wenn sie den entsprechenden Knopf drückte.

Im Zimmer sah es aus, als ob man alles bereitgestellt hätte für die Sperrmüllabfuhr. An der Wand hing eine Liste mit dem Mobiliar, das sich im Raum befand und von dem die Hoteldirektion erwartete, daß es sich nach dem Auszug immer noch darin befinden möge. Alles war aufgeführt, und zwar mit genauer Stückzahl, was eher überflüssig war, denn von jedem Gegenstand gab es ohnehin nur ein Exemplar. Schlafcouch, Sessel und Tisch, Haken und Regalbrett, Küchenschrank, Abfallkorb und Wolldecke, Trinkglas, Servierbrett und Topfpflanze, Wandhaken, Spiegel und Spannteppich, Aschenbecher, Verlängerungskabel und Nachttischlampe (»mit Schirm«) sowie eine Kommode (»mit Schubladen«). Und natürlich der Fernseher samt Fernbedienung – die ich schon unten bekommen hatte –, das Fernsehtischchen und das Radio, das kaputt war. Es waren dreiundzwanzig Posten insgesamt, und mit Befriedigung stellte ich fest, daß nichts fehlte. Sogar die Wände und die Türe waren da, obschon sie nicht auf der Liste waren.

Im Keller gab es eine Hotelbar, die *Hades* hieß. Zwei junge Huren, frisch gebadet, frisiert und in adretten Kleidchen, stärkten sich vor dem Gang zur Arbeit und plauderten über Klamotten und Krimskrams, Waren, die sie da und dort zu diesem und jenem Preis gesehen hatten und nun haben oder nicht haben wollten. Die eine glich einem kleinen Zebra mit ihrem Jäckchen aus schwarzem und weißem Leder, um das sie die andere ein bißchen beneidete.

Es gab sonst nichts in Gubin, was meine Aufmerksamkeit gefesselt hätte – mit Ausnahme der Kirche, die eine Ruine war. Vögel flatterten vom Turm hoch, als ich mich ihr näherte, und umkreisten das Mauerwerk wie Geier das Aas. Sie war aus Backstein, ein spätgotischer Bau, und das Gewölbe war eingestürzt; ein Teil des Turmes mußte darauf gefallen sein. Die unteren Fenster waren mit neuen, helleren Backsteinen zugemauert. Eine Tafel stand davor, deren tieferer Sinn sich mir nicht erschloß, obwohl mir das Polnisch keine Mühe bereitete: »All denen, die ihr Leben geopfert haben für die Freiheit und Unabhängigkeit der Heimat.« Sie war unterzeichnet mit »Die Einwohner von Gubin«. Wozu jemandem eine Ruine widmen?

Neben der Kirche war das Rathaus, zierlich mit seinen Renaissancegiebeln und dem schlanken Turm. Im Krieg schwer zerstört, war es im alten Stil neu erstanden, hieß es, und diente nun als Kulturhaus. Das Netz von Straßen, das sich darum spann, war sinnlos. Es gliederte nur mehr Rasenflächen; die Häuserzeilen, die hier einmal gestanden hatten, waren zerstört und nicht wieder aufgebaut worden. Überlebt hatten zwei Basteien der alten Stadtbefestigung, der sogenannte Jungfernturm und der Dicke Turm.

Die stillgelegte Industrie, die alten Wachttürme gaben der Ruhe im Ort etwas Bedrohliches. Ein Mann wischte mit einem Reisbesen die Straße; das Geräusch war scharf und schneidend.

Der deutsche Teil der Stadt hatte bis 1990 »Wilhelm-Pieck-Stadt Guben« geheißen, benannt nach dem Kommunistenführer und ersten Präsidenten der DDR, der hier geboren war. Die Rückbenennung hatte das alte Guben, die »Perle der Niederlausitz«, nicht wieder lebendig machen können. Seit der Wende war die Einwohnerzahl von 32000 auf 24000 geschrumpft.

Ich ging ins Museum, das in der alten Hutfabrik eingerichtet worden war. Eine Schulklasse aus Guben war da, und die Direktorin übernahm persönlich die Führung. Ein Video wurde gezeigt, in dem man die Herstellung eines Gubener Filzhutes in allen Einzelheiten verfolgen konnte. Ein paar der alten Maschinen standen herum.

Die Unternehmensgeschichte war interessant, war sie doch gleichzeitig eine Stadt- und Regionalgeschichte. Ein gewisser C. G. Wilke hatte die erste deutsche Hutfabrik in Forst gegründet und sich 1822 in Guben, wo der Bruder ein Fuhrunternehmen betrieb, niedergelassen. Wilke stellte Filzhüte aus Kaninchenwolle her und fertigte dann, als die aus der Mode kamen, Zylinder aus Pappe und Seide. Daneben besorgte er die Reinigung von Bettfedern. Doch der Filzhut ließ ihm keine Ruhe. Sein großer Nachteil war, daß er sich bei Regen mit Wasser vollsog. In seiner freien Zeit tüftelte Wilke an Verbesserungen herum und probierte schließlich ein Dampfverfahren aus, das er bei den Tuchmachern gesehen hatte: Der wasserdichte Hut war erfunden.

Man schrieb das Jahr 1850, und Wilkes Hutfabrik florierte. Jeder zweite Hut, der in Deutschland getragen wurde, stammte aus Guben. Wilkes Hutrezept war Fabrikgeheimnis, doch nach einem Jahrzehnt war es Allgemeingut geworden, und andere Hutfabriken in Guben und Umgebung taten es dem Familienbetrieb gleich. 1927 wurden allein in Guben jährlich zehn Millionen Hüte und sogenannte Stumpen produziert, die an die neunzehn Putzmacherinnen gingen, die die Dinger zu eigenen Kreationen aufmöbelten. Wilke bekam Konkurrenz, Spezialisten, die Melonen anboten, und sah sich veranlaßt, selber das Sortiment zu erweitern, exportierte Feze in die Türkei. Andere Branchen rund um den Hut etablierten sich; Kartons und Köfferchen, Schweißleder und Metallformen wurden von kleineren und größeren Betrieben produziert. Es gab einen Hutkoffer, der einen Meter lang war, für Vertreter, die mit der Kollektion auf Tour gingen. 7460 Beschäftigte zählte die Branche im Jahr 1927, wovon 4000 bei Wilke arbeiteten, und noch nach dem Krieg lebte ein Drittel der Bevölkerung Gubens vom Hut.

Im 13. Jahrhundert hatte man in Guben mit der Tuchmacherei begonnen, aus der im 19. Jahrhundert die Textilproduktion und später die Chemiefaserherstellung wurde. Auch die Herstellung von Lederwaren, Handschuhen und Schuhen war hinzugekommen sowie die Teppichproduktion. Guben war jahrhundertelang die größte Handelsstadt in der Niederlausitz.

Die Betriebe siedelten vorwiegend auf der jetzt deutschen Flußseite, wo auch die Arbeiterwohnungen gebaut wurden, weshalb die frühere Vorstadt, das deutsche Guben, größer ist als die Altstadt, das polnische Gubin.

Zu DDR-Zeiten belieferten die unter staatlichem Regime stehenden Gubener Hutbetriebe die halbe Sowjetunion; Hüte aus Guben gingen nach Rumänien und in die Mongolei. Der Sozialismus hatte nicht das Ende der Innovationen bedeutet. Der Sommerhut aus PVC wurde erfunden, der es, was das Aussehen betraf, mit jedem Panamahut aufnehmen konnte und unter dem die Genossen Hinz und Kunz so fein aussahen wie der Staatsratsvorsitzende Honecker persönlich, der helle Anzüge und Hüte liebte. Als die Währungsunion kam und in harter D-Mark bezahlt werden mußte, brach der Markt weg.

Es war der Beginn vom Ende. 1992 wurde die Fabrik verkauft, der neue Besitzer war ein Westler.

Das teilte mir die Direktorin mit, als ich mich nach den gegenwärtigen Verhältnissen erkundigte. Sie war seit 1982 in der Fabrik beschäftigt und wurde ziemlich kühl, als ich nachfragte.

»Hat sie leergemacht«, sagte sie schulterzuckend, »und nichts damit gemacht.«

»Also spekuliert«, sagte ich.

»Kann ich nicht sagen.«

Im März 1995 nahm man einen neuen Anlauf, zwei Jahre später war das Unternehmen konkurs.

Sie wußte auch nicht, wie es weiterging mit dem noch bestehenden Betrieb, der »Gubener Hüte GmbH«. Die Geldsammlung hatte Aufsehen erregt und 30 000 Mark erbracht; es reichte nicht, das Loch von einer halben Million zu stopfen.

»Wir leben vom Arbeitsamt und vom Kulturministerium Brandenburg«, sagte sie. Letzteres bezahlte ihre Stelle, und um die brauchte sie sich nicht zu sorgen.

Ich sah mir noch einmal das Video an, auf dem eine Jungmädchenstimme monoton, als verlese sie ein Gerichtsprotokoll, nahezu jeden der sechzig bis neunzig Schritte erläuterte, die nötig waren, um aus einem Haufen Kaninchenwolle einen Hut zu zaubern. Mit der Rupfmaschine wurden die Haare vom Fell gerupft, in der Blasmaschine die Haarflocken auf eine perforierte Glocke gesaugt, in der Hammerwalke wurde der Stumpf auf ein Viertel seiner Größe verdichtet, im Klopfkasten der Staub mit Lederstreifen aus dem Hut geklopft. Es gab Säulen-Dampfpressen sowie Bürst- und Fachmaschinen, Geräte wie den Hutweitenmesser und Jobs wie den »zweiplätzigen Bichonnierarbeitsplatz«. Die Stimme äußerte Sätze im Stil von »die gehammerten Stumpen werden der Endwalke durchgezogen« oder »die aufgekochte Farbflotte wird durch den Stumpen getrieben« und erläuterte verschiedene Möglichkeiten, dies oder das so oder so zu tun: Da wurden entweder »die Stumpen erst bedampft« oder es war »das Bedampfen in den Ziehprozeß integriert«, es konnte »der Stumpen als Ganzes gesteift« werden oder »nur der Kopf oder der Rand«.

Hundertfünfzig Gramm Kaninchenwolle brauchte es für einen mittelgroßen Hut; importiert wurde sie aus Ungarn und der Ukraine. Daß Haar verfilzt und daß man sich diese Eigenschaft zunutze machen kann, hatte ein Pilger, der heilige Jakobus, auf einer seiner Fahrten entdeckt. Er hatte auf einer Haarunterlage geschlafen und am Morgen ein Stück der verfilzten Masse über seinem Knie geformt: Die Priesterkappe war geboren.

Die Schuppenstruktur des Haares war die Ursache für die Verfilzung. Der Vorgang blieb im Prinzip in der modernen Hutherstellung derselbe, nur daß man ihn mit Maschinen besorgte und dadurch beschleunigte; es brauchte Wärme, Feuchtigkeit, Bewegung. Es war etwas Lebendiges, und ich konnte mir gut vorstellen, daß der alte Wilke eine Menge Spaß gehabt hatte bei seinen Forschungen und Erfindungen. Das wirbelte, dampfte und zischte, blies und sog, ratterte und knatterte nur so und muß auch, was einem das Video vorenthielt, ziemlich aufregend gerochen haben.

Aus den Überschüssen der Hutkrempen, in Bänder geschnitten, fertigte man so nützliche Dinge wie Fußmatten, Teppiche oder Bettvorleger und zierte sie mit Sprüchen wie »Ist's Eisen heiß, das Plättbrett rein, dann soll's der Hausfrau Freude sein!«.

Ich war schon längst wieder zu Hause, als Guben in die Schlagzeilen geriet. Elf Jugendliche hatten am 13. Februar 1999 drei Ausländer durch die Stadt gehetzt, ein junger Algerier kam dabei zu Tode. Sie hatten sich auf die Suche nach einem »Neger« gemacht, der bei einer Rangelei in einer Diskothek angeblich einen ihrer Kameraden »aufgeschlitzt« hatte. Sie waren mit drei Autos unterwegs, sangen Lieder der Gruppe »Landser«, riefen rechtsradikale Parolen und verständigten sich über Handies. Zwei sprangen aus einem der Wagen, als sie zwei Dunkelhäutige erblickten. Sie verfolgten den einen, der in seiner Angst die Glasscheibe einer verschlossenen Haustür eintrat, sich dabei die Schlagader in der Kniekehle aufschnitt und im Treppenhaus innerhalb weniger Minuten verblutete. Er war auf dem Nachhauseweg gewesen, hieß Farid Guendoul, war achtundzwanzig und hatte unter dem Namen Omar Ben Noui in Deutschland Asyl beantragt.

Man hatte einen Gedenkstein mit einer Tafel aufgestellt, und immer wieder war in der deutschen Presse darüber zu lesen, daß er mit Hakenkreuzen besprayt, die Tafel beschmiert und verbeult wurde. Jugendliche zerschlugen ihre Bierflaschen darauf, zertraten die niedergelegten Blumensträuße und warfen sie in der Gegend herum. Gegen zwei von ihnen wurde Anzeige wegen Störung der Totenruhe erstattet.

Am ersten Todestag des jungen Algeriers war die stark beschädigte Gedenktafel ersetzt worden. Drei Wochen später wurde sie gestohlen. Eine neue wurde angebracht, doch die Inschrift gab bald Anlaß zu Auseinandersetzungen. Die alte hatte gelautet: »Hier starb am frühen Morgen des 13. Februar 1999 Farid Guendoul. Er wurde Opfer einer rassistischen Hetzjagd von rechten Gubener Jugendlichen. Wir werden sein Andenken bewahren.«

Nun hieß es, nach einem Beschluß der Stadtverordneten von Guben: »Farid Guendoul (28 Jahre), verblutet am 13. Februar 1999. Mahnung gegen Rassismus, gegen Gewalt, gegen Fremdenfeindlichkeit. Die Würde des Menschen ist unantastbar!«

Ein Jahr und neun Monate nach Guendouls Tod wurden vom Landgericht Cottbus nach 81 Verhandlungstagen drei seiner Verfolger wegen fahrlässiger Tötung, gefährlicher Körperverletzung und Nötigung zu Haftstrafen zwischen zwei und drei Jahren verurteilt; sechs weitere Angeklagte erhielten Bewährungsstrafen zwischen einem und drei Jahren, zweien wurde eine Verwarnung erteilt.

Die rechte Jugendszene, so konnte man lesen, war in Guben kein Kind der Wende. Es gab sie schon in den achtziger Jahren; damals kam es zu Ausschreitungen gegen die über fünfhundert ausländischen Arbeiter in der Stadt. In den Neunzigern fanden Neonazi-Führer aus Berlin und Cottbus hier ein Rekrutierungsfeld. Sechsunddreißig Sozialarbeiter kümmerten sich in Guben um die Stadtjugend.

Aus Gubin kamen kaum bessere Nachrichten. Ein Deutscher wurde zusammengeschlagen und ausgeraubt; er erlag seinen schweren Kopfverletzungen. Für ihn gab es keinen Gedenkstein.

Zielscheibe von Angriffen war auch der Bürgermeister von Guben, Gottfried Hain. Er hatte 1999 für sein Engagement beim Zusammenwachsen der geteilten Stadt vom Staatspräsidenten Polens das Ritterkreuz verliehen bekommen. Zu Hause präsentierte man ihm eine Unterschriftenliste zu seiner Abwahl mit dem Vorwurf, er habe sich zuviel um die Polen und zuwenig um die Deutschen gekümmert. Das Abwahlverfahren scheiterte.

Guben und Gubin, das waren zwei halbe Städte unter keinem Hut. Doch es gab Hoffnung. Die Pläne zum Bau einer gemeinsamen Kläranlage, die man Anfang der siebziger Jahre gehegt hatte, waren nach der Wende wiederaufgenommen und bereits in die Tat umgesetzt worden. Im Frühjahr 1998 konnte die Anlage in Betrieb genommen werden. Deutsche und polnische Firmen waren beim Bau beteiligt, die Deutschen hatten die Investitionskosten für die polnische Seite übernommen. Es war ein modernes Werk mit einem Faulturm, in dem aus dem anfallenden Klärschlamm über einen Gasmotor Elektroenergie gewonnen wurde, die man zur Betreibung der Gesamtanlage nutzte. Unterschiedliches Steuer-, Bau- und Umweltrecht hatten Politiker, Behörden und Juristen beider Staaten eine ganze Weile beschäftigt, aber schließlich hatte man einen Weg gefunden, alle Probleme zu lösen.

Die Kläranlage steht in Gubin. Die deutschen Abwässer werden durch eine Rohrleitung unter der Neiße hindurch nach Polen gespült.

XIV

Frankfurt an der Oder / Słubice

Das erste, was mich an Frankfurt an der Oder erschreckte, war seine Größe. Ich war, nach all den kleinen Städten und Weilern, eine Großstadt mit über 70000 Einwohnern nicht mehr gewohnt. Ich hatte am Bahnhof, der Schwerkraft folgend, die Straße hinunter in Richtung Fluß genommen und mich in einem wüsten Konglomerat von Einkaufszentren, Geschäftsgebäuden und Parkplätzen wiedergefunden, über dem sich ein Hochhaus erhob, das mit »Der Oderturm« ausgeschildert war. Eine Art Autobahn, die Karl-Marx-Straße hieß, durchschnitt das Ganze. Meine Frage an Passanten, wo denn das Stadtzentrum sei, stieß auf Verständnislosigkeit. Ich war im Stadtzentrum.

Verwirrt stieg ich in die erstbeste Straßenbahn und fuhr den Hügel, den ich eben heruntergekommen war, wieder hinauf. Es war eine Niederflurbahn, das Neueste vom Neuen. Jede Haltestelle wurde mit einer elektronischen Anzeige signalisiert und über Lautsprecher von einer warmen Frauenstimme angekündigt, als sei es die Insel der Seligen. Die Tour, bequem wie in einer Sänfte, führte in zwei Stadtteile, die Altberesinchen und Neuberesinchen hießen. Altberesinchen sah aus, als sei es eben erbaut worden, ein Modellstädtchen fürs Museum mit frischen Fassaden in kräftigen, gleichwohl gebrochenen Farben und kleinen Kneipen und Läden im Erdgeschoß, die gerade eröffnet zu haben schienen. Häßlich wie ein verfaulter Apfel in einem Früchtekorb stach ein Bau mit leeren Fensterhöhlen ins Auge, die Schaufenster im Erdgeschoß mit blauem Plastik verhängt: »Bärbel Henrich, Fleischermeisterei« stand darüber.

Neuberesinchen war eine Reißbrettschöpfung. »Wintergarten« hatte die Frauenstimme gesäuselt, und mein Blick fiel auf einen öden Platz, auf dem Mäuerchen, Bänke und Grünzeug in Kübeln so akkurat verteilt waren, als seien sie zum Morgenappell angetreten – der »Platz der Begegnung«. Plattenbauten, groß wie Grabsteine von Riesen, standen ringsum, die Satellitenschüsseln zum Himmel gerichtet. Das einzige Geschäft, das ich sah, war eine Autowerkstatt mit einem Laden für Ersatzteile.

Dann war Endstation. Eine trostlose Leere voller Mietskasernen und Grünflächen. Ich stieg nicht aus. Der Fahrer fuhr in einem Höllentempo in die Schlaufe, so daß der Wagen ins Schaukeln geriet und schlingerte auf den Schienen, die alt und krumm waren. Plötzlich erblickte er mich im Spiegel, stoppte abrupt, trat aus der Kabine, stemmte die Arme in die Hüften und donnerte:

»Wo willst denn du hin?«

Ich starrte auf seine Unterarme. Beide waren sie tätowiert, der linke voller kleiner Portraits, nicht von Meisterhand gezeichnet und bereits verblaßt. Doch das Werk auf dem rechten war von weitem erkennbar: das Gesicht einer Frau, die einen Schwanz lutschte, halb so dick wie der Unterarm selbst.

»Kleine Stadtbesichtigung«, stotterte ich. »Ich möchte zurück.«

»Laß dich bloß nicht erwischen«, sagte er gutmütig. »Ich darf keinen in die Schlaufe mitnehmen. Streng verboten!«

Er ging in die Kabine zurück. »Ich fahre vor«, rief er mir über die Schulter zu, während ich mich duckte, damit kein Fahrgast-fährt-in-die-Schlaufe-Kontrolleur mich erwischte. »Drei Minuten Standzeit«, sagte er, bevor er ausstieg. Er stellte sich in den Unterstand der Haltestelle, der tätowiert war wie er, und steckte sich ein Zigarillo an.

Es war meine zweite Begegnung mit einem Einwohner Frankfurts. Frühmorgens, kurz nach neun, hatte ich das

Büro der Tourismus-Information in der Karl-Marx-Straße betreten und war von einer resoluten Dame sogleich wieder hinausgeworfen worden. Auf meine Frage, ob sie denn nicht, wie es angeschrieben stehe, ab neun geöffnet habe, hatte sie mich zur Tür geführt und siegesbewußt aufs Glas geklopft: Nicht für die Tourismus-Information, wie man ja sehen könne, sondern für das sich im selben Haus befindliche Verbraucher-Beratungszentrum gelte diese Öffnungszeit. Pflichtgemäß hatte ich mich entschuldigt.

Auch in Słubice, im polnischen Stadtteil, war ich in der Touristeninformation gewesen und hatte mich nach einem Hotel erkundigt. Man hatte mir zwei genannt, die ein paar Kilometer entfernt waren, und auf meine Frage, was denn mit dem *Polonia* sei, das ich mitten im Zentrum erblickt hatte, abgewinkt. Da könne ich nicht hin, hatte die junge Dame gemeint, es sei schmutzig und voller Bulgaren und Rumänen. »Gesindel halt«, sagte sie.

Also ging ich ins *Polonia,* wo ich ein kleines Zimmer im dritten Stock bekam. Das Türschloß trug die Spuren intensiver Bearbeitung; jemand mußte versucht haben, mit einem Stechbeitel das Holz abzutragen, um das Schloß freizulegen. Ich stellte vorsichtshalber den Stuhl unter die Türklinke, bevor ich mich schlafen legte. Jede Nacht, genau um Viertel nach vier, begann einer Kohle in den Keller zu schaufeln. Er arbeitete direkt unter meinem Fenster, so daß ich mir keine Sorgen zu machen brauchte, Einbrecher könnten mich im Schlaf überraschen.

Zu den Annehmlichkeiten der Unterkunft gehörte eine Bar, die so verqualmt war, daß die Gäste nicht zweifelsfrei zu identifizieren waren. Die Hotelrezeption war verschalt wie der Schalter einer Bank; man schob das Geld durch einen Schlitz und bekam die Quittung zurückgeschoben. Hinter dem Glas stand ein Museumsstück von einer Telefonanlage, ein schwarzes Ungeheuer voller Stecker, Buchsen und Kabel. Sie war noch in Betrieb, wurde aber selten benötigt, da die meisten Gäste des *Polonia* ein Handy hatten, das ihnen am Ohr klebte und in das sie ständig »Da, da« (»Ja, ja«) sagten. Ich nannte sie die Dadaisten. Ihre Uniform war der Trainingsanzug, in dem sie vierundzwanzig Stunden am Tag steckten. Wer noch nicht in die Handy-Klasse aufgestiegen war, belagerte das Kartentelefon beim Eingang.

Frankfurt an der Oder und Słubice sind zwei Städte, die einmal eine waren. Verbunden werden sie durch die »Stadtbrücke«, die auf manchen Plänen noch »Friedensbrücke« heißt und über die man einst, vor dem Krieg, mit der Straßenbahn hatte fahren können. Ich habe sie unzählige Male passiert, bin am einen und am anderen Ende stehengeblieben, um meine Beobachtungen anzustellen. Es sind nur ein paar Dutzend Meter zu gehen, und doch ist es, als übersprínge man einige Breitengrade. Und das liegt nicht daran, daß die Brücke gleichzeitig Zollstation und Paßkontrollstelle ist.

Am polnischen Ufer saß Tag für Tag ein Ziehharmonikaspieler, der deutsche Volksweisen intonierte. Wenn in der Abenddämmerung die Gänse sich im spiegelglatten, silbern glänzenden Fluß treiben ließen, ein Schwarm Enten vom einen zum andern Ufer flatterte, waren seine Klänge bis weit ins Land zu hören. Es hatte etwas Rührselig-Wehmütiges, als ginge es, brach man auf nach Deutschland, um einen Abschied für immer. Frauen mit Körben voller Spargel, Pilze oder Erdbeeren suchten einem ihre Ware zu verkaufen, junge Männer mit Putzeimern erboten sich an, die Frontscheiben der in der Schlange stehenden Autos zu säubern. An der Uferpromenade wartete eine Kolonne von Taxis auf Kunden für die Bordelle; die Fahrer hockten auf den Bänken und plauderten. Nichtstuer standen herum und Wichtigtuer, die mit ihrem Handy gestikulierten, als seien sie eben dabei, den Sturmangriff auf Deutschland zu koordinieren.

Man brauchte nur dazustehen und zuzusehen. Es war ein kleines Freilufttheater, in dem Oper und Operette, Komödie und Tragödie durcheinander gespielt wurden. Einmal sah ich ein Paar, das sich über die Straße lange und lauthals beschimpfte, bis die Frau schließlich die Seite wechselte und dem Mann ihre fast volle Pet-Flasche Limonade über den Schädel zog. Er schien es gewohnt, wankte ein bißchen und ging brummend ab; sie, zufrieden, hinter ihm her.

»Serdecznie Witamy« (»Herzlich willkommen«) stand auf der Tafel, mit der Słubice seine Besucher begrüßte. Ein halber weißer Adler und ein ganzer gelber Hahn waren darauf; ein Stadtwappen, das gut als Reklame für die Rotisserien hätte durchgehen können, die an der Straße Grillhähnchen feilboten.

War man am deutschen Ende der Brücke, war die Vorstellung aus, und man fand sich, noch gefangen von all den Eindrücken, mitten in einer Straßenkreuzung, wo der Autoverkehr einen umtoste. Niemand blieb stehen, die Leute gingen schneller, strebten ihren Zielen zu, zerstreuten sich rasch. Keine Tafel, die die Besucher aus Polen begrüßte, kein Duft, der einen gelockt hätte. Nur Schilder, die die Autofahrer instruierten, wie sie sich zu verhalten hätten – »Kreuzungen und Einmündungen freihalten«, »Stadtbrücke Frankfurt (O) keine Abfertigung von Warenverkehr«. Und in den Läden, ebenfalls auf polnisch, Weisungen und Warnungen: »Einkaufswagen sind nach Benutzung ins Gehege zurückzubringen!« – »Taschen und Netze sind am Eingang zu deponieren!« – »Jeder Diebstahl wird zur Anzeige gebracht!«

Nicht weit von der Brücke, an der Ecke von Karl-Marx- und Rosa-Luxemburg-Straße, gab es einen *McDonald's,* wo ich im ersten Stock meinen Beobachtungsposten einrichtete. Nachts, wenn die Geschäfte geschlossen hatten, war niemand mehr auf der Straße, der keinen triftigen Grund dazu hatte. Die Schlagader der Stadt war das Revier der Skinheads, die Autorennen veranstalteten oder in Springerstiefeln und Bomberjacken patrouillierten auf der Suche nach einer Begegnung, für die man besser keinen Anlaß gab. Die polnischen Studentinnen und Studenten, die von der Universität in Frankfurt ihren Wohnheimen in Słubice zustrebten, gingen rasch und in Gruppen.

Schon die erste Holzbrücke, die nach der Verleihung des Stadtrechts 1252 gebaut worden war, hatte in ihrer Mitte eine Zollbude gehabt. Frankfurt war eine Kaufmannsniederlassung, lag an der Handelsstraße nach Posen und Kiew und machte gute Geschäfte. Heute passiert man die Brücke, um im Nachbarland einzukaufen oder zu tanken, und den meisten kommt sie, der Wartezeiten wegen, länger vor, als sie in Wirklichkeit ist: Auf einen halben Kilometer, war in der Zeitung zu lesen, wurde der 252 Meter lange Grenzübergang von den meisten seiner Benutzer geschätzt.

Ich war mehrere Male in Frankfurt gewesen und hatte zusehen können, wie die Stadtbrücke ausgebaut und perfektioniert wurde für und gegen den nie abreißenden kleinen Grenzverkehr. Erst hatte man den Teil nahe dem deutschen Ufer vergittert, um zu verhindern, daß die Schmuggler ihre Ware einfach abwarfen. Es war, als ginge man durch einen jener Korridore, durch die Zirkuslöwen in die Arena getrieben werden.

Die Schmuggler hatte es am Geschäft nicht gehindert. Dutzende von »Touristen«, die den Beamten Blick und Weg versperrten, hatten sich bisweilen vor dem Zollhäuschen gesammelt, während Komplizen mit dem Bolzenschneider etwas weiter entfernt den Zaun auftrennten und die Taschen mit den Zigaretten auf die Uferpromenade hinunterwarfen, in die Arme von Fängern, die bereitstanden und damit zu den Kurieren rannten, die in einer Seitenstraße warteten.

Das Gitter kam weg, und eine Verglasung trat an seine Stelle, mit der Nebenwirkung, daß man, mußte man in der

Sommerhitze in der Schlange stehen, auch ohne Schmuggelware ins Schwitzen geriet. Pendler, die die »Bevorzugte Abfertigung für Inhaber von Sondergenehmigung« in Anspruch nehmen durften, konnten die Schlange links überholen und sich durch einen Seiteneingang nach der Drehtüre wieder einfädeln.

Zwei kleine Schalter, intim wie Beichtstühle, stehen da dicht nebeneinander, und nur wenn die Kontrolle etwas länger dauert und der eine oder der andere Grenzbeamte den Computer befragt, nimmt man die diskreten Mittel wahr, mit denen man ausspioniert wird, die Videokamera und den Metallspiegel, der, schräg an der Decke angebracht, dem Beamten zeigt, was hinter dem Rücken von einem vorgeht. Die »Ameisen« oder »Dromedare«, Kuriere mit ein paar Stangen Zigaretten in der Hose, unter dem Hemd oder im Kinderwagen, schreckt auch das nicht ab.

Der Übergang von Ost nach West ist nicht derselbe wie der von West nach Ost. Die Paß- und Zollkontrolle befindet sich auf der deutschen Seite; ein Block, mit dem das Brückenende verbaut ist. Die Brücke, eine Konstruktion aus einem Stahl- und einem Betonteil, wirkt dadurch, als hätte sie einen Klumpfuß – schwer in Deutschland verankert, reckt sie sich nur zögernd nach Polen hinüber.

Alle Warnungen gelten ausschließlich für den, der von Polen nach Deutschland will. Hier, auf dem Weg ins Paradies, hängt das Anschlagbrett, auf dem illegale Waren aufgelistet sind, vor deren Kauf gewarnt wird – gefälschte Autoteile wie Bremsklötze, Luftfilter und Auspuffanlagen, Felgen oder Fußmatten. In der Türkei, in China und in Thailand produziert, gelangen sie via Polen und Deutschland in den Handel. Sie sind halb so teuer wie die Originalteile, doch mitunter gefährlich, wie etwa die Mercedessterne, die bei einer Kollision nicht einklappen.

Ich blieb oft stehen, fasziniert von immer wieder wechselnden Warnungen und Aufrufen. Ein schönes Kunstplakat warb nicht, wie ich zunächst meinte, für eine Ausstellung, sondern schrieb die »12 meistgesuchten Kunstwerke Deutschlands« zur Fahndung aus. Die Galerie wertvoller Bilder, Plastiken und Antiquitäten hing neben dem Photo einer erwürgten Frau und einem Plakat mit der Aufschrift »Wer kennt diesen ermordeten Mann?«. Seine Leiche, zerstückelt, war in verschiedenen Sport- und Reisetaschen gefunden worden; nun bat das Bundeskriminalamt um »sachdienliche Hinweise«.

Und dann gab es das Amtsdeutsch, das nicht minder neugierig machte. Die Oberfinanzdirektion Cottbus informierte, daß »eine Menge bis zu 2 kg Speisepilze, die im Reiseverkehr zum privaten Verbrauch eingeführt werden, ohne Untersuchung durch die zuständigen Lebensmittelüberwachungsbehörden abgefertigt werden können, es sei denn, es besteht der Verdacht, daß die Ware nicht für den Eigenverzehr bestimmt ist«. Wie wollte man das feststellen?

All die Anschläge waren unter Glas, trugen beeindruckende Briefköpfe und zahlreiche Stempel. Die wichtigsten Passagen waren mit grünem Marker angestrichen, eine Menge Paragraphen wurden zitiert. Manches roch nach einem Köder. Irgendwo war Bargeld gefunden worden, nun konnten »berechtigte Forderungen« beim Zollamt geltend gemacht werden. Ob der Russe Vladimir D., geboren am soundsovielten soundsoviel, russische Fahrzeugerlaubnis Nr. soundsoviel, seine braune Handgelenktasche mit dem Reisepaß wirklich abholen würde? Und an wen erging eigentlich die »Einladung zum Zollkundewettkampf des Hauptzollamts Frankfurt/O«? An promovierte Schmuggler?

Es war heiß, als ich länger da weilte, ein Hochsommerwetter im Spätfrühling. Die Temperaturen stiegen bis zu 36 Grad im Schatten. Die Erdbeeren kamen zu früh, die Ernte verdorrte, Raps, Wintergetreide, Mais und Zuckerrüben verdursteten oder wurden Opfer einer Brut von Schädlingen, die das Land heimsuchten. Man erwog die Sperrung von Waldgebieten; mit der Stufe IV war da und dort die höchste Waldbrandwarnstufe erreicht. Das Radio meldete einen Waldbrand im Kreis Dahme-Spreewald; die Feuerwehrleute schlossen nicht aus, daß er durch Selbstentzündung der in der Hitze brütenden Granaten aus dem Zweiten Weltkrieg, die im Boden liegengeblieben waren, ausgelöst worden war. Ein verspätestes Echo der Detonationen des Kampfes um Berlin – fünfzig Hektar Kiefern gingen in Flammen auf.

An der Oder war es friedlich. Abends stand ich am Ufer, blickte auf den träge dahinfließenden Strom, die reglosen Angler auf den Buhnen, die paar Schwäne, die stromaufwärts schwammen oder im Halbschlaf an Ort und Stelle paddelten. Es war die Zeit um den Vollmond. Selbst das Treiben auf der Brücke wirkte aus der Distanz wie ein Stummfilm. Die Autokolonne rückte vor, als stünde sie auf einem Förderband, die Fußgänger durchquerten die verglaste Zollstation wie Fische ihr Aquarium. Gänse patrouillierten, sich schwer auf den Flügeln haltend, in Formation am einen oder anderen Ufer entlang. Es gab eine seichte Stelle, auf der man die Flußmitte bequem und fast trockenen Fußes hätte erreichen können.

Frankfurt war erst von Słubice aus so richtig zu würdigen; eine veritable kleine Skyline mit dem Oderturm, dessen weiße Leuchtschrift auf blauem Hintergrund in den noch hellen Abendhimmel strahlte, umgeben von ein paar Kränen, Kirchen und Hochhäusern. Entfernte man sich nur wenige Schritte von der Uferböschung und sah den Fluß nicht mehr, konnte man meinen, die zwei Städte seien eine, die Kirche dort am nahen Horizont nur einen kleinen Fußmarsch weit weg.

Man kann in Frankfurt den ganzen Sozialismus ablaufen; die Magistrale, die Karl-Marx-Straße, wird gekreuzt von der Rosa-Luxemburg-Straße, die ihrerseits in die Karl-Liebknecht-Straße mündet, die dann zur August-Bebel-Straße führt. Doch die Geschichte, die diese Stadtwanderung illustriert, ist nicht die Geschichte der großen Sozialistenführer. Es ist die Geschichte ihrer mißratenen Erben, deren Namen aus dem Stadtplan leichter zu tilgen waren als deren Vermächtnis; alte, riesige Backsteinbauten, die sich hinter Mauerzinnen, Gittern und Toren verschanzten, an denen nun schwere Schlösser hingen. Das Grün wucherte auf den Freiflächen, Büsche und Bäume machten sich breit, griffen bereits nach der überdachten Veranda, wo, umrahmt von weißen Gipssäulen, die einstigen Kolonialherren, die Russen, gesessen und ihrem schärfsten Wachhund, der DDR, den Hals gekrault hatten. Wie alle Ruinen der Geschichte wirkten auch diese fremd; die Zeit hatte ihnen das Selbstverständliche genommen.

Nur ein paar der ehemaligen Kasernen waren umgewandelt und zu Studentenheimen umgebaut worden; ein langer und drei kleinere Blöcke in Pastellgrün mit altrosa und dunkelgrünen schrägen Streifen. Der größte und schönste Bau, errichtet in gelbem Backstein, beherbergte das neue Lehrgebäude der Viadrina. Ob die polnischen Studenten, die sich in den Hörsälen über ihre Hefte beugten, wußten, daß da vor einigen Jahrzehnten Offiziere der deutschen Wehrmacht über den Plänen zum Angriff auf Polen gebrütet hatten?

Ich hatte mich in Słubice niedergelassen, aber die Suche nach dem Zentrum von Frankfurt wollte ich nicht aufgeben. Ich wollte eintauchen in die Stadt, ließ mich wieder die Straße hinunterspülen, meinen Blick fixiert auf einen Kirchturm, der, je mehr ich an Höhe verlor, desto tiefer im Häusermeer versank. Zur Rechten tauchte das »Lichtspieltheater der Jugend« auf, dessen Portal flankiert war von zwei Steinfiguren, einem Mädchen und einem Jungen, die beide aussahen, als sei Bergbau ihr liebstes Hobby. Das Theater war stillgelegt.

Ihm gegenüber erhob sich eine Ansammlung von Gebäuden, die an das Gesellenstück eines Bauhausschülers erinnerten. Auch sie schienen leer, beherbergten aber der Reklame zufolge Geschäfte wie ein »Lichthaus« und einen »Babyfachmarkt«, einen »Modellbauer & Bastlertreff« und einen Laden für »Heimtextilien der feinen Art«.

Ich schlenderte durch den Park, der dem Einkaufszentrum zu Füßen lag und von dem ein etwas düsterer Friede ausging. Ich war allein bis auf eine junge Frau, die mir in einem schwarzen T-Shirt mit der Aufschrift »Landser« auf der Brust entgegenkam. Sie war nicht der Typus, nach dem man sich umdreht, aber ich tat es doch, um zu lesen, was – ebenfalls in Fraktur – auf der Rückseite stand: »Deutsche Wut«.

Frankfurts öffentlicher Raum war ein Raum ohne Öffentlichkeit. In der Fußgängerzone zu flanieren hatte etwas seltsam Exhibitionistisches. Nicht einmal die Autos schienen die Geselligkeit zu lieben – die Parkfläche neben dem Oderturm mitten im Zentrum war meist fast leer.

Bei jedem meiner Besuche fand ich Neues, adrette Geschäfte, nette Restaurants, eine silbergraue Einkaufspassage von unterkühlter Eleganz. Was sich nicht veränderte, war die Laune der Leute. Sie wirkten nicht glücklich über all die neuen Angebote, von denen sie doch Gebrauch machten. Mißmut stand vielen ins Gesicht geschrieben, man schien sich durchzuschleppen, alles, was man tat, widerwillig zu tun, ja zu leben, weil es halt sein mußte. Die Schnellimbisse waren für eilige Geschäftsleute eingerichtet, aber viele, die sie frequentierten, schienen eine ganze Menge Zeit zu haben.

Meist stand irgendwo eine Mahnwache, oder irgend jemand war im Hungerstreik. Einmal ging es um Kürzungen von Kulturgeldern, dann wieder um den Protest eines Personalrates, einmal war es ein Sänger der Stadt und dann wieder ein Bürgermeister irgendeines Nachbarstädtchens, über dessen Protestaktion die Zeitung berichtete.

Der Hungerstreik schien beliebt in der Gegend, und was Gandhi zur Erlangung der Unabhängigkeit Indiens recht war, sollte einem Lokalpolitiker für die Erhaltung irgendeiner Butterfahrt nur billig sein.

Während einer Woche las ich das Lokalblatt, die *Märkische Oderzeitung* (MOZ), von der ersten bis zur letzten Seite. Ich las alles, von der Politik bis zum Kunterbunten, Redaktionelles, amtliche Verlautbarungen und Anzeigen. Die MOZ war eine moderne Zeitung, der nicht anzumerken war, daß sie aus einem Parteiblatt, der SED-Bezirkszeitung *Neuer Tag*, hervorgegangen war.

Es war eine seltsame Lektüre. Frankfurt an der Oder hatte merkwürdige Sorgen. »Wohnungsleerstand wird immer schlimmer«, lautete etwa eine Schlagzeile der Titelseite. Es gab zu viele Wohnungen; sie zu erhalten war teuer, sie abzureißen noch teurer. (»Rückbau« hieß das im kapitalistischen Newspeak.) Nicht minder eigenartig war der Grund für das ungewohnte Verhältnis von Angebot und Nachfrage: Obwohl immer mehr Einwohner die Stadt verließen, hieß es, würden immer mehr neue Wohnungen gebaut.

Was die Wirtschaft betraf, florierte ein ängstlicher Optimismus. »Wir kommen zunehmend in die Phase erfolgreicher Unternehmens-Ansiedlungen« war ein ganzseitiges Interview mit dem Oberbürgermeister betitelt, in dem es vorwiegend um die Sparmaßnahmen im Stadthaushalt zur Milderung des Defizits ging – Verkauf von städtischem Vermögen, Kürzung von Geldern und Streichung von Stellen. Das Theater war bereits geschlossen, das Staatsorchester stand zur Debatte. Man hoffte auf neue Unternehmen; die wenigen, die gekommen waren, gehörten zur Dienstleistungsbranche – zwei Call-Center, eine Telekommunikationsfirma – und wurden gefeiert wie die ersten Goldgräber, die den Rausch ankündigten. Motorola erwog den Bau einer Fabrik für Chips, das Manna, das einen nähren würde. Der interviewende Journalist gab sich skeptisch. Die Arbeitslosenquote stand bei 18 Prozent.

Im Nachbarland, so konnten die Frankfurter in ihrem Blatt lesen, schlug man andere Töne an. »Bei uns in Polen herrscht mehr Dynamik in der Wirtschaft«, war ein Interview mit der Präsidentin des polnischen Arbeitgeberverbandes überschrieben. Mit einem jährlichen Wirtschaftswachstum von fünf bis sechs Prozent, meinte sie, seien die Polen immer weniger darauf aus, in Deutschland ihr Glück zu suchen. Eine halbe Million ihrer Landsleute sei in den letzten fünf Jahren aus dem Ausland zurückgekehrt in die Heimat, wo sie ihr Geld besser anlegen, leichter eine Wohnung kaufen, ein Haus bauen oder eine Firma gründen könnten. Der Frankfurter Journalist, der das Interview führte, bestärkte sie in ihrer Sicht der Dinge; auch er hatte das beobachten können.

Es war, konnte ich mir vorstellen, keine erfreuliche Lektüre für einen Einheimischen. Am bedenklichsten war vielleicht die Tatsache, daß der deutsch-polnische Wirtschaftsaustausch, der sich in den letzten fünf Jahren fast verdoppelt hatte, von deutscher Seite zu über 60 Prozent von den alten Bundesländern bestritten wurde. Brandenburg, zwar auf Platz eins der neuen Bundesländer, lag weit zurück. Deutsche Unternehmer, war in einem Beitrag unter dem Titel »Polens Wirtschaft wächst rasant« zu lesen, nannten als Gründe für ihr Engagement im Nachbarland den mit fast vierzig Millionen Einwohnern großen Absatzmarkt, die niedrigen Lohnkosten und den bevorstehenden EU-Beitritt.

Andere Meldungen mochten die Leser entschädigen für etwaige Gefühle von Neid und Mißgunst einem Nachbarn gegenüber, dem man sich bisher immer hatte überlegen fühlen können. Auch sie fanden sich auf der Titelseite. Eine polnische Mutter hatte ihr neun Monate altes Baby ausgesetzt; der Junge war in Guben gefunden worden, in einem Hausflur im Kinderwagen, laut schreiend. Die

22jährige, unverheiratet, war aus Krosno Odrzańskie und gestand, nachdem sie zunächst den Diebstahl ihres Kindes angezeigt hatte: sie habe gehofft, der Kleine – Adam hieß er – werde »in Deutschland eine bessere Zukunft haben«.

In einer eigenen Spalte rapportierten Polizei, Zoll und Bundesgrenzschutz die aktuellen Fälle von Grenzkriminalität. Wenigstens die Justiz brauchte sich um ihr Brot nicht zu sorgen. Autodiebstähle und Zigarettenschmuggel waren an der Tagesordnung und interessierten als solche nicht mehr; gefragt war das Detail, das den Fall zu einem besonderen machte. Zwei Polen hatten Zigaretten an deutsche Kunden verkaufen wollen, waren geschnappt und als Betrüger entlarvt worden – in den Packungen waren nur Styropor und Nägel. Ein Ukrainer hatte versucht, eine Landsmännin, die sich illegal in Deutschland aufhielt, nach Polen zu schleusen, und war mit ihr festgenommen worden. 2,4 Millionen Dollar waren bei einer Kontrolle an der B5 in Treplin in einem Auto gefunden und beschlagnahmt worden. (Auch die polnische Zeitung, die *Gazeta Lubuska,* hatte ihre Grenzrubrik: »Granica«, ein kleines graues Kästchen auf den ersten Seiten, informierte über die Wartezeiten für Lastwagen und PKW auf dem Weg in den Westen – ein Staubarometer mit Höchstwerten von bis zu sechzig Stunden.)

Die Grenze hatte etwas Anziehendes. Der russische Innenminister war zu einem Staatsbesuch gekommen, um sich über die Zusammenarbeit des deutschen und polnischen Grenzschutzes zu informieren. Die beiden Behörden standen in engem Kontakt, wenn auch nicht immer so, wie es das Protokoll vorsah: Als die Polen eines Nachts ihr nagelneues Patrouillenboot, einen Dreitonner, ausprobierten, wären sie um ein Haar von einer BGS-Streife gerammt worden. Daß die polnischen Kollegen nun auch ein Boot hatten, erfuhren die Deutschen auf diesem Weg.

Die Berichte im Lokalteil der *Märkischen Oderzeitung* waren von einem Umfang und Detailreichtum, der einen reichlich dafür entschädigte, daß in der Stadt sonst kaum etwas los war. Eine Reportage über das erste Hundeklo, das die Kommune auf öffentlichem Grund errichtete, war auf der Titelseite angekündigt. Außer den Hunden selbst waren alle, die irgendwie eine Meinung dazu haben konnten, befragt worden. Bedenken überwogen: »Was ist, wenn Randalierer die teuren Tüten packen und quer durch die Parkanlagen verteilen?« Die Stadt, hieß es, habe »nicht das Geld, um die Behälter zu bewachen oder gar täglich aufzufüllen«.

Irgend etwas schien die Stadt sein, irgend etwas werden zu müssen. Man hatte ein »Synergiehaus«, hatte eines der »modernsten Heizkraftwerke Europas«, das nach Belieben mit Braunkohlestaub, Erdgas und Heizöl betrieben werden konnte, hatte eine »Modellgemeinde«, die mit Sonnenkollektoren, Erdwärmepumpe und Holzhackschnitzelheizung ausgerüstet war. Man hatte ein »World Trade Center«, ein »Business and Innovation Center« und einen Technologiepark. Doch irgendwie ging es nicht los. Der Frankfurter Tourismusverein klagte über rückläufige Gästezahlen und wollte nun »Tagen an der Oder« zu einem Markenzeichen machen. Die Konferenzräume waren da, die Hotels standen bereit, die Gäste konnten kommen. Und man wollte mehr für die polnischen Touristen tun – die kämen nämlich, hieß es in einem Artikel, »entgegen einer weit verbreiteten Auffassung« nach Frankfurt auch zum Einkaufen und gäben bei einem Tagesaufenthalt bisweilen tausend und mehr Mark aus. In der Tourismus-Information, sagte der Vorsitzende des Vereins, werde der Złoty als Zahlungsmittel akzeptiert.

Man wollte gut dastehen, freundlich, aber nicht aufdringlich. Parfüm ja, aber nicht zuviel, wie die Zeitung in ihrer Kolumne »Guten Morgen!« riet: »Wenn Sie sicher gehen wollen, ziehen Sie mit dem gestreckten Arm einen Zirkel um die eigene Person. Nur wer in diesen Zirkel tritt, darf den Duft riechen!«

Die Stadt litt unter ihrem Image. Daß sie, das Tor zum Osten, nicht das reiche Deutschland repräsentierte, konnte selbst sehen, wer aus dem Osten kam und Schlimmeres gewohnt war. Die Deutsche Bahn gab kein weiteres Geld mehr aus für die Sanierung des Bahnhofs, der mit seinen schartigen Bodenplatten, dem zerbröselnden Putz, dem Unkraut zwischen den Gleisen und auf den Bahnsteigen im Stadium des Limbus zu verharren schien. Düstere Tunnel, zusammengezimmerte Holztreppen und notdürftig mit Wellblech überdachte Ausgänge empfingen mich bei jedem meiner Besuche; einmal war das, was gerade renoviert wurde, abgesperrt, dann wieder aus unerfindlichen Gründen das, was bereits renoviert worden war. Die Schalter für die Fahrscheinausgabe waren neu, doch bedient wurde man an einem Container. Läden eröffneten und schlossen, Geschäfte kamen und verschwanden. Nur eine Imbißbude, beschriftet mit jenen amöbenartigen Buchstaben, die in den Glanzzeiten von Sergeant Pepper der letzte Schrei gewesen waren, hielt tapfer die Stellung, die Bedienung so mürrisch wie zuverlässig.

Doch die Ursachen für die Frustrationen der Stadt lagen tiefer. Die Kränkungen reichten teils Jahrhunderte zurück. Frankfurt war Universitätsstadt gewesen und hatte die Universität verloren, war Hansestadt gewesen und hatte der Hanse gekündigt, war Bezirkshauptstadt in der DDR gewesen und nun entmachtet. Jetzt war es eine geteilte Stadt am Ostrand Deutschlands.

Die alte Universität Viadrina – ihr Name geht auf das lateinische »viadrus« (»am Fluß gelegen«) zurück – war 1506 gegründet worden; mit ihr hatte Brandenburg als letztes der sieben deutschen Kurfürstentümer eine eigene Landesuniversität bekommen. Sie hatte einiges zum Aufschwung der Handelsstadt beigetragen, hatte Frankfurt zum Zentrum des ostelbischen Verlags- und Buchdruckerwesens gemacht. Schon bald nahm sie, neben den Hochschulen von Leipzig und Wittenberg, einen hervorragenden

Platz unter den deutschen Universitäten ein; eine frühe Bastion der Aufklärung, das »Amsterdam des Ostens«, in dem die aus Frankreich vertriebenen Hugenotten und die Studenten aus Polen gern gesehen waren. Sie war die aufsässigste der preußischen Universitäten, doch als sie in Konflikt kam mit dem Regime und dessen bürokratischem Dirigismus, ließ sie die Reformen, die sie selbst mitinitiiert hatte, fahren. Mit der Gründung der Berliner Universität 1810, der heutigen Humboldt-Universität, war der Anfang vom Ende gemacht. Im Jahr darauf wurde die Viadrina per Kabinettsorder aufgelöst und nach Breslau überführt, der Hauptstadt der bevölkerungsreichsten preußischen Provinz, die Restpreußen nach dem Debakel von Jena und Auerstätt im Kampf gegen Napoleon geblieben war. Da, im heutigen Wrocław, ist noch immer ein Teil ihrer Bestände. Professoren und Studenten, Archiv und Bibliothek, sogar die Pflanzen und Sammlungen des Botanischen Gartens reisten mit; das Inventar wurde auf Oderkähnen verschifft.

Alle Proteste hatten nichts gefruchtet; man hatte dem Rektor die Fensterscheiben eingeworfen, nun blieb nur noch die Klage.

Traure, Frankfurt! Reiß von deinem Busen
Deinen Schmuck! Verschwinden soll dein Ruhm!
Bang und klagend scheiden edle Musen;
Denn zertrümmert wird ihr Heiligthum,
Das schon länger als dreihundert Jahr
Frankfurts Stolz, des Landes Lichtquell war.

Es war ein Abgesang, ein Fanfarenstoß gegen den Wind der Geschichte:

Frankfurts Ruhm erschallte weit und breit; –
Hin auf ewig ist die goldne Zeit.

Zum Trost für den Verlust erhielt Frankfurt das Oberlandesgericht und die neumärkische Kriegs- und Domänenkammer. Seine Rolle als eine der bedeutendsten Messestädte hatte es ausgespielt; nun war es eine Garnisons- und Beamtenstadt, die dann in der DDR zur Bezirkshauptstadt wurde – eine Stadt allerdings, die mit dem Krieg die Hälfte ihres Umlandes verloren hatte und als eine der »Festungen« Hitlers 1945 fast völlig zerstört worden war. Vom schmucken mittelalterlichen Kern mit seinen verwinkelten Gassen und ineinander verschachtelten Häusern blieb nach dem Angriff der Roten Armee, die am 23. April um vier Uhr morgens einrückte und die Innenstadt innerhalb von sechs Wochen bis auf die Grundmauern niederbrannte, nicht mehr viel übrig. Dann kam der Sozialismus und mit ihm der Wahn, den Rest von Unverwechselbarkeit zu tilgen, den die Stadt hatte. Das Stadtzentrum, das an der Oder gelegen hatte, wurde verlegt zum »Platz der Einheit«, die Karl-Marx-Straße zur Aufmarschallee für den Parteijubel. Zum neuen Aushängeschild wurde das 1958 gegründete Halbleiterwerk, ein »volkseigener Betrieb«, der in seinen besten Tagen 8000 Leute beschäftigte, der größte Arbeitgeber war und die Computerchips produzierte, die nach der Wende niemand mehr haben wollte – nicht einmal die Sowjetunion, die die Importmittel um die Hälfte kürzte und den Osthandel auf reale Devisenbasis stellte. Das dem Fabrikationsbetrieb angeschlossene Institut für Halbleiterphysik schrumpfte auf 150 Angestellte, und neue Hoffnungen, aus dem Oderstromtal ein zweites Silicon Valley zu machen, verliefen im Sand. Ein Jahrzehnt nach der Wende hatte Frankfurt von seinen 85 000 Einwohnern rund 15 000 verloren, während Słubice, die polnische Schwesterstadt, unablässig wuchs.

Zwar waren Westdeutsche zugezogen, doch das Bild, das sie von der Stadt zeichneten, war nicht eben geeignet, die Stimmung zu heben. Ein Buch, das in ganz Deutschland Furore machte und zum Bestseller wurde, Louise Endlichs *Neuland. Ganz einfache Geschichten,* 1999 erschienen, löste in Frankfurt einen Sturm der Entrüstung aus, der nicht verebbte, bis die Autorin und ihr Ehemann die Stadt verlassen hatten. Gabriela Mendling, wie sie in Wirklichkeit hieß, war ihrem Mann von Wuppertal nach »Oststadt« – Frankfurt an der Oder – nachgezogen, wo er 1995 eine Stelle als Chefarzt der gynäkologischen Abteilung des Klinikums angetreten hatte. Ihre Geschichten von Eingeborenen, die noch auf Bäumen sitzen, nicht mit Messer und Gabel essen und Grillen in der Badehose für den Gipfel der Kultur halten, stießen im Osten Deutschlands nicht auf die gleiche Begeisterung wie im Westen. Es war eine Satire und wie jede Satire ein Zerrspiegel. Daß sich manche doch darin erkannten, muß mit ein Grund gewesen sein für die heftigen Reaktionen, die von Sendungen unbestellter Waren bis zu Morddrohungen reichten.

So spontan, wie sie schienen, waren die Reaktionen im übrigen nicht. Sie wurden hochgekocht von zwei Frankfurter Autoren, die beide für die Stasi gearbeitet hatten.

Der Krankenhausausschuß tagte, und die Leitung der Klinik verlangte von ihrem Chefarzt Werner Mendling, sich öffentlich von seiner Frau und deren Ansichten über die Stadt zu distanzieren; die »Aktivitäten« der Familie Mendling, hieß es, wirkten sich »geschäftsschädigend« auf das Krankenhaus aus, wie sich im »starken Rückgang der Entbindungen« zeige. Werner Mendling kündigte, und das Ehepaar zog mit dem Sohn nach Berlin. Ein zweiter Band, *Ostwind. Nicht ganz so einfache Geschichten,* über die Reaktionen auf ihr erstes Buch folgte. Louise Endlich schaffte es auf die Titelseite der *New York Times* – Frankfurt war eine Stadt von Weltruf geworden.

Der Wirbel lockte die Medien. Das ZDF-Magazin *Frontal* strahlte ein Stadtportrait aus, dessen Fazit war, daß man sich zehn Jahre nach dem Mauerfall in Frankfurt nach der »DDR als Kuschelwiese« zurücksehne. Man sah alte Frauen »Auferstanden aus Ruinen« singen, eine Ostalgie-Revue des Kabaretts »Die Oderhähne« und Glatzköpfe, die auf den Straßen herumstiefelten. Man war gekommen,

Belege zu sammeln für ein Bild, das man sich schon gemacht hatte; daß die Seniorinnen der »Volkssolidarität« von den Redakteuren genötigt wurden, die DDR-Hymne anzustimmen, erfuhr man im nachhinein.

Wer bis dahin noch nicht empört war, war es jetzt. Es gab eine Podiumsdiskussion in der Konzerthalle, der Innenminister und der Bildungsminister waren da, Frankfurts Oberbürgermeister, die Chefredakteure des ZDF und der *Märkischen Oderzeitung.* An die tausend Zuschauer drängten in den Raum, mehr, wie bemerkt wurde, als ein Jahrzehnt zuvor an den Oppositionsveranstaltungen des Neuen Forum teilgenommen hatten. Die Staatsanwaltschaft ermittelte nun wegen »übler Nachrede« und »Verleumdung« zum Nachteil der Stadt.

Unaufgeklärt blieben die Stasi-Vorwürfe gegen Ärzte des Frankfurter Klinikums. Und sie betrafen Gravierenderes als die Kampagne, mit der diese ihren Kollegen Werner Mendling hinausgeekelt hatten. Unter dem Titel *OV Maxim oder die Stadt der kranken Gehirne* veröffentlichte der Chirurg Erhard Scholz, der 1987 in den Westen gegangen war, im Jahr 2000 einen haarsträubenden Bericht über Vorfälle, die Jahre zurücklagen. Seine Mutter, seine Schwester und später der Schwager waren auf dubiose Weise ums Leben gekommen; auch ihn hatte man zu beseitigen versucht und schließlich bis in den Westen verfolgt. Scholz hatte seine Akte bei der Gauck-Behörde eingesehen. Aufklären ließ sich die Affäre nicht mehr.

Seine Geschichte las sich wie einer jener Spionageromane aus dem Kalten Krieg, bei denen man bald nicht mehr weiß, was gespielt wird und wer nun eigentlich wer ist. Scholz, 1938 geboren, hatte sich 1969 geweigert, sich schriftlich von seinen Westverwandten zu distanzieren, was als »staatsfeindlicher Treuebruch« gewertet wurde und ihn zum OV, zum »Operativen Vorgang«, machte. Er erhielt den Namen Maxim, vermutlich weil sein Großvater Übersetzer von

Maxim Gorki war, und wurde überwacht. Da er nicht in der SED war, bekam er keine Stelle in Berlin und wurde in die »Prärie« geschickt nach Frankfurt, wo er fünfundzwanzig Jahre im Klinikum als Arzt praktizierte und schließlich Abteilungsleiter der Unfallchirurgie wurde.

Scholz hatte versucht, den Tod seiner im Westen lebenden Schwester Waltraud und seiner Mutter Stella aufzuklären, was ihm nicht gut bekommen war. Die beiden waren, zusammen mit Waltrauds Mann Helmut Bloching, der das Auto steuerte, am 29. Dezember 1980 anläßlich eines Besuchs vom Zentrum Ostberlins zum Haus der Mutter in Berlin-Hessenwinkel unterwegs gewesen. Als Bloching bemerkte, daß er von einem Wagen mit BRD-Kennzeichen verfolgt wurde, fuhr er an den Straßenrand, schaltete das Licht aus und zog den Zündschlüssel. Doch plötzlich startete der Motor, und sein Auto raste mit arretierter Lenkung schnurgerade in die nächste Kurve und prallte gegen einen Baum. Scholz' Mutter war sofort tot, die Schwester starb eine halbe Stunde später im Rettungswagen, und Helmut Bloching, der sich vom Unfall gut erholt zu haben schien, verschied völlig unerwartet eine Woche darauf im Ostberliner Krankenhaus Köpenick.

Ein verschwundener Schlüsselbund, eine konspirative Wohnung, Russen, die sich im Spital nach Blochings Befinden erkundigt hatten, und merkwürdige Herren in langen blauen Mänteln, die bei seinem Begräbnis auftauchten, nährten den Verdacht, daß das Auto für die Geisterfahrt in den Tod präpariert worden war. Scholz, gewarnt, nicht in der Angelegenheit herumzustochern, blieb dennoch hartnäckig, nicht zuletzt, weil ihm auch sein Berufsethos verbot, der offiziellen Version zu glauben: Helmut Bloching konnte nicht, wie das Sektionsprotokoll behauptete, an einem »postoperativen Ileus« (Darmverschluß) gestorben sein, da er kurz zuvor kräftig Stuhlgang gehabt hatte.

Scholz gab in seinem Buch einige Beispiele, wie man versuchte, ihn fertigzumachen. Er wurde zusammengeschlagen und inhaftiert. Strafanzeigen wegen Beleidigung, Betrug und Vergewaltigung wurden gegen ihn eingereicht von Leuten, die er kaum kannte; ein Entmündigungsverfahren wurde eingeleitet, zu dem seine Frau, eine Lehrerin und auf ihre Karriere bedachte Parteigenossin, die Zustimmung gab. Die Verfahren wurden erst eingestellt, als ein befreundeter Arzt, der Kontakt zu einem hohen Stasi-Offizier hatte, sich für Scholz einsetzte.

Ich hatte Gelegenheit, mit jemandem zu sprechen, der die Verhältnisse gut kannte. Er bestätigte mir, daß das alles seine Richtigkeit habe, was Scholz da schrieb. Folgen hatte es keine, was meinen Gewährsmann nicht wunderte in einer Stadt, die 3000 hauptamtliche Stasi-Mitarbeiter gezählt hatte.

Der Blick in seine Akte, zwei dicke Bände, die einen Zeitraum von elf Jahren Überwachung umspannten, war für Scholz so erhellend wie deprimierend. Alle waren sie IM gewesen, »Inoffizielle Mitarbeiter« der Stasi – die Kollegen Ärzte am Klinikum, die Stationsschwester, die Sekretärin, der Freund. Sie hatten ihm nachspioniert, seine Wohnung ausgekundschaftet, eine bereits bewilligte Reise in die Schweiz nach Davos, dem »Mekka der Knochenchirurgie«, verhindert.

Über die Hintergründe des erst mißglückten und dann erfolgreichen mutmaßlichen Mordanschlags auf seinen Schwager Helmut Bloching konnte Scholz nur spekulieren. Bloching hatte bei den Henkelwerken gearbeitet, sich mit Eiweißgiften beschäftigt und war zweimal in Moskau gewesen; wie einer Notiz in den Stasi-Unterlagen zu entnehmen war, war die Sache so brisant, daß nach seinem Tod die »sofortige Vernichtung« seiner Akte angeordnet worden war.

Frankfurt war eine Hochburg der SED gewesen. 1989 zählte die Stadt 11000 Parteimitglieder, und die Ergebnisse der letzten Kommunalwahlen vom 7. Mai waren, bei einer

Wahlbeteiligung von 99,25 Prozent, besser als anderswo in der DDR und nicht einmal gefälscht. Als im Frühjahr 1989, nachdem Ungarn am 2. Mai seine Grenzen geöffnet hatte, der große Treck in den Westen begann, blieben in Frankfurt die Fluchtzahlen deutlich unter dem DDR-Durchschnitt. Die erste Demonstration, an der 30000 teilnahmen, fand am 1. November statt, wenige Tage vor dem Mauerfall, und die Welle der Parteiaustritte begann, wie überall, als das Ende absehbar war.

Dem Staat lief auch in Frankfurt das Volk davon, doch weniger als anderswo. Perestroika und Glasnost in der Sowjetunion und den Auflösungserscheinungen des Staatssozialismus in Polen und Ungarn zum Trotz setzte die SED auf »Kontinuität und Stabilität« des »realexistierenden Sozialismus in den Farben der DDR«. Im Revolutionsjahr 1989 befaßte sich die Partei in Frankfurt mit Dringlichkeiten wie den Vorbereitungen zur »Konferenz der Initiatoren, Bestarbeiter und Neuerer«, der »Konzeption zur Vorbereitung und Durchführung der Kampfgruppenkonferenz« im Kulturhaus »Völkerfreundschaft« oder den »Tagen der Volkskunst des Bezirkes Frankfurt (Oder)« im Berliner Palast der Republik.

Als mit der Fluchtwelle im Sommer 1989 das »ungesetzliche Verlassen der DDR« überhandnahm, mußte man sich notgedrungen mit der »Unterbindung und Zurückdrängung von Übersiedlungsersuchen« beschäftigen, als deren Gründe »Familienzusammenführung, Reisewünsche ins kapitalistische Ausland bis zur Negierung unserer politischen, ökonomischen und sozialen Errungenschaften« ausgemacht wurden. Es gingen die Jungen, die Hoch- und Fachschulkader, die Ärzte, die Lehrer. Krankenhausbetten mußten gesperrt, Stationen geschlossen werden. Es war die Zeit, in der Erich Honecker, Generalsekretär des ZK der SED und Vorsitzender des Staatsrates der DDR, verkündete: »Den Sozialismus in seinem Lauf hält weder Ochs' noch Esel auf.«

Der Historiker Reinhard Kusch hat in einer Broschüre *Kollaps ohne Agonie. Das Ende des SED-Regimes im Bezirk Frankfurt (Oder)* die letzten Monate der Parteiherrschaft minutiös geschildert. Die Chronik gibt Einblick in ein Wahnsystem, das seine Methode säuberlich dokumentiert hat. Da ist in Erfolgsberichten über Wahlaktionen beispielsweise von »24174 Veranstaltungen mit mehr als 480245 Teilnehmern« die Rede oder von »nahezu 121096 Bürgern«, die an solchen Treffen dabeigewesen seien. Da wird triumphierend von der erfolgreichen Planerfüllung beim »Warenfonds Bier« (102 Prozent) und beim »Warenfonds AfG« (alkoholfreie Getränke, 128 Prozent) gesprochen, ungeachtet der Tatsache, daß die Bestellungen des Handels 150 Prozent über dem Plansoll waren und demzufolge nicht erfüllt werden konnten. Die Wartezeiten für Schuhreparaturen betrugen acht bis zehn Wochen.

An der Spitze der Partei stand in Frankfurt seit Herbst 1988 Christa Zellmer. Die gelernte Verkäuferin war die einzige Frau in dieser Position, und noch in ihrem letzten Bericht vom 29. September 1989 an Honecker schwärmte sie von der »intensiven ideologischen Arbeit in den Parteiorganisationen«, dem »umfangreichen massenpolitischen Wirken der Genossen und der gesellschaftlichen Kräfte« und den »vielfältigen Initiativen der Bevölkerung«, die im Oderbezirk im Hinblick auf den bevorstehenden 40. Jahrestag der DDR unternommen würden. Willens, »nicht zuzulassen, daß sich, unter welchem Deckmantel auch immer, eine innere Opposition fest formieren« könne, meldete sie den »bisher ungewohnten Anstieg von Grenzverletzungen an der Staatsgrenze zur VR Polen durch Bürger der DDR, vorwiegend mit dem Ziel, über die Botschaft der BRD in Warschau in die BRD zu gelangen«. Ihr Schreiben schloß sie »mit kommunistischem Gruß« und dem Satz: »Die Aufgaben werden beherrscht.«

Im übrigen frischte sie altbekannte Vorurteile gegen die polnischen Nachbarn auf, um von der Misere abzulenken, sprach auf der Tagung des Plenums der Bezirksleitung vom 4. November von »massenhaften Einkäufen«, von bis zu »500 Prozent überbelegten Zügen« und vom »Mangel an Sauberkeit, Ordnung und Sicherheit«, den die Polen verschuldeten.

Die Feiern zum 40. Jahrestag der DDR am 7. Oktober verliefen in Frankfurt ruhig, anders als in Ostberlin, Potsdam und den südlichen Bezirken der DDR. Während in Ostberlin Gorbatschow mit seiner Sentenz »Wer zu spät kommt, den bestraft das Leben« Honecker die Unterstützung kündigte (was der anwesende polnische Parteichef Rakowski mit dem Seufzer »Das ist das Ende« quittiert haben soll), überreichte man in Frankfurt zwei »Ehrenbanner des ZK der SED« an das Eisenhüttenkombinat Ost und an das Backwarenkombinat Frankfurt (Oder) in Bernau, legte Kränze an den sowjetischen Ehrenmalen nieder und feierte ein Volksfest auf dem Markt beim Rathaus. Von der Bevölkerung unbemerkt, waren nur eine Woche zuvor achthundert DDR-Bürger, die in die westdeutsche Botschaft in Warschau geflohen waren, im Nachtzug via Frankfurt in die BRD gefahren worden.

Aber am meisten verblüffte mich an Kuschs Darstellung das, was nicht darin stand. Ich kam darauf, als ich die Rede über »Unser Land« las, die der Arzt Karl-Ludwig von Klitzing auf der Kundgebung vom 1. November 1989 in Frankfurt gehalten hatte. Die Diagnose, die er stellte, war schonungslos, seine Forderung nach Freiheit ohne Kompromisse. Was indes merkwürdig berührte, waren Formulierungen wie die »Chance des wahren Sozialismus in der DDR« seien »jetzt größer als zuvor«, die »führende Rolle der Partei gerade jetzt gefordert« und die »Umwandlung der Staatssicherheit in eine Volkssicherheit« das Gebot der Stunde.

Ein paar hundert Meter weiter, jenseits der Oder, hätte man sich solche Töne schwerlich vorstellen können. Und der Grund war einfach. In Frankfurt war jeder siebte

Bürger Parteimitglied. In Polen war jeder vierte Bürger Mitglied von Solidarność.

Nun, zehn Jahre nach der Wende, stand Frankfurt für Rechtsradikalismus und Stasi-Seilschaften. Glatzköpfe pöbelten polnische Studenten an und verprügelten sie bisweilen; wer fremd war, fremd sprach oder fremd aussah, erntete abfällige Blicke und Bemerkungen. Ausländische Gaststudenten erhielten in ihrem Wohnheim Briefe mit der Aufforderung, die Stadt zu verlassen, und Uniprofessoren fragten sich, ob sie Kollegen anderer Hautfarbe guten Gewissens einladen konnten. Die Universität, deren Neugründung 1992 die herausragende Leistung der Stadt war, war ein Fremdkörper.

Die vielen Gruppen und Initiativen, die sich für Toleranz und besseren Umgang mit Fremden einsetzten, deuteten auf das Problem – mit der behaupteten Weltoffenheit und Gastfreundlichkeit von Frankfurt konnte es nicht weit her sein. »Nur noch in Gruppen durch die Stadt gehn«, riet die MOZ den Studenten, und in der Uni hingen am Anschlagbrett Zettel für Informationsveranstaltungen wie »Was tun gegen rechts?«. Die Landesregierung hatte ein sogenanntes Handlungskonzept erarbeitet mit einem »Aktionsbündnis gegen Gewalt, Fremdenfeindlichkeit und Rechtsextremismus«, das sich die »Wahrung, Förderung und Erneuerung elementarer Menschenrechte« auf die Fahnen geschrieben hatte. Man erinnerte an die Aufnahme der Glaubensflüchtlinge aus Frankreich, der Hugenotten, im 17. Jahrhundert.

Doch das Klima war nicht mehr dasselbe. In der Nacht vom 8. auf den 9. April 1991, kurz nach der Grenzöffnung, war ein heimkehrender polnischer Touristenbus wenige Meter vor der Stadtbrücke von einer johlenden, Naziparolen rufenden Menge mit Rauchpetarden und Steinen verabschiedet worden. Im November 1992, als die rechtsextreme »Deutsche Alternative« in Frankfurt mit tausend

Anhängern aufmarschieren wollte, flüchteten viele polnische Studenten in ihre Heime. Nachts flogen zwei Brandsätze gegen eines davon. Die Täter konnten nicht eruiert werden.

André W., Sozialhilfeempfänger und einer der Führer der rechten Szene Frankfurts, war 1998 wegen Nötigung und Sachbeschädigung zu einem Jahr und zehn Monaten Freiheitsstrafe verurteilt worden. Er hatte mit der Waffe in der Hand den polnischen Studenten Kamil M. gezwungen, sich photographieren zu lassen; das Bild war für eines der »Schwarzen Alben« der rechten Szene bestimmt. Es war der zweite Überfall auf Kamil, dessen Großvater in Auschwitz ermordet worden war. Als Helmut Kohl auf Wahlkampftournee in Frankfurt haltmachte, standen Skins in Springerstiefeln auf den Rathausstufen und präsentierten in SA-Manier Reichskriegsflaggen und NPD-Fahnen.

Was vielen Frankfurtern, mit denen ich sprach, Sorgen bereitete, waren weniger die Eskapaden der Rechtsradikalen als die Tatsache, daß diese ungestört agieren konnten. Niemand griff ein, wenn Ausländer in der Straßenbahn bedrängt wurden. Man wandte sich ab, zuckte die Achseln, zeigte Gleichgültigkeit. Stimmte man insgeheim vielleicht zu? Das eigentliche Problem der Stadt war nicht die Intoleranz. Das Problem war, daß die Intoleranz toleriert wurde.

Im November 1993 hatte sich eine Lichterkette über die Oder gespannt, junge Menschen mit ernsten Gesichtern hielten Kerzen in klammen Fingern. Später ließ man es bei verbalen Protesten bewenden. Die Wohnungswirtschaft lancierte eine »Aktion Noteingang« mit Aufklebern für die Tür, die »Menschen in Not zeigen, daß sie hier Hilfe finden«. Es war so gut gemeint wie wirkungslos. Straßenbahnfahrer ließen es zu, daß Skins polnische Fahrgäste beschimpften und bedrohten mit Worten wie »Ausländersau, ich schlag dir die Brille ein«. Ein ukrainischer Student, Igor Panassuk, berichtete in einem Buchbeitrag, er sei vom Straßenbahnfahrer aufgefordert worden, den Wagen zu verlassen, weil er eine Dose Fanta in der Hand gehabt habe, während Skins, die in der Straßenbahn rauchten, in Ruhe gelassen würden. Einmal war Panassuk Zeuge, wie eine alte Dame in der vollen Straßenbahn belästigt wurde, ohne daß jemand einschritt. Er war schockiert. In Charkow hatte er eine ähnliche Szene erlebt, die Leute hatten eingegriffen, die Miliz war gekommen und hatte den Rüpel abgeführt. In Frankfurt, fand er, herrschten Teilnahmslosigkeit und Angst. Und eine etwas gewöhnungsbedürftige Art von Gastfreundschaft. Er war von Deutschen zum Geburtstag eingeladen und dann, als er vor der Türe stand, wieder ausgeladen worden: Man fahre ihn zurück, hatte man ihm beschieden, weil man nun doch lieber im Familienkreis feiern wolle.

Daß die Stadt ihren Ruf als Hort der Fremdenfeindlichkeit loswerden mußte, war nicht zuletzt eine wirtschaftliche Überlebensfrage. Neue Unternehmen waren schwer zu gewinnen für einen Ort, in dem ihre Mitarbeiter ständig damit rechnen mußten, angerempelt zu werden. Die Computerbranche, auf die man hoffte, zögerte mit ihren zahlreichen ausländischen Angestellten solcher Bedenken wegen. Investoren achteten auf »weiche« Standortfaktoren – Führungskräfte waren nur für eine Stadt zu haben, in der sich leben ließ. Professor Abbas Ourmazd, der Chef des Frankfurter Instituts für Halbleiterphysik, schickte seine Mitarbeiter in die Schulen, um der Jugend zu zeigen, daß Ausländer nicht nur Asylbewerber sind, und lancierte, zusammen mit dem Oberbürgermeister und der Präsidentin der Europa-Universität Viadrina, einen offenen Brief »Für ein freundliches Frankfurt«.

In Słubice, das viel mehr Ausländer zählte als Frankfurt, war das Problem unbekannt. Es gab Zigeuner und Bettler, Ost- und Südeuropäer, Russen, Deutsche und Amerikaner, mehr als ein halbes Dutzend Nationalitäten. In all den Jahren war niemand überfallen oder verprügelt worden, bloß weil er nicht Pole war. Das Städtchen war multikulturell, viele waren zugereist, die meisten aus ärmeren Ländern.

Daß Frankfurts Elite sich von ihrer Stadt fernhielt, machte die Lage nicht besser. Der Expreßzug nach Berlin um 17 Uhr 54 war die populärste Bahnverbindung und wurde von den meisten Professoren zur Flucht ins verlängerte Wochenende genutzt. Wichtige Vorlesungen waren nur dienstags, mittwochs und donnerstags, und die »Viaphoniker«, das Uniorchester, konnten am Donnerstagabend keine Probe mehr ansetzen, weil alles weg war. Selbst viele Mitarbeiter der *Märkischen Oderzeitung*, dem größten Privatbetrieb der Region, wohnten mit ihren Familien in Berlin. War es nicht ein Symbol, das große Trompe-l'œil am Marktplatz, das an die Giebelwand eines Hauses gemalt war? Es zeigte die Fassade des sogenannten Bollfras-Hauses, eines behäbigen Bürgerbaus, der einst das Bild des Platzes geprägt hatte und im Krieg zerstört worden war. Es gab kein Bürgertum mehr in Frankfurt.

Neue Wolken ballten sich über der Stadt, als ich in jenem Hitzefrühling da war. Ein Bierstreit war ausgebrochen. Die Binding-Brauerei aus Frankfurt am Main hatte eine einstweilige Verfügung beim Berliner Landgericht erwirkt gegen die Oderland-Brauerei Frankfurt (Oder), wonach diese ihr Bier, das sie eben auf den Markt gebracht hatte, nicht unter dem Namen »Frankfurter Pilsener« verkaufen durfte. Das sei eine Irreführung des Verbrauchers, hieß es, und was, wenn es in Polen verkauft und mit dem aus Hessen verwechselt würde? Es war ein Kampf Goliaths gegen David, der Stadt der Banken gegen die Stadt der Arbeitslosen. 5000 Hektoliter braute man jährlich an der Oder, 10 Millionen Hektoliter am Main. Die Empörung einte. In der MOZ sah man den Oberbürgermeister, die Rektorin der Uni und den Boxer a. D. Axel Schulz, einen gebürtigen Frankfurter, einander siegesgewiß zuprosten.

Versehen mit dem Zusatz »Gebraut in Frankfurt (Oder)«, ging das Bier kistenweise über den Ladentisch, während der Stadtbus Nr. 981 nicht müde wurde, die Werbung »Ich bin ein Frankfurter Pilsener« spazierenzufahren – mit dem Hinweis »Natürlich gebraut in Frankfurt (Oder)«.

Man gewann Boden zurück. Und wußte es zu würdigen. Als die Frankfurter Hefeklöße mit dem »Goldenen Band« geehrt wurden, der höchsten Auszeichnung der Lebensmittelbranche, meldete die MOZ dies auf der Titelseite.

Doch die treusten und erfolgreichsten Herolde der Stadt waren »Die Oderhähne«. Das Kabarett, 1976 gegründet, war einst ein staatlicher Betrieb. Eine Institution, wenn auch nicht mehr eine staatliche, ist es immer noch. Das Domizil der Truppe liegt im Stadtzentrum zwischen Oder und Rathaus, die Bühne unter Tag in einem rekonstruierten gotischen Kellergewölbe – als sei damit verdeutlicht, was das »Satirische Theater und Kabarett e.V.« ist und sein will: eine Stütze der Gesellschaft und ihr subversiver Ankläger in einem. Gespielt wurde täglich, mit wechselnden Programmen meist politischen Inhalts – »Wir drehen durch«, »Wir haben uns (schon) wieder« oder »Fusionen – Konfusionen!«.

»Hammertime (Bekloppte Zeiten)« stand an dem Abend auf dem Programm, an dem ich die Oderhähne besuchte. Ich gab meinen Mantel ab, erhielt dafür eine »Wertmarke«, ging zu meinem Tisch, an dem schon ein älteres Ehepaar saß, und hängte mein Jackett über einen der freien Stühle. Dann holte ich mir an der Bar etwas zu trinken.

»Paß und Geldbörse haben wir beschlagnahmt«, sagte mein Sitznachbar, als ich mit meinem Bier kam, wobei er den Kopf knapp in Richtung meines Jacketts ruckte. Er verzog keine Miene dabei. Er hatte das seine anbehalten und saß aufrecht am Tisch, als sei er darin eingenäht. So blieb er den ganzen Abend und verfolgte die Veranstaltung mit einem Ernst, als würde er dafür bezahlt.

Was man vom Rest des Publikums nicht vermuten konnte, so begeistert zeigte es sich bald. Der Saal war voll, jung und alt waren da. Ich hatte erwartet, nun einer jener Ostalgie-Veranstaltungen beizuwohnen, die die alten Zeiten verklärte, einem Unterhaltungsabend für »Jammerossis«. Aber das war nicht der Fall. Die Truppe war gut, witzig und schlagfertig, nahm die lächerlichen Seiten der schönen neuen Welt, in der man lebte, aufs Korn, reichlich gepfeffert mit sexuellen Anzüglichkeiten. Was Bezug nahm auf die DDR, war harmlos; Melodien aus dem sozialistischen Liedgut mit neuen Texten. Das Publikum jauchzte und summte und brummte mit.

Harmlos waren auch die Attacken auf die BRD. Korruption, Parteispendenaffären, der Einsatz der Bundeswehr im Ausland – über all das hatte man in reputierten Zeitungen schärfere Kommentare lesen können.

Man verstieg sich nicht darauf, irgendwelche Vorzüge der DDR herauszustreichen. Aber auch in der BRD sah man keine. Der eine Staat hatte so viel auf dem Kerbholz wie der andere, Kohl war nicht besser als Krenz oder Schalck-Golodkowski: Der Unterschied sei, wurde gesagt, daß die letzteren beiden für ihre Sünden im Gefängnis büßen mußten und Kohl nicht. Die Gleichsetzung der Skandale ließ die DDR in neuem Licht erscheinen – so schlecht, wie die Wessis einem das weismachen wollten, konnte sie doch nicht gewesen sein. Eine Botschaft, die die Frustrationen über die arroganten und reichen Brüder und Schwestern mildern mochte, die kein Recht auf Kritik hatten, weil sie selber Kritik verdienten. Bekloppt und behämmert war der eine wie der andere Staat, und bekloppt und behämmert war, wer das nicht wahrhaben wollte:

Der dümmste Mensch ist überhaupt,
wer heut noch einem andern glaubt.
Denn schließlich weiß man zur Genüge:
In unserm Land regiert die Lüge.

Viel Doofe trifft man allzumal,
die regelmäßig gehn zur Wahl
und wählen dort mit viel Vergnügen
die Leute, die am besten lügen.

Natürlich folgt dann stets aufs neue
nach jeder Wahl sogleich die Reue.
Vier Jahre lang, das ist fatal.
Dann kommt zum Glück die nächste Wahl…

Zum Schluß gab es eine Diaschau; eine Rache für all die Erniedrigungen und Beleidigungen, die der Stadt zugefügt worden waren von Leuten wie Louise Endlich, dem ZDF, wem auch immer. Das Publikum glühte vor Zustimmung in der behaglichen Höhle dieses Ziegelgewölbes, und die beste Zuschauerin wurde für ihr eifriges Klatschen ausgezeichnet – zeitgemäß mit einer Selbstbedienungsurkunde, in die sie ihren Namen eigenhändig eintragen konnte.

Unbeabsichtigte Ironie war, daß die Oderhähne selbst Opfer des Mißmuts geworden waren, der das Klima der Stadt vergiftete. Ihr Sommertheater im Innenhof war mit dem Verbot bedroht; dies verlangte zumindest ein angesehener Bürger der Stadt, der wegen Lärmbelästigung geklagt hatte. Das Ordnungsamt kam und nahm Lärmmessungen vor, der Bürgermeister beschwichtigte, und die Zeitung druckte Leserbriefe: eine Staatsaffäre mehr.

Während die Erinnerung an die DDR der baufälligen Häuser, verwitterten Fassaden und leprösen Graubauten im Straßenbild getilgt wurde, wurde sie andernorts konserviert. Aber nicht deswegen war ich in die Collegienstraße gekommen, wo ich per Zufall dann die Gedenk- und Dokumentationsstätte für die »Opfer politischer Gewaltherrschaft 1933–1989« fand. Klänge hatten mich gelockt, Tonleitern, die aufwärts und abwärts gespielt, Arpeggi, die geübt wurden. Die Luft roch nach Lindenblüten, das warme Rot der alten Backsteinbauten, der Friedenskirche und der Konzerthalle am Fluß strahlte eine Ruhe aus, der diese unbeholfenen Töne erst die schöne Tiefe gaben.

Wo jetzt die Musik- und Kunstschule untergebracht war, war bis 1990 eine Untersuchungshaftanstalt gewesen, in der die Gestapo, der sowjetische NKWD, die Stasi und die Volkspolizei der DDR Leute arretierten, folterten und töteten – ihrer politischen Überzeugung, ihres Glaubens, ihrer Nationalität, sonstwelcher Gründe oder bloßen Verdachts wegen. Nun hatte man, auf Initiative des Frankfurter »Runden Tisches«, im ehemaligen Zellentrakt im Erdgeschoß des Erweiterungsbaues von 1899 eine ständige Ausstellung eingerichtet, die an einige Inhaftierte und ihre Schicksale erinnerte. Die Zellen, mit einer Schlafstelle aus genagelten Brettern für drei Mann, waren klein und primitiv, die Fenster zum Innenhof mit Sichtblenden, sogenannten Storchennestern, versehen. Hier, in der Großen Oderstraße 67 (heute Collegienstraße 10) hatte der Leidensweg vieler begonnen. Sozialdemokraten und Kommunisten unter den Nazis, Oppositionelle und der Subversion, Spionage und Sabotage Beschuldigte unter den Sowjets und dem DDR-Regime. Zu den letzten Verurteilten gehörte ein Frankfurter Ehepaar, Birgit und Michael Bundschuh, die einen Strafbefehl über sechs Monate Haft wegen Zusammenrottung am 17. Juni 1989 in Berlin erhalten hatten, beschuldigt, wie es in der Anklageschrift hieß, sich »in der Hauptstadt Berlin vor dem Brandenburger Tor an einer die öffentliche Ordnung und Sicherheit beeinträchtigenden Ansammlung von Personen beteiligt« und diese »nach Aufforderung durch die Deutsche Volkspolizei nicht unverzüglich verlassen« zu haben.

Ich war der einzige Museumsbesucher und kam bald ins Gespräch mit dem Herrn, der die Aufsicht hatte und mir, kaum widmete ich mich einer der Schautafeln, erläuterte, was darauf stand. Er sagte mir, wann man die Kübel abgeschafft und Toiletten eingebaut hatte (1972), wo das Fallbeil war, mit dem von 1950 bis 1952 ein Dutzend Todesurteile vollstreckt worden waren (in Berlin) und welches Buch aus der Gefangenenliteratur ich lesen sollte (Joachim Stern, *Und der Westen schweigt*).

Herr Foth hatte zwei Wochen vor der Maueröffnung seinen Onkel in Westdeutschland besucht, und der hatte ihn noch gefragt, warum er nicht gleich bleibe.

»Warum nicht?«

Herr Foth machte eine Geste, als müßte er sich entschuldigen.

»Ich hatte Frau und Tochter.«

Er bat um einen Eintrag ins Gästebuch. Er war froh, daß alles vorbei war.

Was nicht für den jungen Mann galt, dem ich hernach auf der Karl-Marx-Straße begegnete und der die Sache mit dem Kommunismus noch einmal von vorne anfangen wollte. Er war gepflegt und glattrasiert bis auf einen schwarzen Schnurrbart, der ein wenig an Chaplin erinnerte. Er pflückte mich unter all den Passanten heraus, drückte mir ein Flugblatt in die Hand und übergoß mich mit einem Redeschwall, dem ich entnahm, daß es nun, in den Zeiten von Arbeitslosigkeit und Globalisierung, darum gehe, die wahre kommunistische Partei zu gründen – die KPdrvAD, die »Kommunistische Partei der revolutionären verbündeten Arbeiterklasse Deutschlands«. Eine KKuJ, eine »Kommunistische Kinder- und Jugendorganisation«, sollte gleichzeitig ins Leben gerufen werden. Im Flugblatt stehe alles drin. Ich dankte, wollte gehen, aber er hielt mich am Ärmel fest.

»Fünfzig Pfennig«, sagte er. »Für das Flugblatt.«

Ich klaubte ein Fünfzigpfennigstück aus dem Portemonnaie, während er mir etwas zusteckte, das er geschrieben hatte, eine Broschüre im Postkartenformat mit einem jener bombastischen Titel voller Ismen, Kampf und Klassen. Er sei damit auf der Leipziger Buchmesse gewesen, sagte er, das Buch sei ein Welterfolg.

Ich dankte, wollte gehen, aber er hielt mich am Ärmel fest.

»Fünf Mark«, sagte er. »Für das Buch.«

Ich gab es ihm zurück und versprach, es zu kaufen, sobald ich das Flugblatt auswendig gelernt hätte.

Ich hatte die Ehre, wie ich diesem entnahm, mit dem Ersten Sekretär der KPdrvAD und leitenden Organisator der Kommunistischen Internationale i. G. (was offenbar für »in Gründung« stand) gesprochen zu haben, der seinerseits bereits die Ehre gehabt hatte, von den Botschaften der Volksrepubliken China und Kuba zu »Konsultativgesprächen« empfangen worden zu sein. Vielleicht würde ich ja einmal meinen Enkelkindern davon erzählen können – sollte sich die Geschichte, entgegen Marx' Wort, zum zweitenmal als Tragödie und nicht als Farce ereignen.

Frankfurt wurde mir, je länger ich es erkundete, desto fremder. Nicht die Mischung aus neuem globalem Stil, altem Backstein, verrottenden und aufgefrischten Plattenbauten war es, was mich irritierte. Auch nicht die paar Trabis, die trotzig herumfuhren und neben Parkscheinautomaten mit Solarpanel parkten. Ja, sogar an die Bedienung in Geschäften und Gaststätten, nicht weniger kontrastreich, hatte ich mich gewöhnt.

Aber es gab nichts, was die Stadt zusammenhielt. Sie wurde, schien es, widerwillig bewohnt, als würde man dem Neuen ebensowenig trauen, wie man dem Alten nicht mehr vertraute. Vielleicht wäre mir das nicht aufgefallen, hätte ich nicht in Słubice gewohnt. Słubice war ein Städtchen, das es in keiner Weise aufnehmen konnte mit Frankfurt. Es hatte keine Sehenswürdigkeiten, sah man einmal ab vom Neubau des Collegium Polonicum, einem Gemeinschaftswerk der Universität Poznań und der Viadrina, das gleich an der Stadtbrücke stand und mit seinen eierschalenfarben gekachelten Wänden und dem Sendeturm aussah wie die Kreuzung von einem Badezimmer mit einem Flughafen. Der Rest, das waren ein paar alte Bürgerhäuser, klapprige Wellblechquader, schiefe Betonschachteln und mittendrin eine Aral-Tankstelle, die in der Nacht neonblau leuchtete wie eine Meeresqualle in einem Tiefseewrack.

Doch Słubice lebte. Kleine Schenken mit ein paar Stühlen davor, Grillstätten, Pizzerias, chinesische Garküchen, ein englisches Pub, eine indische Boutique und eine Vielzahl kleiner Läden, die noch offen hatten, wenn in Frankfurt längst alles zu war, sorgten für ein veritables Stadtgewimmel. Ein halbes Dutzend Banken hatten Filialen in dem Städtchen, das lediglich 19000 Einwohner zählte. Wer sein Geld nicht in einem der Spielsalons – die auf polnisch sinnigerweise *Salon Gier* heißen – loswurde, konnte es im Casino versuchen. Die Gaststätten trugen Namen wie *Disco Pub Europa, Drink Bar Arkadia* und ähnliche schamlose Übertreibungen und bestanden oft aus nicht mehr als einem Zapfhahn mit drei Tischchen. Man hockte zusammen, aß, trank, rauchte, wenn nicht in der Kneipe, dann einfach so, auf einer Parkbank, an einer Hausmauer, in einem Hofeingang. Die Frauen liebten es, zu flanieren, paarweise, mit einem Sonnenblumenkopf unter dem Arm, woraus sie plaudernd Kerne pickten.

Frankfurt schlief abends, und manche empfanden es schon als Fortschritt, daß die Stadt erst um 20 Uhr und nicht mehr bereits um 18 Uhr ausgestorben schien. In Słubice mochte das früher nicht anders gewesen sein. Am Busbahnhof an der Wojska Polskiego war, noch kaum verblaßt, der alte Stadtplan an eine Hausmauer gepinselt, ein Netz weißer Straßen auf hellblauem Grund. Vielleicht ein Dutzend rote Punkte waren übers Ganze verstreut: die Standorte des Bahnhofs, des Spitals, der Post, der Tankstelle sowie, speziell gekennzeichnet mit Gabel, Messer und Tasse, der zwei, drei Restaurants und Cafés.

Das war das Słubice des Sozialismus gewesen. Über dem Plan blinkte ein Digitaldisplay, das abwechselnd die Zeit und die Temperatur anzeigte, als wollte man demonstrieren, wie sehr der Puls der Stadt gestiegen war. Hätte man jetzt die Lokalitäten rot markieren wollen, hätte man gleich mit dem Flachpinsel drüberstreichen können.

Dem Hoch »Volker« folgte das Tief »Antje«, ein Temperatursturz, der sich mit Blitz und Donner ankündigte. Alle paar Minuten ging irgendwo ein Diebstahlalarm eines Autos los, so stark blies der Wind. Der Horizont verdunkelte sich, und der Regenguß, der plötzlich und heftig herniederging, verwandelte Słubice in eine Seenlandschaft. Mit einem Mal stoppte der Regen, war das Leck im Himmel gestopft. Im orangefarbenen Licht der Straßenlaternen ging ich die Hauptstraße hinunter. Es war Abenddämmerung, und im azurblauen Himmel stand der Mond über einem rosaroten Haus. Die Stimmung hatte etwas Entrücktes, so daß es mich nicht wunderte, als plötzlich eine Raumstation vor mir auftauchte. Zwei riesige Bullaugen an Vorder- und Rückwand, mehrere Meter im Durchmesser, erlaubten einen Blick ins Innere.

Was mir wie eine Vision erschien, war in Wirklichkeit eine katholische Kirche. Ihr Architekt mußte ein verkappter Kosmonaut gewesen sein, und hätte man sein Werk zum Fliegen gebracht, wäre es gewiß ein leichtes gewesen, es an das Raumschiff Enterprise anzukoppeln. Drinnen, neben dem Altar, waren auf einer Tafel die wichtigsten Ereignisse in der Geschichte der Menschheit aufgeführt. Armstrongs Schritt auf den Mond nahm einen Ehrenplatz ein in der Chronik, in der sonst nur noch der Erste und der Zweite Weltkrieg, der Atombombenabwurf auf Hiroshima, der Sieg von Solidarność und der Anbruch des Computerzeitalters für erwähnenswert befunden worden waren. Drei Holzkreuze mit dem Spruch »Chrystus kiedyś, teraz i zawsze« (»Christus gestern, heute und immerdar«) standen auf einem Modell des Kalvarienbergs, flankiert von Moses' Gesetzestafeln, die wie Grabsteine in die Erde gepflanzt waren. Ein halbes Dutzend Beichtstühle, groß wie Schlafzimmerschränke, waren im ganzen Kirchenraum verteilt.

Ich ging zurück und machte mich auf den Weg zum Basar. Eine Kolonne kleiner, alter und klappriger Busse stand am Kopf der Stadtbrücke, die einen für eine Mark hinfuhren. Die Fahrt war kurz, der Basar lag beim Stadion gleich hinter den letzten Häusern und Schrebergärten, aber die Besucher aus Deutschland schienen weder gern noch gut zu Fuß zu sein. Man trug hier noch die hellen, verwaschenen Jeans und Jacken, die in der DDR der letzte Schrei gewesen waren, und die Männer hatten lange, bis in den Nacken fallende Haare und Bäuche, die über die Gürtel quollen. Viele schienen Stammkunden zu sein. »Ich bin bei den BHs!« hörte ich eine junge Frau in Hotpants rufen, deren Begleiter beim Autozubehör stehengeblieben war. Man konnte sehen, daß, wer da einkaufte, nicht in Geld schwamm. Man kannte sich aus mit den Preisen, verglich, fragte, überlegte, schaute sich anderswo um und kam wieder.

Es gab alles, was man so zum Leben braucht, von Miederwaren über Kinderkleider bis zu gefälschten Eastpak-Rucksäcken. Selbst für die Frankfurter Neonazis war gesorgt. Sie brauchten nur über die Brücke nach Polen zu gehen, um sich mit dem Material zu versorgen, das in Deutschland verboten war. Plaketten mit dem Portrait von Hitler, Zippo-Feuerzeuge mit Hakenkreuz, Anstecknadeln mit SS-Runen und eine Menge CDs von Rassistenbands wie den »Zillertaler Türkenjägern«, »Sieg Heil Viktoria« oder »Leitwolf« lagen offen auf den Tischen. Sie trugen Titel wie »Berlin bleibt deutsch« oder »Gott vergibt – wir nie!« und hatten Portraits grimmiger Landser auf dem Cover mit Kinnladen zum Zerbeißen von Stahl.

Nicht nur der Basar von Słubice war auf deutsche Kundschaft ausgerichtet. Frisiersalons, Blumen- und Lebensmittelgeschäfte, Kleider- und Schuhläden, Geschenkboutiquen, Souvenirshops, Eisdielen, Wechselstuben, Zigaretten- und Alkoholbuden, die teils Tag und Nacht geöffnet hatten, säumten die Jedności Robotniczej, die Einkaufsstraße von Słubice, an deren Ende ein neues, dreistöckiges Warenhaus stand, das sich in nichts als in den Preisen von einem westlichen unterschied. Vieles, wie die »Zahnklinik«, war deutsch angeschrieben, die Hinweisschilder zu Ämtern waren zweisprachig.

Und es waren längst nicht mehr nur Arbeitslose und Sozialhilfeempfänger, die es nach Słubice zum Einkauf zog. »Sunset Suits«, eine polnische Herrenmodefirma, hatte eine Filiale eröffnet, und das kleine Geschäft war jeden Samstag voll. Die eine der Verkäuferinnen, die fließend Deutsch sprach, hatte alle Hände voll zu tun, gab da einen Rat, wie die Hose zu ändern sei, dort, welche Krawatte zu welchem Jackett paßte, und schaffte immer neue Ware heran, während ihre Kolleginnen eifrig Nadeln steckten. Ein Schneider, der sämtliche Änderungen in Stundenfrist besorgte, war im Haus. Ich verließ das Geschäft mit Jackett, Hemd und Krawatte, ging auf ein Bier in das *London Pub* und holte vor Ladenschluß die Hose ab, deren Bund eingenommen und deren Beine gekürzt werden mußten.

Słubice selbst hatte sich feingemacht. Die Bürgerhäuser am Flußufer hatten sich in Schale geworfen. Die Farben waren frisch und hell, als hätte die große Flutwelle von 1997 die Fassaden reingewaschen. Da und dort konnte man noch ein paar aufgeschichtete, geplatzte Sandsäcke am Ufer sehen, einen Rest des Walls, mit dem man dem Hochwasser gewehrt hatte.

Man sorgte für guten Eindruck, als sei Frankfurt die Schwiegermutter *in spe.* Die Tafel »Night Club Astra. Ganztägige Begleitungsagention. Versichert die Begleitung von netten Frauen«, die bei meinem ersten Besuch noch unübersehbar den Anfang der Konsummeile markiert hatte, war entfernt und durch eine andere ersetzt worden: »Wir nehmen Bestellungen für Blumensträuße entgegen.«

Słubice war schnellebig, eine Stadt, in der das schnelle Geld, der schnelle Erfolg lockten. Aber Schmuggel, Prostitution und illegaler Handel waren nicht mehr die einzigen florierenden Geschäftszweige, und selbst im Hotel *Polonia* war zwar die alte Klientel noch zu Gast, jedoch nicht mehr König.

Anderes verschwand, was ich bedauerte, ein Opfer der neuen Zeit nicht nur in Słubice. Die Mützenmacher mit ihren kleinen Werkstätten, die Bürsten- und Besenbinder, die Lädelchen mit dem alten Kram, den niemand mehr wollte und den ich zu betrachten liebte, rätselhafte Dinge, deren Verwendungszweck mir oft schleierhaft war. Manchmal kaufte ich etwas, ohne zu fragen, wozu es diente, damit mir etwas zu staunen blieb.

Und nicht zuletzt verschwand ich selber. Ich war ein Fremder, fiel als solcher aber immer weniger auf. Ein Jahrzehnt zuvor war ich, betrat ich einen Laden, noch in Großstädten wie Łódź angestaunt worden, als käme ich aus Afrika. Nun waren sie auch schon da, die Afrikaner, und in den Straßen konnte man Französisch, Englisch und andere westliche Sprachen hören. Das Fremde wurde vertraut, und in dem Maße, in dem die Einheimischen ihre Scheu verloren, verloren sie auch ihre Neugier.

Von der Innovationslust am Ostufer der Oder hatte sich auch eine Frankfurter Bäckerin polnischer Herkunft, Marta Bruns, anstecken lassen und eine Zweigstelle in Słubice eröffnet, wo sie Neun-Pfennig-Brötchen produzieren ließ, die sie dann importierte und in Frankfurt verkaufte. Es war ihr schlecht bekommen. Die Bäckerinnung Frankfurt war Sturm gelaufen gegen das »polnische Schmugglerbrötchen« und hatte gedroht, keine neuen Lehrlinge mehr einzustellen, wenn es nicht aus den Regalen verschwand.

Nun, von Kopf bis Fuß neu eingekleidet, war ich bereit für den Besuch des Casinos von Słubice. Eine breite Treppe aus grünem Marmor führte zum Eingang, auf der eine langbeinige Blondine, die sich aus einem etwas breiteren Gurt einen Rock geschneidert hatte, mit einem Besen herumstöckelte und die in der Luft herumwirbelnden Blätter wieder dem Wind zuwischte, sowie sie den Marmor berührten.

Ich kontrollierte meine Schuhe, rückte die Krawatte zurecht, stieg die Treppe hoch und stieß die Glastür auf, die mit Aufklebern sämtlicher Kreditkartenfirmen der Welt bepflastert war. Über einen spiegelglatten Boden schritt ich geradewegs auf die zweite Blondine zu, die am Empfang saß. Sie trug die gleiche Art Rock.

Ich fragte, ob im Restaurant noch ein Platz frei sei, und entschuldigte mich, nicht reserviert zu haben.

Sie ließ sich einen Augenblick Zeit mit der Antwort und nickte dann. Mit einer Handbewegung bedeutete sie mir, ihr in den Speisesaal zu folgen.

Er war, groß und hoch, einer Königin würdig. Die Tische waren weiß gedeckt, mit Blumenbouquets geschmückt und jener Unmenge von Geschirr und Besteck beladen, die einen sofort zum Proleten stempelt.

Alles war da – nur keine Gäste. Kein einziger.

So alleine, entschuldigte ich mich, wolle ich nun doch nicht sein beim Essen. Sie lächelte und erlaubte mir, noch den Casinosaal zu sehen, eine Pracht aus Samt und Seide, Grün und Purpur, die Tische bereit, die Jetons gestapelt, die Croupiers Stöckchen bei Fuß. Und keiner da, der spielte. Kein einziger.

Ich ging, und sie nahm ihren Posten beim Eingang wieder ein. Junge Männer in Trainingsanzügen huschten herein, gaben etwas ab und verschwanden wieder.

Ich nestelte die Krawatte los, stopfte sie in die Jacketttasche, betrat ein benachbartes Lokal und setzte mich an die Bar. Die Barfrau, eine mütterliche Person in den Fünfzigern, war nicht überrascht, als ich ihr von meinem Erlebnis erzählte. Das Casino war nicht bekannt für rauschende Feste.

»War gedacht für reiche Leute«, sagte sie. »Für sehr reiche.«

»So reich, daß es sie gar nicht gibt«, sagte ich.

Sie lächelte vielsagend. Es roch nach Geldwaschanlage. Der Besitzer, wußte sie, hatte mit der Errichtung der ersten Wechselstuben in Słubice ein Vermögen gemacht, und über den Rest der Story konnte man nur spekulieren in einer Gegend, in der Zigarettenschmuggel und Prostitution die höchsten Gewinne abwarfen und Männer in schwarzen Anzügen aus schwarzen Limousinen mit getönten Scheiben stiegen, in Geschäften unterwegs, die das Dunkel lieben.

Ich beschloß den Abend in der Disco Lubusz, die dem Casino gegenüberlag. Es war eine merkwürdige Disco, voller junger Frauen und alter Männer, die ihre Väter hätten sein können. Diese ließen sich umhalsen und zückten die Geldbörse, die offenbar nicht weniger dick war als sie selber. Sie standen an der Bar, mit offenem Hemd und offener Hose, und wurden umflattert von den hübsch aufgemachten jungen Dingern. Nur die Frauen tanzten, abgesehen von einem Alten, der auf der Tanzfläche herumstolperte und sich gebärdete wie das Double von John Travolta in einer Parodie auf *Saturday Night Fever.* An der Bar standen ein paar jüngere Männer, manchmal wechselte ein kleines Päckchen die Hand.

Als ich um Mitternacht am Casino vorbei zu meinem Hotel ging, saß die Blondine immer noch am Empfang. Der Speisesaal war erleuchtet, leer wie ein Swimming-Pool im Winter, und in der ersten Etage stand ein Croupier an die Wand gelehnt, einsam, ein Bild von Edward Hopper.

Auch Frankfurt hatte seine Eigenheiten, wie etwa die, daß profane Veranstaltungen in Kirchen stattfanden und kirchliche in Profanbauten.

In die St. Marienkirche, eine »Ruine unter Dach«, lud der Deutsche Kinderschutzbund zur »Kinderrechtshilfeparty« mit Buffet und Disco. Das fünfschiffige Gotteshaus, die größte Hallenkirche der neudeutschen Backsteingotik, war von der Roten Armee niedergebrannt worden, nur das aufgehende Mauerwerk, die Sakristei und der Martyrchor waren erhalten geblieben. Ende der siebziger Jahre hatte man, entgegen einem früheren Beschluß, sie abzureißen, zu renovieren begonnen. Man war immer noch dabei.

Und im großen Hörsaal der Viadrina stand eine »Jugendweihe« auf dem Programm. Wäre das Gebäude nicht gewesen, ein etwas abgelebter Flachbau an der Großen Oderstraße, hätte ich die davor Versammelten für Kirchgänger gehalten. Es war Sonntagmorgen, alle waren festlich herausgeputzt, die Mädchen in weißen Blusen und langen Röcken, die Jungen im steifen Anzug; an der Art, wie sie den Hals verdrehten und am Schlips nestelten, konnte man ihnen ansehen, daß sie zum erstenmal im Leben so ausstaffiert waren.

Ich ging mit zur Generalprobe. Die Moderatorin, eine muntere Mittvierzigerin im weißen Deux-pièces, dirigierte die etwa fünfzig Jugendlichen in die Bänke, erklärte ihnen den Ablauf – Reden, Photos, Geschenke überreichen – und erinnerte die beiden jugendlichen Redner, das Mikro wieder runterzustellen, falls der Hauptredner, Udo Beyer, Olympiasieger im Kugelstoßen 1976, es zu seiner Ansprache hochgestellt haben sollte: »Der ist ja ein Riese!«

Das war wohl wahr. Er war unschwer auszumachen, als sich der Saal füllte; Gulliver im Lande Liliput. Eltern, Großeltern und Verwandte drängten sich in die Bänke, kleinere Kinder, die die Jugendweihe noch vor sich, und größere Jugendliche, die sie bereits hinter sich hatten. Unwillkürlich erwartete ich Orgelmusik, aber dann intonierte eine Popband, die laut Programm »No Name« hieß, den Song »Fool's Garden«, und die Moderatorin hielt eine kleine Eröffnungsansprache, die sie mit einem Gedicht über die zur Jugendweihe Angetretenen schloß: »Die Aufregung ist riesengroß, sitzt im Halse wie ein Kloß.«

Der Festredner mochte, im Unterschied zu seinen jungen Geschlechtsgenossen, seinen dunkelblauen Anzug nicht zum erstenmal tragen, schien sich darin aber kaum wohler zu fühlen. Er sprach von Rechten und Pflichten, der Verantwortung und dem Leben, das man nun in die eigenen Hände nehmen müsse, von Fehlern und Niederlagen, aus denen man lernen werde. Und daß man, gerade als Jugendlicher, helfen solle, die Welt friedlicher zu machen und vor Kriegen zu bewahren.

Die Jugendlichen stellten sich auf der Bühne in Reih und Glied, und Herr Beyer schritt die Formation ab wie ein Staatspräsident, schüttelte jedem die Hand und überreichte ihm, assistiert von zwei Damen, eine persönliche Urkunde, die Verfassung des Landes Brandenburg, ein Buch und einen Blumenstrauß. Die Band spielte »What a Feeling«.

Meine Nachbarin und ich lächelten uns zu. Sie war mit ihrem kleinen Sohn da, der auf einem Zeichenblock herumkritzelte und die Bühne keines Blickes würdigte.

»Wir kriegten auch ein Buch«, flüsterte sie. »*Der Sozialismus – Deine Welt.* Hat nie jemand angeguckt.«

»Wird mit der Verfassung des Landes Brandenburg bestimmt anders sein«, erwiderte ich. »Werden sich kaum losreißen können von der Lektüre.«

Sie lachte. Sie war die Jugendsprecherin gewesen, damals, und alles war viel ernster und schwerer gewesen, Kammermusik, schwarze Fräcke.

Mit geröteten Gesichtern und glänzenden Lackschuhen standen die eben Geweihten auf der Bühne, während die Band leise »A Whiter Shade of Pale« von Procol Harum spielte. Manche schienen noch Kinder, andere, zwei Köpfe größer, waren schon junge Damen und Männer. Linkisch waren sie alle, hielten ihre Blumensträuße vor sich wie eine Opfergabe. Vielleicht, dachte ich mir, waren solche Initiationsriten weniger für die Jugend als für die Erwachsenen bestimmt, die sich am Elend der Pubertät labten, der Genugtuung, wenigstens das hinter sich zu haben.

Herr Göttert von der Arbeiterwohlfahrt, der Veranstalterin der Jugendweihen, nahm sich meiner an. In Frankfurt hatte man den Brauch, den man andernorts in der DDR nach dem Zusammenbruch vorübergehend aufgegeben hatte, nahtlos weitergepflegt. Herr Göttert war stolz auf die Zahlen – mehr als tausend Jugendliche wurden pro Jahr allein in Frankfurt geweiht, in fünfzehn Veranstaltungen an acht Sonntagen. Mit weniger als hundert Konfirmationen jährlich konnte da die evangelische Kirche nicht mithalten. Herr Göttert mochte das nicht als Sieg verstanden wissen, und im übrigen, sagte er, knüpfe man an eine Tradition an, die älter sei als die DDR. Die Jugendweihe ging auf die Arbeiterbewegung des 19. Jahrhunderts zurück; unter den Nazis war sie verboten und in der DDR staatstragend gewesen. Nun begann man wieder von vorne. Und ließ die Betroffenen mitbestimmen – die Jugendlichen wählten den Festredner.

Finanziert wurden die Feiern von Sponsoren; die Europa-Universität Viadrina war darunter, die Sparkasse sowie private Firmen und Geschäfte.

Und doch war es, alles in allem, die Kopie eines religiösen Brauches, eine Parallelveranstaltung zu Konfirmation und Kommunion. Der zweijährige Religionsunterricht war ersetzt durch »Freizeitangebote«, die man wahrnehmen oder von denen man lassen konnte – ein Besuch beim Bundesgrenzschutz und beim Zoll, ein Termin beim Frauenarzt oder Info-Veranstaltungen wie »Wer weiß, was die Stasi war?«.

Herr Göttert machte sich Sorgen, daß nun, nach den geburtenstarken Jahrgängen, die zur Wachstumsrate der Jugendweihen beigetragen hatten, der Rückschlag drohte. Er drückte mir eines der Pakete in die Hand, das die Jugendlichen auf den Lebensweg mitbekommen hatten.

»Zur Erinnerung«, sagte er.

Ich klemmte alles unter den Arm, das Buch *Die großen Naturwunder*, die Bewerbungsmappe der Sparkasse Frankfurt (Oder), die Verfassung des Landes Brandenburg und eine leere Urkunde, auf deren Einband ein Baum, ein Herz und ein Atom gezeichnet waren, über dem die Formel $E = mc^2$ stand.

Eine kleine Karte fiel zu Boden. Ich hob sie auf. »Sei du selbst!« stand darauf. Es war eine Reklame der Sparkasse Frankfurt für eine Jugend-Kreditkarte: »Safer Card – die einzige mit Kondomfach!«

Das bekamen sie wohl nicht zur Kommunion in Polen.

Tags darauf war ich mit einer polnischen Schulklasse verabredet. Das Karl-Liebknecht-Gymnasium in Frankfurt an der Oder war die erste Schule gewesen, die Schüler aus Polen aufnahm, 26 jedes Jahr. Andere Grenzstädte waren gefolgt. Der erste Jahrgang, der 1996 das Abitur machte, war ein Elitejahrgang, einer der Absolventen hatte die Mathematik-Olympiade in Deutschland gewonnen. Wer aufgenommen werden wollte, mußte einen Test in Polen bestehen und gute Deutschkenntnisse nachweisen. Die Besten wurden mit ihren Eltern zum Gespräch geladen, daraufhin traf man die Endwahl. In Polen war die Sache populär, so daß die Auswahl von Jahr zu Jahr größer wurde.

Nun war ich mit einem Dutzend dieser Besten in einem Zimmer, und sie schauten mich an mit jenem Ausdruck von Neugierde und Überdruß im Gesicht, den Siebzehnjährige so unnachahmlich draufhaben. Ich begrüßte sie auf polnisch, was mir Punkte einbrachte, und rasch hakten wir ein paar Sachfragen ab. Sie wohnten in Słubice im Internat, jeweils zu dritt in einem Zimmer, mußten selber kochen und für sich sorgen. Tagsüber waren sie in der Schule, wo sie auch Mittagessen bekamen. Um halb zehn mußten sie zu Hause sein, um zehn war Nachtruhe. Viel Freizeit hatten sie nicht.

Die meisten kamen aus dem Lubusker Land, wenige Dutzend Kilometer von der Grenze entfernt. Andere hatten ihr Zuhause ein paar hundert Kilometer weit weg. Ob sie über das Wochenende heimgingen, wollte ich wissen.

»O ja!« sagte ein Mädchen, das Karolina hieß und bisher still gewesen war, mit einem tiefen Seufzer.

Sie sehnten sich alle nach Hause. Die erste Begegnung mit Deutschland, erklärte Agnieszka, sei ein Schock für sie gewesen.

»Die Deutschen wollten nicht mit uns sprechen!« sagte sie mit noch nicht verebbter Empörung. »Und wir wollten alle wieder weg!«

Agnieszka war blond, trug eine runde Metallbrille und hatte eine frische, intellektuelle Ausstrahlung. Sie war die Wortführerin. Sie hatte, wie die andern auch, selber hierher gewollt, aber nun, da sie da war, war sie enttäuscht. So hatte sie sich Deutschland nicht vorgestellt.

»Deutschland ist kalt«, sagte sie. »Die Deutschen kommen nicht auf einen zu, man ist sehr selten bei ihnen zu Hause eingeladen. Bei uns in Polen wäre das anders.«

Abgesehen davon hatte sie keine Probleme mit den Deutschen. Ihre beste Freundin war Deutsche. Es war das Klima, das ihr nicht behagte, das Gefühl, nicht willkommen zu sein.

»Wenn ich in einem Laden polnisch rede, schaut die Verkäuferin auf meine Hände«, sagte sie. »Als wäre ich gekommen, um zu klauen.« Nun vermied sie es in Frankfurt, ihre Muttersprache zu gebrauchen.

Sie hatte gehofft, nach einem Jahr perfekt Deutsch zu können, was jetzt aber, wie sie meinte, der mangelnden Kontakte wegen leider nicht der Fall sei. So wie sie redete, hätte man es für Koketterie halten können. Sie wollte Medizin studieren und war interessiert an Psychologie. Sie kam aus Giżycko, einem Städtchen nahe der russischen Exklave Kaliningrad, das fünfhundert Kilometer weg war, und konnte nur einmal im Monat nach Hause.

Karolina hatte es besser, sie war aus Myślibórz, das ganz in der Nähe lag. Ihre Eltern hatten sie unterstützt, als sie sagte, sie wolle nach Frankfurt aufs Gymnasium, aber ihr Großvater und ihr Onkel, die beide den Krieg erlebt hatten, waren entsetzt gewesen und fragten sie immer wieder von neuem, wie sie nur hier, in Deutschland, leben könne. Sie wollte Architektur studieren in Hamburg, wo sie Verwandte hatte.

Manche der Schülerinnen und Schüler wollten Deutsch lernen, um einmal eine bessere Arbeit zu bekommen, andere waren an der Sprache an sich, der Kultur des Nachbarlandes interessiert. Wer bereits anderswo in Deutschland gewesen war, hatte bessere Erfahrungen mit den Deutschen gemacht. Wenn man etwa in Stuttgart sage, man sei aus Polen, meinte eines der Mädchen, werde man gefragt, wie es denn da jetzt so aussehe. Hier werde man gar nichts gefragt, die Ostdeutschen interessiere Polen nicht, und sie wendeten sich ab, sobald das Gespräch auf das Thema komme.

Noch schlimmer als Frankfurt aber fanden sie Słubice.

»Das ist die schlimmste Stadt in der Umgebung!« rief Agnieszka aus. »Drogen, Alkohol, Mafia. Und es gibt Morde!«

Sie erinnerten sich mit Schauder daran. Sie hatten kürzlich in der Zeitung von einem Mord gelesen, und ein paar von ihnen waren abends um acht Uhr, genau eine Stunde bevor es passierte, am Tatort vorbeigegangen.

Sie hatten Angst, nachts alleine in Słubice unterwegs zu sein. In Frankfurt hatten sie keine Angst, sagten sie. Allerdings waren sie da nachts auch nicht unterwegs.

Es gab auch Deutsche, die Polnisch lernten in einer deutsch-polnisch gemischten Klasse. Die Schülerinnen und Schüler stammten aus gemischten Ehen oder, was immer häufiger vorkam, aus Familien, deren Väter in Polen Geschäfte machten. Viele hatten schon in der Grundschule im Rahmen des Projektes »Ich lerne die Sprache meines Freundes« polnische Gedichte und Lieder kennengelernt und wollten weitermachen, andere hatten im Schüleraustausch Kontakte geknüpft, waren in Krakau und Auschwitz gewesen.

Doch während das Gymnasium, die Universität und der neue polnische Kindergarten in Frankfurt sich des Andrangs kaum erwehren konnten, blieben Deutsche, die es nach Polen zog, die Ausnahme.

Rund 40 Prozent der polnischen Absolventen des Gymnasiums nahmen ihr Studium in Polen auf, die anderen in Deutschland, zu einem großen Teil an der Viadrina, in Cottbus oder in Berlin. Für den Studienort ausschlaggebend war weniger der Ruf der Universität als die Frage, ob man an dem Ort Verwandte hatte, bei denen man wohnen konnte. Die meisten waren nicht mit Geld gesegnet. Für die polnischen Schüler hatte das Land Brandenburg zunächst alle Kosten übernommen. Jetzt zahlt Polen das Internat in Słubice; die Fahrkosten müssen die Familien selber tragen, was für manche eine erhebliche Belastung ist. Aber man betrachtet es als Investition.

»Die Polen stecken alles in ihr Kind«, sagte die Lehrerin.

Ein Studium in Frankfurt galt als Karrieresprungbrett, der Weg vom Frankfurter Kindergarten »Knirpsenstadt« an die Europa-Universität Viadrina als Königsweg. Nahezu die Hälfte der dreieinhalbtausend Studenten waren Ausländer, vor allem Polen, an die statutengemäß ein Drittel der Studienplätze vergeben wurde. Sie war konzipiert als Brückenuniversität zwischen Ost- und Westeuropa und trägt das Siegel der alten Viadrina im Logo, ergänzt durch die Stadtbrücke, die Frankfurt und Słubice verbindet. Die Rektorin, die Berliner Politikwissenschaftlerin Gesine Schwan, hatte in Polen viele Freunde. Als Sozialdemokratin hatte sie in den achtziger Jahren gegen den Anpassungskurs ihrer Partei gegenüber den kommunistischen Regimen opponiert und deswegen ihren Sitz in der Grundwertekommission verloren; die Loyalität zu den

Dissidenten an der Weichsel, zu Adam Michnik und der Solidarność, war ihr wichtiger gewesen.

Die Idee zur Wiedergeburt der Viadrina war im Frühjahr 1991 am Frankfurter »Runden Tisch« geboren worden. Bereits im Oktober des darauffolgenden Jahres nahm die Universität ihren Lehrbetrieb auf – nach einer Pause von bald zweihundert Jahren. Es war eine Pioniertat; die ersten Vorlesungen fanden in einem alten Kino, in den verlassenen Kasernen der Sowjetarmee und in einer ehemaligen Parteischule der SED statt. Die Brüder Humboldt, Ulrich von Hutten und Heinrich von Kleist hatten an der alten Viadrina studiert; ihr Geist sollte nun in den Regierungsbau an der Großen Scharrnstraße einziehen, der zum Universitäts-Hauptgebäude und Sitz der Bibliothek wurde. Es war dasselbe Haus, in dem einst die Gestapo ihr Domizil hatte, die Dienststelle für »Judenbekämpfung«, und in dem sich, im nun einladend aufgefrischten Treppenhaus, ein Jude nach einer »Vernehmung« in den Tod gestürzt hatte.

Die ersten Studenten der Viadrina waren eine neue Internationale aus rund drei Dutzend Ländern – junge Polen, deren Familien aus den östlichen »Kresy« vertrieben worden waren, Ukrainer, deren Großeltern sich in Galizien angesiedelt, Rußlanddeutsche, die ihre Heimat in Kasachstan verlassen hatten. Deutschlands östlichste Universität knüpfte an die Tradition der alten Lehrstätte an mit ihren Studenten aus Polen und dem Baltikum, aus Böhmen und Mähren, Ungarn und Siebenbürgen, Skandinavien und Rußland. Die drei Fakultäten für Jura, Wirtschaft und Kulturwissenschaften sowie das Fremdsprachenzentrum wollten osteuropäische Bezüge pflegen. Juristen, die sich in den Rechtsordnungen Polens und Deutschlands auskannten, wurden für die immer enger werdenden Beziehungen der beiden Länder gebraucht.

Aber die neue Universität war eine deutsche Universität, und als solche hatte sie verschiedene Hoffnungen nicht erfüllt. In Frankfurt war man enttäuscht, weil man eine medizinisch und naturwissenschaftlich orientierte Hochschule bevorzugt hätte, die an das Klinikum und an das Halbleiterwerk, das pleite gegangen war, hätte anschließen können. Was man bekam, war eine westdeutsche Universität in Ostdeutschland. Vielleicht war dies der Grund, warum am »Tag der offenen Tür« die Frankfurter, die sie sich ansehen kamen, in einem Zimmer Platz gefunden hatten.

Auch in Polen war man nicht restlos befriedigt. Die Idee einer deutsch-polnischen Universität war herumgegeistert; von ihr übrig blieb das Collegium Polonicum in Słubice, dessen Grundstein gelegt wurde, als die Vorlesungen an der Viadrina begannen. Das kleine Słubice hatte das Filetgrundstück an der Brücke zu einem symbolischen Preis von einem Złoty abgetreten, der Bau dieser Gemeinschaftseinrichtung der Viadrina und der Adam-Mickiewicz-Universität Poznań war vom polnischen Staat bezahlt worden; Deutschland finanzierte das Personal. Das Lehr- und Forschungsinstitut für Wirtschaft, Kultur, Sprache und Gesellschaft zählte zu den zehn wichtigsten Investitionsprojekten der Republik Polen: eine akademische Trainingsstätte für Manager und Juristen, die in Osteuropa Fuß fassen wollten.

Mittels einer Hochfrequenz-Richtfunkanlage war das Computernetz des Collegium Polonicum mit dem der Viadrina verbunden, was den Zugriff auf deren Datenbestände und das Internet ermöglichte und es erlaubte, Videokonferenzen und Seminare, Vorlesungen, Kurse und Prüfungen simultan beidseits des Flusses abzuhalten. Man konnte sich fragen, wozu das gut sein sollte, wenn es über die Grenze doch bloß ein paar Schritte waren. Aber es war *hip.*

Die Viadrina war eine kleine Universität, und viele der Probleme anderer Universitäten hatte sie nicht. Die Professoren hatten Zeit für ihre Studenten, jeder fand einen Sitzplatz im Hörsaal. Seminare mit nur acht, zehn Teilnehmern waren keine Seltenheit. Und an den Pinnwänden fehlten die Zettel mit den verzweifelten Rufen nach einem Zimmer oder einer Wohnung – Unterkunft zu finden war in Frankfurt leicht.

Daß sie sich in ihrer Lebensart unterschieden, erfuhren hier Polen und Deutsche im Alltag. Während sich die polnischen Studenten darüber mokierten, daß die Deutschen offenbar mehr Lustgewinn aus der Mülltrennung zogen als aus Partys und es als Zumutung empfanden, besucht zu werden, ohne daß man zuvor angerufen hatte, bewunderten sie doch ihren Sinn für Ordnung, ihre Effizienz in der Arbeit und ihre Konsequenz im Handeln. Wenn man etwas machte in Deutschland, machte man es richtig. Die Einladungen zu Lesben- und Schwulenpartys, die an den Pinnwänden hingen, waren für die Polen so fremd wie das System der Ordner, Hefter und Mappen, mit denen die deutschen Kommilitonen ihre Arbeitsunterlagen domestizierten. Doch beides hatte seinen Reiz und empfahl sich zur Nachahmung. Daß die Deutschen Persönliches und Berufliches trennten, machte die Atmosphäre zwar weniger familiär, hatte aber den Vorzug, auch weniger chaotisch zu sein. Wer noch weiter aus dem Osten kam, war um so mehr beeindruckt; ein ukrainischer Student erzählte mir, er habe an seinem ersten Tag in Deutschland so viel erledigt wie in der Ukraine in mehreren Monaten.

Und es gab Dinge, in denen man in Deutschland nicht so stur war wie in Polen. Auswendiglernen und die Anhäufung von Schulwissen, mit dem man im Leben nichts anfangen und das man nach der Prüfung vergessen konnte, waren im polnischen Bildungssystem noch die Regel. Wer etwa Jura studierte, schätzte es, daß man in Deutschland nicht Gesetze herunterleiern mußte, sondern sich darin übte, Fälle zu lösen.

Die Deutschen ihrerseits wunderten sich über das Geschichtsbewußtsein der Polen. Die Polen waren stolz auf ihre Vergangenheit, die Deutschen schämten sich. Der Fleiß der Polen, ihre Motivation und ihr Mangel an jener Sorte Pessimismus, der aus jeder Joghurtbecherentsorgung eine Überlebensfrage macht, irritierte und faszinierte Deutsche nicht minder. Deutsche Studentinnen, denen die polnischen Partys erst zu schrill gewesen waren, fanden es plötzlich langweilig, wenn keine Polen über die Tische tanzten. Von solchen Eskapaden abgesehen, schätzten sie deren Empfinden für Stil und Form, für Höflichkeiten und den Umgang miteinander; das hatte, zumal die Polen eher schüchtern waren, etwas Anziehendes. Sie hielten einem die Tür auf, trugen einem die Tasche und gaben einem Feuer. Daß die polnischen Studentinnen fraulicher, eleganter gekleidet waren als die deutschen, gefiel wiederum den deutschen Studenten.

Andererseits ließen sich die Polen mehr gefallen als die Deutschen. Sie nahmen die Stipendienkürzungen hin und beteiligten sich kaum an den Demos gegen Ausländerfeindlichkeit, von der schließlich auch sie betroffen waren. Das mochte man dem Umstand zuschreiben, daß sie zu Gast in einem fremden Land waren. Doch daß sie beispielsweise ruhig blieben, als ein Professor aus Poznań, der eine neue Prüfungsordnung bekanntmachte, sie beschimpfte und behandelte wie kleine Kinder, wunderte die Deutschen; soviel Autoritätshörigkeit waren sie nicht gewohnt. Was hingegen die Einstellung zum Sozialismus betraf, verstanden sich viele Westdeutsche besser mit den Polen als mit ihren ostdeutschen Landsleuten, mit denen sie in Diskussionen über die DDR rasch in Streit gerieten.

Vielleicht war es Zufall, daß ich keinen Kontakt zu ostdeutschen Studenten fand, vielleicht war es deswegen, weil sie eher zurückgezogen lebten. Sie studierten bloß hier, weil sie hier wohnten, hörte man über sie etwas herablassend selbst von Vertretern des Lehrkörpers, oder weil sie nirgendwo sonst einen Studienplatz gefunden hätten. In einer Broschüre über *Die neuen Frankfurter Studen-*

ten fand ich den Bericht einer ostdeutschen Studentin, die ihrem Groll über ihre polnischen und westdeutschen Studiengenossinnen und -genossen Luft verschaffte. Die Polen, fand sie, würden generell besser bewertet, und die Professoren drückten beide Augen zu, obwohl deren Referate, was Struktur und Aufbau angehe, meist unter aller Kritik seien. Wer das zur Sprache bringe, handle sich den Vorwurf des Rassismus ein. Die Wessis ihrerseits, die vorgäben, den Osten kennenlernen zu wollen, wollten nur ihre Meinung bestätigt haben, und mit der mangelnden Selbständigkeit, die sie ihnen, den Ossis, vorwürfen, meinten sie ja bloß den Ämterkram, Kindergeld, Versicherungen, all die Dinge, die sie als Ossis gar nicht hätten wissen können. Umgekehrt seien die Wessis nicht imstande, kleinere Hausreparaturen selber zu erledigen, und riefen bei jeder Gelegenheit nach dem Hausmeister. Doch sie gestand den Wessis, die nach Frankfurt gekommen waren, zu, mehr gewagt zu haben als die Ossis, die hier geblieben waren, wenngleich sie sich als Ossi unter ihnen fühlte »wie ein Pinscher unter Schäferhunden«.

Eines Nachmittags besuchte ich Herrn Perelman, der mich, bevor ich eine Frage stellen konnte, fragte, ob ich an Gott glaube. Herr Perelman hatte einen großen Kopf und buschige Augenbrauen und glich ein wenig Breschnew. Er war neunundsechzig und hatte volles, nach hinten gekämmtes grauweißes Haupthaar. Ich wollte mir keine Schwierigkeiten einhandeln, weder mit Herrn Perelman noch mit Gott, und so sagte ich ja.

Herr Perelman war befriedigt, und daß ich Christ war, war Nebensache.

»Es gibt verschiedene Glauben, aber nur einen Gott«, sagte er. Herr Perelman war Vorsitzender der jüdischen Gemeinde.

An der Rosa-Luxemburg-Straße hatte sie ihren Versammlungsraum und das Büro, in dem wir saßen; die

Lokalität lag ein paar hundert Meter von der Oderbrücke entfernt. Die Synagoge war 1938, in der »Reichskristallnacht«, in Flammen aufgegangen. Von den rund achthundert Juden, die vor dem Krieg in Frankfurt gelebt hatten, waren die meisten emigriert; kaum einer von denen, die in Deutschland geblieben waren, hatte überlebt. Es gab keine jüdische Gemeinde mehr in Frankfurt, bis Herr Perelman kam – und mit ihm die anderen. Dreißig waren sie insgesamt. Das war im Sommer 1997. Mittlerweile zählte die Gemeinde neunzig Mitglieder, mit Kindern hundertfünfzig. Alle stammten sie aus der ehemaligen Sowjetunion, etwa die Hälfte aus der Ukraine, ein Drittel aus Rußland, der Rest aus Lettland, Litauen und Aserbaidschan.

Herr Perelman war Diplomingenieur und aus Dnjepropetrowsk in der Ukraine. Er war der Sohn eines Ärzte-Ehepaars, das internationalistisch gesinnt und regimetreu war, sein Vater hatte 1939 an der Besetzung Ostpolens teilgenommen. Als Schüler war Mark Perelman als »Jid« beschimpft und geschlagen worden und hatte trotz Bestnoten im Abitur nicht, wie in solchen Fällen üblich, ein Fach seiner Wahl an einer Universität seiner Wahl studieren dürfen; das Studium der Nukleartechnologie oder der Elektrotechnik, die ihn beide interessiert hätten, blieb ihm verschlossen. Sein Metallurgie-Studium schloß er mit dem »Roten Diplom« ab, dem bestmöglichen Ergebnis. Eine Laufbahn am Institut war ihm dennoch verwehrt. Arbeit fand er schließlich an einem Projektinstitut für den Bau metallurgischer Werke in Dnjepropetrowsk, wo er Abteilungsleiter für Elektrotechnik wurde. Auslandsreisen, sonst durchaus üblich, waren ihm nicht erlaubt.

Nun, da es nach der Liberalisierung durch Gorbatschow und dem Zusammenbruch der Sowjetunion möglich war, legal auszuwandern, wollte er dasselbe Schicksal seinem Sohn ersparen. Der Sohn hatte Medizin studiert und 1989 abgeschlossen, bekam aber keine Arbeit, weil er Jude war. Herr Perelman hatte ein Telegramm an Gorbatschow geschickt, aber es hatte nichts geholfen. Und außerdem wollte er seinen Sohn und seine Enkel nicht »in irgendeinem Afghanistan« verlieren. Herr Perelman wollte auswandern um jeden Preis, lieber in der Antarktis leben als in der Ukraine. 1993 stellte er den Antrag bei der deutschen Botschaft in Kiew.

Wohin auswandern, war die zweite Frage. In Betracht kamen Israel und Deutschland, die beiden Länder, in die jeder Jude einwandern kann, oder die USA, Kanada und Australien, die Quoten haben, die nun, nach dem Zusammenbruch der Sowjetunion und dem entsprechenden Andrang, allerdings niedrig sind.

»Sie haben Deutschland gewählt«, sagte ich. »Warum?«

»Wir haben nicht gewählt«, sagte Herr Perelman, und Herr Talibon, der am Nebenpult saß, nickte. Herr Talibon kam aus Baku in Aserbaidschan und war Arzt. Er rauchte starke, filterlose Zigaretten, deren Rauch sich vermengte mit dem Dampf aus dem Wasserkessel, der hinter ihm auf dem kleinen Rechaud blubberte.

Gott hatte für sie gewählt. Es war, sagte Herr Perelman, seine Pflicht, hierher zu kommen, damit das jüdische Leben wiedergeboren wurde.

»Irgendwer mußte das machen«, sagte Herr Perelman und nahm ein Blatt, so wie damals, als er sich hatte entscheiden müssen, und notierte unter einem großen Plus, was für Deutschland sprach: Kultur, Musik, Wissenschaft, Philosophie.

Und dann den einen Minuspunkt: Holocaust.

Herr Perelman wollte in jenen Teil Europas, aus dem seine Vorfahren vermutlich im 18. Jahrhundert nach Rußland ausgewandert waren.

Und dann war die Frage, wohin in Deutschland. Herr Perelman war mit seiner Familie nach Potsdam gekommen, wo sie eine Nacht verbrachten, und dann weitergereist zur Zentralaufnahmestelle nach Peitz in der Nähe von Cottbus, wo sie eine Woche im Heim wohnten. Dort wurde entschieden, wohin es gehen sollte. Alle wollten nach Westdeutschland. Ich fragte ihn, warum. Er hob die Hände.

»Wie Kipling sagt – West ist West und Ost ist Ost.«

Für Westdeutschland sprachen das politische und soziale Klima und die besseren Arbeitsmöglichkeiten. In Städten wie Düsseldorf und Straßburg gab es Ausländer, im ostdeutschen Frankfurt kaum. Dafür gab es Ausländerhaß, und jüdische Friedhöfe wurden geschändet, wie kürzlich der in Guben. Doch in Ostdeutschland bekam man leichter eine billige Wohnung, und die Leute verstanden Russisch, was ein Vorteil war, wenn man etwa zum Arzt mußte.

Wahlfreiheit gab es ohnehin nur beschränkt, wurden die »Kontingentflüchtlinge« doch nach einer Quotenregelung auf die deutschen Bundesländer verteilt, wobei Familienzusammenhänge berücksichtigt wurden.

Sie wurden in Heimwohnungen eingewiesen. Arbeit bekamen sie keine. Sie hatten kein Recht, ein Auto zu kaufen, denn dann kam das Sozialamt und drohte, die Zahlungen einzustellen. Herr Talibon hätte gerne in seinem Beruf gearbeitet, aber er durfte nicht, solange er nicht die deutsche Staatsbürgerschaft hatte und seine medizinische Ausbildung anerkannt war.

Deutschland war für sie alle, die kamen, das gelobte Land. Aber die Freude, so zu leben und zu wohnen wie sie früher keinen Tag gelebt und gewohnt hatten, hielt nicht länger an als ein paar Wochen. Dann kam die Ernüchterung, die Erkenntnis, daß man zwar viel reicher war als je zuvor, hier aber zu den Ärmsten gehörte.

»Ich wohne in einem großen Block«, sagte Herr Perelman, »aber ich bin der einzige, der kein Auto hat.«

Die über fünfzig waren, konnten auf Einbürgerung und Rente hoffen, die Jugendlichen, die sich leichter anpaßten, auf einen Job nach erfolgter Ausbildung. Die, die zwischendrin und arbeitsfähig waren, hatten es am schwersten. Arbeit hatte keiner von ihnen.

Herr Perelmans Sohn war in Magdeburg an der Universität und absolvierte ein Praktikum im Krankenhaus. Er war da auf einer Party gewesen und hatte dem Vater, als er übers Wochenende zu Besuch war, begeistert davon berichtet. Die Tatsache, daß er Jude sei, habe die Leute überhaupt nicht interessiert. Ganz normal hätten die mit ihm gesprochen. Er war achtundzwanzig, und für ihn war das ein Wunder nach den Erlebnissen in der Schule und an der Universität in Dnjepropetrowsk. In der Ukraine war der Antisemitismus gesellschaftsfähig.

Wurde Herr Perelman gefragt, woher er sei, sagte er, er sei aus der Ukraine, und wenn der andere dann sagte: »Aha, Sie sind Ukrainer«, sagte er: »Nein, ich bin Jude.«

Ich fragte ihn nach den Kontakten, die er und die Mitglieder seiner Gemeinde in Frankfurt hätten, und er meinte, sie könnten nicht besser sein. Ich hatte an private Kontakte gedacht, aber er zählte die ganze Liste von Institutionen auf, die in Frankfurt heimisch waren: Ämter, Schulen, Universität und Vereine, Gesellschaften, Religionsgemeinschaften, Kirchen, Krankenhaus und Parteifraktionen, Polizei und Justiz. Auch der Oberbürgermeister war für sie da. Andere Kontakte hatten sie nicht.

Man hatte ihnen die Räumlichkeiten gegeben, bescheidene Büros mit Holzdekor-Möbeln. Drin standen ein Kühlschrank, Fax, Kopierer und ein Computer mit einem Maus-Pad mit dem Portrait von Marilyn Monroe. Eine Plastikrose steckte in einer Vase auf einem der Tische, und im Flur stand etwas verloren ein Sofa.

Auch mit den polnischen Behörden war man in Kontakt; der ehemalige jüdische Friedhof war in Słubice gewesen. Doch die Polen verlangten ein Einreisevisum, und das machte die Sache kompliziert. Zwar konnte man von der Ukraine ohne Visum nach Polen reisen, brauchte aber als Ukrainer ein Visum, wenn man von Deutschland nach Polen wollte. Sie konnten nicht einmal zum Basar. Die jüdischen Immigranten waren nicht wie die deutschen

Spätaussiedler den Deutschen gleichgestellt, sondern mußten ihre alte Staatsbürgerschaft mindestens sieben Jahre behalten.

»So viele Prüfungen haben wir machen müssen«, sagte Herr Perelman. »Und nun können wir nicht einmal zum Friedhof.«

Doch das vielleicht größte Problem war, daß sie Juden waren und nicht wußten, was das ist. Nicht sie, die anderen hatten sie dazu gemacht. Sie waren da, wo sie herkamen, schikaniert worden, weil sie Juden waren, aber sie hatten nie in einer Gemeinde gelebt, nie ihre Religion ausgeübt. Sie wußten nicht, wie das ging, und sie wußten es auch nicht, als sie hier eine Gemeinde gründeten. Sie waren von der religiösen Tradition abgeschnitten gewesen, hatten die Riten nicht gekannt und die Feste nicht gefeiert, und wenn sie jetzt erstmals in der Thora lasen, verstanden sie vieles nicht. Auch konnte niemand Hebräisch. Die einzige Religion, die sie kennengelernt hatten, war der Marxismus-Leninismus gewesen.

Und sie hatten keinen Rabbi. Einmal im Monat kam der aus Potsdam, der die fünf jüdischen Gemeinden im Land Brandenburg betreute. Zu hohen religiösen Feiertagen erschien er nicht. Und auch Sabbat konnten sie nicht richtig feiern, es gab niemanden, der sich mit den Gebeten auskannte. Herr Perelman war am Lernen. Auch die Stadt Frankfurt half ihnen, Juden zu werden. Direktoren und Mitarbeiter des Museums Viadrina und des Stadtarchivs bemühten sich, der jüdischen Gemeinde die jüdische Geschichte Frankfurts nahezubringen. Deutschunterricht wurde von zwei privaten Instituten erteilt.

Vor allem aber gab Herr Perelman Rat. Immer wieder wurde unser Gespräch unterbrochen vom Klingeln des Telefons. Herr Perelman beantwortete Fragen seiner Gemeindemitglieder, verwies sie an die zuständigen Stellen oder hörte sich einfach, ohne das geringste Zeichen von Ungeduld, ihre Sorgen an.

Herr Perelman führte mich in den Versammlungsraum, der halb unter der Erde lag. Ein paar Photos hingen an der Wand von der Einweihungsfeier des Gedenksteines für den jüdischen Friedhof in Słubice und ein Faksimile des Dokumentes, mit dem 1294 erstmals die Existenz von Juden in Frankfurt bezeugt wurde; das lateinische Original und eine russische und deutsche Übersetzung.

Der einzige jüdische Gegenstand im Raum war eine Art Holztischchen oder Schemel mit einem eingeschnitzten Davidstern. Er stand in der Mitte des Raumes.

»Wir wissen nicht, woher er stammt«, sagte Herr Perelman. »Und auch nicht, was es ist.«

Der jüdische Friedhof war auf der Ostseite der Oder, am »Judenberg« gelegen, an der Weggabelung nach Zielona Góra und Poznań. 1399 wurden da die ersten Toten begraben. Die letzten, die dann verscharrt wurden, kamen aus den »Arbeitserziehungslagern« beziehungsweise »Judenlagern«: deutsche Juden aus dem Lager Schwetig, polnische Juden, die im Lager Kreuzsee in fahrbaren Gaskammern mit Auspuffgasen ermordet worden waren, und Juden aus dem Arbeitslager des Kraftwerks Finkenheerd. Der Friedhof verwilderte nach dem Krieg, aber in den siebziger Jahren standen die Grabsteine noch. 1975 wurden sie zertrümmert, und das Gelände wurde planiert. Parkplätze, eine Zufahrt und ein Motel kamen darauf zu stehen. Ein kleines Denkmal, errichtet ein Jahrzehnt nach der Wende, erinnert an die frühere Bestimmung des Ortes.

Auch in der Karl-Marx-Straße gab es einen Gedenkstein, der am 9. November 1988, zum 50. Jahrestag der »Reichskristallnacht« und der Zerstörung der Frankfurter Synagoge, vor dem ehemaligen Hotel *Stadt Frankfurt* eingeweiht worden war. Im Granit ist ein Spruch Salomos (3,13) eingemeißelt: »Wohl dem Menschen, der Einsicht gewinnt.« Mehrere hundert Personen, Staatssicherheit inbegriffen, hatten an der Gedenkfeier teilgenommen, Curtis

Cassell, der letzte Frankfurter Rabbiner vor dem Krieg, war aus Großbritannien angereist.

Zehn Jahre später gab es wieder eine Feier, mit diesmal etwa hundert Teilnehmern, und Mark Perelman sprach über die Erneuerung der jüdischen Gemeinde in Frankfurt, die zwei Monate zuvor ihr erstes Neujahrsfest, Rosch Haschana, begangen hatte. Der Gedenkstein ist, nach dem Abriß des Hotels, inzwischen an den tatsächlichen Standort der Synagoge versetzt worden und steht nun auf dem Bürgersteig zwischen dem Brunnencafé und dem Oderturm.

Die Geschichte der Juden in Frankfurt war, wie überall in Europa, eine Geschichte der Duldung und Vertreibung. Brunnenvergiftung, Hostienschändung, Wucher, Handel mit gestohlenem Gut, Verbreitung der Pest und Verrat beim Schwedeneinfall 1675 waren die Beschuldigungen, die man gegen die Frankfurter Juden im Laufe der Jahrhunderte erhob. Nach dem Hostienschändungsprozeß von 1510 wurden 38 Juden verbrannt, die übrigen vertrieben. Der Lehrkörper der Universität Viadrina hatte sich tüchtig an der Hetze beteiligt.

Doch Frankfurt blieb als rege Handelsstadt ein begehrtes Ziel jüdischer Zuwanderer. Im liberalen Klima, das zu Beginn des 19. Jahrhunderts in Preußen herrschte, konnten die Juden – anders als beispielsweise in der Freien Hansestadt Hamburg mit ihren Pogromen – das Bürgerrecht erwerben. Das Privileg spaltete die jüdische Gemeinde in eine reformierte und eine orthodoxe, die sich nicht assimilieren wollte.

Hatte Frankfurt in der DDR den Ruf, eine Stadt der »roten Socken« zu sein, galt es im Nationalsozialismus als eine der Braunhemden. Bei den Reichstagswahlen vom 6. November 1932, als die NSDAP überall empfindliche Verluste einstecken mußte, lag in Frankfurt ihr Stimmenanteil immer noch bei fünfzig Prozent und damit weit höher als im übrigen Deutschland. Die *Oderzeitung*, deren Druckerei jahrelang als fast einzige deutsche Druckerei mit hebräischen Büchern, Gebetbänden und alttestamentarischen Bibeln Geld verdiente, lief 1933 mit fliegenden Fahnen zu den Nazis über. Hans Heilborn, Sohn eines Frankfurter Schuhfabrikbesitzers, der der größte Steuerzahler und größte private Arbeitgeber der Stadt gewesen war, bevor er von den Nazis enteignet wurde, hat seine Erinnerungen an jene Jahre niedergeschrieben. Verweisung vom Realgymnasium, Einweisung ins Zwangsarbeitslager, Abtransport ins Konzentrationslager Theresienstadt. Was seine Geschichte über den geschilderten Leidensweg hinaus so deprimierend macht, ist die nüchterne Feststellung, daß kein »arischer« Geschäftsmann, keine bedeutende Persönlichkeit der Stadt, kein Repräsentant der christlichen Konfessionen dagegen aufbegehrt hatte, kein Beamter und kein Polizist gegen den Straßenterror eingeschritten war.

Einer der wenigen, die Widerstand leisteten, war Wolfgang Wüstefeld, damals Schüler am Friedrichsgymnasium, Pfadfinder und bekennender Katholik. Wegen sieben Schülern, die sich geweigert hatten, in die Hitlerjugend einzutreten, hatte das Friedrichsgymnasium als einzige Schule Frankfurts die HJ-Fahne nicht hissen dürfen. Wüstefeld und seine Kameraden hatten aus Protest das Klassenzimmer verlassen, als der Geschichtslehrer vor Weihnachten die Klasse aufforderte, die häusliche Feier für den »Geburtstag eines Judenlümmels« abzuschaffen, da der – im Gegensatz zu dem des Führers – kein Grund für ein Fest sei. Selber hatte Wüstefeld gesehen, wie der geachtete Kaufhausinhaber Max Hirsch, ein alter Herr mit weißem Bart, von SA-Leuten am Strick durch die Stadt geführt wurde mit einem Schild auf Brust und Rücken: »Ich bin ein Judenschwein.«

Von einem Freund hatte Wüstefeld auch erfahren, daß die Feuerwehr dabei war, als die SA die Synagoge »spontan« in Brand steckte. Am 8. November hatte sie die Örtlichkeit inspiziert, am 9., vor dem Brand, die anliegenden Dächer und Häuser genäßt und dann einsatzbereit im Hof gestanden, während das Gebäude ausbrannte.

Wenige Wochen zuvor war ein anderer Absolvent des Friedrichsgymnasiums, Hermann Aronheim, mit seiner Mutter und seinem Bruder nach Palästina geflohen, wo er dem britischen Militär beitrat und gegen Deutschland kämpfte. Er wurde Agent des Mossad und war der Mann, der Adolf Eichmann 1960 in Buenos Aires aufspürte, verhörte und nach Israel entführte.

Es mag sein, daß solche Geschichten besonders berühren, wenn der Ort ihres Geschehens an einem Fluß liegt. Gleichgültig gegenüber dem Strom der Zeit, geht das Wasser seinen Gang, bleibt in Bewegung, wenn den Menschen das Ende der Erde nahe scheint.

Die Oder ist ein gerechter Fluß. Sie verteilt ihre Schätze nach links und rechts, und schwerlich vermöchte man zu sagen, welche der beiden Uferlandschaften die schönere ist. In Deutschland schien man sich mehr daraus zu machen. Alles war auf die Spaziergänger ausgerichtet, die Promenade mit den kleinen Parkanlagen beidseits der Stadtbrücke, die Kneipen mit Gartensitzplatz, der Uferweg stadtauswärts mit den Hinweistafeln auf Flora und Fauna in Fluß, Wald und Aue.

Allein die Spaziergänger fehlten. Alles blieb seltsam unbenutzt. Selten begegnete ich jemandem, wenn ich aus der Stadt hinauswanderte, flußaufwärts am Oderspeicher vorbei, einem breiten Backsteinbau, und einem Restaurant, das *Frankfurter Kartoffelhaus* hieß.

Nahe der Schiffsanlegestelle stand ein kleines Häuschen, in dem eine große Glocke in einem Holzgestell hing. Eine Friedenstaube schwebte über der Inschrift: »Der Frieden besiegt den Krieg. Aus Anlaß der Unterzeichnung des Vertrages über die Oder-Neiße-Friedensgrenze überreichte am 27.1.1953 der Präsident des deutschen Friedensrates

Professor Dr. Walter Friedrich diese Friedensglocke. Sie ist das Symbol des Friedens und der Freundschaft zwischen dem polnischen und dem deutschen Volk.«

Fünfmal Frieden, Dr. Friedrich! War es wirklich der Frieden, der den Krieg besiegte? Wem wurde die Glocke überreicht? Und wann wollte man sie läuten? So viele Fragen. Sicher war nur, daß damals die Grenze verriegelt, die zerstörte Stadtbrücke noch nicht einmal wiederaufgebaut war.

An seinem Ufer stand der Fluß beinahe still. Der Sandboden bildete kleine Strände, und das Wasser trug eine Decke von Blütenstaub, durch die plötzlich, als wäre es ihm zu heiß, ein Fisch heraussprang, wohl dreißig Zentimeter weit. Das Ufer war nirgendwo gerade, überall ragten Landzungen in den Fluß, in deren Buchten sich das Wasser staute, Wirbel bildete und rückwärts floß, als wollte es sich dem großen, trägen Strom widersetzen. Mit jedem Schritt, den ich tat, änderte sich das Bild, das Land griff ins Wasser, das Wasser ins Land, der Fluß teilte sich auf in geheimnisvolle Arme. Ich dachte eben, wie leicht es wäre, ihn hier zu durchschwimmen und die Grenze zu passieren, als ein Patrouillenboot vorüberfuhr. Am Heck flatterte die deutsche Flagge. Der Bundesgrenzschutz.

Die Natur war verschwenderisch, ringsumher ein Wachsen, Wuchern, Zwitschern und Rascheln. Was es da alles gab, war auf großen Orientierungstafeln zu lesen, die entlang des Weges aufgestellt waren. Die Natur, hier weder Wasser noch Land, war in Zonen aufgeteilt. Erst kam die Weichholz-Aue, der eine Schilf- und Schwimmblattzone vorgelagert war, dann die Hartholz-Aue. Es gab Weiden und Grauerlen, Ulmen und Hainbuchen, Stieleichen und Eschen. Es gab Flußröhrichte und Flutende Igelkolben, Flutenden Hahnenfuß und Wasserpest. Es gab Graureiher und Mäusebussarde, Höckerschwäne und Stockenten, Weißstörche und Kiebitze. Flußuferläufer, Lachmöwen und Eisvögel. Bleie und Plötzen, Rotfedern und Flußbarsche. Flußmuscheln und Flußdeckelschnecken. Bisamratten gab es. Alles hatte seinen Namen und seinen Platz in dieser gestrandeten Arche Noah, sogar der »Lebensraum Totholz« mit seinen von ihm zehrenden Käfern, Pilzen und Vögeln.

Ich war in Deutschland. Ordnung herrschte in der Natur. Vogelgezwitscher, in den Schatten Sonnenflecken wie Sommersprossen, und Stechmücken, die einem den Frieden mißgönnten. Ein Hase hoppelte übers Feld. Aus der Ferne drang Baulärm, neue Häuser wuchsen am Stadtrand in Flußnähe.

Dann kam der Wald, der alles verschluckte, ruhig und kühl. An einem Tümpel redete eine junge Frau auf polnisch auf ihren Hund ein, erklärte ihm, daß er hieraus nicht trinken dürfe, was ihm nicht einleuchten wollte, zumal es eine Tafel gab, die ihn auf deutsch, englisch, polnisch und russisch informierte, daß dieses Gebiet der Trinkwasserversorgung diene.

Nun war der Fluß außer Sicht. Der Weg durch den Wald führte durch einen Tunnel unter der Eisenbahn hindurch. Der Tunnel war lang und dunkel, in der Mitte fast alles Licht erstorben. Fern leuchtete die Öffnung, ein grünes, traumhaft stilles Tor.

Stetes, anschwellendes Rauschen deutete auf die nahe Autobahn. Am Fuß der Böschung, auf dem Dach eines Baucontainers, lagen zwei Arbeiter und sahen in die Sonne.

Ob ich hier zu Fuß über die Grenze käme, fragte ich.

»Das würde ich lieber nicht tun«, sagte der eine.

»Kehren Sie wieder um«, sagte der andere. »Ist BGS-Gebiet.«

»BGS?«

»Bundesgrenzschutz.«

»Na dann«, sagte ich, ging unter der Autobahn hindurch und kletterte auf der anderen Seite die Böschung hoch. Wenigstens sehen wollte ich die Grenze. Ich stellte mich neben einen Pfeiler, auf dem der deutsche und der polnische Adler prangten, und schaute auf den Verkehr. Die Fahrer, sowie sie mich erblickten, staunten mich an mit einer müden Verwunderung.

Lastwagen um Lastwagen rauschte vorbei, mit bereits gedrosseltem Tempo; der Zoll, von hier aus nicht zu erspähen, war nahe. Die Trucks trugen Aufschriften wie »Globetrotter XL Estland«, »China Shipping«, »Hungarcamion« oder »Hansefrigo«. Sie kamen aus Vilnius, Riga und Tallinn, aus Kiew, Minsk und Moskau, aus Budapest, Prag und Warschau, aus Amsterdam, Dublin und Berlin. Manche hatten Werbesprüche auf den Planen aufgemalt – »Wolf – Bestes vom Ahornhof!« oder »Andrea Transport Poland – im Osten geht die Sonne auf!« Sie fuhren von Ost nach West und von West nach Ost, aber man brauchte weder Karte noch Kompaß, um zu wissen, wo der Osten lag: dort, wo die Autotransporter hinfuhren, beladen mit Neuwagen, Occasionen und Wracks für den hungrigen Markt des Postkommunismus.

Ich stieg die Böschung hinunter und nahm das Sträßchen, das mich zur Bushaltestelle »Grenzbahnhof« führte. Ihr gegenüber stand ein Haus, das einmal sehr schön gewesen sein mußte und nun offensichtlich leer stand. Die Fassade, pockennarbig, war zerschossen und seit dem Krieg nicht neu verputzt worden, doch die Fensterscheiben schienen noch nicht lange eingeschlagen zu sein. Ein Fußweg mit spärlichen Grasnarben führte daran vorbei, auf dem ein Arbeiter im Blaumann daherkam und einen Rasenmäher vor sich herschob. Er ratterte ohrenbetäubend und wirbelte Staubwolken auf, die über die Straße zogen und mich einhüllten, so daß ich hustend flüchtete. Genau der Haltestelle gegenüber stellte der Mann den Motor ab, griff nach einer Flasche, die er auf der Gartenmauer deponiert hatte, und trank sie in einem Zug leer. Die Strecke, die er hinter sich hatte, sah nicht anders aus als die, die vor ihm lag. Als er den Motor wieder anwarf und in seiner Staubwolke verschwand, hätte ich beinahe den Bus verpaßt, der plötzlich aus dem Dunst auftauchte und, da der Fahrer mich nicht gesehen hatte, weiterfahren wollte.

Am nächsten Morgen stand ich im Büro von Herrn Zollamtsrat Götz, dem amtierenden Leiter des Zollamtes Frankfurt (Oder)/Autobahn. In Świecko II, wie es kurz heißt, geht fast der gesamte Verkehr der Route Moskau–Warschau–Berlin–Paris durch; es ist der wichtigste Ost-West-Übergang in Europa. Die Zollstation liegt auf polnischem Boden, etwa fünf Kilometer von der deutschen Grenze entfernt, und es war nicht ganz leicht gewesen, hinzukommen. Ich hatte ein Taxi nehmen müssen, und während wir im Stau vor der Abfertigung gestanden hatten, hatte das Taxameter mitleidlos weitergetickt. Staumeldungen von der deutsch-polnischen Grenze im Ohr – drei Stunden! zwölf Stunden! sechsunddreißig Stunden! –, war ich ein ganzes Stück vor dem Zoll ausgestiegen und zu Fuß auf der Autobahn zwischen Kolonnen von Lastern und PKW in Richtung Zollamt marschiert. Bis ein Beamter mich aufgriff. Es war der Leiter der Personenkontrolle. Er besah meinen Paß und nahm mich mit in seinem Dienstwagen über die Grenze.

Herr Götz, klein, in kurzärmligem Hemd und mit Brille, saß an seinem Schreibtisch hinter dem Computer in einem Büro, das nüchtern und sachlich war wie er selbst. Im Blechschrank hing die Uniform und an der Wand eine Europa-Karte mit vielen roten Linien – die Routen der Speditionsfirmen. Der Aktenschrank stand offen, ein paar Ordner waren zu sehen: »Geldwäsche«, »BTM«, »Radioaktivität SM« und »Besondere Vorkommnisse«.

Ich fragte Herrn Götz, was BTM heiße.

»Betäubungsmittel. Geht um Drogenhandel.«

»Kommt hier oft vor?«

»Alles nimmt zu – Verkehr, Handel, Schmuggel, Kriminalität.« Herr Götz seufzte. »Bloß der Personalbestand nicht.«

Er reichte mir ein paar Blätter, Statistiken mit dem »LKW-Durchlauf« der letzten Jahre, Einfuhr und Ausfuhr, beladen und leer. Wachstumsraten, von denen Unternehmer nur träumen können. Nun war man bei über einer Million LKW pro Jahr, die den Grenzübergang passierten. Das Tor zum Osten war zum Nadelöhr geworden. Das Sommerloch gehörte der Vergangenheit an. Der große Stau begann am Mittwoch, Donnerstag; an den Wochenenden wurden innerhalb von vierundzwanzig Stunden über zweitausend Laster abgefertigt. Die Abfertigungszeit war auf vier Stunden beschränkt worden, und wer irgendwelcher Mängel wegen länger stand, mußte Bußgeld zahlen, zwanzig Mark pro Stunde. Die Uhrzeit wurde bei der Einfahrt auf einem Laufzettel vermerkt, auf dem Namen, Kfz-Kennzeichen und Tankinhalt angegeben werden mußten und den die Kontrollstellen, ebenfalls mit Angabe der jeweiligen Uhrzeit, dann abstempelten. Auf dem Terminal schlafen oder pausieren wie früher ging nicht mehr. Zweihundert Liter Diesel im Tank der Sattelzugmaschine und nochmals zweihundert Liter für die Zusatzaggregate durften eingeführt werden. Was darüber hinausging, kostete Abgaben, ein Verwarnungsgeld und trug bei mehr als hundert Liter Überschuß eine Strafanzeige wegen Steuerhinterziehung ein.

Nur die Leerfahrten gingen zurück, stellte Herr Götz fest. »Früher brachten sie Waren aus dem Osten und fuhren leer zurück. Heute sind sie auch auf der Rückfahrt beladen.«

»Die Wirtschaft floriert.«

»So ist es. Prima Auftragslage. Professionalisierung.« Herr Götz fand das gut.

Jeder dritte Laster, der die Grenze passierte, trug ein polnisches Kennzeichen. Dann folgten die baltischen Staaten, voran Lettland, und den Rest teilten sich Rußland, Weißrußland, die Ukraine und ein paar mittel- und westeuropäische Länder. In Richtung Westen waren die Laster beladen mit Rohmaterialien, Eisen und Holz, Papier, Textilien, Möbeln und Spielwaren sowie Obst und Gemüse. Auch Schrott zur Weiterverwertung, Metalle vor allem, ging in den Westen, was Herr Götz merkwürdig fand. In Richtung Osten hatten sie technische Geräte geladen, Hightech-Waren und Konsumgüter, Fernseher, Unterhaltungselektronik sowie Fleisch und subventionierte Landwirtschaftsprodukte aus der Überproduktion der EU, die als Rußlandhilfe deklariert waren. Und Autos, wobei die Gebrauchtwagen nun nicht mehr nach Polen, sondern ins Baltikum gingen.

»Lassen die Polen nicht mehr rein«, sagte er. »Hoher Einfuhrzoll. Die haben sich den EU-Standards angepaßt.«

Wurde die Karosserie vom Motor getrennt, galt die Ladung als Schrott und konnte billiger importiert werden. Deutsche Bauern hatten ein Geschäft damit gemacht und ihre Scheunen vor der Grenze an Polen vermietet, die darin die Autos zerlegten. Aber der Boom war vorbei.

Und dann gab es den sogenannten Veredelungsverkehr, Einzelteile und Halbfabrikate, die von Deutschland nach Polen transportiert, dort zusammengesetzt und wieder zurückgefahren wurden.

Das alles wollte kontrolliert werden. Herr Götz gebrauchte Ausdrücke wie »Marktordnungswaren«, wenn er von Lebensmitteln sprach, erklärte mir die Zolldokumente, die Frachtpapiere und das Carnet TIR, das internationale Versanddokument, mit dem ein Laster, am Ausgangsort plombiert, bis zum Bestimmungsort durchfahren konnte. Die Hälfte des Verkehrs wurde derzeit so abgewickelt, vor allem mit den GUS-Staaten. Herr Götz schob Formulare über den Tisch, Bündel von Papieren und Durchschlägen mit einer Menge von Rubriken, die ausgefüllt werden mußten von den Speditionsfirmen und Fahrern. Er erläuterte mir die Steuersätze, die Einfuhrumsatzsteuer für Agrar- und andere Produkte, die Zollabgaben für landwirtschaftliche Erzeugnisse und Waren, die nicht aus polnischer

Produktion stammten ein komplexes Kataster, das es nicht gleichgültig ließ, aus welchem Holz ein Möbel geschnitzt war, denn Kiefer schlug mit 3 Prozent, Esche aber mit 5 zu Buche.

Wer Güter nach Polen importierte, mußte sie dreifach versteuern – zur Einfuhrumsatzsteuer von 22 Prozent kamen eine Grenzsteuer von 6 Prozent und ein Zoll von meist 15 Prozent. Nur Investitionsgüter waren von der Einfuhrumsatzsteuer befreit, jedoch mit Zoll und Grenzsteuer belegt. Auf Einfuhren nach Deutschland mußten Zölle und eine Einfuhrumsatzsteuer von 15 Prozent entrichtet werden. Für alle kontingentierten Einfuhren in den EU-Raum wurden Einfuhrmeldungen erstellt, die eine Rechnungszentrale in Düsseldorf verarbeitete und kontrollierte.

Es war schlimmer als im Mittelalter. Ich hatte die Probe aufs Exempel gemacht und die polnische Beamtin auf der Stadtbrücke gefragt, was ich für Abgaben zu entrichten hätte, wenn ich ein in Deutschland gekauftes Keyboard nach Polen bringen wollte. Sie wollte wissen, wo es hergestellt war, blätterte in mehreren Ordnern, rief eine Kollegin zu Hilfe und nannte mir schließlich einen Betrag, der nicht weit entfernt vom Kaufpreis lag.

Zu den Abgaben kamen die Kontrollen. Überprüft wurde, ob die Zolldokumente schlüssig waren, Anmeldung und Rechnung übereinstimmten. Bei jedem zehnten Laster war dies nicht der Fall, so daß er an die sogenannte Beschaurampe verwiesen werden mußte, wo ein Service-Unternehmen mit dem Gabelstapler Container um Container, Palette um Palette und Kiste um Kiste ablud.

»Aber wissen Sie«, sagte Herr Götz, »zehn, zwanzig Kilo Heroin in einem LKW zu finden, das ist gar nicht so einfach.«

Woche für Woche wurden zwei, drei Transporter herausgefischt mit ein paar Millionen Zigaretten an Bord. Aber selbst die waren nicht leicht zu entdecken, versteckt hinter einer Tarnladung mit Möbeln aus Litauen, tiefgefroren unter Beeren aus Estland.

Gerade am Vortag waren drei Millionen Zigaretten in einem litauischen LKW gefunden worden, verborgen unter einer Ladung Schnittholz. Gegen den Fahrer wurde ein Steuerstrafverfahren eingeleitet.

Es war das alte Katz-und-Maus-Spiel. Und es ging nicht um ein bißchen Tabak, eine Flasche Schnaps oder ein paar Liter Diesel zuviel im Tank, nicht um das ein oder andere Päckchen Kaffee, das die Fahrer in den Kabinen versteckten. Es ging um Steuerbetrug, um Drogenhandel und Waffenschieberei im großen Stil. Der Schmuggel war organisiert, wurde gelenkt von Hintermännern, die ebenso einfallsreich wie rücksichtslos waren. War ein Trick entdeckt, ein Firmenname verdächtig und ein Transportunternehmen aufgeflogen, war schon der nächste Laster auf einer anderen Route unter anderem Namen und mit anderer Tarnfracht unterwegs. Die Fahrer, sagte Herr Götz, wüßten meist nicht, was sie da mit sich führten.

Der Schmuggel einer einzigen LKW-Ladung Zigaretten bedeutete 1,8 Millionen Mark an hinterzogener Zollgebühr, Tabak- und Mehrwertsteuer. Dem deutschen Fiskus ging dadurch jährlich rund eine Milliarde Mark verloren. Für die Schmuggler war es ein einträgliches Geschäft, dessentwegen Bandenkriege mit Mord und Totschlag geführt wurden. Deutschland hatte Zollunterstützungsverträge mit Polen und der Tschechischen Republik abgeschlossen; Zollfahndungsämter waren eingerichtet worden, und die Grenzen wurden beidseits besonders gründlich überwacht. Im Zollkriminalamt Köln gab es eine Sonderkommission »Blauer Dunst«, die das Ganze koordinierte. 170 Millionen Zigaretten wurden in Frankfurt im Jahr 2000 beschlagnahmt.

Herr Götz drückte mir eine Broschüre in die Hand. Wer Schwarzmarktzigaretten rauche, konnte ich darin lesen, mache sich mitschuldig nicht nur im moralischen Sinne, denn Steuerhehlerei galt in Deutschland als Straftat. Er beraube den Staat, schädige den legalen Handel und finanziere Rauschgiftdealer und Waffenschmuggler mit. Anfangs hatte man die beschlagnahmten Zigaretten ins Ausland verkauft, doch als man feststellte, daß sie »schwarz« wieder zurückkamen, sah man davon ab. Nun wurden sie kompostiert, drei Millionen Stück in dreißig Minuten; der Kompost wurde an Agrargenossenschaften und Blumenläden verkauft. Die Tatfahrzeuge wurden sichergestellt, ausländische Straftäter in ihre Herkunftsländer abgeschoben. Was alles der Sache kein Ende machte.

»Hat man eine Spur, verzeichnet man Anfangserfolge«, sagte Herr Götz. »Und dann stagniert es.«

Man fand etwa heraus, daß die Schmuggeltransporte mit einem Mal alle aus Litauen kamen, führte mehr Kontrollen durch, und dann war wieder Schluß.

Auch radioaktives Material kam über die Grenze. Eine Strahlenmeßanlage war an der LKW-Einfahrt installiert.

»Schlägt oft aus«, sagte Herr Götz. »Liegt manchmal einfach an der Natur der Ware. Korund zum Beispiel.«

Ich wußte nicht, was Korund ist. Herr Götz auch nicht.

»Ein Naturstoff«, meinte er achselzuckend. »Wird in rauhen Mengen importiert. Strahlt einfach.«

Doch nicht alles, was strahlte, kam aus dem Osten.

Der Westen exportierte kontaminierte Schrottladungen, Abfälle aus Kernkraftwerksanlagen. Wurden die Grenzwerte überschritten, so wurde der LKW zurückgewiesen. Was nicht immer einfach war.

Herr Götz wies mit dem Daumen nach draußen. »Gerade heute haben wir einen aus Dänemark, der einen Hochofen geladen hat. War für Rußland bestimmt, aber die Russen haben ihn nicht reingelassen. Stellten erhöhte Strahlung fest.«

Herr Götz lächelte.

»Ja, auch die Russen lassen nicht alles rein. Nun sind wir es, die das Problem haben. Wie kommt das Ding wieder nach Dänemark? Das Landesumweltamt wurde eingeschaltet, eine Begleitung wird nötig sein. Den kann man schließlich nicht einfach so auf die Straße lassen.«

Menschenschmuggel hingegen, sagte Herr Götz auf meine Frage, sei in den letzten Jahren nicht mehr vorgekommen.

»Das geht über die grüne Grenze, nicht im LKW. Menschen kann man nicht so gut verstecken.«

An der grünen Grenze patrouillierte der Grenzschutz mit Wärmebildkameras, Funk- und Nachtsichtgeräten. Womit die Schmuggler und Schlepper natürlich auch ausgerüstet waren.

Mehr Sorgen machte sich Herr Götz um die Sicherheit, den Zustand der Fahrzeuge, die Übermüdung der Fahrer, die ihre Lenkzeiten überschritten, die Ruhezeit nicht einhielten.

»Gibt welche, die fahren von Minsk direkt bis hierher durch«, sagte er. »Tausend Kilometer ohne Schlaf, ohne Ablösung. Festnehmen können wir die Leute nicht, nicht auf polnischem Boden. Alles, was wir können, ist ihnen acht Stunden Ruhe aufbrummen, wenn Alkohol im Spiel ist.«

Für Verkehrskontrollen war der Bundesgrenzschutz zuständig. Jeder fünfte LKW wurde beanstandet, jeder zehnte zurückgewiesen. Abgefahrene Reifen, defekte Bremsen, marode Lenkung, verrostete oder geflickte Rahmen waren an der Tagesordnung.

»Tickende Zeitbomben«, sagte Herr Götz.

Er lobte die Zusammenarbeit mit den polnischen Kollegen. Die Polen sprachen Deutsch, die Deutschen konnten, wenn sie wollten, Polnisch lernen. Sprachkurse wurden angeboten. Er selber hatte leider keine Zeit dazu.

Świecko II war für die Polen gewissermaßen die Generalprobe.

»Die müssen, wenn sie in der EU sind, das Ganze, was wir hier haben, an ihrer Ostgrenze aufbauen.«

»Und Sie werden arbeitslos.«

Herr Götz lachte.

»Da hab ich keine Bedenken«, sagte er. »Obwohl, es gibt schon welche in den Büros, die sich Sorgen machen. Aber die Kontrollen gegenüber den angrenzenden osteuropäischen Staaten werden noch über Jahre hinaus notwendig sein. Es wird eine lange Übergangsperiode geben, mit Übergangsregelungen wie mit den südeuropäischen Ländern, Spanien, Portugal, Griechenland.«

Herr Götz setzte sein Béret auf. Wir gingen hinaus, und er führte mich durch den Terminal, der es, was seine Ausmaße betraf, gut und gerne mit dem Warschauer Flughafen aufnehmen konnte. Świecko II war das größte Straßenzollamt der EU-Außengrenze.

Im Terminal selbst, einer riesigen, pagodenartigen Halle, standen die Fahrer Schlange vor den Büros, Papiere in den Händen. Viele waren sehr jung, viele schienen sehr müde. Die Abfertigungsschalter für Einfuhr und Ausfuhr, die Zollzahlstellen, die Kontore der Speditionsfirmen, alles war spiegelbildlich angeordnet, Deutschland auf der einen und Polen auf der anderen Seite.

»Infrastrukturmäßig gut ausgestattet«, sagte Herr Götz. »Restaurant, Toiletten, Duschen.«

Draußen standen die Lastwagen, rollten auf ihre Stellflächen, von denen es 264 gab für Einfuhr und Ausfuhr. Alte russische Kamaz-Transporter waren nicht mehr viele zu sehen, Scania und Mercedes dominierten, moderne Saurier mit Fernsehern in den Führerkabinen. Vor dem Terminal, in der Vorsortieranlage beim Frankfurter Tor an der A 12, gab es weitere 1000 Stellflächen.

Ich hatte diese Wagenburg gesehen, die Hunderte von tonnenschweren Kolossen. Moderne Nomaden fanden da zusammen, tauschten ihre Erfahrungen aus über Straßenzustand und Stauzeiten, Bestechungsgelder und Mautgebühren. Und über die Wegelagerer, die ihnen das Leben schwermachten nicht nur in den Tiefen Rußlands, sondern selbst auf der Strecke von Frankfurt nach Berlin. Es gab Sicherheitsagenturen, die Geleitschutz offerierten, aber nicht jeder konnte sich das leisten. Wo die Karawane durchzog, standen die Huren Spalier, verkauften Bäuerinnen Äpfel, boten Anwohner Pilze feil, die sie im Wald gesammelt hatten.

Wir gingen von Gebäude zu Gebäude, zu den verschiedenen Kontrollstellen wie der amtlichen Pflanzenbeschau, dem veterinärmedizinischen Dienst und der Verplombungsgruppe, die die Bleiplomben mit dem grün-orangefarbenen Faden montierte, die Scharniere auf Defekte und die Planen auf Löcher prüfte. Herr Götz zeigte mir die Beschaurampe, an der gerade ein Transporter ausgeräumt wurde, die Schnellrampe für Leerfahrzeuge und die Überholungshalle. Bei Verdacht auf Überladung mußte ein LKW auf die Waage, hatte er mehr als zehn Prozent zuviel an Bord, wurde er zurückgewiesen. Es gab einen Reifenservice, einen Service für Entladung und Umladung und einen Deckenservice für Planen, die gerissen oder aufgeschnitten waren von den Räuberbanden, die den Transportern auflauerten und sie plünderten. Und alles war rund um die Uhr besetzt, in der Nacht in Kunstlicht getaucht von einem Wald von Laternen und Flutlichtscheinwerfern, inmitten deren ein Wachtturm stand.

Es war viel da – zuviel, wie Herr Götz meinte. Es gab keine Abfertigungsbeschränkungen, was rein und raus durfte, kam rein und raus, und alles, was untersucht werden mußte, Lebensmittel, Vieh und Pflanzen, wurde an Ort und Stelle untersucht. Die ganze Anlage, auf eine Tageskapazität von viertausend Lastern ausgelegt, war erst ein paar Jahre alt, aber die Zollstraße zwischen Świecko II und dem alten Grenzübergang Świecko I unmittelbar an der Oder-Brücke wies bereits tiefe Rillen auf. Und da die beiden Spuren der Ein- und Ausfahrtspassage sich mehrfach kreuzten, kam es nicht selten vor, daß sich die Fahrer verirrten.

Polen hatte kein Geld für die Sanierung, für Erweiterungen und Verbesserungen, da nun alles in den Aufbau der Grenzkontrollstellen im Osten gesteckt wurde.

»Wir sind überrollt worden«, sagte Herr Götz und ließ seinen Blick über das Gelände schweifen. »Was Sie hier sehen, ist nicht die deutsch-polnische Grenze. Das ist die Grenze der Europäischen Union.«

Wir sahen auf die Kolonne der Turboliner, die sich heranschlich, eine Riesenechse, deren Schwanz sich in der Ferne verlor und deren Kopf dicker und dicker wurde, wie Lastwagen um Lastwagen einspurte.

XV

Die »Bruderländer« und ihre »Friedensgrenze«

Einst, vor dem Krieg, hatten mehr als hundert Brücken die beiden Ufer von Oder und Neiße miteinander verbunden. Als sie zu deutsch-polnischen Grenzflüssen innerhalb der sozialistischen Staatengemeinschaft wurden, war es damit vorbei: Noch im Herbst 1990, nach dem Fall der Mauer, als in der DDR schon Lothar de Maizière Ministerpräsident einer demokratisch gewählten Regierung und Tadeusz Mazowiecki Premier Polens war, waren nur drei Übergänge für den internationalen Personenverkehr geöffnet. Innerhalb eines Jahrzehnts wurden es dreißig – seit dem 8. April 1991 können polnische Bürger ohne Visum über die Grenze, nachdem DDR-Bürger bereits ab dem 9. November 1990 frei nach Polen hatten einreisen dürfen.

Frankfurt ist die größte der drei geteilten Städte an der deutsch-polnischen Grenze, und seine Geschichte steht in manchem für das Schicksal der anderen. Bis 1945 war das heutige Słubice, die Dammvorstadt, ein Wohn- und Erholungsbezirk von Frankfurt gewesen, der Gemüse- und Obstgarten, den eine Holzbrücke mit dem Zentrum und den Industrievierteln am linken Oderufer verband. Gewissermaßen über Nacht war daraus ein polnisches Städtchen geworden, das seinen Namen vom slawischen Volksstamm Słubpian ableitete, der im Gebiet zwischen Spree und Oder ansässig gewesen und seinerseits nach dem Fluß Słubi, der Schlaube, benannt worden war.

Słubice war vom Krieg viel weniger zerstört gewesen als Frankfurt, aber abgeschnitten von der Gas- und Wasserversorgung, deren Werke auf der deutschen Seite waren. Strom bezog das Städtchen aus dem Kraftwerk Dychow; doch oft waren die Lieferungen unterbrochen, und in Gewitternächten, wenn in Frankfurt die Lichter brannten, lag Słubice im Dunkel.

Die Szenerie muß etwas Gespenstisches gehabt haben. Nur wenige Deutsche waren in Słubice geblieben, die meisten über die Brücke in den Westteil vertrieben worden. Viele erwarteten, bald wieder zurückzukönnen, während die Polen Słubice zu besiedeln begannen und doch ihre Angst vor der Grenze und den Deutschen lange nicht verloren. Noch bis Mitte der fünfziger Jahre waren nicht alle Kriegstrümmer in Słubice aufgeräumt, und bis in die sechziger Jahre blieben Wohnungen leer – man glaubte nicht so recht daran, daß man hier nun in Polen und zu Hause war.

Es war ein seltsames Gemisch, das das Städtchen bevölkerte. Bewohner der ehemaligen westlichen Grenzgebiete, Zwangsarbeiter aus dem Dritten Reich, Vertriebene aus Ostpolen, Abenteurer, die herumzogen, um sich in den von den Deutschen verlassenen Orten zu bereichern, Zugezogene aus Zentralpolen und den südlichen Wojewodschaften – übervölkerten ländlichen Gebieten –, die bessere Lebensbedingungen suchten und leerstehende Wohnungen und Bauernhöfe übernahmen, Emigrierte, die zurückkamen, Militärangehörige und demobilisierte Soldaten, Apparatschiks des neuen Regimes und Funktionäre des Sicherheitsdienstes. Auf den Feldern reifte das von Deutschen gesäte Wintergetreide, und in den Mieten lagerten ihre Kartoffeln, aus denen man Schnaps brannte, der das wichtigste Zahlungsmittel war.

In Frankfurt herrschte ein kaum geringeres Durcheinander. Die Stadt war die Sammelstelle für Kriegsgefangene aus der Sowjetunion und Polen, die 1946 entlassen wurden. Bevor man an den Wiederaufbau denken konnte, wurde abgebaut, um die Reparationsforderungen der Russen zu erfüllen. Ende 1945 wurden im Bezirk Frankfurt die Maschinenparks von acht Handwerks- und sieben Industriebetrieben demontiert; Telefon- und Telegraphenanlagen wurden in die Sowjetunion geschickt, und das Metallschmelzwerk, das Sägewerk und die Drahtfabrik mußten für den großen Bruder produzieren.

Es gab wenig Verbindendes zwischen Ost und West. Eine provisorische Holzbrücke, gebaut von russischen und polnischen Soldaten, diente dem Notwendigsten. Es dauerte zehn Jahre, bis die alte Oderbrücke wieder aufgebaut war, die dann »Brücke der Freundschaft« getauft wurde, obwohl man sich schon beim Bau entzweit hatte. Die Propaganda wollte es anders. Es gibt ein Bild, auf dem eine Grußtafel über einem Trümmerhaufen zu sehen ist, worauf in nicht ganz astreinem Deutsch steht: »So fest wie ihr die Brücke der Freundschaft baut so fest soll unsere Freundschaft zu einheitlichen Deutschland sein.«

Passierbar war die Brücke nicht. Bis 1956 war sie mit Stacheldraht abgeriegelt, und es herrschte ein strenges Grenzregime. Patrouillen waren unterwegs, der Zutritt zur Brücke und zu den Straßen, die von ihr abgingen, war verboten. Für die Frankfurter war, wie sich eine Einwohnerin erinnert, »die Landschaft jenseits der Oder ganz weit weg«. Man durfte sie nicht einmal photographieren. Auf Wanderungen in Flußnähe wurde man kontrolliert. Am polnischen Ufer war Stacheldraht verlegt und ein sechs Meter breiter Streifen kahlgeschlagen, den ein Soldat mit Pferd und Egge regelmäßig glättete. Auf der deutschen Seite waren Drähte gespannt, die bei Berührung Leuchtraketen zündeten – was oft vorkam, wenn etwa ein Hase darüber strauchelte. Sechs Monate Gefängnis standen auf illegale Grenzüberquerung.

Kontakte gab es praktisch keine. Auf der Oderbrücke selbst waren erst zwei sogenannte Beobachtungspunkte eingerichtet worden, dann wurde eine Grenzwache aufgezogen. Es gab Schranken auf beiden Seiten. Bis auf einen

Arbeiter der Wasserwirtschaft, der den Wasserstand ablas, durfte niemand auf die Brücke. Die ersten, die sie dann benutzten, waren Vertreter des Partei- und Staatsapparates, die sich die Hand schüttelten, sich der brüderlichen Freundschaft versicherten und gegenseitig zu offiziellen Feierlichkeiten einluden.

Polnische Bürger brauchten für Grenzstädte wie Słubice spezielle Aufenthaltsgenehmigungen. Der Schein wurde bei jedem Eintritt in die Stadt kontrolliert, wer keinen hatte, verhaftet.

Doch der Fluß tat schließlich das Seine zum Brückenschlag. Zwar findet sich in der »Hochwasser- und Eiswachtordnung für das Gebiet der Oder« vom 1. Januar 1952 sowie im »Kampfplan zur Abwehr von Hochwasser und Eisgefahr in den gefährdeten Gebieten des Stadtkreises Frankfurt (Oder)« vom 6. November desselben Jahres nichts über Słubice – weder dachte man daran, die Nachbarn zu alarmieren, noch daran, gemeinsame Maßnahmen für den Katastrophenfall zu erörtern. Erst allmählich kam die Zusammenarbeit in Gang. Flußregulierung, Uferarbeiten, Schiffsverkehr, Bau und Sanierung von Brücken und Wasseranlagen und Hochwasserschutz waren überall gemeinsame Anliegen, denen man sich auf die Dauer schlecht verschließen konnte.

Damit einher ging ein bescheidener wirtschaftlicher Austausch. Słubice lieferte Landwirtschaftsprodukte und Lebensmittel und bekam dafür Industriewaren wie zum Beispiel Schreib- und Nähmaschinen, Musikinstrumente oder Haushaltsgeräte. Frankfurt stellte Schlacht- und Verarbeitungskapazitäten für Fleisch- und Wurstwaren zur Verfügung, verarbeitete polnisches Nadelsägeholz und versorgte Słubice mit alkoholfreien Getränken, während dieses deutsche Wäsche wusch. Am 30. März 1969 eröffnete in Frankfurt die Gaststätte *Polonia,* die zu errichten die Abteilung Handel und Versorgung zwei Jahre zuvor beschlossen hatte. Dreißig polnische und fünf Frankfurter

Gastronomen bewirteten ein Publikum, das die Abwechslung zu schätzen wußte.

Der Wiederaufbau der beiden Städte erfolgte unter merkwürdigen Vorzeichen. Frankfurts Mitte, ordnete das Aufbauministerium an, sei als festlicher Ort für »Staatsempfänge und Freundschaftskundgebungen mit unseren östlichen Nachbarn« zu gestalten, womit man jedoch eher die Sowjetunion als Polen meinte. Es kam, erinnert sich der damalige Stadtarchitekt, zu einer Auseinandersetzung um den Bau von Hochhäusern im Stadtzentrum, worin Polen einen »revanchistischen Anspruch« witterte. Auf Initiative des polnischen Parteichefs Bierut zog man dann auch in Słubice ein paar Wohntürme hoch, um den Deutschen Paroli zu bieten.

Der notorische Arbeitskräftemangel bewog die DDR dann dazu, die Grenze für das Publikum vorsichtig zu öffnen. Am 20. März 1967 passierten 35 Polinnen die »Friedensbrücke«, um ihre Tätigkeit im Frankfurter Halbleiterwerk aufzunehmen; der Grenzübergang war eigens zu diesem Zweck eröffnet worden. 1968 wurden polnische Gleisbauarbeiter für den Bau der Eisenbahnverbindung Frankfurt–Eisenhüttenstadt engagiert, und Anfang der siebziger Jahre beschäftigten das Halbleiterwerk in Frankfurt und das Chemiefaserkombinat in Guben insgesamt rund 2000 Polinnen. Die Stellen waren begehrt und gut bezahlt; man konnte sich zur Facharbeiterin weiterbilden, erhielt einen speziellen Grenzpassierschein und durfte für den Lohn, den man verdiente, in der DDR einkaufen.

Als am Neujahrstag 1972 Honecker überraschend die Grenze öffnete und man sie ohne Visum, ohne Anmeldung und Einladungsschreiben passieren konnte, strömten Tausende über die Brücke, und noch ein paar Jahre lang zählte man täglich rund achttausend Deutsche und Polen, die in die jeweilige Nachbarstadt pilgerten, um einzukaufen. Als erste Städte führten Frankfurt und Słubice die gemeinsame Grenzabfertigung ein. Die Deutschen kauften Lebensmittel, Brot, Butter und Wurst, aber auch Jeans, Kassetten, Schallplatten und Zeitschriften, die Polen Industrieprodukte und Textilwaren. Das kleine Słubice beherbergte an Wochenenden mehr Touristen als Einwohner, und bald fehlte es an Milch, Butter, Brot und Benzin. Der Umsatz in Handel und Gastronomie explodierte, neue Läden, Gaststätten und Einkaufszentren wurden geplant. Das Städtchen wurde ordentlicher und sauberer, man modernisierte, renovierte, brachte Kleingärten, Grünanlagen und Parks in Schuß, sorgte für Straßenbeleuchtung, organisierte kulturelle Veranstaltungen.

Nicht minder rasant war der Aufschwung in Frankfurt – so rasant, daß man deswegen in Sorge geriet. Die paar neuen Verkaufs- und Dienstleistungseinrichtungen, zwei weitere Kaufhallen und zwei neue Gaststätten reichten nicht aus, den Bedarf zu decken. Knapp eineinhalb Monate nach der Grenzöffnung monierte die Abteilung für Handel und Versorgung des Rates der Stadt Frankfurt (Oder) in einem ihrer wöchentlichen Berichte die »Abkauftendenzen der polnischen Bürger« unter Angabe einer ganzen Liste von begehrten Industrieprodukten, Nahrungs- und Genußmitteln, die von »Dauerbackwaren« bis zu »Mädchengarnituren« reichten. Auch was die eigenen Landsleute sich in Polen besorgten, wurde registriert, vom »Infrarotstrahler« bis zum »Goldriemenschuh für Damen«. Peinlich genau wurde die Anzahl der Grenzüberquerungen statistisch erfaßt, die aktuelle Versorgungssituation mit Angaben über Nachfrage und Angebot ermittelt. Die Besucherzahlen in Gaststätten, die Übernachtungen in Hotels, das Einkaufsverhalten, Straftaten und Verstöße gegen die Straßenverkehrsordnung wurden notiert nebst den damit einhergehenden Fällen von Zahlungsunfähigkeit polnischer Bürger, die die Kosten für den Abschleppdienst nicht zu berappen vermochten. Zoll- und Devisenbeschränkungen wurden eingeführt, der Geldumtausch wurde begrenzt, der Verkauf bestimmter Artikel wie Lederwaren, Kinderschuhe und Haushaltsgegenstände an Polen verboten. In einem Bericht an Honecker vom Juni 1978 wurde als weitere, gewissermaßen positive Maßnahme angeführt, in den Grenzbezirken »bisher schwer verkäufliche Restbestände an Spirituosen aus den Lagern unverzüglich ins Angebot zu bringen«.

Ressentiments gingen mit den Restriktionen einher, in den Läden und an der Grenze kam es zu unschönen Szenen. »Teekessel mit Pfeife« wurden die Polinnen am Ersten-Mai-Umzug in Frankfurt gerufen, weil sie das begehrte Küchenutensil gleich dutzendweise einzukaufen pflegten. »Wir haben Hinweise, daß bei uns gekaufte Büstenhalter auf der Straße in Słubice verkauft werden«, vermerkte in einem ihrer Berichte die Behörde, die überdies von einer polnischen Bürgerin erfahren mußte, daß sie ihre Tätigkeit im Halbleiterwerk aufgegeben habe, weil sie mit dem Verkauf von in Frankfurt eingekauften Waren in Polen mehr verdiene. Man ärgerte sich über die Nachfrage, weil man mit dem Angebot nicht Schritt halten konnte, und die Liste der Waren, deren Ausfuhr verboten war, wurde immer länger. Rührige Händler aus Warschau, die Strampelanzüge en gros einkauften, trugen das Ihre dazu bei, DDR-Bürger zu verärgern, bis sich schließlich, wie eine Frankfurterin berichtete, so ein Frust angestaut hatte, »daß man froh war, daß die Grenze endlich zu war«. Das war 1980 der Fall, der Grund war Solidarność.

Seit den ersten Streiks in der Danziger Werft hatte sich die DDR-Führung bemüht, Kontakte der eigenen Bürger mit Polen einzuschränken. Unmittelbar nach der Gründung der unabhängigen Gewerkschaft Solidarność im August 1980 kündigte sie den Vertrag über den paß- und visafreien Grenzverkehr von 1971 und schloß am 30. Oktober die Grenze zu Polen, um ihre Bürger vor der »Solidaritätspest« zu schützen. Der Grenztourismus kam völlig zum Erliegen, und polnische Bürger benötigten für die Einreise in die DDR nun Einladungen, deren Anzahl limitiert war und die von den entsprechenden DDR-Organen beglaubigt sein mußten. Die polnische Seite führte für DDR-Bürger keine Einschränkungen ein, doch mußten diese der DDR-Grenzwache eine polizeiliche Genehmigung zur Ausreise nach Polen vorweisen. Sogar die Parteibeziehungen wurden abgebrochen und erst wiederaufgenommen, nachdem in Polen im Dezember 1981 der Kriegszustand ausgerufen worden war. Honecker hatte in Moskau vergeblich auf eine Intervention der Sowjetarmee gedrängt und die Unterstützung der Nationalen Volksarmee der DDR angeboten. Mit ideologischen Seminaren für Parteimitglieder beider Staaten in den Städten der Grenzregion versuchte die SED ab Mitte 1982 Einfluß auf die polnische Bruderpartei PVAP auszuüben.

Wenigstens was die Wirtschaft betraf, konnte man einen Erfolg verbuchen. Befriedigt wurde in einer unmittelbar nach der Grenzschließung erstellten Analyse vermerkt, der Umsatz der Centrum-Warenhäuser sei um ein Fünftel, in den grenznahen Städten gar fast auf die Hälfte zurückgegangen.

Bereits 1979 hatten die Frankfurter Zeitung *Neuer Tag* und die polnische *Gazeta Zielonogórska* ihre Zusammenarbeit aufgegeben. »Nachbarland – Freundesland« hatte die Rubrik im SED-Blatt geheißen, etwas nüchterner »Bei unseren Nachbarn auf der anderen Oderseite« in der polnischen Zeitung. Darin waren Anlässe je nach Gewicht als »Manifestation der Freundschaft« oder »imponierende Manifestation der Freundschaft an der Freundschaftsgrenze« gewürdigt worden. Als im polnischen Blatt immer häufiger über die Streiks und den Aufruhr in Polen berichtet wurde, war es damit vorbei. Leitartikel im *Neuen Deutschland* geißelten das von der Solidarność verursachte Chaos in Polen und belebten das Klischee von der »polnischen Wirtschaft« und den »streikenden Faulpelzen«, die »keine Lust zu arbeiten« hätten. In den achtziger Jahren bemühte sich die DDR auch verstärkt um Arbeitskräfte aus anderen Ländern als Polen, aus Kuba, Vietnam, Angola oder Nordkorea. Polnische Arbeiter im Chemiefaserwerk Guben, die sich zu Solidarność bekannten, wurden entlassen.

Noch in den letzten Jahren ihres Bestehens machte die DDR ihren östlichen Nachbarn für ihre Schwierigkeiten verantwortlich. Am 3. November 1989 verabschiedete der Ministerrat einen Maßnahmenkatalog zur »Verminderung des Abkaufs von Waren durch ausländische Bürger sowie zur Lösung weiterer Probleme im Zusammenhang mit der Gestaltung des ausländischen Tourismus in der DDR«, in dem es ausschließlich um die Polen ging. Ich selber hatte, als ich unmittelbar nach dem Mauerfall in Ostberlin war, verschiedentlich hören können, Schuld an der Mangelwirtschaft seien »die Polen, die alles wegkauften«. Hans Modrow, der letzte Ministerpräsident der DDR, pochte in den Verhandlungen zur deutschen Einheit darauf, daß die DDR-HO-Märkte »nur für Deutsche« da seien. Und als dann Jahre später über die Aufhebung der Visapflicht für polnische Bürger für die Staaten des Schengener Abkommens diskutiert wurde, kamen aus der Ex-DDR Stimmen des Widerspruchs.

Es war keine Liebesgeschichte gewesen, das deutsch-polnische Verhältnis im Sozialismus, und nur wenige grenzüberschreitende Ehen wurden in den nicht ganz neun Jahren der offenen Grenze geschlossen. Zumeist waren es Polinnen, die deutsche Männer heirateten.

Von Amts wegen hatte es immer anders getönt. Bereits in den fünfziger Jahren hatten die Sportgemeinschaften der polnischen Milicja und der Sportvereinigung Dynamo der Volkspolizei der DDR Wettkämpfe ausgetragen, die benachbarten Armeen hatten bei offiziellen Anlässen und Staatsfeiertagen Waffenbrüderschaft demonstriert, und für Jugendliche waren Zeltlager wie »Auf Lenins Spuren« von Jugendverbänden oder Betrieben wie dem »VEB Bezirksfleischkombinat Frankfurt (Oder)« organisiert worden.

Höhepunkt solcher völkerverbindenden Veranstaltungen war das »Treffen der Freundschaft« von Pfingsten 1977, zu dem rund 150000 polnische und deutsche Jugendliche nach Frankfurt reisten, ausgewählte FDJler und Aktivisten, Jung- und Landarbeiter, Schüler, Studenten und Soldaten. Es war ein perfekt inszeniertes Spektakel. In den »Tagen der Bereitschaft« zuvor wurden Lieder gelernt, Sprechchöre eingeübt und die »Singeklubs« angewiesen, neues Liedgut zu erarbeiten über Themen wie Partei, Freundschaft und die gegenseitigen Beziehungen der beiden Jugendorganisationen FDJ und ZMP. Richtlinien zu »inhaltlichen und methodischen Grundprinzipien der Sichtagitation und Stadtausgestaltung« wurden erlassen, gemäß denen Frankfurt festlich geschmückt wurde mit den Portraits der schon etwas älteren Jugendlichen Honecker, Gierek, Krenz und Breschnew, mit den Emblemen der DDR, der VR Polen und der Sowjetunion, den Logos der Parteien, Pionier- und Jugendorganisationen und der Grenzstädte. Symbole, Fahnen und Losungen hingen überall an Wohnhäusern und öffentlichen Gebäuden.

Honecker und Gierek hielten Reden unter »Sto lat«- und »Hoch soll'n sie leben«-Rufen, und durch die Karl-Marx-Straße zog eine Demonstration mit Spruchbändern wie »Freundschaft – Przyjaźń« und »Unsere Zustimmung dem Freundschaftsvertrag«, der eben unterzeichnet worden war. Die bei solchen Anlässen üblichen »Winkelemente« kamen fleißig zum Einsatz. Es gab einen »Ball der Freundschaft« in den Messehallen, und in der Konzerthalle ein »Konzert der Freundschaft«, es gab Musik, Tanz und Fußball im »Stadion der Freundschaft« und ein »Café der Freundschaft«, das sich auf dem »Boulevard der Freundschaft« befand.

Drei Jahre später hatte sich das alles in Luft aufgelöst, und als man nach einer längeren Funkstille wieder Ferienlager für Jugendliche beider Länder organisierte, hielt man in der DDR die Polen und die Deutschen getrennt.

Erst die Wende eröffnete eine neue Epoche der Zusammenarbeit zwischen den Grenzstädten. Auch das war nicht der Beginn einer wunderbaren Freundschaft und von ebensoviel Vorsicht wie Vernunft dirigiert. Słubice liefert heute Frankfurt Trinkwasser, doch zum Bau eines gemeinsamen Klärwerks wie in Guben/Gubin kam es nicht. Während der Hochwasserkatastrophe von 1997 arbeiteten die Feuerwehren zusammen, doch die Städte feierten den Erfolg getrennt. Einmal pro Woche ist ein deutsches Reinigungsfahrzeug in Słubice unterwegs, als Gegenleistung liefert Słubice Mülleimer.

Und immer wieder sind auch Mißtöne zu hören. Im Juni 1995 geriet Frankfurt in die Schlagzeilen, weil rund zweihundertfünfzig Polinnen und Polen, die zuvor mit Handzetteln und Plakaten von einer deutschen Firma für Zustellerjobs angeworben wurden, nach ihrem Eintreffen am angegebenen Meldeort, einer Lagerhalle in Frankfurt, von deutschen Grenzschützern umstellt, vierundzwanzig Stunden zwangsarretiert und dann abgeschoben wurden. Wenn auch die Schlagzeile der polnischen Zeitung *Słowo* über das »Auschwitz an der Oder« dem Sachverhalt nicht entsprach – die Reaktion zeigte, welcher Nerv getroffen war.

Frankfurt war innerhalb eines Jahrzehnts nach der Wende zu einer der ärmsten Städte in Deutschland geworden, während Słubice in der polnischen Presse bald als »reichste Gemeinde Polens« galt. Die Konsumgüterpreise waren halb so hoch, die Preise für Dienstleistungen um zwei Drittel niedriger als in Frankfurt, und die Löhne betrugen ein Fünftel, manchmal ein Achtel derjenigen auf der anderen Oderseite: beste Bedingungen für den Verkauf von Waren, Dienstleistungen und Arbeitskraft.

Ob schwarz oder legal, der Markt florierte. Schreiner aus Polen zimmerten die Inneneinrichtungen deutscher Wohnungen, deutsche Autofahrer ließen ihre Wagen in Polen reparieren. Polnische Studenten verdingten sich als

Saisonarbeiter in der deutschen Landwirtschaft, Bauarbeiter, Putzfrauen und Prostituierte verdienten in Berlin mehr als ein Universitätsprofessor in Krakau. Massengüter wie Sand, Kies, Zement und Holz waren nirgendwo billiger zu haben als in Polen. Nur Schokolade, Bier, Unterhaltungselektronik und Haushaltsapparate waren günstiger in Deutschland; doch hatte ich nirgendwo gesehen, daß man sich um die polnische Kundschaft bemüht hätte.

Słubice war exemplarisch für die Umkehrung der Verhältnisse, die überall an der deutsch-polnischen Grenze eingetreten war. Früher pilgerten Polen auf der Suche nach knappen Konsumgütern in die DDR, heute waren es Deutsche, die in Polen einkauften. Daß die Güter knapp würden, brauchten sie nicht zu fürchten. Mit der Grenzöffnung hatten sich die Handels- und Imbißstände auf der polnischen Seite explosionsartig vermehrt; entlang der Fernstraßen waren Bars, die Namen wie *Eden, Relax* oder *Konkurent* trugen, wie Pilze aus dem Boden geschossen und hatten sich vom Klapptisch auf dem Pannenstreifen rasch zur ausgewachsenen Raststätte entwickelt. In Ostdeutschland hatte es nichts dergleichen gegeben.

Zehn Jahre nach der Wende waren aus den polnischen Basaren, die als wimmelnde Ansammlungen fliegender Händler begonnen hatten, Einkaufsparadiese mit endlosen Ladenstraßen geworden. Die Polen waren die ersten gewesen, die nach dem Zusammenbruch der Planwirtschaft die Versorgung in die eigene Hand nahmen; der Markt um den Kulturpalast in Warschau, über Nacht entstanden, war eine Vorschau auf das, was überall in Ost- und Mitteleuropa folgen würde, in Sportstadien, auf Parkplätzen, in Unterführungen, um Bahnhöfe herum, die deutsch-polnischen Grenze entlang. Die Krämer und Händler, Lehrer im Nebenjob, ehemalige Ingenieure und entlassene Fabrikarbeiter, reisten zum Großhandelseinkauf nach Istanbul, Peking, Hongkong und Neu-Delhi, nach Taiwan und in die Vereinigten Emirate. Was sie mitbrachten, hatte längst nicht mehr Platz in den paar rechteckigen, blau-weiß-rot karierten Plastiktaschen, in denen sie anfangs ihre Handelsware mit sich führten. Zum Zwischenhandel kam bald die Produktion, der Anbau von Spargel im Grenzgebiet, die Herstellung von Gartenzwergen, die Korbmacherei und das Dienstleistungsgewerbe. Sogar deutsches Bier war in Polen nun billiger zu bekommen; findige Händler kauften es im deutschen Supermarkt, ließen sich die Mehrwertsteuer am Zoll auszahlen und verkauften es auf dem Basar zurück an die Deutschen.

Der Basar von Słubice mit seinen rund 800 Gewerbetreibenden hatte an guten Wochenenden bis zu 30000 Kunden. Słubice hatte mehr Taxis pro Kopf als New York und praktisch keine Arbeitslosen, obwohl nach der Wende der Schlachthof, die Möbelfabrik und die Landwirtschaftlichen Produktionsgenossenschaften am Stadtrand pleite gegangen waren.

Vom Aufschwung profitierten nicht nur die, die ihn lancierten. Die wachsenden Steuereinnahmen ermöglichten der Gemeinde Investitionen im Schulwesen, in der Sozialfürsorge und in der Kommunalwirtschaft. Der Basarhandel war von gesamtwirtschaftlicher Bedeutung und ausschlaggebend für das polnische Wirtschaftswunder. Mehrere Milliarden Mark gaben Deutsche Jahr für Jahr in Polen für Waren und Dienstleistungen aus; 1994, so eine Regierungsstudie, flossen 4 Milliarden Mark an Deviseneinnahmen dem polnischen Bankensystem allein in der Grenzregion zu. Der Gesamtumsatz dürfte um einiges höher gelegen haben, da ein Teil der Einnahmen in den deutschen Grenzstädten wieder ausgegeben wurde. Die Ökonomen kamen zum Schluß, der Basarhandel habe entscheidend zur Kompensation des polnischen Außenhandelsdefizites beigetragen, den Wechselkurs des Złoty stabilisiert und eine noch stärkere Inflation verhindert.

Während Deutschland für den »Aufbau Ost« jährlich rund 100 Milliarden Mark in die neuen Bundesländer pumpte und fünf bundesdeutsche Wirtschaftsinstitute noch im Wiedervereinigungs-Jubiläumsjahr 2000 zum Schluß kamen, Ostdeutschland werde voraussichtlich erst im Jahr 2030 aufgeholt haben, gründete der Aufschwung in Polen auf eigener Kraft und setzte sich über die Jahre mehr oder minder ungebrochen fort; die einst verfemte »polnische Wirtschaft« konnte mit den höchsten Wachstumsraten in ganz Europa aufwarten. Einer der Gründe für den Unterschied an Dynamik und Initiative dies- und jenseits von Oder und Neiße lag darin, daß das starre sozialistische Wirtschaftssystem in Polen durch eine stets virulente Opposition gelockert und schließlich ausgehöhlt worden war. Während die DDR jede Privatinitiative in Handwerk, Handel und Dienstleistungsgewerbe erstickt hatte, kann die polnische Wirtschaftsgeschichte der siebziger und besonders der achtziger Jahre als Vorgeschichte der Transformation zur Marktwirtschaft gelesen werden. Die Privatwirtschaft gewann in jener Zeit, was Beschäftigtenzahl und Umsatz betraf, laufend an Bedeutung. 1990 schlug Polen als erster postkommunistischer Staat den Weg wirtschaftlicher Systemreformen ein, und bereits 1991 war die Hälfte aller Erwerbstätigen im privaten Sektor beschäftigt, der schon im Jahr darauf das halbe Bruttosozialprodukt erzeugte. Während der Elitewechsel in Ostdeutschland abrupt und unter massivem westdeutschen Einfluß erfolgte – mit der Entsendung von Kadern und »Leihbeamten«, die in den Osten geschickt wurden und dafür eine »Buschzulage« erhielten –, war er in Polen früh ausgehandelt worden. Polen war überreif für den Wandel; Solidarność zählte nach ihrer Gründung 1980 innerhalb kurzer Zeit zehn Millionen Mitglieder. Neue, nicht ins Regime verstrickte Führungskräfte waren im Übermaß vorhanden.

XVI

Seelow

Ich sehnte mich nach den kleinen Ortschaften, wo der Sommer sich langweilte und es nichts zu sehen gab außer Feldern, Vögeln und Wolken, die über das flache Land trieben. So fuhr ich nach Seelow. Der Zug passierte ohne Halt Dörfer, die Namen trugen wie Libbenichen oder Dolgelin. Das Korn war bereits abgeerntet. Mit schweren Köpfen standen die Sonnenblumen in den Feldern.

Seelow liegt auf einem Höhenzug. Ich schulterte mein Gepäck und stieg vom Bahnhof die Küstriner Straße den Hügel hoch. So etwas wie Heimatgefühl kam auf, hier am Rand der Märkischen Schweiz. Nicht nur der Topographie wegen. Ein neues Geschäftshaus mit rotem Mauerwerk und stahlblau glänzender Fensterfront stach aus der Silhouette der niedrigen Häuser, wie wenn ein Himmelshammer einen Keil ins Städtchen getrieben hätte. Überall glänzte es, blitzte es in der Sonne, als wäre Dürrenmatts alte Dame eben auf Besuch gewesen und hätte ihren Geldsegen ausgeschüttet. Ein Automat für Blumensträuße stand auf dem Gehsteig, aus dem man für zehn, fünfzehn oder zwanzig Mark ein Bukett ziehen konnte, wenn einen die Lust überkam, sich nachts um drei zu soviel Glanz und Glück zu gratulieren. Die Kirche, ein schlichter, solid evangelischer Bau, strahlte in blendendem Weiß. An ihrem Turm war eine Plexiglastafel angebracht: »Den Wiederaufbau dieses Kirchturms im Jahre 1997/98 stiftete Werner Otto. Geboren am 13. August 1909 in Seelow, getauft am 7. November 1909 in dieser Kirche.«

Seelow hatte Söhne, die ihrer Stadt verbunden waren. Andere, das sollte ich erst später erfahren, waren hier dem Tod nur knapp entgangen und blieben dem Ort um so inniger treu, reisten Jahr für Jahr von weit her an, um die Stätte ihres Schreckens wiederzusehen.

Ich fand eine Privatunterkunft, stellte mein Gepäck ab und sah mich ein bißchen um. Wenn ich die Langeweile gesucht hatte, so war es doch nicht die richtige hier, nicht die, nach der es mich verlangt hatte. Seelow war weder Stadt noch Land, roch nicht nach Asphalt und nicht nach Mist. Im neuen Café am Marktplatz, farbenfroh ausstaffiert mit Holz, Plastik und Stoff, fühlte ich mich wie in einer Ausstellung von Ikea.

Eifrig war man bemüht, die letzten Flecken der Vergangenheit zu tilgen. Das Kirchviertel wurde saniert, die Schmutzwasserkanalisation und Trinkwasserversorgung wurden instandgesetzt, ein »offenes Kinder- und Jugendzentrum« war im Bau. Daß es »offen« sein sollte, freute die Kleinen bestimmt.

Auch der Gasthof *Schwarzer Adler* hatte schon schlechtere Tage gesehen.

»Hat früher zur HO Seelow gehört«, berichtete der Kellner, der mein *Dinner for one* mit souveräner Eleganz servierte. »Handelsorganisation«, erklärte er auf meinen fragenden Blick und verzog dabei den Mund, als hätte er auf eine Wanze gebissen.

»1991 hat es Herr Teichmann übernommen, Roland Teichmann aus Frankfurt an der Oder. Der Gasthof hatte einst seinem Großvater gehört. Alles renoviert. Im Juli war Eröffnung.«

Nun war August.

»Ich bin nicht der erste Gast?« fragte ich.

Er schüttelte zuversichtlich den Kopf.

»Ferien«, sagte er.

Das war die Erklärung dafür, daß niemand zu sehen war, als ich aus dem Restaurant trat und mich auf den Weg zu meiner Unterkunft machte. Aber was hätten die Leute unternommen, wenn sie dagewesen wären? Ein Kino gab es nicht. Man konnte, so der Veranstaltungskalender des

Monats, nach Heinersdorf fahren, in die Diskothek *Jn Spe*, wo DJ »Waldi« zur »Handy-Party« lud, zum »Table Dance – 2 Gogos zeigen Euch wo es lang geht!« oder zur »Party total – Deutsche Meisterschaften im Schlammcatchen«.

Frau Niedhart, bei der ich ein Zimmer hatte, bewohnte ein freistehendes Einfamilienhaus mit einem kleinen Garten nahe dem Stadtzentrum. Sie war Lehrerin gewesen und nun pensioniert, was bedeutete, daß sie alle Hände voll zu tun hatte. Jeden Mittag kamen die Enkel zum Essen. Im Sommer beherbergte sie Touristen, im Winter Bauarbeiter.

»Fast immer voll«, sagte sie.

Frau Niedhart war eine stattliche, energische Frau, der man ihren früheren Beruf ansah. Und doch hatte sie etwas von jener Scheu, die darauf hindeutete, daß sie den Umgang mit Westlern nicht gewohnt war. Schlechte Erfahrungen hatte sie eigentlich keine gemacht, bis auf jene vier Engländer, die verschwunden waren, ohne zu bezahlen. Bauarbeiter, die bei einer Firma »zum Verklinkern« gejobbt, allen Lohn aufgebraucht hatten und dann verduftet waren. Die tausend Mark hatte sie nicht mehr gekriegt und auch nichts dafür getan; das wäre ihr zu kompliziert gewesen, sagte sie. Sie hatte nicht einmal die Pässe verlangt und die Namen aufgeschrieben.

»Wir sind halt noch nicht so geschäftstüchtig hier«, meinte sie.

Doch sie hatte ihre Lehre daraus gezogen. Gleich als ich angekommen war, hatte sie nach meinem Paß gefragt und war dann, wie ich am Morgen die Treppe herunterkam, wie zufällig um die Ecke geschossen.

Wir saßen in der Küche beim Plaudern, und ab und zu tauchte ein Mann im Türrahmen auf mit einer Bohrmaschine, einer Säge, einem Hammer und irgendwelchen weiteren Gerätschaften in den Händen. Er ging vorüber, nickte kurz und verschwand, und irgendwo im Haus begann ein Klopfen, Hämmern und Sägen.

»Mein Mann«, seufzte sie.

Er hatte das ganze Haus renoviert, das obere Stockwerk, wo früher die Tochter wohnte, für Gäste ausgebaut, und war nun dabei, da und dort etwas zu verbessern oder zu ergänzen. Ich betrachtete die Holzverkleidung, die Böden, die Regale, alles nagelneu, ein Bild wie aus dem Heimwerkerkatalog.

»Ihr Mann kann viel.«

»Zu viel«, seufzte sie erneut. »Die ganze Verwandtschaft bringt ihm Sachen zum Reparieren. Anoraks, Küchengeräte, Autos. Er kann nicht nein sagen.«

Und die Verwandtschaft kam gerne und oft, zumal ein Handwerker sechzig Mark die Stunde verlangte – »Neunzig im Westen!«, meinte sie –, ihr Mann aber nichts. Was sie ein bißchen wurmte.

Er hatte Arbeit, bekam aber dafür kein Geld. Früher war er in der LPG, der Landwirtschaftlichen Produktionsgenossenschaft, gewesen. Vierzig hatte es in der Gegend gegeben. Fast alle, sagte sie, seien »kaputt«; nur die »Goldene Garbe«, die schon zu DDR-Zeiten keine staatliche Hilfe gebraucht habe, funktioniere gut als jetzt private Genossenschaft. Die Treuhand, meinte sie, habe hier »viel Geld gemacht«, aber wo sei das Geld geblieben?

Es war mehr eine Feststellung als eine Frage. Frau Niedhart trauerte den alten Zeiten nicht nach. Obgleich nicht alles schlechter gewesen war. Zum Beispiel daß die Kinder geimpft und auf Tuberkulose durchleuchtet wurden.

»Heute muß das jeder selber machen«, sagte sie. »Und das geht doch auch vergessen. Gerade jetzt, wo die Tuberkulose wieder im Kommen ist.«

Und auf das Bildungssystem der DDR ließ sie nichts kommen. Das sei besser gewesen, vor allem die Bildungsinhalte, meinte sie.

»Das Physikbuch zum Beispiel. Da waren Fragen drin, die man beantworten mußte, anschließend an den theoretischen Teil.«

Sie wußte, wovon sie sprach. Sie hatte damit unterrichtet, und nun mußte sie sich, wenn sie den Enkeln bei den Hausaufgaben half, mit den neuen Unterrichtsmaterialien herumschlagen.

Und es gab keine Abschlußprüfungen mehr nach zehn Schuljahren. Wozu dann lernen?

»Heute können die Schüler ein Fach streichen, das ihnen nicht behagt, zum Beispiel Chemie. Das ist unglaublich!«

Die neue Freiheit, fand sie, war zuviel. Kein Wunder, daß die Jungen keine Motivation zum Lernen hätten und kriminell würden. Siebentausend Lehrstellen fehlten in Brandenburg. Sie erzählte von einem, der sich Turnschuhe für zweihundert Mark gekauft hatte, »einfach weil sie ihm gefielen«, obwohl er arbeitslos war.

Das war der Einfluß des Westens. Der Westen war ein fremdes Land. Ihre Tochter, erzählte Frau Niedhart, habe eine Stelle in München gehabt, viertausend Mark monatlich, aber nach ein paar Tagen sei sie wieder zurückgekommen.

»Fremd unter Fremden«, sagte sie.

Sie selbst habe es, sagte sie, als Ausländerin ja auch schwer gehabt, als sie 1961 hierhergekommen sei.

»Ausländerin?«

»Ja, aus Thüringen.«

Und die paar jungen Männer, die jetzt aus dem Westen hierhergekommen seien, hätten bloß billig aufgekauft und gut geheiratet.

Wenn sie dem Westen etwas vorwarf, dann den Mangel an Bescheidenheit. Sie war mit ihren Enkelkindern nach Zypern in den Urlaub gefahren, in die Türkei und nach Frankreich, um ihnen etwas zu bieten, erzählte sie. Vor allem aber, um sie zur Bescheidenheit zu erziehen.

Ich muß ziemlich dumm dreingeschaut haben; so bescheiden war das Programm ja nicht.

»Ja, damit sie sehen, wie es andere Leute haben, wie arm andere Kinder dran sind«, sagte sie. »Früher sind wir nach

Siebenbürgen, Rumänien, gefahren, und auch nach Bulgarien. Aber das ist jetzt zu gefährlich.«

In Bulgarien habe ihnen eine Familie einmal die ganze Campingausrüstung abkaufen wollen. Sie lebten alle zusammen, hätten sie gesagt, und hätten zu wenig Kochgelegenheiten. Ein Gaskocher war nicht zu bekommen in ihrer Heimat, und so hatte Frau Niedhart ihnen den ihren überlassen, nichts Besonderes, zwei Flammen.

Sie meinte, zwei Dinge müßten beim Reisen stimmen: Toiletten und Betten. Wo das der Fall sei, da reise sie hin. Zum Beispiel nach Polen. In Polen sei alles sauber, und die Leute seien sehr nett, meinte sie.

»Wir fahren jede Woche über die Grenze, zum Einkaufen und Tanken, nach Küstrin. Dann essen wir da, im Restaurant *Magic.*«

Von den Polen könne man lernen, meinte sie, und lobte deren Bescheidenheit und Gastfreundschaft. In den Ferien hatten sie Bekanntschaft mit einem Ehepaar aus Breslau gemacht, einem Professor und seiner Frau. Die hätten einen kleinen Fiat Polski und zwei Kinder.

»Nun sind wir Freunde geworden«, sagte sie. »Man hilft sich, wo man kann. Als das Hochwasser kam, haben wir für sie gesammelt – Türen, Fenster, alles gebraucht natürlich – und sind mit der Ware nach Breslau gefahren.«

Leider könne sie kein Polnisch, nur Russisch, sagte sie. »Die vielen Zischlaute im Polnischen, wissen Sie.«

Ich konnte es ihr nachfühlen. Ich hatte einmal einen Polnischkurs besucht, vor dem die Leiterin, eine Polin, selber gewarnt und gefragt hatte, ob wir es uns wirklich gut überlegt hätten, da mitzumachen. Und dies nicht nur wegen all der »s«, »ś«, »z«, »ź«, »ż«, »sz«, »cz« oder »rz«, mit der ganzen klanglichen Bandbreite vom Säuseln einer Elfe bis zum Take-off eines Jets.

Den Polen sei es ja viel schlechter gegangen als ihnen hier, wo viel gespendet worden sei für die Opfer der Überschwemmungskatastrophe, sagte Frau Niedhart.

»Hier, bei uns in Seelow, war nichts, wir sind ja in der Höhe. Aber drüben war es schlimm, die Wohnungen vollständig zerstört. Ich habe einen Friedhof gesehen, der aufgeschwemmt war, überall lagen Leichenteile herum.«

Sie schüttelte sich vor Entsetzen.

»Was das für das Grundwasser hieß!«

Es waren nicht die einzigen Toten, die aus ihren Gräbern geholt worden waren. Die Gebeine Tausender lagen in der Gegend verscharrt. Fünfzigtausend hatten in der Schlacht von Seelow, der letzten großen Schlacht des Zweiten Weltkrieges im Kampf um Berlin, den Tod gefunden. Noch immer war man dabei, sie vom Schlachtfeld zu holen und in Friedhöfen zu bestatten. 1993 war die erste »Zubettung« deutscher Kriegstoter auf dem Soldatenfriedhof in Lietzen erfolgt. Zwei- bis dreimal pro Jahr wurden auch die sterblichen Überreste russischer Soldaten beigesetzt; sie zu identifizieren war kaum je möglich, da die Russen, im Gegensatz zu den Deutschen, keine Erkennungsmarken trugen. Die Nationalität war am Gürtelschloß abzulesen: »Gott mit uns«, Hakenkreuz und Reichsadler wiesen den Deutschen, Sowjetstern, Hammer und Sichel den Russen aus. Zu den Begräbnisfeierlichkeiten kamen jeweils Russen und Deutsche, und die Kapelle spielte »Ich hatt' einen Kameraden«.

Das alles erfuhr ich in der Gedenkstätte, die Seelow zu einem Pilgerort für Kriegstouristen gemacht hat. Es gab einen Film zu sehen, *Schlachtfeld vor Berlin,* mit Offizieren in steifen Mützen und langen Mänteln, Goebbels' Gebell vom »Schrei der Rache«, vor dem »der Feind erblassen« werde – die Rede hatte der Propagandaminister in Görlitz gehalten –, und einem alten, müden Hitler, der sich zu einem letzten Frontbesuch aufraffte. Schuljungen und Greise, zum »Panzerschreck« geadelt, zogen damals noch in den Krieg, der längst verloren war. Im Publikum saßen Veteranen, rüstige Rentner, die die Propagandarhetorik mit Empörung kommentierten. Viele hatten Tränen in den Augen, als sie hernach vor dem Modell des Schlachtfeldes standen.

Es war Deutschlands Götterdämmerung gewesen. »Da ist es, das verdammte Deutschland«, stand auf russisch auf einer Tafel zu lesen, die an der Grenze aufgepflanzt war, und dann, an der Oder, der letzten natürlichen Barriere vor der Hauptstadt, der Wegweiser: »Berlin 80 km«.

Vor dem Museum standen die Waffen der Sieger, ein russischer T-34-Panzer, eine 152mm-Haubitze, ein 120mm-Regimentsgranatwerfer, eine 76mm-Divisionskanone und der reaktive Geschoßwerfer BM-13, die »Stalinorgel«. Deutsche Waffen gab es nur in Form von Trümmern.

Im Museum war ausgestellt, was einst den Mann zum Soldaten gemacht hatte, vom Stahlhelm bis zum Feldgesangbuch. Lagekarten, Photos, Flugblätter, Augenzeugenberichte, Wehrmachtsbefehle und Geländemodelle waren zu besichtigen. Granaten, von denen noch Tonnen im Boden herumlagen, waren nach Herkunft und Typus geordnet, so daß, wer eine in seinem Garten ausgrub, sie zweifelsfrei zu identifizieren vermochte.

Krieg und Frieden waren gleichermaßen inszeniert, Militaria-Freunde – »deutsche Flak im Erdkampfeinsatz!« – wurden ebenso bedient wie Friedensbewegte. Auf dem nahen Krugberg, im polnischen Gorzyca und im weißrussischen Brest hatte man »Friedenswälder« gepflanzt.

Die Spuren der DDR-Vergangenheit waren getilgt, aber man hatte sie nicht restlos zu beseitigen vermocht. Die »Gedenkstätte der Befreiung auf den Seelower Höhen«, ein Betonpavillon im Stil einer Blockhütte, war 1972 zum fünfzigsten Jahrestag der Gründung der UdSSR geschaffen worden und dem Führungsbunker der 8. Gardearmee auf dem Reitweiner Sporn nachempfunden, von dem aus Marschall Schukow den Angriff geleitet hatte. Im Museumsshop besorgte ich mir eine Broschüre, auf der – als handle es sich um giftiges Material – ein Warnzettel klebte: »Werte Besucher, das hier zum Verkauf ausliegende Heft ›Seelower Höhen – Gedenkstätte der Befreiung‹ – wurde 1985 gedruckt und stellt die damalige offizielle Meinung der DDR dar. Für historisch interessierte Besucher steht dieses Zeitdokument zur Verfügung.«

Es war Propagandamaterial und als solches nicht nur erkennbar an der Rede von der »Hitlerclique« und den »Faschisten«, als die die Nationalsozialisten durchwegs bezeichnet wurden, oder dem Pathos vom »Sowjetmenschen«, der »im Feuer härtester Prüfungen wahre Wunder an Massenheroismus vollbracht« habe. Mehr als dreißigtausend Sowjetsoldaten, hieß es, seien gefallen (»das sind etwa eintausend Schulklassen«); von den Deutschen und auch von den Polen war nicht die Rede.

Es war das letzte Gefecht, und hier wie dort war es ins Quasireligiöse überhöht worden. Daß man »in diesen Kampf hineingehen werde wie in einen Gottesdienst«, hatte Goebbels geschworen. Auf der Gegenseite, wenn man denn dem Propagandamaterial glauben durfte, ließ man sich noch »taufen« vor der »Berliner Operation«, die »im Zeichen des 75. Geburtstages von W. I. Lenin« stand, dessen Vermächtnis dazu verpflichtete, »den anderen an der Front voranzugehen«: Allein in der Nacht vor dem Angriff hätten über zweitausend Soldaten und Offiziere den Antrag gestellt, in die Partei aufgenommen zu werden, war zu lesen.

Der Ritus hatte in der Nachkriegszeit seine Fortsetzung gefunden, wie bunte Photos in der Broschüre illustrierten: Kranzniederlegungen der FDJ, Zeremonien der Nationalen Volksarmee, Säuglinge, die dekorativ vor das Kriegsgerät gebettet wurden. »Treffen der Waffenbrüderschaft mit befreundeten Armeen«, »Vereidigungen von Soldaten der Sowjetarmee und der Nationalen Volksarmee« und »Sterntreffen der verteidigungsbereiten Jugend« waren an dieser Stätte so beliebt wie »Jugendweihestunden«, die

»Übergabe von Partei-, FDJ-, Komsomol- und DSF-Dokumenten« oder das »Niederlegen von Brautsträußen durch Jungvermählte«.

Im Museum gab es einen Ständer mit Prospekten zu militärhistorischen Themen. Das Fort Gorgast, eines der vier Außenforts der Festung Küstrin, lud zum Besuch; 1889, hundert Jahre vor dem Mauerfall, war es errichtet worden. In der Nähe von Bad Freienwalde lockte »Das Geheimnis im Wald«, der Führungsbunker Harnekop des Ministeriums für Nationale Verteidigung der DDR, der Anfang der siebziger Jahre für eine Milliarde Ostmark gebaut worden war, mit über hundert Räumen auf drei Etagen, neunzig Meter unter dem Boden, die Decke sieben Meter dick. »Wachhunde freilaufend im Objekt!« warnte der Prospekt, »deshalb bitte keine Haustiere mitbringen.« Der Eintritt kostete zwanzig Mark oder »2 Stunden freiwillige Arbeit vorab für den Erhalt & Ausbau der Anlagen«. Ein »Erlebniswochenende ›Deutsche Geschichte‹« zum Thema »Seelower Höhen und Falkenhagener Bunker« war im Stil eines Tagesbefehls angekündigt: »13.00 Uhr Essen-fassen«, »17.00 Uhr gemeinsamer Bunkertrunk« nach absolviertem Besuch der Giftgas-Produktionsstätte. Ausrüstung: festes Schuhwerk, warme Kleidung, Taschenlampe.

Und dann gab es die privaten Aufrufe. Ein Mann suchte Personen, die seinen Bruder gekannt hatten, einen Fallschirmjäger der 7. Kompanie des 27. Regiments, der am 17. April 1945 nachmittags in Wulkow gefallen war. Ein anderer hoffte ehemalige Angehörige der »Heeres Flak-Abt. 284, Unterstand D. 20. Pz.-Gren. Div.« zur Klärung eines Vermißtenschicksals zu finden.

Ein kleiner, älterer Herr fiel mir auf, der vor der Prospektauslage stand. Er trug eine braune Wildlederjacke und eine farbige wollene Weste mit dazu passender Krawatte und assortierter Mütze; die Schuhe glänzten. Er pflückte ein Faltblatt nach dem anderen vom Ständer, studierte es und steckte es in eine seiner zwei kleinen Ledertaschen, die er umgehängt hatte und die er jedesmal, hatte er einen Zettel verstaut, wieder sorgfältig schloß, bevor er sich dem nächsten zuwandte.

»Die darf man doch nehmen?« fragte er mich plötzlich, als er bemerkte, daß ich ihn beobachtete.

»Dafür sind sie wohl da«, sagte ich. »Sie waren hier, 1945?«

»Ja«, sagte er und wandte sich mir mit einer abrupten halben Drehung zu. Dann erstattete er Rapport.

»Obergefreiter LN-Ersatz-Regiment 19. Kompanie, dreieinhalb Jahre Luftwaffe! Zuletzt Einsatz im Balkan, Skopje, Priština! Dann nach Köthen, Anhalt, verlegt! Nach Ostern, 1. und 2. April, in Marsch gesetzt nach Osten! Bahnverlad in Biesenthal Richtung Eberswalde! Weiter nach Bad Freienwalde, in Altranft ausgeladen und Quartier bezogen!« Er fixierte mich. »Dann ging's los!«

Ja, dann ging es los. Ich tat mein Bestes, mir alles zu merken, was Hellmuth Witte zu berichten hatte. Er war Meldeläufer gewesen und nun, nach über fünfzig Jahren, mit seiner Botschaft angekommen.

»Am Morgen des 16. April schweres Artilleriefeuer der russischen Art! Erste Einschläge am Dorfrand, Dachziegel scheppern, Brände entstehen! Zum Einsatz auf den Deich Alte Oder! Kämpfe immer härter, Gegner griff in Bataillonsstärke an, wurde abgewiesen und blieb im Gebiet der einzelnen Dörfer liegen! Gegner brach bis Alter Deich durch! Im Morgengrauen Gegenangriff, 25 Mann Luftwaffen-Soldaten und ein Stoßtrupp vom Jäger-Regiment 75! Zwei MG Typ 1942, deutsche Sturmgewehre, alte französische Beutegewehre, jeder sechzig Schuß Munition sowie etliche Handgranaten und Panzerfäuste!« Er selber, sagte er, habe ein Flieger-MG 15 zur Verfügung gehabt und fünfzehn verwundete Kameraden zurückbringen müssen, deren einen, schwer verwundet, er am Eingangsportal der Kirche von Altranft niedergelegt habe. »Noch heute sehe ich seinen Blick! Sagte ihm, ich komme wieder! Und ich kam wieder!«

Dann ein Kopfruck.

»Zu bemerken: Verwundetentransport von Tiefflieger beschossen, aber nicht getroffen!«

Und noch ein Kopfruck.

Er bombardierte mich mit Zahlen, Daten, Namen, Angaben zu Kompanien, Regimentern, Bataillonen und Typen von Waffen. Eine brennende Scheune, ein Flugzeug, das vom Himmel fiel, die gesprengte Eisenbahnbrücke – jeder Stellungswechsel war ihm präsent, als wäre es gestern gewesen.

Er redete hastig, ohne Pause, als fürchte er, es könnte jederzeit eine Granate einschlagen, und er wäre um seine Botschaft gebracht.

»Alter Deich wurde auf Befehl aufgegeben, Front zurückverlegt!«

Wieder ein Kopfruck.

»Zu bemerken: Essen wurde in Milchkannen angeliefert! Auf dem Deich gingen meine Schlafdecke, Gasmaske zusätzlich Eßbesteck und allerlei Tabak aus Mazedonien von 1944 verloren! Unsere Rucksäcke gingen verloren! Meine nagelneue Felduniform ging verloren!«

»Die suchen Sie jetzt wohl nicht«, bemerkte ich etwas erschöpft.

»Bin seit Freitag unterwegs«, sagte er. »Habe die ganze Nacht nicht geschlafen, war so aufgeregt.«

Er redete nicht zu mir. Es war ein Selbstgespräch, bei dem ich zuhören durfte.

»Habe meine Pflicht erfüllt. Meinen Eid nicht gebrochen bis zum Tod des Führers. Habe das geschworen und den Schwur gehalten.«

Am 2. Mai 1945 war er in die Gefangenschaft geraten, kurz nachdem Hitler, wie es hieß, »bis zum Letzten für Deutschland kämpfend« gefallen war. Am 29. Juli 1945 wurde Helmuth Witte in Eutin entlassen.

Woher er komme, fragte ich ihn.

»Bergen-Belsen, wenn Sie das kennen. Konzentrationslager. Ich wohne in Bergen, drei Kilometer vom Lager.«

Er kramte in einer seiner Ledertaschen und zog eine Plastikhülle heraus, in der ein paar Photos steckten.

»Hier, mein Geschäft. Laden und Werkstatt. Bin Schuhmachermeister, pensioniert. Jahrgang dreiundzwanzig.«

Dann hielt er mir ein zweites Photo unter die Nase.

»Ich und meine Frau.«

Ich half ihm, seine Prospekte und Photos, die Zettel, Ausweise, den Photoapparat, das Handy und was er im Laufe unserer Unterhaltung sonst noch alles aus seinen zwei kleinen Taschen hervorgeholt hatte, wieder zu verstauen.

»Alles habe ich photographiert«, sagte er. »Ich bin so aufgeregt!«

»Und nun geht's nach Hause«, sagte ich.

»Nein«, sagte er, »nach Eberswalde! Da war mein Schützenloch!«

Vom sowjetischen Ehrenfriedhof am Osthang der Seelower Höhe hatte man einen prächtigen Ausblick auf das Oderbruch bis nach Kostrzyn; im Sporn des Höhenzugs bei Reitwein hatte Marschall Schukow seinen Kommandobunker. Felder und Wiesen, Büsche und Bäume, vereinzelte Häuschen und im Osten, nur erahnbar, die Oder: Was man von hier aus sah, war einst alles Schlachtfeld, hell erleuchtet in jener Nacht des 16. April 1945, als um 3 Uhr Moskauer Zeit der Angriff begann.

Nun lag die Landschaft still in der Sonne. Auf einem der blaßroten Marmorquader im Gräberrund war eine goldene Inschrift: »Hier ruhen Soldaten und Offiziere der 1. Belorussischen Front, die am 18. April 1945 bei der Befreiung Seelows gefallen sind und im Oktober 1972 in diesen Ehrenhain umgebettet wurden.« Der Steinmetz hatte sich verschrieben und »diesem« statt »diesen« gemeißelt. Das war ein läßlicher Fehler, nicht so falsch jedenfalls wie das Wort »Befreiung« – schließlich hatte die Rote Armee Europa nicht befreit, sondern die Hälfte davon besetzt.

Einige Russinnen spazierten, die Kinder an der Hand und leise miteinander sprechend, von Grabstein zu Grabstein. Auf vielen stand das Wort »unbekannt«.

Über einem zweiten Gräberfeld, dessen Steine mit Sowjetstern, Hammer und Sichel geschmückt waren, erhob sich das Ehrenmal, die Bronzestatue eines Rotarmisten, der auf dem Geschützturm eines Kampfpanzers stand. Das Gewehr in der Faust, die Handgranaten griffbereit, blickte er unter dem Stahlhelm in die Ferne – merkwürdigerweise aber nicht in Richtung Berlin, sondern nach Osten. Ebenso merkwürdig war die Inschrift: »1941–45 Ewiger Ruhm den Helden, Gefallenen in den Kämpfen mit den faschistischen Eindringlingen für Freiheit und Unabhängigkeit der Sowjetunion.« Es war offensichtlich ein Denkmal, das in keinem Zusammenhang mit dem konkreten Ort stand; vermutlich ein Exportschlager wie die Zuckerbäckerbauten, mit denen die Sowjetunion ihre Vasallen beglückte. Lew Kerbel, »verdienter Volkskünstler, Lenin- und Staatspreisträger«, hatte es auf Befehl Marschall Schukows geschaffen. In drei Monaten sollte Kerbel drei Stück davon hochziehen – das erste in Küstrin, das zweite in Seelow und das dritte im Tiergarten in Berlin – und damit den »Kampfweg« der 1. Belorussischen Front von der Oder über die Seelower Höhen in die Hauptstadt Deutschlands abstecken. Bedenken des Künstlers, dafür reiche die Zeit nicht, hatte Schukow mit der Bemerkung weggewischt, die Rote Armee habe für die Einnahme Berlins zwölf Tage gebraucht, weil sie »den festen Willen hatte, die Aufgabe zu lösen«. Am 27. November 1945 wurde das Seelower Denkmal als letztes der drei eingeweiht, in einem Terrain von Granattrichtern, Schützengräben, zerschossenen Panzern und Ruinen.

Im Halbrund der Treppe des Ehrenmals, hatte ich im Museum erfahren, war 1977 eine Bronzetafel angebracht worden, die auf einen in eine Nische eingemauerten Tresor hingewiesen hatte: »An Euch, junge Erbauer des Kommunismus, diese Botschaft am 60. Jahrestag des Roten Oktober – zu öffnen am 100. Jahrestag der Großen Sozialistischen Oktoberrevolution.« Man hatte, nach der Wende, nicht bis zum Jahr 2017 warten wollen und die Kassette, als man das Mauerwerk sanierte, aufgebrochen. Alles, was man darin fand, waren »total vermoderte Papierreste und Metallrückstände«. Die Genossen mußten Humor gehabt haben – und bemerkenswerte Weitsicht.

Zu Füßen des Denkmals, auf der obersten Treppenstufe, lag ein frischer Kranz mit zwei rot-weißen Schleifen. »Dem ehemaligen tapferen Gegner« stand auf der einen, und auf der anderen der Absender: »Die Überlebenden der 20. Pz. Div. Hamburg«.

Theodor Fontane hatte von hier, dem als Ausflugsziel beliebten »Verschönerungsberg«, auf das Oderbruch hinuntergeschaut, das sich ihm mit seinen vielen Dörfern als weitläufige Riesenstadt darbot, mit Getreide- und Gemüsefeldern wie Gärten.

Sie wurden zum größten Schlachtfeld des Zweiten Weltkriegs auf deutschem Boden, zum Grab von 33 000 sowjetischen, 12 000 deutschen und 5000 polnischen Soldaten. Wochenlang bebte die Erde, zerpflügten Geschosse die Äcker, explodierten Bomben und Granaten – der Schleier, der von den Feldern aufstieg, war von anderer Natur als der Nebel, der Fontane bezaubert hatte. Die Stellungen waren teils noch immer zu sehen, und Überreste der 98 000 Tonnen Munition, die verschossen worden waren, lagen in der Erde.

Eine Entscheidungsschlacht konnte man das nicht nennen. Sie war, so erbittert sie ausgefochten wurde, entschieden, bevor sie begann. Am 12. Januar 1945 hatte die Rote

Armee aus den Weichselbrückenköpfen ihre Winteroffensive und damit die erste Etappe der »abschließenden Operationen des Krieges« eröffnet. Entlang einer Front von 480 Kilometer Länge griffen 2,2 Millionen Mann mit 33500 Geschützen und Mörsern und 7000 Panzern und Selbstfahrlafetten an.

Mit der Einnahme Küstrins hatten die Russen für den Angriff auf das Zentrum des Reiches einen mehr als dreihundert Quadratkilometer großen Brückenkopf in der Hand. Von hier führte der kürzeste Weg nach Berlin entlang der Reichsstraße 1 – der heutigen B 1 – über Seelow-Müncheberg. Dabei galt es, den Höhenzug, der sich von Frankfurt bis Bad Freienwalde erstreckt und steil zum Odertal abfällt, zu überwinden. In seinem mittleren Teil, der Seelower Höhe, liegt er vierzig Meter über dem Meer und beherrscht mit dem dazugehörigen Reitweiner Sporn das Oderbruch.

Berlin, befand Hitler, müsse an der Oder verteidigt werden. Während sich die Reste der deutschen Truppen noch durch die besetzten Gebiete von Ostbrandenburg, Pommern und Schlesien zur Front an Oder und Neiße durchschlugen, begannen die Kämpfe. Es waren keine erfahrenen Frontsoldaten, die auf deutscher Seite zum Einsatz kamen. Teile von Heeresdivisionen, Volkssturmbataillone, Alarmverbände, Arbeitsdienstler, Ersatz- und Ausbildungseinheiten aus Luftwaffe und Marine, Batterien der Heimatflak – in aller Eile aufgestellt, wurden sie in die Schlacht geworfen.

Ende März reichte die Front von Wollin-Stettin das linke Oderufer entlang bis zur Mündung der Neiße. Die Zeit drängte für die Russen. In der Nacht vom 23. zum 24. März überschritten die Alliierten bei Wesel den Rhein. Stalin, beunruhigt, sie könnten vor ihm in Berlin sein und damit die Nachkriegsordnung Europas zu seinen Ungunsten bestimmen, zitierte seine Marschälle Schukow und dessen Konkurrenten Konew, Befehlshaber der 1. Ukrainischen Front, nach Moskau und verlangte, die Offensive bis zum 16. April zu eröffnen und in zwölf bis fünfzehn Tagen abzuschließen.

Das Kräfteverhältnis war erdrückend. Mehr als das Dreifache an Soldaten, fast das Sechsfache an Geschützen und Granatwerfern und gut das Vierfache an Panzern und Selbstfahrlafetten hatten die Russen zur Verfügung.

Generaloberst Tschuikow schildert in seinen Memoiren das Panorama, das sich ihm als Feldherrn zeigte: »Die ganze Oderniederung scheint zu schwanken. Eine Wand aus hochgewirbeltem Staub und Rauch reicht bis zum Himmel. Im Streifen unserer Armee war die von Artilleriefeuer hervorgerufene Helligkeit so grell, daß wir auf dem Gefechtsstand im ersten Augenblick gar nicht bemerkten, daß auch die Scheinwerfer das Kampffeld beleuchteten.«

Bis Tagesanbruch hatten sich die Angreifer einige Kilometer vorgearbeitet, dann saßen sie fest. In dem morastigen und verminten Gelände blieben die gepanzerten Fahrzeuge stecken. Beschossen von der deutschen Artillerie, kam selbst die Infanterie nur schwer voran. Die Verluste wurden immer größer.

Schukow wurde ungeduldig und befahl den vorzeitigen Einsatz von Kräften der 1. und 2. Gardepanzerarmee. Der Befehl trug erheblich zu den großen Verlusten seiner Truppen bei. Immer neue Panzer schoben sich auf den blockierten Straßen vor, ohne Rücksicht auf Verwundete und Verletzte, rammten die Zugmaschinen der Artillerie, wurden abgeschossen und von den Nachrückenden aus dem Weg geschoben.

Stalin, unzufrieden über die Verzögerung, kündigte Schukow an – trotz dessen Zusicherung, die Höhen bis zum Abend des 17. April zu nehmen –, die Panzerarmeen Konews auf Berlin eindrehen zu lassen. In der Nacht zum 21. April erreichte Schukows Rivale in der Nähe von Stahnsdorf bereits den südlichen Rand der deutschen Kapitale.

Es war das Ende des Endes von Großdeutschland. Wer nicht bereit war, auf dem Feld der Ehre zu sterben, mußte nicht minder mit dem Tod rechnen. Noch heute heißt die Straße zwischen Neu Tucheband und Seelow im Volksmund »Straße der Gehenkten«. Der Ortsbauernführer von Neu Tucheband, der seine hochschwangere Frau zu Verwandten gebracht und zu diesem Zweck den Ort verlassen hatte, wurde von der SS an einem Baum auf dem Seelower Berg, unweit des heutigen Denkmals, aufgeknüpft. Man hatte ihn auf einen LKW gestellt, ihm die Schlinge um den Hals gelegt und war losgefahren.

In Diedersdorf, berichtete eine Zeitzeugin, hingen Soldaten an den Pflaumenbäumen, die die Kleinbahnstrecke entlang gepflanzt waren; sie hatten ihre Einheit verloren und nicht wieder aufgesucht. Sie alle waren Opfer der »rücksichtslosen Bekämpfung der Feigheit und Drückebergerei«, die nach der »Ausmerzung von Verrätern und Schwächlingen« verlangte und einer »Form ihrer Brandmarkung, die gleichzeitig als Abschreckung und warnendes Beispiel für andere wirkt«: so die »Abteilung NS-Führung« beim Armeeoberkommando 9 in ihrem Hinweis Nr. 4 vom 26. Februar 1945.

Das Bild des Oderbruchs, das sich bot, als der Schlachtlärm verstummte, sollte nie mehr vergessen, wer es zu Gesicht bekam. Die Dörfer, Siedlungen und Einzelgehöfte waren abgebrannt. Dreck und Trümmer, Menschen und Material, Pferde mit aufgedunsenem Leib und zerschossene Panzer säumten den Weg des Trecks, der vor den Russen in Richtung Westen floh. Ein fürchterlicher Gestank lag über den Feldern. Munition war überall verstreut, Fluren und Äcker waren vermint. Krankheiten breiteten sich aus, Ruhr, Syphilis, Hungertyphus. Die Flüchtlinge, die durchkamen, hatten sich im Winter durch Schnee und Eis gequält. Erfrorene Säuglinge waren hastig an der Straßenböschung vergraben worden; oft war man unter Beschuß gewesen.

»Krieg kaputt, Hitler kaputt, dawai!« hatten die Russen gerufen, als sie die Deutschen aus ihren Kellern getrieben hatten.

Am Weg zum Ehrenmal waren zwei Bänke, von wo aus man auf die Gedenkstätte und den Vorplatz hinuntersehen konnte. Panzer und Kanonen glänzten in frischem Grün. Auf der einen Bank saß ein Paar. Ich setzte mich auf die andere.

»Dabeigewesen, damals?« fragte ich, bemüht, meine Neugier hinter einem mitfühlenden Ton zu verbergen.

»Nein«, sagte der Mann fast ein bißchen beleidigt. »Wir sind beide 1939 geboren.«

»Aus der Gegend?«

»Nein, aus Eberswalde. Meine Frau kommt aus Zehden, auf der anderen Seite der Oder. Cedynia, wie es heute heißt. 1945 geflohen.«

Zweimal hatte sie ihre alte Heimat besucht. Viel hatte sie nicht wiedererkannt, das Tor zum Gehöft und den Friedhof. Klein sei ihr alles vorgekommen. Sie war sechs, als sie fliehen mußten.

»Schlimme Bilder«, sagte sie.

Sie hatte die Angewohnheit, zur Seite zu sehen, wenn sie antwortete, und nur ab und zu warf sie einen Blick in meine Richtung. Sie war rothaarig und trug einen roten Mantel, der in seltsamem Kontrast zu ihrer Scheu stand.

»Die Polen waren ja schlimmer als die Russen«, sagte der Mann. Er hatte spärliches, nach hinten gekämmtes Haar und eine große Brille, die ihm etwas Neugieriges gab.

»Na ja, es gab solche und solche«, sagte sie.

»Die haben ja immer da gelebt im Glauben, die Deutschen kommen wieder und holen sich das. Haben ja deshalb nichts gemacht, alles verfallen lassen. Sah schlimm aus in den achtziger Jahren, schlimmer als bei uns 1945«, sagte er und unterstrich jeden seiner Sätze mit scharfen, bestimmten Handbewegungen. »Na ja, und heute kommen die Deutschen, spekulieren und kaufen alles auf.«

Ich sagte, in der Gegend sei doch beidseits der Oder einiges im argen, vieles auch in Ostdeutschland verfallen.

»Ja, wissen Sie«, sagte er, »das Verrückte ist: Daß die Gebäude total ruiniert gewesen sind, ist uns damals gar nicht aufgefallen. War völlig normal für uns. Erst jetzt, wie die neuen Dächer gekommen sind, die Fassaden renoviert wurden, haben wir gesehen: Mensch, das war ja ordentlich kaputt.«

Nach dem Ton, in dem er das sagte, überraschte ihn die Erkenntnis noch immer.

Sie hatten beide in der Landwirtschaftlichen Produktionsgenossenschaft gearbeitet. Die LPG war in eine GmbH umgewandelt worden nach der Wende.

»Haben uns das Vieh aus den Ställen geholt für ein paar Mark«, sagte sie.

Ein Steuerberater sei gekommen, der habe erst einmal 250 Mark Stundenhonorar kassiert und dann gesagt, sie müßten alles verkaufen. Nach ein paar Jahren hätten sie gemerkt, daß das nicht nötig gewesen wäre. Und im übrigen habe der auch nicht recht Bescheid gewußt, habe in Büchern nachschlagen müssen bei jeder Frage.

»Wir wußten ja nichts«, sagte sie. »Wir wußten nicht, was eine GmbH ist, was Marktwirtschaft ist. Man hat uns einen Computer auf den Tisch gestellt, und unser Leiter hat geglaubt, wenn man den anknipst, dann kommt sie, die Marktwirtschaft.«

Mit einem ganzen Wust von Begriffen waren sie bombardiert worden. Verträge, Vorverträge, Mehrwertsteuer, Umsatzsteuer, Kfz-Schein – alles Dinge, von denen sie bisher nie etwas gehört hatten. Erstmals mußten sie eine Einkommensteuererklärung ausfüllen, TV- und Radiogebühren zahlen.

Mit den Westdeutschen hatten sie schlechte Erfahrungen gemacht.

»Es gab niemanden, der gekommen ist und gesagt hat: Ich will euch helfen, ehrlich helfen«, sagte er. »Wollten nur das große Geld machen und sind dann wieder gegangen.« Er richtete sich auf. »Wir haben ja von nichts etwas gewußt!«

Er sagte es in jenem aufrichtig-beleidigten Ton des Schülers, der beim Lehrer darauf pocht, nicht nach etwas gefragt werden zu dürfen, was nicht im Unterricht durchgenommen worden war.

Sie empörten sich über eine Demonstration von Neonazis, über die kürzlich die Medien berichtet hatten, in der Nähe von Buchenwald dazu.

»Das hat's in der DDR nicht gegeben«, sagte er. »Damit hätte man ganz rasch Schluß gemacht!« Er ließ keinen Zweifel, was das bedeutet hätte und daß er es guthieß.

»Das hat die Demokratie nicht geschafft, dieses Problem zu lösen«, meinte sie. »Der Mensch braucht einen gewissen Druck, ohne den geht es nicht. Der ist in der DDR dagewesen, und heute, in der Demokratie, eben nicht mehr.«

Ich fragte sie, ob die gegenwärtige Ausländerfeindlichkeit nicht auch damit zu tun habe, daß früher in der DDR die Ausländer von der Bevölkerung getrennt gelebt hätten.

Sie versuchten sich zu erinnern, was für Ausländer es überhaupt gegeben hatte. Als erste fielen ihnen die Russen ein.

»Die waren überhaupt nicht beliebt«, sagte sie. »Das Letzte. Da hat man überhaupt keine Kontakte gehabt. Obwohl, das hat's ja schon mal gegeben, daß ein Leiter mit denen Wodka getrunken hat.«

Dann erwähnten sie die Vietnamesen, mit denen man nichts zu tun gehabt habe.

»Und Schwarze?« fragte ich.

»Ja«, sagte er und mußte überlegen, woher die gekommen waren.

»Angola«, sagte ich.

»Richtig!« sagte er.

Die hätten, sagte sie, Westgeld gehabt, weshalb die Mädels hinter ihnen her gewesen seien.

»Da laufen noch Kinder davon rum!«

Sie fragten mich, ob ich einmal in der DDR gewesen sei, und wollten wissen, wie das war, die Reise über die Grenze von Westen her. Ich erzählte von Helmstedt, dem Grenzbahnhof, an dem der Zug mitten in der Nacht gehalten hatte, eingetaucht in das Flutlicht unzähliger Scheinwerfer, von den Grenzbeamten mit ihren Schäferhunden, den Kontrollen in den Abteilen und in der Toilette, in der die Deckenplatten abgeschraubt wurden – diesem ganzen Brimborium, das mich an Filme über die Nazizeit erinnert hatte.

Sie schwiegen. Es war ihnen peinlich, obwohl ich es so nüchtern wie möglich erzählt hatte.

»Westkontakte durften ja manche überhaupt nicht haben«, sagte er dann. »Zum Beispiel, wenn man bei der Feuerwehr war. Weil die zum Ministerium des Inneren gehörte. Wir kannten einen, der war bei der Feuerwehr. Nicht einmal seine Oma durfte mit Besuch aus dem Westen Kontakt haben!«

Manches, sagte er, hätten sie erst im nachhinein erfahren, hätten überhaupt nichts gewußt davon. Ich erwartete, daß er nun von der Stasi reden würde.

»Zum Beispiel die Reparationsleistungen nach dem Krieg«, sagte er. »Die mußten ja alle von Ostdeutschland bezahlt werden, der Westen hat nichts bezahlt.«

Es war ihre Erklärung dafür, daß Ostdeutschland nicht nur viel weiter unten hatte anfangen müssen, sondern auch nie so richtig hochgekommen war.

Aber sie wollten nicht klagen, sagten sie dann beide.

XVII

Lubniewice

Lubniewice war mir schon bei der Lektüre des Prospekts, den ich irgendwo eingesteckt hatte, ans Herz gewachsen. »Diese kleine Stadt«, hieß es darin auf deutsch, »kann sich mit etwas rühmen, nämlich mit der interessanter Geschichte, diese bis und von und dem Mittelalter verbunden ist.« Wie diese Geschichte im einzelnen verlaufen war, blieb etwas unklar. Ihr Ergebnis war jedenfalls erfreulich für die Tourismusbehörde, konnte sie doch darauf hinweisen, daß »uns fehlen auch micht die prächtige Würdingskeiten der Architektur«: ein »neoklassiches Schloss gebaut im Jahre 1793«, von dem »man ahnt, es steht auf dem Grunde mitte lalterischen Schlossyüber dies schon im Jahre 1352 bemerkt wurde«. Es war das Wahrzeichen des Ortes, der besiedelt worden war »von einen Stamm der Protestanten, die aus Polen und Schlesien eingefahren sind, und zwischen diesen sich auch die Arier befanden«.

Und in diesem Schloß durften gewöhnliche Touristen übernachten! Das Schloßhotel war im renovierten Trakt eingerichtet. Es gehörte einem Deutschen, erfuhr ich bald, der sich ziemlich dafür ins Zeug legte, Gäste von drüben anzulocken. Berlin war nur hundertfünfzig Kilometer entfernt. Und er tat einiges, das Wohlwollen der Polen zu gewinnen, bezahlte Reisen polnischer Kinder nach Deutschland, organisierte Feste und Bälle. Man schwärmte von einem Maskenball im Sommer, mit Feuerwerk, Gratisbier und kostenloser Bohnensuppe; nur die Grilladen hatte man selber bezahlen müssen. Man hatte Kostüme getragen und sich gefühlt wie vor Hunderten von Jahren. Der König war Deutscher, die Königin Polin. Die Mädchen hatten

Kränze mit Kerzen den Fluß hinuntertreiben lassen, und der Junge, dem es gelang, einen herauszufischen, galt als so gut wie verheiratet.

Beim Frühstück im großen Saal, der einer ganzen Hofgesellschaft Platz geboten hätte, machte ich die Bekanntschaft einer Dame, die auch zu Gast war. Sie war eine stattliche Erscheinung, mit grauem, vollem Haar, das sie zu einem dicken Dutt geknotet hatte. Sie mochte Mitte Siebzig sein. Ich hatte sie schon beobachtet, als sie durch das Schloß und den Park spaziert war; die Herrin, dachte ich, die ihren ehemaligen Besitz inspiziert.

Sie war Dienstmädchen gewesen in diesem damals deutschen Schloß, vor sechzig Jahren, und war nun zum erstenmal hier seit den Tagen, als sie hatte fliehen müssen. Sie war zum Grab gegangen, in dem ihr einstiger Herr bestattet war, ein gewisser Graf Wald. Ich hatte es gesehen, es lag unter Bäumen, an einer etwas versteckten Stelle im Park, und war von Gebüsch überwachsen.

»Der würde sich im Grab umdrehen, wenn er wüßte, daß jetzt ich hier im Schloß lebe«, sagte sie mit triumphierendem Lächeln. »Aber er war ein guter Mensch, der Graf. Nicht wie sie, die Gräfin. Das war vielleicht ein Besen! Ist ständig mit dem Finger über die Möbel gefahren und hat Staub gefunden, wo immer sie suchte. Dann hat sie mir den Finger gezeigt und geschimpft.«

Sie fragte mich, welches Zimmer ich hätte. Ich sagte ihr, ich hätte das billigste genommen, das über dem Eingangsportal. Sie war entzückt.

»Ein Dienstmädchenzimmer!« Sie wollte wissen, welches genau, und war ein bißchen enttäuscht, daß es nicht das ihre war. Sie hatte eines der großen Zimmer genommen, mit Himmelbett und Blick auf den Park.

»Wenn das die Gräfin wüßte!« sagte sie.

»Die würde sich im Grab umdrehen«, sagte ich.

»Und ob sie das würde!«, sagte sie, lehnte sich zurück, egriff die Kaffeetasse mitsamt der Untertasse, führte sie zum Mund und nahm einen Schluck, nicht ohne den kleinen Finger ein wenig abzuspreizen.

Lubniewice war ein Ferienort. Das Schloß mit seinem mächtigen, viereckigen Turm, unter dessen spitzem Pyramidendach auf jeder Seite zwei Fenster den Park, den Ort und die paar Seen im Auge behielten, konnte man selbst nie aus dem Auge verlieren. Ich machte Abendspaziergänge, lauschte auf das leise Glucksen des Wassers am Ufer, sah den Vögeln nach, die durch den Himmel schweiften. Ich schwamm im See, las, kehrte abends heim ins Schloß, durchwanderte die Hallen, Flure und Treppen und fühlte mich wie der Hausherr, bevor ich mich in meinem Dienstmädchenzimmer schlafen legte. Die Nacht war so still, daß ich jedem Geräusch lauschte. Wenn alles ruhig war, begann das Schloß zu reden. Es führte Selbstgespräche, ächzte, knarrte, stöhnte, räusperte sich und flüsterte Worte, die ich nicht verstand. Von den Stimmen all derer, die in ihm gelebt hatten, war ein Echo geblieben, das in meinen Träumen nachhallte.

Sonst gab es nicht viel zu sehen in Lubniewice. Es war einer der Orte, von denen man wissen will, wo man die beste Eiscreme kriegt. Dann geht man da zweimal am Tag hin, bis man es überhat. Alles war zu Fuß bequem erreichbar. Die Gehsteige waren kopfsteingepflastert. Überall gab es Radwege, aber ein Fahrrad sah ich nirgends.

Schließlich entdeckte ich einen Laden, der Fahrräder verlieh. Ich wählte eines aus, ein Mountainbike, und fuhr damit in Richtung Międzyrzecz. Hier war die Landschaft gebügelt wie ein Leintuch und stillte die Neugier, bevor sie aufkommen konnte. Der weite Himmel, der sie überspannte, weckte eine Sehnsucht, die sich selbst genügte.

In den Feldern war niemand bis auf einen Bauern, der sein Korn in Augenschein nahm, und einen zweiten, der im Schatten eines Baumes an seinem Mähdrescher herumflickte. Ich fuhr auf dem staubigen Feldweg ein Stück weiter, da erregte eine Tafel meine Aufmerksamkeit. »Oder-Warthe-Bogen« stand darauf über einem Pfeil, der in Richtung Wald wies.

Ich folgte ihm und fand mich bald in einer kleinen Lichtung, in der ein notdürftig gezimmerter Unterstand mit zwei, drei Stühlen und einer Bank stand, auf der eine Frau und zwei Männer saßen. Sie erhoben sich, als sie mich erblickten, wie auf Kommando und fragten, ob ich eine Führung wolle.

»Durch den Wald?« fragte ich.

»Durch die Festungsfront«, sagte die Frau. »Das größte Befestigungssystem Europas. Sechsundzwanzig Kilometer lang.«

Ich sah mir die Karte an, die zum Verkauf auflag. Es war die Kopie einer Militärkarte von 1944 mit einer Menge von Kürzeln, Signaturen und Nummern von Objekten, die auf der Rückseite erklärt wurden. Panzersperren, Kanonentürme und Maschinengewehrkuppeln sprossen wie Pilze aus dem Boden, unter dem sich ein gigantisches unterirdisches System von Bunkern und Gängen verbarg, die Namen preußischer Heerführer wie Scharnhorst, Gneisenau oder Moltke trugen. Das Wort, das am meisten vorkam, war fett gedruckt: »Uwaga!« (»Achtung!«) An jeder Ecke schien Gefahr zu lauern. Ich bemerkte, wie sie mich musterten, als ich die Erläuterungen über die Zutrittsverbote, Einsturzgefahren und Absturzwarnungen studierte. Kein Zweifel, ich brauchte einen Führer, wollte ich dieses Schutzsystem lebend wieder verlassen.

»Macht vier Złoty für die kleine Tour«, sagte die Frau. »Janek wird mit Ihnen kommen. Dauert eine halbe Stunde.«

Vorsichtshalber kaufte ich die Karte. Falls ich meinen Führer verlieren und mich verirren sollte, wollte ich wenigstens wissen, wo ich zu Tode kam.

Janek war ein kräftiger Bursche um die zwanzig mit schwarzem, strubbeligem Haar. Er trug derbe braune

Lederstiefel und eine alte Armeejacke, die mehr Taschen hatte, als man zählen konnte. Er drückte mir eine Fleecejacke in die Hand, die er seinem Kollegen, einem schweigsamen bleichen Jüngling, abgenommen hatte.

»Ist kalt da unten«, sagte er. »Vierzig Meter unter dem Boden.«

Wir gingen ein paar Schritte durch den Wald bis zu einem großen Betongeviert, das von Moos überwachsen war. Der Einstieg. Über Stahlsprossen, die in die Wand eingelassen waren, ging es in die Tiefe. Ich konnte nicht sehen, wo das endete, und bald verschwand alles bis auf einen Fetzen Licht, der hoch über meinem Kopf hing und immer kleiner und kleiner wurde. Es war kühl und feucht. Dann hatten wir endlich festen Boden unter den Füßen. Es stank fürchterlich.

Ich knipste die Taschenlampe an. Ein Pfeifkonzert ging los, und irgend etwas flatterte über meinen Kopf weg. Erschrocken knipste ich das Licht wieder aus.

»Fledermäuse«, sagte Janek. »Da, schau!«

Er richtete den Lichtkegel seiner Handlampe zur Decke des Gewölbes. Sie hingen in der Kuppel. Hunderte von Fledermäusen, schwarz, Trauben von Tieren, durch das Licht in Unruhe versetzt. Einzelne flatterten auf und ließen sich irgendwo wieder nieder.

»Und das da – siehst du?«

Janek richtete den Lichtstrahl auf den Boden. Ein Berg von Kot, schwarz wie die Fledermäuse selbst und mehr als mannshoch. Ein halbes Jahrhundert hatte er Zeit gehabt zu wachsen, und irgendwann würde er, wie Stalagmiten und Stalaktiten, mit den Fledermäusen zusammenwachsen. Und diese würden sich eine neue Bleibe mit einer neuen Toilette suchen müssen.

Platz gab es genug. Die Festung war für rund zweieinhalb Divisionen konzipiert worden, für genau 7152 Soldaten. Zuletzt wurde sie vom Volkssturm verteidigt. Als die Männer verängstigt herausgekrochen waren und den Russen die weiße Fahne entgegengestreckt hatten, soll ihnen beschieden worden sein, sie kämen in ein Lager. Aber dann seien sie erschossen worden, wußte Janek.

Ich folgte ihm durch einen langen Gang von eiförmigem Querschnitt, durch den ein Schienenstrang verlief. Da und dort verzweigte sich der Tunnel, führte in große, leere Räume oder endete am Rand eines tiefen Schachtes, dessen Grund mit Wasser gefüllt war. Ich ließ, als ich vor einem dieser Schächte stand, einen Stein hinunterfallen und wartete auf das Echo des Aufschlags.

»Scheint ziemlich tief zu sein?«

»Ja«, sagte Janek. »Diesen hier nennen wir Agnieszka. 1987 ist ein Mädchen da runtergefallen und ertrunken. Ist Grundwasser.«

Er nahm einen Schluck aus der Plastikflasche, die er aus einer seiner Jackentaschen hervorgezogen hatte.

»Willst du?« fragte er. »Ist Grundwasser.«

Ich schüttelte den Kopf.

Es war nicht der einzige Unfall mit tödlichem Ausgang gewesen. Die Festung forderte immer wieder ihre Opfer, Leute, die irgendwo hinunterstürzten, sich den Hals brachen oder den Ausgang nicht mehr fanden.

»Knips mal deine Lampe aus«, sagte Janek. Er tat es mir gleich. Es war nicht dunkel. Es war schwarz. So mußte es im Sarg sein, wenn er in der Erde versenkt und zugeschüttet war. Ein kühles Grab. Sechs Grad, hatte Janek gesagt.

»Ist im Sommer kalt«, meinte er, »und im Winter warm. Dann ist es richtig gemütlich, kannst du die Jacke aufmachen.«

Seine Stimme klang im Dunkel tiefer. Ich hatte meinen Atem gesehen, wie er sich in Wolken ballte und langsam auflöste.

»Aber wenn du kein Licht mehr hast, ist es aus«, drang Janeks Stimme aus der Finsternis. »Dann kann dir nur noch Helmut helfen.«

»Helmut?« Ich hörte, wie meine Stimme dünn geworden war.

Janek knipste seine Lampe wieder an, und ich sah, geblendet, wiederum nichts.

»Ja, Helmut«, sagte Janek. »Ein deutscher Soldat. Ist 1945 umgekommen. Aber sein Geist ist immer noch hier. Ein blonder Kerl, groß.«

»Du hast ihn gesehen?«

»Ich nicht«, sagte Janek. »Aber ein Kollege von mir. Er hat sich verirrt, und Helmut hat ihn zum Ausgang geführt.«

»Ein guter Geist«, sagte ich.

»Ja«, sagte Janek. »Helmut ist Deutscher, aber er ist in Ordnung.«

Wir gingen langsam. Janek war stolz auf das Festungswerk, als hätte er es selber gebaut. Er pries die Qualität der verwendeten Materialien, zeigte mir eine Gummidichtung, die immer noch halte – nach fünfzig Jahren! –, und erzählte von einem Kugellager der Ventilation, das er ausgebaut habe und das immer noch laufe. Deutsche Wertarbeit. Vor kurzem hatten sie begonnen, einen Schacht auszuschöpfen in der Hoffnung, auf dem Grund etwas zu finden. Es war ein ordentliches Stück Arbeit, und sie würde noch den ganzen Sommer dauern.

Plötzlich blieb er stehen und scharrte mit dem Fuß im Staub. Dann bückte er sich und hob etwas auf.

»Osram«, sagte er.

Er wischte den Staub von der Glühbirne und steckte sie ein.

Da und dort waren Graffiti an den Wänden, Namen, Sprüche, primitive Zeichnungen obszönen Inhalts. Janek wußte genau, was wann entstanden und wer der Künstler war. Er ließ den Strahl seiner Lampe über die Wände gleiten und erläuterte die Inschriften und Bilder, als gingen wir durch die Höhle von Lascaux. Es waren alles Polen, die sich verewigt hatten; der *underground* der achtziger

Jahre. Irgendwo gab es zwei Pfeile. Einer zeigte nach oben, mit der Distanzangabe dreißig Meter: »Luft«. Der andere nach unten, fünfzehn Meter: »Schatz«.

Janek blieb erneut stehen und buddelte im Staub. Er streckte mir ein kleines, braunes Stück Porzellan unter die Nase, nachdem er es mit dem Finger sorgfältig saubergewischt hatte.

»Stammt von einem Pissoir«, sagte er. »Und zwar von einem Soldatenpissoir. Die waren nämlich braun, damit man den Schmutz nicht so schnell sieht. Die Offiziere hatten weißes Porzellan.«

Befriedigt verstaute er die Scherbe in einer seiner Taschen. Es war ein lohnender Tag für ihn.

Wir kletterten nach oben, und ich suchte die Sonne, um mich wieder aufzuwärmen. Am Unterstand warteten die beiden anderen Fremdenführer auf uns. Wir plauderten noch ein bißchen, was den dreien zu behagen schien, war doch sonst nicht eben viel los. Die Frau war aus Krakau. Sie war Klavierstimmerin von Beruf, hatte dann einen Verlag für Militärschriften gegründet und kannte die Festungswerke Europas wie ihre Handtasche. Der Oder-Warthe-Bogen gehörte zu den bedeutendsten Anlagen in Europa, ein Schutzwall des Dritten Reiches gegen Osten. Der Abschnitt zwischen Międzyrzecz (Meseritz) und Boryszyn (Burschen) war zwischen 1934 und 1938 gebaut worden. Von den ursprünglich geplanten 330 Kampfanlagen in Stahlbeton waren insgesamt 83 Panzerwerke und 14 Schartenstände fertiggestellt worden. Die kleineren Stollen, die von der Hauptachse abzweigten, führten zu den oberirdischen Panzerwerken mit ihren drei bis fünf Panzerkuppeln. Die Panzerwerke selbst hatten zwei Etagen, oben die Kampfräume mit Maschinengewehren und Kanonen, unten die Mannschaftsräume. Lazarett, Lebensmittellager, Munitionsdepots und Großküche waren durch die unterirdischen Gänge, in denen eine Kleinbahn verkehrte, miteinander verbunden. Überall gab es Strom, Wasser und Belüftung. Panzersperren, sogenannte Drachenzähne, waren in den Boden eingelassen.

Nach Kriegsende wurde ein Teil der Befestigung gesprengt. Den Rest überließ man den Fledermäusen. Zehntausende hatten im Reservat »Nietoperek« ihr Winterquartier, zwölf Arten konnte man beobachten.

Mitte der achtziger Jahre war geprüft worden, ob sich die Stollen für die Lagerung von Atomabfällen eigneten, erzählte die Frau.

»Da kam eine Firma aus Krakau, die schüttete eine Flüssigkeit in die Tunnel. Und die kam dann auf den Feldern wieder raus, in einer anderen Farbe. Da gab es mächtig Protest. Wir gingen in die Kirche, einer trug ein schwarzes Gewand mit einem aufgemalten Skelett und sagte, wenn ihr alle so aussehen wollt, na bitte, dann stimmen wir dem zu.«

Sie lachte und zeigte zwei Reihen schlechter Zähne.

»Also blieben die Fledermäuse da.«

Sie war zur Gemeinde gegangen und hatte angeregt, hier touristisch etwas aufzuziehen. Die Gemeinde fand, sie solle doch selber etwas machen. Also heuerte sie die zwei jungen Männer an, stellte ihre kleine Bude auf und wartete auf Kundschaft. Das Stück Land hatte sie für drei Jahre für 5000 Złoty gepachtet, war aber nicht bereit, die Pacht zu zahlen, solange die Gemeinde keine Straße baute.

Und dann war die Konkurrenz gekommen und hatte sich an einer anderen Stelle Zutritt zum Bunkersystem verschafft. Die Gemeinde hatte sich gefreut und dem Konkurrenten 70000 Złoty Pacht abgeknöpft. Eine Summe, die er wieder hereinkriegen mußte.

»Nun versucht er uns zu verdrängen«, sagte sie. »Seine Leute reißen Hinweistafeln aus, hauen Löcher in den Weg. Ein Kleinkrieg.«

In der Nähe gab es einen Bunker, in dem die Überreste von Skeletten dreißig Zentimeter hoch lagen: Deutsche, die von den Russen vergast worden seien. In den Wäldern hatte man die Leichen der Deutschen liegenlassen. Die Alten, die hier lebten, wüßten noch davon zu erzählen, sagte die Frau. In dem Dorf, wo sie jetzt wohne, in Boryszyn, habe nach dem Krieg noch eine Deutsche gelebt, eine Großmutter. Alt und gebrechlich, wie sie gewesen sei, hätte sie nicht mit auf die Flucht gekonnt. Die Familie hatte die Wohnung räumen müssen, die Neuen, umgesiedelt aus dem Osten, waren schon da. Der Deutsche, der gehen mußte, sei ein Eisenbahner gewesen, und der Pole, der kam und die Wohnung in Beschlag nahm, ebenfalls. Da hätten sie sich verständigt, und die Großmutter sei in die polnische Familie aufgenommen worden. Noch heute hätten die beiden Familien Kontakt und besuchten sich gegenseitig.

Doch jetzt, sagte die Frau, litten die Einwohner unter den deutschen Touristen. Die Preise in den Läden seien gestiegen, und was für die Deutschen immer noch billig sei, sei für die Alten, die mit einer Rente von dreihundert Złoty leben müßten, unerschwinglich geworden. Es müßte unterschiedliche Preise für Einheimische und für Touristen geben, fand sie.

Als ich ins Schloß zurückkam, bemerkte ich am Anschlagbrett einen Zettel.

»Europäische Attraktion! Das größte Befestigungssystem in Europa! Tunnelsystem von 26 km Länge! Größtes Fledermaus-Winterquartier Europas! Ein einmaliges Erlebnis!«

Der Eintritt in die Festungsfront Oder-Warthe-Bogen, der angegeben wurde, war nicht der, den ich per Zufall gefunden hatte. Es war der der Konkurrenz.

XVIII

Kostrzyn / Küstrin-Kietz

Mein erster Besuch in Kostrzyn galt dem »Dom Handlowy«, dem Warenhaus. Es war wie ein großer Basar angelegt, eine Vielzahl privater Läden, die der Zufall zusammengewürfelt hatte. Abteilungen für bestimmte Waren gab es nicht, so daß man, wenn man beispielsweise ein Hemd kaufen wollte, in allen drei Stockwerken den Rundgang machen und sich merken mußte, wo es welche Hemden gab. Kinderspielzeug und Autozubehör, Schreibgerät und Miederwaren, Damenblusen und Pouletschenkel – eines fand sich neben dem anderen, jeweils bewacht von einer Frau, die auf einem Campingstuhl saß. Mitten drin, neben dem Café *May Day*, thronte ein funkelnder Fiat Cinquecento mit einer Tafel, auf der stand, wie man per Ratenzahlung sein Besitzer wurde.

Zwischen einer Galerie – »Triptychen, abstrakte Gemälde, Landschaften« – und einem Stand für Zoobedarf mit Aquarien, Futternäpfen und Stapeln von Hundefutter-Dosen lagen Marienfiguren, Kruzifixe, Engel, Kerzen, Rosenkränze, Broschüren und Bildnisse religiösen Inhalts sowie der polnische Papst in jedweder Qualität und Preislage. Mehr als die Devotionalien zog mich an, was dahinter an der Wand hing: veritable Priestergewänder. Sie waren teils reich verziert, bestickt und mit Bordüren geschmückt.

Ob ich ein solches kaufen könnte, wenn ich wollte, fragte ich die Verkäuferin, die so rund und gemütlich war wie die Putten auf dem Ladentisch. Sie war erstaunt über meine Frage. Alles, was hier sei, könne ich kaufen, meinte sie und breitete die Arme aus über ihren Schätzen.

Dann hätte ich gerne eine Flasche Meßwein, sagte ich, ohne zu überlegen, und zeigte auf das Reklameschild.

»Meßwein ist leider im Moment keiner da«, sagte sie. »Aber nächste Woche kommt wieder welcher.«

»Dann bin ich nicht mehr da«, sagte ich, froh darüber, ihn nicht bekommen zu haben. Vielleicht war es Blasphemie, Meßwein einfach so zu trinken?

Ein großer Sack aus durchsichtigem Plastik zog meinen Blick auf sich. Hunderte von kleinen hellen Scheiben waren darin, ähnlich den Filzrondellen, die man unter Möbelfüße klebt.

»Oblaten«, sagte die Verkäuferin. »Tausend Stück für sieben Złoty!«

Kostrzyn, die Stadt, wo die Warthe in die Oder mündet, hatte etwas Einnehmendes. Backstein gab den Ton an, machte die Atmosphäre warm und freundlich. Das Ensemble mit dem zweistöckigen Bahnhof, dem alten Wasserturm, dem Feuerwehrgebäude und den paar Bürgerhäusern im Zentrum war die Reminiszenz an eine Stadt, die im Krieg fast vollständig zerstört worden war. Das Küstriner Schloß, 1568 unter Markgraf Johann, genannt Hans von Küstrin, fertiggestellt und einst weithin sichtbar, existiert nur noch auf Postkarten, und von der Festung aus dem 16. Jahrhundert, die bereits nach dem Versailler Friedensvertrag entwaffnet und teilweise »entfestigt«, das heißt gesprengt worden war, standen nach dem acht Wochen dauernden Beschuß vom Frühjahr 1945 nur noch die Reste der sogenannten Bastion König mit den meterdicken Mauern, den Kasematten, dem Festungsgraben und dem Wall. An den Sieg der Russen erinnert ein Obelisk, den noch immer der Sowjetstern krönt.

Die Festung, erbaut vom italienischen Baumeister Giromella, hatte ein unregelmäßiges Viereck gebildet mit vier Eck- und zwei Mittelbastionen. Sie war gewappnet gegen die modernen, weit reichenden Pulvergeschütze, die die alten Schleuder- und Wurfmaschinen abgelöst hatten, und galt als Prunkstück ihrer Zeit.

Sie hatte den Oderübergang beherrscht. Erst beim siebten Ansturm war es den Russen gelungen, sie zu nehmen; am 30. März 1945 hatte Küstrin kapituliert. Von den einst 15000 Einwohnern waren noch 450 in der Stadt gewesen. Die Ziegel der zerstörten Häuser wurden auf Lastwagen geladen und nach Warschau transportiert, wo sie für den Wiederaufbau der zerstörten Altstadt verwendet wurden. Küstrins Altstadt sollte es nicht mehr geben. Die Siedler aus dem polnischen Osten ließen sich in der Neustadt am anderen Ufer der Warthe nieder.

Die Geschichte hatte ihre Ironie. Der letzte Festungskommandant, Generalleutnant der Waffen-SS Heinz Reinefarth, war eben der Mann gewesen, der den Warschauer Aufstand vom August 1944 niedergeschlagen und die polnische Hauptstadt in Schutt und Asche gelegt hatte, während die Russen vor den Toren gestanden und gewartet hatten, bis die Sache erledigt war.

Reinefarth war es geglückt, mit den zuletzt verbliebenen dreitausend Mann Festungsbesatzung den russischen Einschließungsring zu durchbrechen und zu fliehen, entgegen Hitlers Befehl, die Festung Küstrin »bis zum letzten Mann« zu halten. Mit einem Panzer soll er die deutschen Linien bei Seelow erreicht haben. Ein Auslieferungsgesuch, das Polen nach dem Krieg stellte, wurde von Deutschland abgelehnt, und Reinefarth, der »Henker von Warschau«, verantwortlich für Massaker an Frauen und Kindern, wurde von westdeutschen Gerichten zweimal freigesprochen. Er brachte es 1951 zum Bürgermeister von Westerland auf Sylt und für eine Legislaturperiode zum schleswig-holsteinischen Landtagsabgeordneten.

Als der russische Angriff begann, war die Stadt noch voller Flüchtlinge. Zu Tausenden waren sie aus Ostpreußen und den von den Russen bereits besetzten Gebieten in Richtung Seelow und ins Hinterland westlich der Oder aufgebrochen: Frauen, Kinder, alte Leute, die mit überladenen Ackerwagen und Pferdeschlitten bei schneidender Kälte über das schneebedeckte Land zogen. Erst im letzten Moment, am 19. Februar, durfte die Zivilbevölkerung durch den »Schlauch«, den einzigen offenen Verbindungsweg, evakuiert werden. Die Wehrmachtsberichte der letzten Märztage priesen den »heldenhaften Widerstand« der »tapferen Besatzung von Küstrin«, als diese schon aufgerieben oder auf der Flucht war.

Die Spuren der Kämpfe waren noch immer sichtbar; was fehlte, sprang ins Auge. Der Hauptbahnhof, die Post, die frühere Reichsbank und die wenigen Bürgerhäuser fielen auf, weil der Rest der Stadt nicht mehr dazu passen wollte. Nun wirkten sie inmitten der eilig hochgezogenen Nachkriegsbauten und der seltsam sich ausbreitenden Freiflächen wie Fremdlinge aus einer anderen Stadt.

Küstrin, geschützt von den sumpfigen Niederungen des Warthebruchs und zwischen zwei Flüssen gelegen, über die es in Kriegszeiten versorgt werden konnte, war in seiner Geschichte oft umkämpft gewesen. Von 994 bis 1163 in polnischem Besitz, fiel die Stadt mit der Teilung des polnischen Großreiches an den Herzog von Schlesien und blieb Zankapfel zwischen den Piasten und den Pommern-Herzögen, bis sie an den Templerorden und damit endgültig – das heißt bis 1945 – in deutschen Besitz überging.

Die »Stadt an den zwei Strömen« wird von manchen Deutschen »Friedrich-Stadt« genannt – nach dem berühmtesten Gefangenen, den die Festung hatte: den auf Weisung von König Friedrich Wilhelm I. eingekerkerten Kronprinzen und späteren Monarchen Friedrich den Großen. Geprügelt und gedemütigt von seinem Vater, hatte er mit seinem Busenfreund, Leutnant Hans Hermann von Katte, »bis ans Ende der Welt« – das heißt nach England – fliehen wollen, war überrascht, verhaftet, in der Festung eingekerkert und der Desertion angeklagt worden. Das Kriegsgericht hatte Katte zum Tode durch das Schwert verurteilt, und Friedrich war vom Vater gezwungen worden, der Enthauptung seines Freundes am 6. November 1730 auf dem Festungswall beizuwohnen. »Verzeih mir, mein teurer Katte!« soll der Vierzehnjährige dem Freund zugerufen und zur Antwort bekommen haben: »Der Tod für einen so liebenswürdigen Prinzen ist süß!«

Die Geschichte fand sich in jedem alten Schulbuch. Dem König war der zum Thronfolger bestimmte Sohn nie preußisch genug gewesen, weil er »Bequemlichkeit einem schonungslosen Einsatz, Musisches dem Militärischen, französischen Brokat dem preußischen Wolltuch« vorzog; ein Weichling, der Bücher las, Traversflöte spielte, »seine Haare wie ein Narr sich frisiret und nicht verschneidet« und »dabei nicht noch schießen kann«, wie der Vater in einem Brief klagte. Friedrich, der bei der Hinrichtung seines Jugendfreundes einen Schock erlitt und in Depression verfiel, bat den König nach seiner Haftentlassung um Verzeihung und schwor, nunmehr »seinem Willen und Befehlen in Zukunft den strengsten Gehorsam zu leisten und alles zu tun, was einem getreuen Diener, Untertan und Sohn zukam«.

Er hatte seine Lektion gelernt. Als »König von Preußen« sollte er dann dafür sorgen, daß Polen von Europas Landkarte verschwand.

Das alles wußte ich, weil ich schon einmal in Küstrin gewesen war, auf der deutschen Seite, in Küstrin-Kietz, wo mir die Kramers Geschichtsunterricht gegeben hatten. Ich war mit dem Bus von Seelow her gekommen und hatte eine Gelegenheit zum Übernachten gesucht. Herr Kramers Haus lag etwas außerhalb der Ortschaft in einer kleinen Senke direkt am Vorflutdamm. Als ich mich dem Grundstück näherte, begann ein Hund zu bellen; ein Schäferhund, der voller Wut in seinem großen Käfig an der Einfahrt hin- und hersprang.

Es war ein ansehnliches Besitztum mit zwei Wohnhäusern, einem großen und einem kleinen, nebst einem Bienenhaus, in dem die Bienen aus- und einflogen. Keine Menschenseele war zu sehen. Der Hund bellte unablässig, in der Wiese stand ein Pferd, ruhig wie ein Reiterstandbild ohne Reiter.

Ich klopfte an die Tür, und es dauerte lange, bis jemand öffnete. Frau Kramer schien mißtrauisch. Ich gab mich entzückt über ihr schönes Anwesen, die Natur, die Tiere, die Stille. Sie nahm mein Kompliment entgegen wie ein gebrauchtes Pflaster. Dann zeigte sie mir das Zimmer und fragte unwillig, wie lange ich bleiben wolle.

Ich sagte, daß ich das noch nicht so genau wisse, daß ich ein bißchen planlos in der Gegend herumreise. Und daß ich Schweizer sei.

Von da an war Frau Kramer um mich besorgt. Sie briet mir Omelette mit Wurstwürfeln und Tomaten, tischte Brot und Butter, Scheibenkäse und Salami auf, holte kühles Potsdamer Bier aus dem Keller und stellte mich dem Schäferhund vor.

»Wissen Sie, die Tage nach der Wende«, sagte Frau Kramer, »das waren die schönsten Tage meines Lebens. Haufenweise sind Deutsche aus dem Westen gekommen, wollten sich alles ansehen. Wir hatten einen Stand an der Straße, verkauften Bücher und Honig. Und abends hatten wir keinen Speichel mehr im Mund vom vielen Reden.«

Was für Bücher sie denn verkauft hätten, fragte ich.

»Na, über die Festung, den Krieg, die Vertreibung. Die ganzen Sachen, über die man nicht hat sprechen dürfen, früher.«

Die Begeisterung über die Besucher aus dem Westen hatte nicht lange angehalten, und bald, sagte Frau Kramer, seien auch kaum mehr welche gekommen. Diejenigen, die immer noch kamen, kannte sie, und ihnen vertraute sie. Sie kamen der Natur oder der Historie wegen, stapften im Schilf und in der Festungsruine herum, beobachteten

Vögel und versuchten herauszufinden, wo genau Friedrich der Große geschmachtet hatte.

Frau Kramer zeigte mir das kleine Haus gegenüber, das ganz neu war.

»Unser Wendekind«, sagte sie. »Der Schwiegersohn wohnt da.«

Sie hatten mit dem Bau unmittelbar vor der Wende begonnen. Dann, als alles zusammenbrach, die Firmen und Betriebe pleite gingen und die Lager liquidierten, konnten sie sich mit Baumaterial eindecken, das nun plötzlich billig und vor allem zu haben war.

Wir gingen durch den Garten.

»Da«, sagte Frau Kramer und wies auf einen hellen Grasfleck, »da hat mein Mann zwei deutsche Soldaten ausgegraben.«

Sie zeigte mir die Photos. Ein Paar Stiefel, worin die beiden Unterschenkelknochen steckten, flankierten einen blanken Schädel.

»Die sind dann auf dem Soldatenfriedhof bestattet worden«, sagte sie.

Schon früher, vor der Wende, hätten sie auf ihrem Grundstück einen Deutschen ausgegraben, erzählte sie. Gleich sei die Stasi aufgetaucht und habe gefragt, woher sie denn wissen wollten, daß dies ein Deutscher sei. An den Stiefeln könne man es erkennen, habe ihr Mann gesagt. Deutsche Stiefel waren genagelt, im Unterschied zu denen der Russen.

Sie erzählte von den Gedenkfeiern, die ein-, zweimal im Jahr anläßlich der Umbettung gefallener Soldaten stattfanden. Die alten Kameraden kamen, Musik spielte und Lieder wurden gesungen.

»Siebzigjährige stehen da und schluchzen«, sagte sie. »Einen kenne ich, der kommt jedes Jahr und bringt eine Rose für seinen Kameraden, den er nach langem Suchen irgendwo auf einem Friedhof gefunden hat. Der hatte ihn aus dem Feuer gezogen, damals, und war dann gefallen.«

Sie schien, wie sie es erzählte, selber bewegt.

»Wenn man die Grabsteine sieht, alles Siebzehn-, Achtzehnjährige. Und wenn man dann an die verkommene Jugend von heute denkt«, seufzte sie.

Ich spazierte nach Polen hinüber. Auf der Oderinsel zwischen dem Vorflutkanal und dem Fluß war die ehemalige Russengarnison, ein halbes Dutzend Kasernen, die leer standen. »Eigentum des Landes Brandenburg. Betreten verboten!« warnte eine Tafel. Am 16. April 1990 waren die Soldaten abgezogen, und im November des darauffolgenden Jahres war der Grenzübergang für Fußgänger und PKW geöffnet worden, nachdem bereits im Mai der Eisenbahnverkehr wiederaufgenommen worden war. Es war eine eigentümliche Atmosphäre um diese großen, leerstehenden Gebäude inmitten der nun wuchernden Büsche und Gräser. Man vermeinte das Echo der Stiefel, der Befehle, der Lieder zu hören, die einst diese Räume erfüllt hatten. Was damit geschehen sollte, war unklar. Die Insel selbst stand unter Naturschutz.

Gleich in der Nähe, hinter der neuen Vorflutbrücke, lag ein Gedenkstein, der an die Kämpfe von 1806 erinnerte, an die Verteidigung Küstrins, bei der am 31. Oktober an der Torschreiberbrücke Leutnant Wilhelm von Falkenhayn und eine Anzahl Soldaten im Kampf gegen die Franzosen gefallen waren. Der Stein war am 20. März 1914, hundert Jahre nach der Befreiung der Stadt und am Vorabend des Ersten Weltkrieges, aufgestellt worden. Bauarbeiter hatten ihn im Oktober 1993 aus dem Flußbett der trockenen Odervorflut gezogen, doch war er »durch Kriegseinwirkungen von 1945 in seiner Ursprünglichkeit nicht mehr erhalten«, wie ein Schild informierte. Ein Kriegsdenkmal, das im Krieg verwüstet worden war.

Es war eine seltsame Gegend. Seit der Wende wurde sie heimgesucht von Grabfledderern, hatte Frau Kramer erzählt. Leute, die mit Metalldetektoren angereist kamen und die Gegend absuchten auf der Jagd nach Militaria. Selbst vor Soldatenfriedhöfen schreckten sie nicht zurück, durchwühlten Gräber und ließen die Gebeine achtlos liegen. Damals, nach dem Krieg, hatte man die Leichen einfach verscharrt, mit Mistgabeln in Granattrichter und Schützengräben gezogen samt Waffen und Munition, und Erde darübergeschüttet. Die Hitlerjungen, die zuletzt noch sterben mußten, galten im Sozialismus als »Kriegsverbrecher« und »Faschisten« und durften auf den Dorffriedhöfen nicht bestattet werden. Es war sogar untersagt, die Erkennungsmarken der Toten einzusammeln. Die zahlreichen Einzelgräber an Feldwegen, in Gehöften und Gehölzen wurden auf staatliche Weisung bei der Zusammenlegung der Äcker im Zuge der Kollektivierung der Landwirtschaft beseitigt. So blieb das Schicksal vieler deutscher Soldaten den Angehörigen unbekannt. Es sei dies mit ein Grund gewesen, hatte ich erfahren, daß die SED vor allem in den Dörfern das Vertrauen der Leute nicht zu gewinnen vermochte.

Und noch immer wurde geschossen in Küstrin-Kietz. »Vierbeiner eines Küstrin-Kietzers mit Luftgewehr verletzt« war ein ausführlicher Bericht in der *Märkischen Oderzeitung* überschrieben. Von »lieben, braunen Hundeaugen« war die Rede, die »traurig durch die Stube blicken«: »Bello« war in der »Deutschlandsiedlung« angeschossen worden, Täter unbekannt. Die Polizei ermittelte, und der Tierarzt versorgte die verletzte Pfote.

Küstrin-Kietz war klein, aber was jenseits der Grenze für die Deutschen angeboten wurde, reichte aus, halb Deutschland zu bedienen. Die neue mehrspurige Zollanlage auf polnischem Boden hatte die Ausmaße eines Truppenübungsplatzes, die Tankstelle hätte eine Panzerdivision zu versorgen vermocht, und ein *Drive-In-McDonald's,* der Big Macs am Fließband ausspuckte für die sich in Richtung Deutschland stauende Autokolonne, schien gerüstet für

Versorgungsschlachten jedweder Größe. Junge Männer mit Eimer und Lappen wieselten zwischen den Autos hindurch auf der Suche nach Kunden, die die Frontscheibe geputzt haben wollten. Alles war neu, hatte etwas Irreales, und Küstrin-Kietz auf der deutschen und Kostrzyn auf der polnischen Seite schienen nur Anhängsel dieser Megamaschine. Der überdachte Basar war das Zentrum, eine Art polnischer Mall; gesichtslos, doch voller Leben. Die Leute drängten sich, standen Schlange, kauften, aßen, tranken und tankten – ein Organismus das Ganze.

Bis nach Kostrzyn selbst war es noch ein gutes Stück zu Fuß. Auf der Brücke über die Warthe blieb ich stehen und schaute mich um. Fischer standen am Ufer, still, als wollten sie gemalt werden, und Vögel zogen ihre Bahn unter weißen, großen Wolken, die ruhig über das Land segelten.

Frau Kramer hatte mir eine kleine Bibliothek aus der Sammlung ihres Mannes zusammengestellt, Bücher, die Titel trugen wie *Brennendes Oderland, Die Jahrhundertflut* oder *Als Küstrin in Trümmer sank.* Küstrins Geschichte war eine Geschichte der Katastrophen. Vieles kannte ich aus meinen Erkundungen in Seelow, namentlich die Schlacht um das Oderbruch, ein Rekordunternehmen in Verlusten an Menschen und Material, das immer wieder mit einer Mischung aus Schauder und Stolz geschildert wurde.

Die zweite Schlacht um das Oderbruch hatte 1997, ein halbes Jahrhundert später, stattgefunden. Die Erlebnisberichte darüber waren nicht weniger dramatisch als die Kriegserinnerungen. Diesmal war der Gegner die Natur, und es schien, als sei der Stolz über die siegreiche Abwehr der Jahrhundertflut auch eine Genugtuung für die Niederlage, die man zuvor gegen die Russen erlitten hatte. Bundeskanzler Kohl hatte die »Verteidigung des Oderbruchs« zur »nationalen Aufgabe« erklärt, und Teile der Armee und Tausende von Helfern waren in die Schlacht geworfen worden, um den 90 Kilometer langen Oderdamm zu halten. Millionen von Sandsäcken waren herbeigeschleppt worden, Deichläufer hatten die Flut im Auge behalten, und die Frontmeldungen klangen nicht minder dramatisch als 1945: »Deichbruch bei Brieskow-Finkenheerd!«, »Ziltendorfer Niederung überschwemmt!«

Der Damm hatte gehalten, obwohl die Oder den höchsten je gemessenen Wasserstand erreichte. 1947 hatte er nicht gehalten, wegen Kriegsschäden und Eisversetzungen war er am 22. März bei Reitwein an zwei Stellen gebrochen, worauf das ganze Oderbruch überflutet worden war, 60000 Hektar Land unter Wasser standen und 20000 Menschen obdachlos wurden. Es war, nach dem Krieg, der zweite Schlag.

Den dritten führte der Staat. Im Gefolge der Bodenreform vom September 1945 wurden die Gutsbesitzer enteignet und landwirtschaftliche Großkombinate zur Pflanzen- und Tierproduktion errichtet; ein Feldzug, der 1960 abgeschlossen war. Die »Kooperationsgemeinschaft Golzow« schleifte zahlreiche Deich- und Bruchgehöfte und versenkte, was nicht als Baumaterial genutzt werden konnte, in Gruben, die auf dem freien Feld ausgehoben wurden. Schließlich wurde alles mit der Planierraupe eingeebnet. Die Vergangenheit war begraben. Gutshöfe, Kriegsschrott, Blindgänger waren unter dem Boden – das Zerrbild einer Welt, die unwiderruflich untergegangen war.

Die Kramers, daran konnte es keinen Zweifel geben, waren keine Sozialisten. Die Bücher ihrer Bibliothek waren allesamt in den neunziger Jahren, nach der Wende, erschienen, und ihr Pathos gründete in der Erleichterung, sich endlich Luft verschaffen und sagen zu dürfen, was Sache war. Einst die Befreier, waren die Russen nun die Plünderer und Vergewaltiger, und Kirchengeschichte war wieder ein Gegenstand der Lokalhistorie.

XIX

Werbig – Bad Freienwalde – Eisenhüttenstadt

Auf einem Zettel an die »sehr geehrten Reisenden«, der an einem Pfahl im Bahnhof von Werbig klebte, war zu lesen, daß die Strecke Tiefensee–Wriezen für den »Schienenpersonalverkehr« demnächst geschlossen würde.

Ich fürchtete schon, die Strecke sei bereits stillgelegt. Die Station hatte zwei Bahnsteige, einen tiefer liegenden an der Linie Kostrzyn–Berlin und einen höher liegenden an der Linie Frankfurt–Eberswalde. Da wie dort war keine Menschenseele zu sehen. Eine nagelneue Tafel »Willkommen in Werbig« gab die Lokalchronik zum besten mit Informationen wie »1405 – unter den 22 Grundstücksbesitzern sind 7 Gärtner« oder »1955 – Werbig ist wieder der Gemüsegarten von Berlin«. Der Ort rühmte sich der Fischereirechte in der Oder, des Rechts, eine Branntweinbrennerei zu betreiben, nannte eine Ölmühle, zwei Windmühlen und eine Ziegelei sein eigen. Und immer noch war man im Garten- und Gemüsebau tätig.

Ich lernte die Tafel auswendig, ich hatte nichts besseres zu tun in den eineinhalb Stunden, die ich auf den Anschluß wartete. Vielleicht war es den Einwohnern von Werbig auch so ergangen. Jedenfalls hatten sie lückenlos aufgezeichnet, was sich im Verlauf der Jahrhunderte ereignet hatte, egal, ob erwähnenswert oder nicht.

Interessant waren die Informationen über die Ostbahn, die einst die westlichsten und die östlichsten Provinzen Preußens miteinander verbunden hatte. 1877, mit dem Anschluß an die Eisenbahnstrecke Frankfurt (Oder) – Wriezen, war Werbig zum Eisenbahnknotenpunkt geworden, und 1896 war hier der erste Nord-Expreß von Paris nach Eydkuhnen mit Anschluß nach St. Petersburg durchgefahren. 1945 wurde die Verbindung getrennt. Noch war die Gesamtstrecke bis nach Kaliningrad erhalten, doch die Hoffnungen auf eine Wiederbelebung des Fernreiseverkehrs in die baltischen Staaten hatten sich nicht erfüllt.

Die Strecke war nicht elektrifiziert. Als ich mich eben daranmachen wollte, die Schwellen zu zählen, rollte eine Diesellok mit zwei leeren Waggons an, und an abgeernteten Feldern vorbei fuhren der Lokomotivführer und ich Bad Freienwalde entgegen.

Bad Freienwalde war ein Kurort. Es war Sommer, Hochsaison, doch es war kaum jemand da, sich die auffallend hübsch aufgemachten Auslagen der Geschäfte anzusehen. Das Städtchen saß artig am Hang eines Hügels, zurechtgemacht wie das Mädchen, das während des Balls auf der Bank sitzen bleibt und doch die Hoffnung nicht aufgeben will auf den einen, der sich seiner erbarmt.

Die Kurklinik, die etwas außerhalb des Ortes lag, war renoviert und 1994 neu eröffnet worden. Man hoffte an eine Tradition anknüpfen zu können, die bis ins 17. Jahrhundert zurückreichte, als der Freienwalder Apotheker Gensichen die Heilkraft der mineralstoffreichen Quellen nachwies, die man nebst dem schwefelhaltigen Moor nutzte. Der Große Kurfürst hatte hier Linderung von seinem Gichtleiden gefunden, und die Preußische Königin Friederike Luise, die Gemahlin von Friedrich Wilhelm II., war alljährlich für mehrere Wochen nach Freienwalde gekommen, wo man einen Garten für sie anlegen und einen Pavillon, das »Teehäuschen«, hatte errichten lassen; schließlich auch ein Landhaus, das jetzt etwas großspurig »Schloß« hieß. Walther Rathenau, Generaldirektor der Allgemeinen Elektrizitätsgesellschaft AEG und später Außenminister der Weimarer Republik, erwarb 1909 das Anwesen; 1922, nach seiner Ermordung, schenkten es die Erben dem Kreis Oberbarnim.

Theodor Fontane hatte in seinen *Wanderungen durch die Mark Brandenburg* Freienwalde als Ort von Welt, als »Fremdenstadt«, portraitiert. »Noch sind wir nicht ausgestiegen«, schrieb er, »und schon rasseln andere Postwagen von rechts und links heran; das Blasen der Postillione nimmt kein Ende; Herren in grünen Reiseröcken und Tiroler Spitzhüten wiegen sich auf ihren Stöcken und umstehen das Posthaus, bloß in der vagen Hoffnung, ein bekanntes oder gar hübsches Gesicht zu sehen.«

Diese Hoffnung hatte ich durchaus auch, aber mir war kein Glück beschieden. Bad Freienwalde, wie es seit 1924 hieß, machte indes einen neuen Anfang und durfte jetzt wenigstens mit dem Titel »vorläufig anerkanntes Moorheilbad« werben. Die endgültige Anerkennung als Kurort, um die man in Potsdam ersucht hatte, stand noch aus.

So fuhr ich nach Eisenhüttenstadt, gelockt von einer Anzeige, die ich in der *Märkischen Oderzeitung* gesehen hatte: »Ostalgie-Party mit DDR-Mode«. Im Zug las ich von Siegmund Jähn, den ersten Deutschen im Weltraum, ein Bericht, der in derselben Ausgabe des Blattes abgedruckt war. Am 26. August 1978 war der DDR-Fliegerkosmonaut mit der Sojus 31 unter Kommandant Waleri Bykowski zur Weltraumstation Saljut 6 ins All gestartet, mehr als fünf Jahre vor dem ersten Westdeutschen Ulf Merbold, der im übrigen ein Republikflüchtling war. »Der erste Deutsche im All – ein Sohn unserer Republik!« hatte man in der DDR frohlockt. Im Westen war man neidisch auf den »Sachso-Germanen« und verhöhnte ihn als »Mitesser in der Russen-Rakete«, im Osten feierte man den Helden, bis niemand mehr von ihm hören mochte. Egon Krenz, Chef der Freien Deutschen Jugend, prägte den Slogan »Kosmoshelden – Klassenbrüder« und ernannte den 41jährigen Raumfahrer zum Ehrenmitglied. Die Eisenhüttenstädter Walzwerker, hieß es in der Bezirkszeitung *Neuer Tag*, habe die Nachricht in der Spätschicht erreicht und zu neuen Höchstleistungen beflügelt. »Das spornt an, wer zur Sache steht, legt zu«, wurde ein Arbeiter zitiert unter der Überschrift »Hoch der Hochöfner!«. Es muß ein erhebendes Gefühl gewesen sein, Kohle zu schaufeln im Wissen, wie weit man es damit bringen konnte. Wenn man aus dem Land auch nicht hinausdurfte – der Himmel schien offen.

Das erste, was ich von Eisenhüttenstadt sah, als ich vom Bahnhof herkam, war die Anzeigetafel eines Bestattungsinstituts. »Erledigung aller Formalitäten. Auf Wunsch auch Hausbesuche« stand groß auf dem Reklameschild.

Mehr Zuversicht verströmte das Stahlwerk, das der Stadt den Namen gegeben hatte. Auf dem schwarzen Ungetüm, an das sich die neue Sparkasse, ein *McDonald's* und ein *Burger King* wie illegitime Kinder angelehnt hatten, prangte eine leuchtendweiße Schrift: »Dieser Stahl ist hier gekocht. So wird es bleiben!«

Eisenhüttenstadt, die einzige deutsche Stadtgründung nach dem Krieg, war als Anhang des »Eisenhüttenkombinats Ost« auf dem Reißbrett entworfen und samt der Großgaststätte *Aktivist* und dem »Friedrich-Wolf-Theater« aus dem Boden gestampft worden. Am 18. August 1950 hatte man symbolisch die erste Kiefer gefällt und mit den Bauarbeiten begonnen, 1955 zählte die Gemeinde bereits 15 000 Einwohner, bis 1989 wurden es 53 000. Polen lieferte die Kohle für das Stahlwerk, die Ukraine das Eisenerz – nun hatte auch die DDR eine metallurgische Industrie wie die BRD. Allerdings blieb man für die Stahlverarbeitung auf die Dienste westdeutscher Firmen angewiesen, was teure Devisen kostete. Doch nach dem Industrialisierungsmodell der Sowjetunion stand und fiel alles mit der Schwerindustrie – Dimitroffgrad in Bulgarien, Stalinvaros in Ungarn und Nowa Huta, das man dem alten Krakau vor die Nase setzte, wurden in derselben Zeit errichtet.

Was für Hitler Wolfsburg war, die für das Volkswagenwerk gebaute Stadt, war für Ulbricht Eisenhüttenstadt. An

Raum für Aufmärsche sollte es da wie dort nicht fehlen. Breite Straßen und große Plätze begeisterten die Parteifunktionäre; daß der Mensch, wenn er nicht Masse ist, darauf verloren wirkt, kümmerte sie wenig.

Das Stahlwerk ist immer noch in Betrieb, und mit rund 3000 Beschäftigten – einem Viertel des früheren Bestandes – zählt es zu den größten Arbeitgebern in Ostbrandenburg. 1995 war es vom belgischen Unternehmen Cockerill Sambre übernommen und später unter dem Namen EKO Stahl GmbH dem französischen Unisor-Konzern eingegliedert worden. Der Investor hatte der Treuhandgesellschaft eine Mark bezahlt für die sechzigprozentige Beteiligung an dem Sorgenkind, für das kein westdeutsches Unternehmen sich hatte gewinnen lassen, und kassierte dann 600 Millionen Mark Modernisierungszuschüsse von Bonn und dem Bundesland Brandenburg. Ein neuer Hochofen, eine Sinteranlage und ein Warmwalzwerk wurden gebaut; zu den Abnehmern des Stahls zählten die großen Automobilhersteller Europas.

»Hütte«, wie die Stadt von ihren Einwohnern genannt wird, hätte ursprünglich Karl-Marx-Stadt heißen sollen. Die Namenstaufe war für den 14. März 1953 geplant, den Todestag des »größten Sohnes des deutschen Volkes«, aber dann war am 5. des Monats unplangemäß Stalin gestorben, weshalb die erste sozialistische Stadt auf deutschem Boden den Namen des georgischen Despoten erhielt.

In der Zeitung *Neuer Tag* war zur Tauffeier ein Artikel erschienen, dessen Verfasser, noch nicht ganz dem Stil des sozialistischen Realismus verpflichtet, eine fiktive Betriebsbesichtigung des »großen genialen Führers der Völker« schildert und beschreibt, wie er durchs Tor »in das weite Gelände des jungen, aber doch schon riesigen Werkes« schreitet: »Der feierliche Ernst seiner Gesichtszüge ist einem gütigen, väterlichen Aussehen gewichen. Zart spielt der Wind mit Silberfäden seines Haupthaares. Grünumgebene Frühlingsblumen heben ihre Köpfe höher, die Amseln im nahen Forst schlagen heller: Stalin schreitet durch das Kombinat.«

»Stalinstadt« – der Name hielt bis 1961 – war geprägt vom Industrie-Enthusiasmus des Sozialismus. Im Zentrum die Magistrale, die Werk und Krankenhaus verband, rundum Arbeiterpaläste – ein Grundriß von funktionaler Logik. Die Fabrik war das Schloß, der Schornstein der Kirchturm und der Hochofen der Altar. Auf den Bau eines Gotteshauses konnte verzichtet werden, nachdem Ulbricht in seiner »Turmrede« vom 7. Mai 1953 statuiert hatte, Türme von »Verdummungsanstalten« würden nicht die Silhouette der neuen Stadt verunzieren. Die Hochschule, die er versprach, wurde nie gebaut.

Eisenhüttenstadt war in Rekordzeit errichtet worden, aber selbst diese war nicht kurz genug, als daß sich die ideologischen Gezeiten der Planungsgeschichte nicht niedergeschlagen hätten. Kurt Leucht, Leiter der Abteilung Städtebau im Ministerium für Aufbau und zuständig für die Koordinierung und Kontrolle der Arbeiten aller Aufbaustädte in der DDR, hatte die ersten Planungsentwürfe attackiert, war 1951 zum verantwortlichen Architekten ernannt und zwei Jahre später wieder abgesetzt worden. Ulbricht hatte nach einem Besuch in Eisenhüttenstadt Kritik an den lieblosen und kasernenähnlichen Wohnblocks geäußert, eine Überarbeitung gefordert und Gesimse, Balkone, Erker und Loggien sowie eine Blockrandbebauung vorgeschlagen. Der Direktive wurde Folge geleistet, klassizistische Elemente wurden hinzugefügt. Doch in den Grundzügen war man Leuchts Entwurf treu geblieben; sein Vorbild war die ukrainische Industriestadt Saporoshje gewesen.

Nun stand das Ganze unter Denkmalschutz. Vier Wohnkomplexe für je 5000 bis 7000 Bewohner mit Geschäften, Schulen, Kindergärten und Krippen; letztere so groß, daß man darin eine ganze Armee von sozialistischen Säuglingen hätte versorgen können.

Jetzt gab es kaum noch Kinder, die großen, weiten Höfe blieben still. Da und dort waren Rentner mit ihren Einkäufen unterwegs. Leer standen auch viele Wohnungen, nicht nur in den verhärmten Plattenbauten, die in den siebziger und achtziger Jahren dazugekommen waren.

Was jedoch blühte, war der Autoverkauf. Das mußte man zumindest aus den blitzblanken neuen Hallen schließen, die blitzblanke Autos zur Schau stellten. Kaufpreise waren keine angeschrieben, nur die monatlichen Raten, die so niedrig waren wie die Zahlungsdauer lang. Eisenhüttenstadt, hatte der Bürgermeister verlauten lassen, sei keine Krisen-, sondern eine »Chancenstadt«. Mit dem Plan, die 1945 zerstörte Brücke über die Oder wieder aufzubauen, zielte man auf eine neue Rolle als »Tor zum Osten«.

Eisenhüttenstadt hatte im Sozialismus als privilegiert gegolten. Als am 17. Juni 1953 in vielen Städten der DDR die Arbeiter auf die Straße gingen, gegen die Erhöhung der Arbeitsnormen protestierten und freie Wahlen forderten, blieb es in Eisenhüttenstadt verhältnismäßig ruhig. Nur die Bau- und Transportarbeiter zogen zum Rathaus, sangen »Brüder, zur Sonne, zur Freiheit« und das Nazilied »Siehst du im Osten das Morgenrot«, während die Hochöfner und die Arbeiter an der Masselgießmaschine abseits blieben. »Rote Hochöfner« wurden sie von den Streikenden geschimpft, was in der DDR-Historiographie dann zur Ehrenbezeichnung avancierte.

Eisenhüttenstadt lag im »Tal der Ahnungslosen«; auf dem Schierenberg war ein Störsender installiert, Westfernsehen durfte in dieser Festung der Arbeiterklasse nicht empfangen werden. Dafür gab es schöne Verse, wie die des Kulturensembles der Jungen Pioniere Brandenburg:

Hohe Öfen, blanke Gleise,
wache Drähte, junger Mut!
Erz vom Freunde wird zu Eisen,
Koks vom Nachbar wird zur Glut.

Angepaßt blieben sie, die Bewohner von »Hütte«. Erst im Dezember 1989, als die Mauer in Berlin bereits gefallen und Stück für Stück im Souvenirhandel war, wurde auch in Eisenhüttenstadt demonstriert. Die Stadt galt nach wie vor als »rote Ecke«, und Autofahrer, die in Leipzig oder Dresden tanken wollten, wurden nicht bedient, wenn ihr Wagen das Kennzeichen »E« für Eisenhüttenstadt trug. »Ihr geht erst mal montags auf die Straße«, wurde ihnen beschieden, »und demonstriert mit.«

Die Lindenallee, vormals Leninallee, die Hauptgeschäftsstraße Eisenhüttenstadts, ist exakt auf den Hochofen ausgerichtet und flankiert von großen, verglasten Ladenzeilen. Es war historischer Boden, auf dem ich ging. Der Granit der Gehsteige, ein Patchwork, hatte erst für ein Siegerdenkmal von Hitlers tausendjährigem Reich dienen sollen, hernach für ein Stalin-Monument, das der Stadtarchitekt am Ende der Magistrale im Bereich des Werkseingangs hatte errichten wollen: Dreißig Meter hoch, hätte Stalin die Hänge der Diehloer Berge im Süden im Auge gehabt, an denen man – ein gesellschaftspolitischer Kompromiß – für die »schaffende Intelligenz«, die Ingenieure und Techniker, Ein- und Zweifamilienhäuser hingestellt hatte.

Schließlich hatte man die Granitblöcke in Platten zersägt und diese verlegt. Die Vorstellung gefiel mir: Der Boulevard als Ort, wo man auf dem Rohstoff für die Tyrannen des 20. Jahrhunderts herumtrampelte.

In ebendieser Allee war jetzt eine Party in Gang. »Deutsch-Polnisches Musiksommerfest« stand auf einem Spruchband über einer Bühne, auf der ein vielleicht zwanzigköpfiges Orchester für ein Publikum spielte, das kaum ein Dutzend Leute zählte und verteilt auf langen Bänken saß. Es gab eine kleine Eisenbahn – »Station Santa Fé« – für Kinder, auf der die Kleinen für eine Mark fünfzig ein paar Runden drehen, und einen Hau-den-Lukas, an dem sie ihre Kräfte messen konnten. Ich schlenderte eine Weile herum und schaute der polnischen Volkstanzgruppe zu; jungen Frauen und Männern in Trachten, die mit ungebremster Begeisterung auf der Bühne herumhüpften, bis sich der letzte Zuschauer verzogen hatte und nur noch ein paar Mütter und Väter sich solidarisch langweilten, während die Kinder an ihren Lollis lutschten und die Grillwürste einem traurigen Ende entgegenschmorten.

Ein trübseliger Himmel ließ ab und zu ein paar Tropfen auf die Szenerie fallen, die in ihrer hilflosen Entschlossenheit schon wieder etwas Rührendes hatte. Den unerschütterlichen Optimismus von Veranstaltern, die nahezu unter sich blieben, sollte die *Märkische Oderzeitung* in ihrem Bericht vom Montag denn auch zu würdigen wissen. Gestanzte Formeln wie »zog am Wochenende viele Einheimische und Gäste an«, »sorgten für Stimmung«, »erfreuten die Festgäste« erinnerten an die Parteiblätter von ehedem, die oft nicht falsch las, wer genau das Gegenteil davon für richtig hielt.

Ich spazierte hinüber nach Fürstenberg, dem alten Teil von Eisenhüttenstadt. Das Städtchen am Ufer der Oder war im Mittelalter gegründet worden und hatte hübsche, renovierte Bürgerhäuser mit jeder Menge leuchtfarbener »Zu vermieten«-Aufklebern in den Fenstern. Die neuen Straßenschilder, blau, waren in Fraktur beschriftet. Der Ort selbst, der in der DDR auf »Eisenhüttenstadt Ost« umgetauft worden war, hatte wieder seinen alten Namen bekommen. Fürstenberg war ein Stützpunkt der Rüstungsindustrie der Nazis gewesen; ein unterirdisches Werk des Rheinmetall-Borsig-Konzerns stellte Teile für die V2-Waffen her, und die Deutsche Gold- und Silberscheideanstalt Degussa unterhielt eine Produktionsstätte für Zyklon B, das Giftgas der Vernichtungslager. Die Arbeitskräfte, Polen, Franzosen und Russen, holte man vorab aus dem Kriegsgefangenenlager M Stalag III B, das 15000 Insassen zählte, und aus einem KZ-Außenlager von Sachsenhausen. Polnische Juden aus dem Zwangsarbeitslager

Finkenheerd bauten auch das Kraftwerk Vogelsang der Märkischen Elektrizitätswerke, das dann nicht mehr ans Netz ging.

Der Boden war mit Blut getränkt. Im September 1941 waren im sogenannten Industriehof 12000 russische Kriegsgefangene in einer eigens für diesen Zweck konstruierten »Genickschußanlage« ermordet worden. In einer an der Wand angebrachten Meßlatte, vor die sich die Soldaten, angeblich zur Messung der Körpergröße, stellen mußten, war ein Schlitz angebracht, durch den ein SS-Mann vom Nachbarraum aus schoß.

Doch jetzt war ich auf der Suche nach den Echos jener anderen, zweiten deutschen Diktatur. Und ich wurde fündig. An der Tür eines eher unscheinbaren Gebäudes in der Wilhelmstraße klebte ein Plakat.

Ausstellung Erlebter Osten.
Was gibt es wieder?
Ostalgie-Nacht
Gesellschaftshaus Schleicher
25.– DM
Gegen ein altes DDR-Produkt erhält jeder Besucher ein neues Ostprodukt.
Es kommen: Honi, Stalin, Lenin, Gorbi, Castro, Easty Girls.

Ob sich in Fürstenberg jemand nach dem Sozialismus sehnte? Vielleicht würde ich der einzige Gast auf der Ostalgie-Party sein. Falls ich nicht noch Gesellschaft erhielt von den Genossen jener Marxistisch-Leninistischen Partei Deutschlands, deren Wahlplakat neben einem Lebensmittelladen hing, der preisgünstigen »deutschen Blumenkohl« anpries. »Vorwärts zum echten Sozialismus!« stand darauf, das »echt« doppelt unterstrichen. Die Partei forderte den 6-Stunden-Tag bei vollem Lohnausgleich, was bestimmt eine gute Sache war in einer Gegend mit so vielen Arbeitslosen.

Doch vor dem *Gesellschaftshaus Schleicher* standen schon ein paar Leute herum, die auf Einlaß warteten. Junge waren es zumeist, viele unter dreißig. Die Ankunft neuer »Genossen« wurde mit Gelächter begrüßt; besonderen Applaus erntete ein Mittfünfziger, der, wie ich den Kommentaren entnahm, in der vollständigen Ausrüstung eines Angehörigen der »Betriebskampfgruppe« aufkreuzte: grüne Uniform mit Mütze, umgehängtes Fernglas, Lederkoppel. Er glich jenen Pfadfindern, die man aus amerikanischen Filmen kennt und die immer ein paar Jahrzehnte zu alt sind für das, was sie tun. Bloß, daß er lange Hosen anhatte. Die Frauen, teilweise auch die Männer, trugen blaue FDJ-Hemden mit dem Sonnenemblem am Ärmel. Wer immer neu hinzukam, wurde einer Besonderheit wegen gewürdigt; die Bemerkungen halfen mir, wenigstens ein paar der Puzzlestücke zusammenzusetzen, die die Kleiderordnung der DDR ausmachten. Da war eine junge Frau in einem weißen Pionierhemd mit blauer Schleife; ein bißchen daraus herausgewachsen, was ziemlich sexy aussah und allgemein amüsierte.

Die Stimmung war locker. Man hatte sich längere Zeit nicht gesehen – nicht so gesehen –, und in die Freude der Familienzusammenkunft mischte sich die Verlegenheit über die Kostümierung, die aus dem Anlaß eine Art Karneval zur Unzeit machte.

Als die Tür endlich aufging, begann ein Prozedere, wie ich es von früher her kannte. Eine Karte kaufen und eintreten, das ging nicht. Wachtpersonal stand herum, und man mußte ein Visum erwerben, das einen zur Einreise in die »Ostalgie-DDR« berechtigte. Das Visum kostete 17 Mark und trug die Embleme der DDR nebst einem Portrait von Helmut Kohl. Darauf stand: »Dieses Visum ist personengebunden und nicht übertragbar. Es ist nur gültig mit aktuellem Datumsstempel. Die Ausreise muß sich der Reisende mit gültigem Stempel auf der Rückseite vermerken lassen, ansonsten unterliegt er weiter dem

Zwangsumtausch von 15.– DM in 15.– Mark in Forum bei erneuter Einreise. Befolgen Sie die Weisungen des Wachpersonals.«

Ich fragte mich, was »in Forum« bedeuten mochte und tauschte am nächsten Schalter 20 Mark in Ostmark um. Der Schalterbeamte wies mich darauf hin, daß der allfällige Rücktausch nicht mehr im Verhältnis eins zu eins, sondern im Verhältnis zwei zu eins erfolgen würde. Den freudlosen Ernst von damals zu imitieren hätte einen begabteren Schauspieler verlangt.

Von den Nachrückenden nach vorn geschoben, hatte ich kaum Zeit, all die Broschüren, Lebensmittel und Gegenstände aus der DDR zu bewundern, die auf den Tischen in der Eingangshalle auslagen; *Hallorenkugeln, Tempolinsen* und *Club*-Zigaretten, der Konfekt *Süße Stunden* und der Weincocktail *Liebeszauber.*

Über der Bühne des Saales, die von DDR-Fahnen flankiert war – schwarz-rot-gold mit Hammer, Zirkel und Ährenkranz –, hing ein großes rotes Spruchband mit gelber Schrift: »Alles für das Wohl des Volkes. Alles für den Frieden.«

Ich besah mir das Bündel blauen Papiergeldes, das ich bekommen hatte. Die Scheine trugen das Portrait von Karl Marx, der so grimmig aussah, als würde er Kleinkinder zum Frühstück verzehren. »Einreise-Forum-Scheck der Disco-DDR« stand darauf, »offizielles Zahlungsmittel der Ossi-Party«. Und darunter: »Wer nachgemachte Forum-Scheck's verfälscht oder verfälschte Forum-Scheck's nachmacht, hat eine Stasi-Vergangenheit!«

Der Saal füllte sich. Es gab Visa für Sitzplätze und solche für Stehplätze, stellte sich jetzt heraus. Ich hatte ein Stehplatz-Visum; die Tische waren alle besetzt. Schaute man sich um, hätte man glauben können, verschiedene Vereine hätten irrtümlicherweise ihren Festanlaß auf denselben Tag gelegt; Feuerwehr, Pfadfinder, Soldaten, Heilsarmee und gemischter Chor unter ein und demselben Dach. Bloß die Stasi fehlte. Oder waren das die, die in Zivil herumstanden?

Daß ich nicht dazugehörte, konnte man mir ansehen, auch wenn ich kein Plakat um den Hals trug. Ich spürte es. So wie es jener Grenzbeamte der DDR gespürt hatte, der mich, es war am 10. November 1989, aus der Menge herausgepflückt hatte, die von ihrem Besuch im Westteil Berlins um Mitternacht wieder nach Hause zurückgekehrt war. Ich hatte keine besondere Kleidung getragen, glaubte es zumindest, aber er hatte sofort erkannt, daß ich kein DDR-Bürger war.

Punkt 21 Uhr 30 ging es los. Wie auf Kommando erhob sich das Publikum zu den Klängen der DDR-Nationalhymne und sang, weniger bewegt als fröhlich, »Auferstanden aus Ruinen«. Dann trat der Conférencier auf die Bühne, ein Mann von etwas schmieriger Eleganz, mit geöltem Haar und ebensolcher Stimme. Er rieb sich die Hände und rief: »Für Frieden und Sozialismus – seid bereit!« – »Immer bereit!« parierte das Publikum und begrüßte mit donnerndem Applaus den Staatsratsvorsitzenden Erich Honecker, der eine Rede zur Einweihung der einmillionsten Kläranlage hielt. Honecker trug einen eierschalenfarbenen Anzug mit Hut wie Tom Wolfe. Er hieß, wurde mir gesagt, im wahren Leben Kurt Schmidt und war Baggermaschinist in Bitterfeld. »Es hat sich viel verändert, ihr habt jetzt die Freiheit, ich habe euch gewarnt«, sagte er.

Es war schwierig, seiner Rede zu folgen, ging doch das meiste im Geklatsche und Gejohle unter. Kein Zweifel, der Mann, »Honi«, war populär. Der Saal feierte ihn mit der »Internationalen«.

Die wahre Liebe des Publikums aber galt dem Zickenbart, Walter Ulbricht, einstiger Erster Sekretär des Zentralkomitees der SED. Das Männchen in seinem mausgrauen Anzug erntete Beifallsstürme, als es, begleitet von einer Rauchwolke wie ein Popstar, unter sein Portrait trat, das die Bühne dominierte. »Vor einem Jahr standen wir am Abgrund. Heute sind wir einen großen Schritt weiter!« leitete Ulbricht seine Rede ein, die immer wieder von »Walter, Walter«-Rufen unterbrochen wurde. Man liebte ihn für seine Stilblüten, die nun gesammelt zum besten gegeben wurden. Wie er seine Rede vom Blatt las, las er die Regieanweisungen immer mit: »Hurrah, hurrah, bitte wenden, hurrah, hurrah«, und an jeden seiner Sätze hängte er ein »Ja« oder ein »Nuuu« an.

Als er geendet hatte, betrat wieder der Conférencier die Bühne. »Neunzig Prozent von euch können Russisch!« rief er und stimmte, um das unter Beweis zu stellen, ein Lied an, das »Druschba« (»Freundschaft«) hieß und das alle mitsangen.

Dann hatte Stalin seinen Auftritt. In seiner weißen Uniform, mit dem vollen, nach hinten gekämmten Haupthaar und dem imposanten Schnauzbart im pockennarbigen Gesicht glich er zum Verwechseln dem Generalissimus. »Ein Applaus für den Genossen Stalin, daß er kommen konnte und heute abend bei uns ist!« rief der Conférencier; was folgte, wäre in einem der üblichen Parteitagsberichte als »donnernder, langanhaltender Applaus« bezeichnet worden. Stalin lächelte nur und führte die Pfeife zum Mund. Es war ein unergründliches Lächeln; so mochte »Onkel Joe« gelächelt haben, wenn er Kampfgefährten zum Tode verurteilte, ganze Völker deportieren und massakrieren ließ. Der glatzköpfige Lenin, der, ebenfalls stumm, neben ihm stand, war in seinem Anzug mit Gilet und roter Krawatte weit weniger beeindruckend als dieser gütige, lächelnde Teufel in Weiß.

Hätte man auch darüber gelacht, wenn Hitler auf der Bühne gestanden und das Publikum »Sieg Heil!« gerufen hätte?

Ich bemerkte, wie ein junger Mann, der in meiner Nähe stand, ein paarmal zu mir herüberschaute. Er hatte, wie ich, nicht applaudiert, als Stalin und Konsorten auf die Bühne getreten waren. Ich fragte ihn, ob die Begeisterung, mit der hier gefeiert werde, ein Anzeichen dafür sei, daß man sich die alten Zeiten zurückwünsche. Er lachte.

»Nein, bestimmt nicht. Das will bestimmt niemand!«

Ich sagte, ich verstünde vieles nicht, all die Anspielungen, worüber die Leute lachten. Überhaupt, was das Ganze solle.

»Wir selbst verstehen es nicht«, sagte er. »Wie sie war, die damalige Zeit. Und ich werde sie meinem Sohn auch nicht erklären können, später. Er ist jetzt sieben.«

Er hob sein Glas und schwenkte es in Richtung Bühne. »Das ist ein Weg, es zu verstehen.«

Der musikalische Rückblick auf vierzig Jahre DDR war in vollem Gang. Freiheit, Solidarität, Proletariat – das ganze Liedgut des Sozialismus. Ein heller Kinderchor aus der Konserve, das Publikum sang mit: »Ich trage eine Fahne, und diese Fahne ist rot!« Dann die Puhdys mit »Alt wie ein Baum«. Feuerzeuge wurden in die Luft gestreckt und geschwenkt.

Soldaten der Nationalen Volksarmee, deren Uniformen schon ziemlich spannten, hingen am Tresen, prosteten einander zu und schauten auf das Treiben.

Plötzlich stand Ulbricht neben mir. Er hatte seinen Hut in den Nacken geschoben und ein Glas Bier in der Hand. Er war dem Alten so ähnlich, daß ich mich unwillkürlich streckte. Wenn ich ihm jetzt eine herunterhauen würde, dachte ich, käme ich bestimmt nach Bautzen. Ich hob mein Glas.

»Zum Wohl, Herr Ulbricht«, sagte ich.

»Zum Wohl«, sagte er.

Ich fragte ihn, seit wann er diese Rolle spiele.

»Seit zwei Jahren«, sagte er »Das heißt, seit zwei Jahren bin ich hier dabei.« Er steckte die Hand in die Hosentasche. »Hab ich aber früher schon im kleinen Kreis gemacht. Als Imitator.« Nun, da er nicht mehr in der Fistelstimme sächselte, war er nur noch halb so schreckerregend.

»Hab halt seine Werke studiert«, sagte er, »die Reden, die Aufsätze. Gibt genug Material, da braucht man gar nicht viel dazutun. Ulbricht war ja ein Arbeitersohn.«

Vielleicht war dies der Grund, weshalb Ulbricht im nachhinein so etwas wie Sympathie genoß. Er war eine lächerliche Figur gewesen, eine Marionette von Moskaus Gnaden, die so hilflos auf der Bühne zappelte, daß man Mitleid mit ihr bekommen konnte.

Ich fragte ihn nach den anderen Darstellern. Stalin war Pole, er hieß Waldemar und war Kraftfahrer.

Die Leute hatten zu tanzen begonnen, die jüngeren Frauen ihre FDJ-Blusen bauchfrei geknotet. Eine Modenschau folgte und eine Revue mit den »Easty Girls« – Lackleder-Shorts, rote Pioniertücher um den Hals, sangen sie die »Kleine weiße Friedenstaube«, den Kindergarten-Hit von einst. Wie die DDR sich aufgelöst hatte, so löste sich jetzt die Party vom Zwang, DDR zu spielen. Die Schnulzen aus dem Westen brachen ein, und als zum Schluß alle »Marmor, Stein und Eisen bricht« sangen, klang das »aber unsere Liebe nicht« wie einer jener Schwüre, die man einst auf die Partei und ihre Sache getan hatte.

XX

Osinów Dolny

Osinów Dolny war ein Dorf, das gerade noch den Eintrag in meine Karte (1:300000) geschafft hatte. Das erste, was ich von Osinów Dolny wahrnahm, war ein Frisiersalon, aber ich schenkte ihm nicht weiter Beachtung, bis ich den zweiten bemerkte, der direkt daneben stand. Und dann den dritten, vierten, fünften, sechsten... Ich ging durch die Straße, schaute nach links und nach rechts und hörte bald auf zu zählen. Sie hießen »Jola«, »Klaudia«, »Małgorzata«, »Żaneta«, »Aneta«, »Aneta II«... Untergebracht waren sie in frischgestrichenen Schuppen, zurechtgemachten Scheunen, in auf die Wiese gestellten Containern oder in Kellern von Häusern. Die Firmenschilder trugen die Portraits aufreizender Damen. Ich dachte zuerst, es handle sich um Bordelle, da diese andernorts in Polen mit ähnlichen handgemalten Brustbildern warben. Doch es waren Damen- und Herrensalons, die meisten nicht größer als die Zigaretten- und Getränkebuden, zwischen die sie gezwängt waren.

Osinów Dolny war ein Straßendorf mit einer schönen Kastanienallee, doch von seinen vielleicht fünfzig Häusern war in dem Tafelwald nicht mehr viel zu sehen. Manche der Salons, ausgestattet mit Tischchen, Spiegel und Stuhl für den Kunden, waren so klein, daß die Friseuse kaum Raum hatte, von der einen Seite auf die andere zu wechseln. Andere waren schon fast stattlich, mit mehreren Plätzen für die Kundschaft, um die beschürzte junge Frauen mit Schere, Kamm und Fön in der Hand herumwieselten.

Damen mit frischgefönter Dauerwelle und Herren mit sauber gestutztem Backenbart kamen mir entgegen; ganze

Familien mit Kindern, Großeltern, Tanten, Verwandten und Bekannten flanierten auf dieser Frisiermeile. Es waren alles Deutsche. Ich fragte mich, wie sie wohl ihre Wahl trafen bei dem Angebot. Einige der Salons warben mit Zusatzleistungen wie Pediküre, Maniküre, Solarium oder Massage, offerierten »Parking gratis« oder »Kaffee gratis«, hatten auch Samstag oder Sonntag offen, überhaupt jeden Tag, ab sieben Uhr morgens, ab sechs, bis achtzehn, zwanzig Uhr abends. Sie versprachen »modische Frisuren«, waren »billig«, »schnell« und »fachkundig« oder gar alles zusammen. Ein paar der Reklameschilder, orangefarben, gelb oder rot, waren so groß, daß der Wellblechschuppen, für den sie warben, dahinter fast ganz verschwand.

Abgesehen von ein paar Imbißbuden, die die Abzugsrohre ihrer Grillroste in die Luft streckten und über allem den Duft von gebratenen Hähnchen verbreiteten, gab es kaum andere Geschäfte in Osinów Dolny.

Auch ich verspürte plötzlich den Wunsch, mir die Haare schneiden zu lassen. In der Gaststätte *Paradise* hatte ich mich nach dem besten Laden erkundigt. »Gehen Sie zu Ada. Sie finden sie im Salon Bożena Danusia«, hatte der Kellner gesagt.

Der Salon von Bożena Danusia war eine umgebaute Scheune; gleich dahinter, im Hof, gackerten die Hühner. Zwei junge Friseusen, eine blonde und eine schwarzhaarige, schnippelten an zwei Jungen herum. Der eine mochte etwa elf, der andere dreizehn sein.

Auf dem Sofa saßen drei Erwachsene und ein kleines Mädchen; die Großeltern mit dem Sohn und einem der Enkelkinder, zu denen auch die zwei Jungen gehörten, wie sich herausstellte. Als diese fertig waren, kletterte das Mädchen auf den einen der beiden freien Stühle, richtete sich kerzengerade auf und sah erwartungsvoll in den Spiegel.

»Es macht sich schon bezahlt«, meinte die Großmutter auf meine Frage, ob sich das denn lohne, von Berlin, wo sie wohnten, hierherzukommen, um sich die Haare schneiden zu lassen. Berlin war immerhin sechzig Kilometer entfernt. »In Berlin zahle ich fünfzig Mark, und das ist nicht mal viel. Hab ja kurze Haare. Hier kostet's bloß fünfzehn Mark. Und Männer und Kinder sogar bloß fünf.«

Das war noch billiger als sonstwo in Polen. Jeden Monat kamen sie alle zusammen her. Und gingen immer zu Bożena Danusia. Und hernach Eisbein essen und auf den Basar. Zigaretten kaufen, volltanken – wenn man alles zusammenzählte, was man hier ausgab, sparte man eine ganze Menge.

Mit Fön und Bürste wurde der Schopf der Kleinen zum Abschluß in Form gebracht. Das Mädchen sah, während die Friseuse da ein bißchen herumzupfte und dort etwas glättete, sehr zufrieden aus.

Dann kam Ada. Wenn sie nicht die beste Friseuse von Osinów Dolny war, so war sie bestimmt die attraktivste.

Ada bat mich auf den Stuhl. Sie wollte wissen, wie ich auf sie gekommen war.

»Im *Paradise* sagt man, Sie seien die Beste«, sagte ich.

»Ach«, sagte sie und lächelte.

Ada ging auf jeden Kundenwunsch ein. Bei nicht mehr ganz jungen Männern war immer noch die »Schwedenfrisur« beliebt, erzählte sie: oben kurz, vorne Fransen, hinten halblang und eine einzelne Strähne, die bis auf die Schulter fiel.

»Die Deutschen haben keine Hemmungen«, warf die Schwarzhaarige ein. »Vor allem Frauen verlangen manchmal Frisuren, die ihnen einfach nicht stehen. Haben ein rundes Gesicht und wollen einen Berg von Locken. Und wenn man sie vorsichtig darauf aufmerksam macht, sagen sie: ›Bei euch gibt's halt die Mode noch nicht, aber bei uns gibt's die schon lange.‹ Was soll man da machen?«

Als Ada nach Osinów Dolny gekommen war, hatte es vierzehn Salons gegeben. Nun gab es über zwanzig. So bald als möglich wollte sie ihren eigenen eröffnen.

»Aber erst mal muß ich einen Platz finden«, sagte sie. »Und das ist schwierig geworden. Es gibt vielleicht noch zwei Scheunen, die zu haben sind. Dann braucht es eine behördliche Genehmigung. Und natürlich Wasseranschluß und eine Toilette.« Sie war fertig. Ich begutachtete ihre Arbeit im Spiegel und war zufrieden.

Frau Halinas Geschäft war ein schneeweiß gestrichener Container mit einer Tafel »Willkommen« und der Gipsfigur eines Friseurs neben dem Eingang. Gerade gegenüber war ein Bauernhof, dessen Scheune ebenfalls einen Salon beherbergte. Er warb für Massagen mit dem Portrait einer lasziv daliegenden Schönheit über einer Tafel, auf der »Einladen« stand.

Der Container von Frau Halina war recht geräumig. Das Interieur war ganz in Weiß gehalten; ein paar Poster mit Fantasy-Bildern, wie man sie auf Jahrmärkten kaufen kann, hingen gerahmt an den Wänden.

Frau Halina war eine Blondine in den Fünfzigern, Brillenträgerin, etwas rundlich und mit einem Make-up, das so perfekt war, daß man es kaum wahrnahm.

Sie war schon vierzig Jahre im Geschäft, hatte einen eigenen Betrieb in Gryfino gehabt und eben vom Friseurmeisterverband die goldene Medaille bekommen, weil sie vierzig Friseusen ausgebildet hatte. Jetzt hatte sie fünf Angestellte; den Salon in Gryfino, wo sie immer noch wohnte, hatte sie dem älteren Sohn überschrieben.

Mit ihr hatte in Osinów Dolny vor sieben Jahren alles angefangen. Auf die Idee, ihr Geschäft in das Bauerndorf zu verlegen, war sie gekommen, als eine ihrer Angestellten, deren Mann eine Bude auf dem Basar hatte, ihr berichtete, daß viele deutsche Kunden nach einem Friseur fragten. Es gab keinen in Osinów Dolny. Also zog sie hierher und mietete einen neun Quadratmeter großen Raum in einer Scheune. Sie ließ die Wände weiß streichen, eine neue Türe einbauen, ein Spülbecken mit Spiegel montieren, stellte zwei Bürotischchen und einen Stuhl hinein und wartete auf Kundschaft. Für zwei Flaschen Wein hatte der Nachbar ein Schild gemalt, auf dem »Frisiersalon« stand unter dem Brustbild einer Frau mit sonnengelben Locken und einem Mann mit gebleckten Zähnen und schwarzer, nach hinten gekämmter Latino-Mähne. Die Vorlage war eine Reklame aus der Frauenzeitschrift *Freundin.* Das Schild versah immer noch seinen Dienst, es hing über der Eingangstür.

Ihre Berufserfahrung, meinte sie, habe sie eines gelehrt: Ist ein Kunde einmal unzufrieden, sieht man ihn nicht wieder. Und da sie gewußt habe, daß die Deutschen Pedanten sind, habe sie sich ausgerechnet, daß sich ihre Professionalität in Osinów Dolny auszahlen würde.

»Nach drei Monaten habe ich schwarze Zahlen geschrieben und die Investitionen abbezahlt, nach vier Monaten habe ich richtig verdient, und heute stehen die ersten Kunden um sechs Uhr früh vor dem Laden. Und das hört nicht auf bis acht Uhr abends. Tag für Tag, Samstag und Sonntag. Bloß jetzt ist nicht gerade viel los, der Ferien wegen.«

Es war das dritte Mal, daß sie in Osinów Dolny neu startete. Den ersten Salon hatte sie bereits nach einem halben Jahr aufgeben müssen, weil das Gesundheitsamt die sanitären Einrichtungen beanstandet hatte. Dann hatte sie von einem Bauern einen Stall gemietet und ihn komplett umgebaut. Doch mit dem Erfolg kam der Neid; als der Bauer sah, wie ihr Geschäft lief, wollte er selber einen Salon eröffnen. Fünfhundert Mark Monatsmiete hatte sie ihm gezahlt, aber er rechnete mit mehr, wenn er die Sache selber in die Hand nahm.

»Es war an Silvester, das Geschäft war voll, die Frauen saßen unter den Trockenhauben, da ist er gekommen mit der ganzen Familie samt Großmutter und hat gesagt, jetzt müsse ich aber raus.« Frau Halina lächelte, die Geschichte konnte sie nicht mehr aufregen. »Der jüngste Sohn hatte eine Friseuse geheiratet und wollte jetzt das Lokal für sie. Ab morgen gehört der Laden uns, haben sie gesagt. Und daß sie mir, wenn ich nicht sofort ginge, alle Haare ausreißen würden.«

Sie hatten die Türe ausgehängt, und sie hatte die Polizei gerufen, die meinte, sie sollten einen Kompromiß finden. Schließlich war ihr nichts anderes übriggeblieben, als zu gehen. Sie pachtete ein Stück Land, stellte den Container auf, möblierte ihn neu, und bereits einen Monat später war sie wieder an der Arbeit.

Daß ihr neues Domizil dem des Bauern direkt gegenüberlag, störte sie nicht, im Gegenteil.

»Die haben sich gedacht, wenn sie meinen Laden haben, haben sie auch meine Kunden. Aber da haben sie sich getäuscht. Die fragten nach Halina. Natürlich haben die ihnen nicht gesagt, wo ich zu finden bin, aber ich habe eine Tafel auf die Straße gestellt mit meinem Namen und einem Pfeil. Die haben drüben gestanden und die Kunden gezählt, die zu mir gekommen sind.«

Ich fragte Frau Halina, ob sie sich denn nicht fürchte, vor Sabotageakten etwa, in unmittelbarer Nachbarschaft mit dem Feind.

»Da habe ich keine Angst«, sagte sie. »Ich hab ja meine Söhne. Ein eingeschlagenes Fenster, zerstochene Reifen, ein Einbruch ... Ich weiß, wo die Schuldigen zu suchen sind.«

Früher, sagte sie, habe eine angehende Friseuse erst einmal ein Jahr lang den Boden wischen müssen, bevor sie Haare waschen und dann Locken drehen durfte. Die jungen Dinger hier hätten das alles einfach übersprungen, und manche glaubten, es reiche, wenn sie ein paarmal der Kollegin die Haare geschnitten hätten. Kaum aus der Schule, verdienten sie rasch mehr als ihre Eltern.

Frau Halina hatte fast ausschließlich Stammkunden, und viele kamen in aller Herrgottsfrühe, wenn der Stau an der Grenze noch nicht begonnen hatte. Manchmal standen sie Schlange. Anfangs hatte sie einen Dolmetscher engagiert, einen Rentner, der Deutsch konnte. Doch heute verstand sie genügend Deutsch, um auf die Wünsche der Kunden eingehen zu können.

»Selbst als die Brücke für den Autoverkehr ein Jahr lang gesperrt war und alle unter Einnahmeverlusten litten, hatte ich volles Haus. Die Deutschen sind zu Fuß über die Grenze gekommen, in ein Taxi oder einen Pferdewagen gestiegen, und haben gesagt: ›Zu Halina, bitte!‹«

XXI

Die Oder – Lebenslauf eines Flusses

Das Odertal mit seinem Netz von schilfbewachsenen Flußarmen, heißt es in Tourismusprospekten und Reiseführern, sei eine der wenigen »ursprünglich erhaltenen Flußlandschaften« Europas. Es will einem so scheinen angesichts dieser von merkwürdigem Getier belebten Wildnis, in der allerorts das Wasser in Land und das Land in Wasser übergeht.

Und doch ist der Eindruck falsch, wie mich die Lektüre lehrte. Es ist eine Kulturlandschaft, der die Anstrengungen des Menschen, den Fluß in geordnete Bahnen zu lenken, nicht auf den ersten Blick anzusehen sind. Vor rund einer halben Million Jahren begann sich das Flußsystem der Oder zu bilden. Mit den Schmelzwassern der jüngsten Eiszeit, die es durch die Ebenen zur Ostsee führte, wurden Massen von Schwemmsand, Kiesen und Schlamm abgelagert; eine Auen- und Sumpflandschaft entstand, die sich ständig veränderte. In dem weitverzweigten Gewässernetz von Nebenarmen, Altwassern und seenartigen Erweiterungen lag das Flußbett des Hauptstromes aufgrund der Ablagerungen, die sich beidseitig zu Uferwällen türmten, bald fast durchwegs höher als die angrenzenden Niederungen.

Diese waren sehr fruchtbar, wurden aber in der Regel zweimal im Jahr von Hochwassern überschwemmt, wenn der Hauptstrom über die Ufer trat; im Frühjahr mit der Schneeschmelze und im Sommer bei starkem Regen. Während frühe Siedlungen in den Randgebieten vor 2500 Jahren nachgewiesen sind, blieben die Oderniederungen selber lange unbewohnt. Erste Versuche, den Lauf der Oder einzudämmen und die Sümpfe urbar zu machen, begannen im 13. Jahrhundert. Daraus wurde ein fortdauernder Kampf des Menschen gegen die Natur. Friedrich der Große hoffte ihn schließlich für immer zu gewinnen, als er 1745 den niederländischen Wasserbauspezialisten Simon Leonhard von Haerlem beauftragte, ein Projekt für die Trockenlegung des Oderbruchs auszuarbeiten.

Deichsysteme zum Hochwasserschutz gab es damals bereits; die bäuerlichen Untertanen waren von den Grundherrschaften jeweils zum »Dammen, Bessern und in wesentlichem Bau erhalten« der Anlagen befohlen worden. Der Vater Friedrichs des Großen, der »Soldatenkönig« Friedrich Wilhelm I., hatte 1717 die erste Deichordnung festgesetzt mit einem Deichhauptmann an der Spitze, dem zwei Deichgrafen und ein Deichrentmeister unterstellt waren; dieser zog die Abgaben der in einem Deichverband organisierten Anlieger ein. Zweimal jährlich wurde eine Deichschau vorgenommen. Für die technischen Arbeiten waren ein Dammeister, ein Buhnengraf und mehrere Buhnenknechte zuständig.

Doch was an einem Ort die Lage besserte, verschlimmerte sie am anderen; jeder Deich hob die Oder, die fortlaufend Material in ihrem Bett ablagerte, noch höher über das umliegende Land, steigerte die Gewalt des Hochwassers weiter flußabwärts oder staute es zurück. Immer wieder brachen auch die Dämme. Eine Expertenkommission war zum Schluß gekommen, mit dem Bau von Buhnen könne man den Strom daran hindern, die Dämme zu unterspülen, doch das verheerende Sommerhochwasser von 1736 hatte alle diese Anstrengungen zunichte gemacht.

Haerlem, der die Probleme an Ort und Stelle eingehend studierte, schlug in seinem Gutachten drei Maßnahmen vor: erstens den Flußlauf zu begradigen, um die Fließgeschwindigkeit zu erhöhen und den Rückstau zu verlagern, zweitens den Strom weiter einzudeichen, um Überschwemmungen zu verhindern, und drittens ein Entwässerungssystem anzulegen, um den Abfluß aus den Niederungen zu gewährleisten. Damit, so Haerlem, könne das Oderbruch trockengelegt und urbar gemacht werden.

Zusammen mit dem Schweizer Mathematiker Leonhard Euler, der seine Arbeit zu begutachten hatte, vervollständigte Haerlem seinen Meliorationsplan. 1747 begannen die Arbeiten, 1753 waren sie im wesentlichen abgeschlossen. Zwischen Güstebiese und Hohensaaten wurde ein fast zwanzig Kilometer langer Kanal für die neue Stromoder gebaut und beidseitig eingedämmt, anschließend wurde die alte Oder eingedeicht. Eineinhalbtausend Arbeiter zogen Abzugsgräben, bauten Dämme und Brücken, pflanzten Weiden und parzellierten das gewonnene Terrain für vierzig neue Dörfer, für die der Preußenkönig Kolonisten aus der Schweiz, aus Österreich, Frankreich, Schweden, Polen und den verschiedensten Gegenden Deutschlands gewann: verfolgte Protestanten sowie durch Frondienste und Steuerlast bedrängte Untertanen verschiedener Fürstentümer.

Zu den insgesamt 703 »Bruchinteressenten« zählten auch ehemalige französische Emigranten – Hugenotten nur im weitesten Sinne –, die nach der 1685 erfolgten Aufhebung des Ediktes von Nantes an die Ufer des Genfer Sees ausgewandert waren; 1756 wurden sie an zwei neuen Orten an der Oder, in Beauregard und in Vevais, angesiedelt.

Das »Etablissement«, wie Friedrich der Große die Kolonisation des Oderbruches nannte, war nach der Eroberung Stettins 1720 und dem Raub Schlesiens 1742 ein weiterer Schritt zur Stärkung der preußischen Macht. Die Schiffbarmachung des Flusses, der die neuen preußischen Handelsstädte Stettin und Breslau verband, begann zur gleichen Zeit; gemäß Kabinettsorder vom 30. Januar 1742 wünschte sich der König seine Oder »recht navigabel« zur »Beförderung des Comercii«. Sie blieb eine ewige Baustelle – immer wieder waren Begradigungen und Vertiefungen nötig, um die Versandung zu stoppen und den Rückstau zu verhindern; neue Eindeichungen mußten gebaut, Erhöhungen und Verstärkungen vorgenommen werden, ergänzt von Entwässerungssystemen, Vorflutkanälen, Wehren und Schleusen. Mit der Fertigstellung der Hohensaaten-Friedrichsthaler-Wasserstraße 1923 war die neue Verkehrsachse mehr oder weniger vollendet.

Dank der Trockenlegung des Oderbruches war Land in der Größe des Bodensees gewonnen – 640 Quadratkilometer fruchtbare Äcker, Wiesen und Weiden, bei deren Anblick der Preußenkönig gerufen haben soll: »Hier habe ich im Frieden eine Provinz erobert!«

Genau 250 Jahre später, als man eben dabei war, das Jubiläum des ersten Spatenstichs dieser Großtat zu feiern, drohte die Provinz unterzugehen. Mit der »Jahrhundertflut« von 1997, bei der über hundert Menschen starben, ganze Landstriche, Dörfer und Städte unter Wasser gesetzt wurden, erwies sich die Oder einmal mehr als ungezähmter Strom.

Immer wieder hatte es, wie es in einem regionalgeschichtlichen Kommentar von 1706 heißt, »Exempel von großen Ergießungen der Oder« gegeben. In der Wende vom 14. zum 15. Jahrhundert hatten Hochwasser ganze Ortschaften von der Landkarte gespült. 1515, Anfang September, waren sie »so groß gewesen, daß sie zu Frankfurt zwei Joch der Brücke abgerissen und zugleich einen Ratsverwandten Lilienfuß mit Pferd und Wagen, auch etliche Bürger, mit weggerissen«. 1675 stand die Flut so hoch, daß beladene Kähne von Küstrin quer über das Bruch bis nach Gusow fahren konnten. 1698, als im April der Fluß »allenthalben ganz außerordentlich ausgetreten« war, brach in Frankfurt der Damm, und die Oder bekam »einen freien Lauf über die Wiesen und Felder, die sie auch mit solcher Geschwindigkeit und Größe überschwemmet, daß die Einwohner daherum kaum Zeit gehabt, ihr Vieh, ja sich selbst und ihre Kinder zu retten«. In den Frühjahrshochwassern wurde die Frankfurter Brücke oft von Eisschollen beschädigt, die gegen die Joche krachten – trotz der Eisböcke, die man zu deren Schutz in den Strom gebaut hatte.

Die schlimmste Flutkatastrophe aber war die vom Sommer 1736. Zum ersten Deichbruch war es unterhalb von Breslau gekommen, dann folgte einer auf den anderen. Weite Flächen der Oderaue standen unter Wasser, Brücken waren weggeschwemmt, und in Crossen, an der Einmündung des Bober in die Oder, konnte man mit Kähnen durch die Straßen fahren. Das Wasser sei »durch die Fenster in die Häuser hinein, bei den meisten aber bis an das Dach gegangen«, und die Einwohner hätten »ihrer viele nach anderen Orten, auf Hügel oder erhabene Gegenden mit ihrem Vieh flüchten, ihre Wohnung unter freiem Himmel aufschlagen, auch daselbst eine geraume Zeit sich aufhalten müssen«.

Sechs Wochen, just zur Erntezeit, war das Wasser im Bruch gestanden, hatte das Getreide auf den Feldern und das Heu auf den Wiesen vernichtet, Äcker verwüstet und Häuser zerstört. Es fehlte an Nahrung, Krankheiten breiteten sich aus. 171 Menschen starben. Die Schäden zu beheben soll »Seine Majestät mehr als eine Tonne Goldes gekostet« haben.

Die Hochwasserkatastrophe von 1997 war die erste, die das Publikum am Bildschirm mitverfolgen konnte.

Die Bilder, die das Fernsehen zeigte, schienen aus fernen Weltgegenden: Bauernhöfe, die wie Inseln in einem See lagen, in dem die Baumkronen schwammen; Häuserblocks, die einsam aus dem spiegelglatten Wasser ragten; Bahnhöfe, in denen die Busse Kähnen in einem Hafen gleich ankerten. Das Wasser schuf eine Ordnung von bizarrer Schönheit; wären nicht die Menschen gewesen, die verzweifelt auf den Dächern saßen und auf Hilfe warteten, die zu Haufen geschichteten Tierkadaver – man hätte staunen dürfen wie beim ersten Schneefall.

Begonnen hatte es am 4. Juli, als starke Regenfälle im Einzugsgebiet der Oder, im Riesengebirge und im Altvatergebirge, die Flüsse binnen Stunden anschwellen und über die Ufer treten ließen. An einem einzigen Tag des ersten, fünftägigen Dauerregens fiel soviel Wasser vom Himmel wie sonst in einem ganzen Monat. Ein zweiter, ebenfalls fünftägiger Regenguß, der zwei Wochen darauf in Polen niederging, ließ die Flut noch einmal steigen. Die fast zweihundert Kilometer lange Welle erreichte Anfang August die Odermündung, wo sich plötzlich dreitausend Kubikmeter Wasser pro Sekunde statt der üblichen fünf- bis achthundert ins Stettiner Haff ergossen.

Was nicht den Weg ins Meer fand, überschwemmte das Land. Über ein Drittel Tschechiens und weite Teile Südpolens standen unter Wasser. Deutschland kam verhältnismäßig glimpflich davon, doch als der Deich bei Brieskow-Finkenheerd an zwei Stellen brach, wurde die Ziltendorfer Niederung zwischen Frankfurt und Eisenhüttenstadt überflutet. Man fürchtete um das Oderbruch; der Pegelstand erreichte in Frankfurt – bei einem Mittel von 2,44 Metern – die Rekordmarke von 6,57 Metern. Die Einwohner von Słubice wurden evakuiert, alle vierzehn Tankstellen leergepumpt. Nicht viel hätte es gebraucht, und das Oderbruch wäre vollgelaufen wie eine Badewanne.

Es war eine ausgewachsene Naturkatastrophe vor den Toren Berlins, der neuen deutschen Hauptstadt. Und es war die Stunde der neuen deutschen Bundeswehr. Orchestriert von den Medien, bestritt sie die dreiwöchige »Schlacht an der Oder« mit zehntausend Mann. Ketten junger Soldaten, die sich Sandsäcke reichten, Taucher, die Folien im Fluß verlegten, Helikopter, die Betonteile abwarfen: eine Kriegsmaschine in Friedensmission, unterstützt von Freiwilligen, Feuerwehrleuten und Grenzschützern, die Sand in Säcke füllten, Deiche aufschütteten und Sickerstellen abdichteten. »Großalarm« wurde gegeben, »Einsatzstäbe« bewährten sich, Soldaten gingen an die »Front« oder bauten eine »zweite Verteidigungslinie« auf; es wurde »abgeriegelt«, »abgewehrt« und »stabilisiert«. Die Zeitungen druckten Generalstabskarten mit dem Frontverlauf, auf denen feuerrot die Bruchstellen des 160 Kilometer langen Oderdammes, die »evakuierten« und »teilevakuierten« Orte eingetragen waren. Auf sechs Tonnen pro Quadratmeter stieg der Druck gegen die Deiche, und wer die Berichte studierte, konnte bald fachsimpeln über alle möglichen Havarien und wußte einen »Grundbruch« (das Wasser unterspült den Deichfuß und schwemmt ihn weg) zu unterscheiden von einer »Durchsickerung« (im vom Wasser durchdrungenen Damm bilden sich Risse).

Die Armee war die Ordnungsmacht im Chaos der Natur, von dem sich Zivilisten anstecken ließen. Es gab Leute, die den Schlitz ihres Briefkastens verklebten, während etwas weiter weg das Wasser schon an den Dachstöcken stand, andere retteten ihren Fernseher und ließen persönliche Dokumente und Familienalben liegen. Nicht wenige weigerten sich aus Angst vor Plünderungen, ihre Häuser zu verlassen. Vor allem in Polen hatten die Behörden Mühe, die Evakuierungen durchzusetzen. Gaffer ergötzten sich am Spektakel, Schmuggler nutzten die Gunst der Stunde, und Geschäftemacher schlugen Kapital aus der Not, indem sie Lebensmittel zu überhöhten Preisen verkauften.

Die Ironie von Überschwemmungskatastrophen ist, daß das größte Problem nicht der Zusammenbruch der Strom- und Gasversorgung, nicht die Unterbrechung der Telefonverbindungen oder die Blockierung des Bahn- und Straßenverkehrs ist, sondern der Wassermangel. Kläranlagen und Abwassersammelbecken, Düngemittel- und Kosmetikfabriken, Kohleminen und metallverarbeitende Betriebe waren überflutet worden. In manchen Kellern waren die Öltanks geborsten, Tierkadaver trieben in den Fluten. Im Nu hatte sich das frische Regenwasser in eine giftige, stinkende Brühe verwandelt, die das Trinkwasser verseuchte und die Ostsee verschmutzte.

Was das Unglück nicht vermochte, war, den Aufmerksamkeitshorizont des Westens über die Ostgrenze Deutschlands hinaus zu erweitern. Gerade bis Brandenburg reichte er, aber nicht bis nach Racibórz, Opole und Wrocław – dem ehemaligen Ratibor, Oppeln und Breslau –, den Orten mit den schlimmsten Verheerungen. In den deutschen Medien wurde die Katastrophe an der deutsch-polnischen Grenze zum deutsch-deutschen Ereignis. Westdeutsche und Ostdeutsche hatten im Kampf gegen das Wasser einen gemeinsamen Gegner gefunden; Spenden von mehr als hundert Millionen Mark bezeugten die Solidarität der Verschonten mit den Betroffenen im sogenannten Beitrittsgebiet. Für die polnischen Opfer gingen deutsche Spenden in der Höhe von fünzehn Millionen ein.

In Polen dagegen geißelten die Medien Regierung und Behörden, die geschlafen und versagt hatten, und listeten die Mängel auf, die die Katastrophe zutage brachte: Krisenstäbe mußten, um kommunizieren zu können, auf Amateurfunker und lokale Radiostationen zurückgreifen, die Amphibienfahrzeuge der Armee gaben, kaum im Einsatz, den Geist auf, Hubschrauber und Rettungshelfer warteten stundenlang auf Einsatzbefehle. Wären nicht die Selbsthilfegruppen gewesen, die spontan entstanden waren und nicht auf Direktiven aus Warschau gewartet hatten, wäre alles noch schlimmer gekommen.

Über die Ursachen der Katastrophe stritten sich die Fachleute. Waren es die vernachlässigten Deiche und verstopften Abflußwege? Waren es die vom Schwefeldioxid zerstörten Wälder im »schwarzen Dreieck« von Tschechien, Polen und Ostdeutschland? Oder war es gar die globale Klimaveränderung? Es habe, meinte ein besonnener Wissenschaftler, einfach zuviel geregnet, und die Menschen wohnten zu nahe an den Flüssen.

Mit einer Flut hatte sich die Oder in Erinnerung gerufen, der Fluß am Kartenrand zweier Länder, dessen

Name einst für eine politisch-militärische Demarkationslinie stand. Was sein Steckbrief sonst noch besagt, gehört zum Naturkundeunterricht: Ein mäandernder Tieflandstrom, 860 Kilometer lang, mit einem Einzugsgebiet von 119052 Quadratkilometern, entspringt die Oder 634 Meter über dem Meeresspiegel in den Oderhöhen nördlich von Olomouc – dem früheren Olmütz – in Tschechien.

Zu einem Strom, der besungen worden wäre wie der Rhein oder der Mississippi, hat es die Oder nie gebracht. In all der Literatur, die ich studierte, fand ich – abgesehen von sozialistischer Gebrauchslyrik über den »Strom der Völkerliebe« – ein einziges »Oderlied«, komponiert von einem Deutschen, dem Obermusikmeister Hermann Thrams, der 1899 die Führung des in Küstrin stationierten Trompeter-Corps des Feld-Artillerie-Regimentes 54 übernommen hatte:

Ich sah die Welt, fand nie mein Glück
Mich zog's zur Oder stets zurück
Keine Burgen, keine Reben
Grüßen hoch vom Berg herab
Gottes Schöpferhand ihr eben
Ja manch' and're Reize gab
Nicht die Donau, nicht der Rhein
Nur die Oder soll es sein!

Der Mangel an poetischer Hingabe für das Gewässer, das aufgrund seiner Größe immerhin zur Kategorie »Strom« zählt, ist nicht weiter verwunderlich, war doch die Oder – allen Naturschönheiten zum Trotz, die den modernen Menschen begeistern – von alters her ein Hindernis und Ärgernis. Sie ist der einzige Strom Mitteleuropas, der Grundeis bildet; bei Kälte kann der Fluß binnen vierzehn Tagen auf der ganzen Länge zufrieren. Die meterhohe Eislandschaft, die sich vor den Fenstern der Frankfurter und Słubicer aufbaut, ist als Arktis *en miniature* ein schönes Kalendermotiv. Doch wenn es zu tauen beginnt, sind die Eisschollen unberechenbar, stauen das Wasser und gefährden die Brücken.

Allein die Oder in west-östlicher Richtung zu passieren war früher, obgleich sie nirgendwo tief ist, ein Problem, galt es doch nicht nur einen Flußlauf zu überwinden, sondern ein unwegsames Gelände zu durchqueren mit mehreren Flußarmen, Gewässern, Sümpfen, Sand- und Schlickflächen. War der am wenigsten beschwerliche Weg einmal gefunden, mußte man bald einen neuen suchen, da sich die Landschaft ständig änderte.

Frankfurt verdankte seinen Aufstieg zur Handelsstadt und zum wichtigsten Flußübergang zwischen Breslau und Stettin der mit zwei Kilometern verhältnismäßig geringen Breite seiner Stromaue; doch mußten auch da zwei Flüsse, die Oder und der Dreyss, überbrückt werden. Zuvor hatte etwas weiter nördlich bei Lebus eine Handelsstraße das Odertal passiert, die das heutige Magdeburger Land mit Gniezno und Poznań, den Zentren des frühen polnischen Staates, verband – die Stromaue von sechs Kilometer Breite hatte ein ganzes System von Übergangsanlagen und Verkehrswegen erfordert, das ständig unterhalten werden wollte.

Doch der Hauptgrund, weshalb die Oder nie ihre Sänger gefunden hat, liegt darin, daß sie nie eine natürliche Wasserstraße war. Dazu ist die Wasserführung viel zu unregelmäßig. Alle Versuche, den Strom zum Transportweg im größeren Stil auszubauen, ja mit der Donau zu verbinden, sind über kurz oder lang im Wortsinne versandet. 1938 noch wies die Oder eine durchgehende Fahrrinne von 1,60 Meter Tiefgang auf; heute kann nur an etwas mehr als hundert Tagen im Jahr damit gerechnet werden. Als Nord-Süd-Verkehrsachse ist sie stillgelegt. Pläne, sie als Wasserstraße wieder in Betrieb zu nehmen, hegt derzeit lediglich die polnische Seite. Dazu müßte die Fahrrinne vertieft, müßten neue Schleusen und Staustufen gebaut werden.

Aber die Städte, die an ihm liegen, wenden dem Fluß den Rücken zu. Und es ist nicht zu erwarten, daß sich daran etwas ändert, verlaufen die großen Verkehrsströme heute doch mehr denn je in Ost-West-Richtung und damit quer zur Oder.

XXII

Gartz – Szczecin

Walter Gantenbrink war Maschinist in der Landwirtschaftlichen Produktionsgenossenschaft von Gartz gewesen, einem verträumten Städtchen an der Oder. Die LPG hatte 600 Arbeiter beschäftigt und war bald nach der Wende aufgelöst worden. Die Gantenbrinks hatten ein Schwein, Schafe und Hühner gehabt, nun aber auch damit aufgehört. Walter Gantenbrink war arbeitslos, aber es schien nicht, als ob ihm das nicht behagen würde. Er saß in der Badehose am Gartentisch, trank Bier und plauderte, mit wem er Gelegenheit hatte zu plaudern. Er hatte gesunde, rote Wangen, ein Kugelbäuchlein und die Zufriedenheit eines Goldhamsters, der eben die Backentaschen gefüllt hat.

Schlecht ging es ihm nicht. Seine Frau hatte einen Job als Kellnerin in einem Schnellimbiß, und er hatte nicht, wie sein Bruder, 30000 Mark hinblättern müssen, um sein eigenes Haus zu kaufen, weil ein Westdeutscher Besitzansprüche angemeldet hatte.

»Rückerstattung«, sagte Herr Gantenbrink. »Herkommen wollen die ja nicht. Nur einer hat sich da wieder angesiedelt.«

Einige Gebäude des Ortes, erzählte er, gehörten Erbengemeinschaften, die sich nun uneins seien, was damit geschehen solle. Was heiße, daß sich niemand darum kümmere und daß sie verfielen.

»Gibt nichts mehr zu tun hier in Gartz«, sagte Herr Gantenbrink und nahm einen Schluck aus der Flasche. »Das Sägewerk ist dicht, die Möbelfabrik ebenso. Und mit dem Tourismus ist es auch nicht so angelaufen, wie man sich das vorgestellt hat. Kutsch- und Bootsfahrten,

Reiten, Jagen, was weiß ich. Ein paar Naturfreunde, aber sonst?«

Es hatte einmal dreißig Gaststätten gegeben in Gartz, und vor dem Krieg zwei Brücken über die Oder, die beide nicht mehr standen. Die eine, im 19. Jahrhundert eingeweiht, war bei der Eröffnung eingestürzt; das Schiff, das untendurch fuhr, hatte sie eingerissen, und mehrere Menschen waren ums Leben gekommen.

Das Gebiet um Gartz war Schutzgebiet – der Nationalpark Unteres Odertal. Ab und zu zog ein Schäfer durch mit seiner Herde, aber das durfte er auch nicht zu jeder Jahreszeit und keinesfalls, solange irgendwelche Blumen in Blüte standen.

»Sind für die Naturtouristen da und dürfen nicht von den Schafen gefressen werden«, sagte Herr Gantenbrink.

Gartz war ein hübscher Flecken mit einem Weiher und einer Mühle und einer spätgotischen Hallenkirche, der St. Stephanskirche, deren Dach im Krieg weggerissen und nie ersetzt worden war. In die Ruine war ein moderner Bau eingefügt. Doch alles ging aus Gartz weg. 2100 Einwohner zählte das alte vorpommersche Städtchen noch. Selbst die Störche waren weniger geworden.

Die Gantenbrinks waren beide nach dem Krieg geboren und hatten nie etwas anderes als die DDR kennengelernt. Sie hatten sich ein Häuschen bauen können und schließlich einen Trabi bestellt, auf den sie neun Jahre warteten. Als er da war, kam die Wende, und das war Pech.

Politik hatte sie nicht groß interessiert. Man konnte in der Oder schwimmen, durfte aber nicht ans andere Ufer.

»Sonst wurde man gepackt, und ab in den Knast«, sagte Herr Gantenbrink.

Ihm war das nicht passiert.

Von den Machenschaften der Stasi hätten sie jedenfalls nichts gewußt.

»Gibt's ja überall, so was«, sagte Herr Gantenbrink und stellte sein Bier auf den Tisch.

»Hauptsache, man ist zufrieden«, meinte er und sah weiter zu, wie das Gras im Garten wuchs.

Von Gartz reiste ich auf dem Wasserweg weiter. Die Oder, eine braungrüne, träge Flut, war beidseits gesäumt von grünen Ufern, kein Haus, kein Zeichen von Zivilisation war zu sehen. Ein Entenschwarm überflog das Schiff, am Ufer weideten Pferde, Reiher standen im seichten Wasser und beäugten das vorbeifahrende Ungeheuer. Gänse drängten sich auf der deutschen Seite des Flusses, als wüßten sie, was ihnen in Polen zu Weihnachten drohte. Der Himmel klarte auf. Zwei Fischer, beide in Arbeiterkluft, hatten ihr kleines Boot am Rand des Schilfes vertäut und hielten reglos die Ruten ins Wasser.

Alle paar Dutzend Meter ragte ein Pfeiler aus dem Fluß, schwarz-rot-golden gestrichen: die Staatsgrenze. Ein Zollschiff, das »Mescherin« hieß, kreuzte, und dann kam der »Grenzabfertigungspunkt«, der »Punkt Kontroli Granicznej«. Die deutsche und die polnische Flagge wehten. Die Schiffsglocke klingelte ein paarmal, und drei polnische Grenzbeamte, zwei Männer und eine Frau, stiegen an Bord und kontrollierten die Pässe. Dann verließen die Beamten das Schiff. Die Einreise in polnisches Gewässer hatte kaum ein paar Minuten gedauert, die Kontrolle war beendet.

Als wir weiterfuhren, ertappte ich mich dabei, wie ich immer noch die beiden Ufer nach besonderen Merkmalen absuchte, die das eine als »deutsch« und das andere als »polnisch« erkennen lassen würden. Ich hatte Stalins Lineal vergessen: Hier begann die Linie, die der Diktator an einem der ersten Januartage 1944 mit dem Rotstift gezogen und mit der er beträchtliche Gebiete westlich der Oder, vom Süden Stettins bis in den Norden nach Swinemünde, Polen zugeschlagen hatte. Somit waren also nun beide Ufer polnisch. Polnisch waren die Gänse, die in den Wiesen herumwatschelten, und die Pferde, die auf den

Weiden grasten; lediglich die Wildenten, die vor dem Schiff ins Schilf flohen, gehörten niemandem.

Wir waren allein auf dem Fluß. Nur einmal kreuzten vier Lastkähne, zusammengekoppelt wie Eisenbahnwaggons. Sie wurden von einem kleinen Schlepper der Deutschen Binnenreederei geschoben.

Bald teilte sich der Fluß in mehrere Arme auf, verzweigte sich in einem unübersichtlichen Netz von Gewässern, und während die Natur keinen Regeln mehr zu gehorchen schien, schoben sich die Anzeichen der Zivilisation ins Bild: Bootsschuppen, Ferienhäuschen, Kleingärten, dann Kohlehalden, Kräne, Hochkamine und vereinzelte Wohnblocks. Mehrere Autobrücken überspannten die Wasserstraße, die dem Schiff nur wenige Zentimeter Freiraum ließen.

Ich konnte den Hafen riechen, noch bevor ich die Verladekräne sah, die wie Giraffen zur Parade aufgereiht an der Mole standen.

Unversehens zogen große graue Wolken auf, und erste, dicke Tropfen fielen. Der Steward klappte die Stühle ein, ich verließ das Oberdeck.

Als ich von Bord ging, stand ich im Regen. Das Gewühl von Menschen, der Lärm des Verkehrs – ich war in Stettin oder Szczecin, wie die Stadt heute, für deutsche Zungen unaussprechlich, heißt.

Stettin, eine Großstadt von 420 000 Einwohnern, war ein merkwürdiges Konglomerat von Altem und Neuem, Häßlichem und Schönem. Es gab Sehenswürdigkeiten, die standen so auffallend verloren in der gesichtslosen Nachkriegsarchitektur, daß man hätte glauben können, der Kontrast sei Absicht: ein mittelalterliches Türmchen etwa, umstellt von Schnellstraßen auf Betonstelzen, Fußgängerrampen und Zufahrten. Von der sozialistischen Moderne war in der kleinen Broschüre, die ich im Büro der Touristeninformation kaufte, nichts zu bemerken. Stück für Stück waren die

Edelsteine aus dem Weichbild der Stadt herausgeschnitten worden und zeigten sich so, wie sie nur eine Kamera sehen konnte – das neugotische Rote Rathaus, das Schloß der Pommerschen Herzöge, die St. Peter- und Paulskirche und das barocke Hafentor, das früher Berliner Tor hieß. Eine ältere Dame, eine Deutsche, erkundigte sich am Schalter nach dem frisch renovierten deutschen Stadtteil; auf den alten Fundamenten habe man da, erzählte sie mir aufgeregt, alles originalgetreu wieder aufgebaut. Ich ging es mir dann auch ansehen; pastellfarbene Häuser, die aussahen, als hätte man sie eben aus der Verpackung genommen.

Stettin war eine deutsche Stadt gewesen mit etwa vier Prozent polnischer Bevölkerung; nun war es eine polnische Stadt mit etwa einem Viertel Prozent deutschstämmiger Bevölkerung. In ihrer »stürmischen Geschichte«, hieß es im ersten Satz meiner Broschüre, sei die Stadt »von den Polen, Deutschen, Schweden, Dänen und Franzosen beherrscht« gewesen, habe aber »immer zu Europa gehört«. Die Zeit, in der sie nicht zu Europa, sondern zum sowjetischen Machtbereich gehörte, war mit einem knappen halben Jahrhundert zwar kurz gewesen, hatte aber mehr Spuren hinterlassen, als ihren Bewohnern lieb sein konnte. Um so größer schien jetzt das Bedürfnis, sich vom Osten überhaupt abzugrenzen. Berlin und Kopenhagen, wurde herausgestrichen, lägen Stettin näher als Warschau – und das war doch immerhin die Hauptstadt Polens. Die Verbindung zur deutschen Hauptstadt über den Oder-Havel-Kanal und der Fährverkehr mit Skandinavien, das war wichtig. Der frische Wind, den die Stadt schnupperte, wehte aus Nordwest.

Ein deutscher Bestattungsunternehmer, hatte ich in der Zeitung gelesen, wollte das west-östliche Lohngefälle nutzen und im brachliegenden Krematorium des Szczeciner Zentralfriedhofs deutsche Leichen verbrennen. Die Feuerbestattung war im katholischen Polen, obschon vom Vatikan erlaubt, unbeliebt, und so war der 1925 von Deutschen errichtete Krematoriumsbau im Szczecin der Nachkriegszeit ungenutzt geblieben. Der Plan, Leichen zu importieren, hatte für einigen Wirbel gesorgt, doch der Stadtrat von Szczecin war zur Ansicht gelangt, entscheidend sei, daß der Bewerber über die nötige Finanzkraft verfüge, moderne Technik einsetze und die Umweltauflagen erfülle. Wenn Polen in der EU und die Grenze offen sei, hatte es in dem Bericht geheißen, stünde der Sache sowieso nichts mehr entgegen.

Es schien jedoch nicht, daß Stettin es nötig haben würde, seine Zukunft in den Leichentourismus zu setzen. Lebendige Touristen strömten mehr denn je in die frühere Hauptstadt der deutschen Provinz Pommern, die über Hitlers alte Autobahn von Berlin aus in weniger als zwei Stunden zu erreichen war. Ein reger Verkehr via Bahn, Straße und Kanal war nach der Wende zwischen den beiden Städten in Gang gekommen. Der Potsdamer Platz, Berlins neues Wahrzeichen, ist auf polnischem Kies gegründet, der in Lastkähnen über die Oder und den Oder-Havel-Kanal an die Spree transportiert worden war. Deutschlands Hauptstadt wurde von polnischen Arbeitern auf- und umgebaut, die Wohnungen wurden von polnischen Frauen geputzt; polnische Steinkohle, billiger als die Ruhrkohle, heizte Berliner Öfen, während die schmutzige Bettwäsche von Berliner Großhotels per Lieferwagen in Stettiner Wäschereien gekarrt wurde.

Aber Stettins Wirtschaft basierte nicht nur auf Schwarzarbeit und Niedriglöhnen. Die Stettiner Werft, die Stocznia Szczecińska S.A., die 1991 noch vor dem Konkurs gestanden hatte, war bald nicht mehr wegen ihrer Streiks, sondern wegen ihres Erfolges in den Schlagzeilen. Das Unternehmen, das rund 8000 Personen beschäftigte, hatte bereits zwei Jahre nach seinem Börsengang Gewinn gemacht, kurz darauf die Schuldenrückzahlung beendet und schließlich sogar Dividenden ausgezahlt. Mit einem Durchschnittslohn von dreitausend Złoty zählten seine

Arbeiter zu den Spitzenverdienern, und die Auftragsbücher waren voll. Griechenland, Deutschland, Holland und Chile gehörten zu den Abnehmern der Containerschiffe und Tanker zum Transport von Öl und Chemikalien, auf die die Werft, der drittgrößte Exporteur Polens, spezialisiert war. Sie hatte es geschafft, sich auf dem Weltmarkt gegen die Anbieter aus Korea und Japan zu behaupten, obwohl sie nicht, wie ihre Konkurrenten aus der Europäischen Union, vom Staat subventioniert wurde.

Leider sollte die Blüte die Jahrtausendwende nicht überdauern. Mit der Stagnation der europäischen Wirtschaft, die im Frühjahr 2001 einsetzte, fand auch der polnische Wirtschaftsboom ein – wie man hoffte vorläufiges – Ende, und die Zahl der Arbeitslosen stieg im darauffolgendem Jahr auf fast 20 Prozent. Auch die Stettiner Werft, jahrelang auf Erfolgskurs, geriet ins Schlingern. Als sie über kein Betriebskapital mehr verfügte und sich nicht mehr in der Lage sah, ihre Gläubiger zu bedienen und die Löhne zu zahlen, mußte sie am 17. Juni 2002 bei der Wirtschaftskammer des Stettiner Gerichts Konkurs anmelden, nachdem bereits im März die Arbeit eingestellt worden war. Der hohe Wechselkurs des Złoty, Mißmanagement und die im Vergleich zur europäischen Konkurrenz fehlende staatliche Förderung wurden für das Debakel verantwortlich gemacht. Nun wollte man die Werft, die als eines der ersten großen Unternehmen privatisiert worden war, als erstes Unternehmen seit dem Zusammenbruch der kommunistischen Staatswirtschaft wieder nationalisieren.

Ich sah mir die Hafenanlagen an, den gelben Portalkran der Werft, die mächtigen Werkstatthallen und Docks, in denen Arbeiter jetzt noch in gelben Overalls an modernen Riesendingern, die nicht mehr wie Schiffe aussahen, herumschraubten, hämmerten und schweißten.

Der Stettiner Hafen, auf drei Inseln gelegen, ist der größte Hafen an der Ostsee, und die Stadt zeigt sich dem Wasser von ihrer schönsten Seite – stattliche Bauten mit repräsentativen Fassaden sind ihm zugekehrt und begrüßen die Hochseeschiffe.

Doch Polens wichtigster Zugang zum Meer liegt ein ganzes Stück von diesem entfernt. Dazwischen erstreckt sich das 687 Quadratkilometer große Stettiner Haff, ein teils deutsches, teils polnisches Gewässer, in das die Oder mündet und das über einen Kanal mit dem Meer verbunden ist.

Mit dem Bus fuhr ich nach Nowe Warpno, von wo ich mit der Fähre über den See nach Altwarp und von da über das Stettiner Haff und durch den Kanal ans Meer fahren wollte. Die Fahrt über den Neuwarper See dauerte nur fünfzehn Minuten, doch mußte man sich zweimal anstellen und den Paß zeigen, einmal bei der Abfahrt und dann bei der Ankunft. Die Schlange riß nicht ab, obwohl die Fähre im Halbstundentakt verkehrte: an Bord galt – »billiger als in Polen!« – zollfreier Einkauf, und bald drängten sich auf dem Oberdeck Polen und Deutsche mit taufrischen Plastiktüten voller Schweinefilets und Parfüms, *Golden American*-Zigaretten und Spirituosen, die Namen trugen wie *Küstennebel* oder *Pepino Peach.*

Mein Schiff nach Świnoujście ging um 14 Uhr. Die Fahrt über das Haff sollte etwa dreieinhalb Stunden dauern. Ich suchte den Landstreifen am Horizont, konnte ihn aber nicht erkennen; man hätte glauben können, vor einem erstrecke sich bereits das offene Meer.

Das Fahrwasser im Stettiner Haff war, wie ich aus der nautischen Karte las, die ich mir besorgt hatte, nicht mehr als vier, fünf Meter tief. Die Tiefenangaben waren, um der Wahrheit die Ehre zu geben, so ziemlich das einzige, was ich aus all den Zahlen, Linien und Zeichen lesen konnte, aber es erfüllte mich mit Befriedigung, zu sehen, daß der Kapitän tatsächlich den korrekten Kurs steuerte. Zumal die Karte ein paar Stellen verzeichnete, wo Wracks auf Grund lagen.

Bald waren wir in polnischen Gewässern, der Grenzverlauf war mit gelben Bojen markiert. Zur Linken war die Insel Usedom zu sehen. Seemöwen folgten dem Schiff auf seiner Reise durch das Haff, und Seemöwen nahmen es in Empfang bei seiner Einfahrt in den Kanal, der, flankiert von zwei Leuchttürmen, zum Hafen von Świnoujście führt.

»Kaiserfahrt« nennen die Deutschen die Fahrt durch diesen Kanal, der 1890 von Kaiser Wilhelm II. eingeweiht worden war und von den Polen, als er in ihren Besitz kam, nach dem Fürstengeschlecht der Piasten in Piastowski-Kanal umgetauft wurde.

Etwas Vornehmes hatte die Fahrt jedenfalls. An den Ufern standen Reiher, einer neben dem anderen, und äugten dem Schiff nach, wie es gemächlich durch den schmalen Kanal tuckerte; würdevoll in ihrer schlanken, hohen Gestalt mit den langen, spitzen Schnäbeln. Einer der Vögel hatte im Stehen die Flügel geöffnet und hielt sie andachtsvoll in die Sonne, die Augen halb geschlossen.

Es dauerte eine Weile, bis ich jene in den Bäumen bemerkte. Sie saßen auf den Ästen, im Grün der Kronen und hoch oben auf den Wipfeln. In einem einzigen Baum zählte ich dreizehn Exemplare, alles Reiher, graugrün und still wie merkwürdige Früchte. Unversehens breitete einer die Schwingen aus, hob ab und flog, die Beine pfeilgerade nach hinten gestreckt, dem Meer entgegen.

»Ferry Terminal Świnoujście« – wir waren im Hafen.

XXIII

Rzystnowo

Ein paar Kilometer östlich des Oderhaffs, zwischen Stettin und der Ostsee, liegt Rzystnowo. Wenn man sich umschaut, spürt man nichts vom nahen Meer und der Hafenstadt.

Rzystnowo ist ein kleiner Flecken. Der Bauernhof, auf dem ich übernachten wollte, stand allein. Es war niemand da außer einem Dackel, der im Hofeingang saß und – als er mich erblickte – ohne zu bellen, ein paar Schritte auf mich zutrottete. Dann hockte er sich wieder hin in den Regen, sah zu mir hoch und schaute mich an, als wüßte ich alle Antworten auf die Fragen, die in seinem langen Dackelleben unbeantwortet geblieben waren. Ich war ein Außerirdischer; eines Tages, das hatte er immer gewußt, würde ich kommen. Nun war der Tag da.

»Das ist Bartek«, sagte eine Frau, die plötzlich neben mir stand. »Kurze Beine und ein schweres Herz!«

Sie wischte sich die Hand an der Schürze ab und streckte sie mir entgegen. »Renata«, sagte sie. Sie war klein und stämmig. Dahinter kam ihr Mann, Bronisław, zum Vorschein, ein großer Kerl mit großen, schweren Händen und den etwas linkischen Körperbewegungen eines Hünen, der kleiner sein möchte, als er ist. Er hatte sich gebückt unter der Tür, als fürchtete er, das ganze Haus mitzunehmen, wenn er nicht achtgab beim Herauskommen. »Watch out« stand auf der Baseballmütze, die er aufhatte.

Sie zeigten mir das Zimmer und die Waschgelegenheit, die gegenüber, am anderen Ende des Hofes war. Alles war einfach, aber sauber, ein Ort wie geschaffen für Philosophen wie Bartek und mich. Der Dackel folgte mir in gebührendem Abstand, ohne je die Augen von mir zu lassen. Ich fühlte mich geschmeichelt und irgendwie bedeutend.

Bronisław und Renata hatten den Hof 1973 von einem Bauern gekauft, dessen Sohn ihn nicht hatte weiterführen wollen. Die ursprünglichen Besitzer, Deutsche, die nach dem Krieg vertrieben worden waren, lebten noch und kamen sie manchmal besuchen, nun, da dies möglich war. Man war befreundet, hörte auch auf deren Rat, was Landwirtschaftsfragen betraf. Die fünf Kinder von Bronisław und Renata waren schon ausgeflogen, bis auf den Sohn, Marek, der dreiundzwanzig war und jetzt den Hof führte, weil die Arbeit für Bronisław zu schwer geworden war. Zur Zeit war Marek in Deutschland beim Erdbeerpflücken, um etwas zusätzliches Geld zu verdienen.

Bronisław hatte, bevor er Landwirt wurde, im Bergbau in Kielce gearbeitet. Da hatte er Renata, eine Schlesierin aus Zabrze, kennengelernt. Sie hatten versucht, in Kielce einen Landwirtschaftsbetrieb aufzubauen, mit einer einzigen Kuh als Startkapital. Eine Überschwemmung hatte ihre Hoffnungen zunichte gemacht, die Saat war verloren. Dann zogen sie hierher, in eine Gegend, in der nur Zugezogene lebten.

Ihr Anwesen hatte beträchtliche Ausmaße, und sie hatten die Mittel, es zu bewirtschaften. Auf einem Parkfeld standen ein paar Landwirtschaftsmaschinen; ein großer grüner Traktor, Baujahr 1969, eine Grasschneidemaschine und einige mehr oder minder verrostete Teile, deren Funktion mir ein Rätsel blieb. Das Prunkstück war ein riesiger, rostroter Getreidesammler. Ich kletterte daran hoch, setzte mich auf den kleinen Schwingsitz und sah mich um. Es mußte ein gutes Gefühl sein, so ein Ding zu fahren, seine Besitztümer zu überblicken und zu wissen, daß die Ernte, die man einbrachte, einem selber gehörte. Vor allem, wenn man früher im Bergbau geschuftet hatte.

Die Adresse meiner Gastgeber hatte ich einer Broschüre entnommen, in der Bauernhöfe, die ökologisch wirtschafteten, aufgeführt waren. Das »European Centre for Ecological Agriculture and Tourism« (Eceat), 1993 in Amsterdam gegründet, hatte in den letzten Jahren den Tourismus auf Biobauernhöfen in Polen initiiert. Es war ein Versuch zur Rettung der heimischen Landwirtschaft, die nach dem Zusammenbruch des Kommunismus, in dem der Staat die Abnahme aller Landwirtschaftsprodukte garantiert hatte, mit dem bevorstehenden Beitritt zur Europäischen Union vor neue Probleme gestellt war. Nun sollten die polnischen Bauern in direkte Konkurrenz zu den Bauern Westeuropas treten mit ihrer modernen, subventionierten Agroindustrie. Die Existenz stand auf dem Spiel.

Im Unterschied zur DDR war in der Volksrepublik Polen die Kollektivierung der Landwirtschaft gescheitert, selbst unter den Kommunisten hatte es zwei Millionen private Bauernhöfe gegeben. Bis Mitte der fünfziger Jahre hatten die DDR und die VR Polen einen gemeinsamen agrarpolitischen Kurs gesteuert, dann hatten sich die Wege getrennt. Im Unruhejahr 1956 waren drei Viertel der Landwirtschaftlichen Produktionsgenossenschaften in Polen aufgelöst worden, während in der DDR die Bauern weiter in die Kollektivwirtschaft gedrängt wurden. Der Widerstand der polnischen Bauern war vor allem in der Grenzregion mitbestimmt gewesen von der schlechten Erfahrung, die sie in ihrer alten Heimat im Osten gemacht hatten, als sie nach der Besetzung durch die Sowjetunion in Kolchosen gezwungen worden waren.

Der polnische Bauer war unabhängig geblieben, hatte die landwirtschaftlichen Kenntnisse, die ein Familienbetrieb mit sich bringt, aber keine Erfahrung mit dem Markt. Und sein Besitztum war klein, zwei bis sieben Hektar maßen die Höfe im Schnitt. Ein Grund, weshalb das polnische Land aus der Luft wie ein Flickenteppich aussieht mit seinen vielen, von Hecken unterteilten kleinen Feldern,

Wiesen und Wäldern. Der Umstand, daß es kein Erbrecht des »Erstgeborenen« gibt, hat die Zersplitterung der Grundstücke noch weiter vorangetrieben. Es war nahezu unmöglich, mit einem so kleinen Betrieb den Rentabilitätsanforderungen der EU gerecht zu werden. Westlich der Oder, wo die Industrialisierung viel weiter fortgeschritten war und Hunderte von Arbeitern in den großen LPGs beschäftigt gewesen waren, schien man für die neue Zeit besser gerüstet.

Kein Wunder, daß die Hälfte der polnischen Bauern Gegner eines EU-Beitritts von Polen waren. Bronisław und Renata gehörten nicht dazu. Sie hatten gefunden, man müsse neue Wege gehen, und es hatte ihnen eingeleuchtet, daß der ökologische Tourismus gerade hier in der Grenzregion eine Möglichkeit war, zu diversifizieren. Eine willkommene Einnahmequelle und eine Gelegenheit, Produkte direkt an Konsumenten zu verkaufen. Sie waren der Vereinigung »Ekoland« beigetreten, einer polnischen Organisation für Biobauern, die rund dreihundert Mitglieder zählte und im Land sieben Informationszentren unterhielt. Wer dazugehören wollte, mußte sich verpflichten, auf den Einsatz von Kunstdünger und Pestiziden zu verzichten und seine Produkte wie Käse, Butter und Brot ohne Konservierungsmittel und ohne künstliche Hilfsstoffe herzustellen.

Bronisław und Renata hatten gute Karten. Ihr Gehöft lag am Rand des Waldes, der zum Naturschutzgebiet Goleniów gehörte. Es gab viele kleine Seen in der Umgebung und jede Menge Wildtiere; sogar einen Elch hatte Bronisław einmal angetroffen. Und mit 47 Hektar war ihr Besitz ungewöhnlich groß. Es lohnte sich, Maschinen einzusetzen. Sie kultivierten Kartoffeln, Getreide, Gemüse und Früchte, hatten achtundzwanzig Kühe, ein paar Schafe, Schweine und Kaninchen. Und mehrere Hunde. Zwei davon waren schwarz und hießen der Einfachheit halber beide Murzyn, »Neger«. Ihre Aufgabe war es, den

Hühnerhof zu bewachen, während sich Bartek mehr geistigen Fragen widmete.

Vor zwei Jahren hatten Bronisław und Renata sich bereit erklärt, Gäste aufzunehmen. Sie seien überrascht gewesen, meinten beide, daß dann auch wirklich Gäste gekommen seien. Die meisten waren aus Holland, wo die Eceat-Stiftung ihren Hauptsitz hatte und Werbebroschüren für solche Polenferien vertrieb. Polen schien, flach wie es war, für die radfahrenden Holländer eine Art Heimat, nur ein paar Nummern größer. In der Nähe gab es einen Kunstsee, wo man früher Torf gestochen und nach Holland verkauft hatte. Und die Holländer konnten, wenn ihnen der Sinn danach stand, zum Nationalpark auf der Insel Wolin radeln, wo sie eine originale holländische Windmühle aus dem 19. Jahrhundert erwartete.

Sie selber, meinte Bronisław, hätten ja gefunden, es sei hier doch gar nicht schön. »Das haben wir erst durch die Gäste erfahren. Die sagten, es sei schön hier. Und nun finden wir es auch schön.«

Rzystnowo war ein ruhiges Dorf. Im Nachbardorf, in Miodowice, erzählten sie, waren alle mit allen verkracht. Miodowice heißt wörtlich »Honigdorf«.

»Honig mit Senf«, sagte Renata.

Wir unterhielten uns über polnische Dorfnamen. Ich hatte mir eine Zeitlang einen Sport daraus gemacht, besonders originelle zu sammeln. Es gab Dörfer, die hießen »Kleine Hunde« (»Pieski«) oder »Großes Huhn« (»Kursko«), »Altes Brot« (»Starochleb«) oder »Alte Weiber« (»Stare Babcie«), »Kleine Bärte« (»Brodki«) oder »Großer Bart« (»Brody«). Man konnte von »Głodno« (»Hunger«) nach »Kiełbaska« (»Würstchen«) reisen, falls einen die Auslagen nicht reuten, weil man aus »Skąpe« (»Geizhals«) stammte.

Bis zum Morgen hatte der Regen aufgehört, aber es war immer noch kühl. Ich ließ die Zimmertür offen, während ich mich ankleidete, und Bartek schaute mir zu. Er machte keinen Versuch, hereinzukommen, verfolgte jedoch aufmerksam jede meiner Bewegungen. Keine Frage, morgen würde er es mir gleichtun und der bestangezogene Dackel von Rzystnowo werden.

Die Bauersleute hatten Besuch; Paweł, der in Miodowice wohnte, war gekommen. Sein Sohn war mit ihrer Tochter verheiratet. Die drei standen auf der Veranda vor dem Haus, und Paweł war eben dabei, die Geschichte seiner Reise nach Masuren zu erzählen.

»Na ja, ich hatte getrunken und den Zug verpaßt. Bin dann mit dem Taxi zur nächsten Station gefahren, trank wieder, verpaßte wieder den Zug, und so ging es immer weiter bis zum Ziel. Hat mich eineinhalb Millionen Złoty gekostet. Mit dem Taxi nach Masuren!«

Alle lachten.

»Jetzt trinke ich aber nicht mehr«, wandte er sich mir zu. »Und auch mit dem Rauchen habe ich aufgehört. Sechzig Zigaretten am Tag, und das vierzig Jahre lang. Der Arzt hat mir gesagt, wenn ich weiterrauche, müsse er mir einen Schnitt in die Kehle machen. Also bin ich zu einem anderen Arzt gegangen und habe ihn bezahlt, damit er mir das Gegenteil sagt. Hat er aber nicht. Die haben sich sicher abgesprochen!«

Er schnitt eine Grimasse. »So süchtig bin ich gewesen, daß ich einmal, als es keine Zigaretten zu kaufen gab, zu Fuß alle Nachbardörfer in einem Umkreis von einem Dutzend Kilometern abgeklappert habe auf der Suche nach Glimmstengeln. Schließlich habe ich, mitten auf einer Brücke, einen Stummel am Boden liegen sehen. Aber auf der anderen Seite war eine Frau, die ihn auch gesehen hatte. Also sagte ich zu ihr: ›Teilen wir uns den Stummel.‹«

Bartek hatte sich neben mich gesetzt und hielt die Ohren gespitzt. Offensichtlich war er zum Schluß gekommen, daß eine Sache, der ich meine Aufmerksamkeit widmete, auch für ihn von Interesse sein mußte.

Und Paweł war ein guter Erzähler. Er mochte etwa sechzig sein, war braungebrannt, mit einer ledrigen, wettergegerbten Haut und hohen Backenknochen, die ihm das Aussehen eines Indianers gaben. Er war glattrasiert und hatte dichtes, nach hinten gekämmtes grauschwarzes Haar. Wenn er lachte, zeigte er eine perlweiße obere Zahnreihe, deren Makellosigkeit in eigentümlichem Gegensatz stand zur unteren, bei der jeder zweite Zahn fehlte. Sein Polnisch hatte einen auffallenden russischen Akzent.

Man sprach über die Wildtiere der Gegend, und Bronisław erzählte, wie ihr Sohn, Marek, als er im Wald einmal einer Wildschweinmutter mit zwei Ferkeln begegnete, in einem Anflug von Leichtsinn die Kleinen gepackt habe und mit seiner Beute auf einen Baum geflüchtet sei. Die Bache, zornentbrannt, habe am Fuß des Baumes gewartet wie der Hund auf die Katze. Schließlich habe Marek ihr eines zurückgegeben, und sie sei damit zufrieden gewesen und abgezogen. Das andere hätten sie auf dem Hof großgezogen und schließlich verspeist.

Pawełs Leidenschaft war die Jagd, aber er hatte ihr, wie er sagte, im Sozialismus leider nicht frönen können. Ich fragte ihn, warum.

»Weil ich als politisch unzuverlässig galt«, sagte er. »Ich war ein *Sibiriak.* Das hieß, daß ich keine Bewilligung für ein Jagdgewehr bekam. Kürzlich habe ich meine Akte einsehen dürfen, in der das alles stand. Nach dem Krieg, als Dreizehnjähriger, bin ich hinter den Bug verschleppt worden, zusammen mit anderen Polen, Ukrainern, Litauern. In einem Viehwaggon, mit vergitterten kleinen Fenstern. Ein Loch im Boden, das war die Toilette. Heizung gab es nicht, ab und zu *Kipjatok,* heißes Wasser. Ich war in Sibirien im Lager, Irkutsk, von 1950 bis 1958. Und das hieß dann für die Kommunisten eben, daß mir nicht zu trauen war.«

Ich wollte wissen, aus welchem Grund er nach Sibirien verschleppt worden war.

»Aus welchem Grund?« Erstaunt über die Frage, hob Paweł die Schultern. »Aus demselben Grund, aus dem der Wolf etwas gegen die Schafe hat!«

Er steckte die Hände in die Hosentaschen. »Wir mußten einen Wald abholzen und eine Eisenbahntrasse legen. Bei minus sechzig Grad. Acht Monate Winter im Jahr, vom September bis in den Mai. Viele sind verhungert, erfroren. Es gab nur dünne Suppe. Aus den Samen von Kiefernzapfen haben wir Kaffee gebraut. Nur einmal bin ich rausgekommen, 1956. Da haben sie mich nach Ungarn geschickt, nach Budapest, um den Aufstand niederzuschlagen. Bin ja in die Rote Armee eingezogen worden vorher. Wäre es in Polen losgegangen, hätte ich vielleicht auf meinen eigenen Bruder schießen müssen.«

Ich hätte gerne mehr darüber erfahren, aber er wechselte rasch das Thema.

»Ich werde überall, wenn ich nur will, für einen Russen gehalten«, sagte er. »Aber das will ich natürlich nicht!«

Wieder lachten alle.

»Viele Polen sind da nicht mehr herausgekommen. Hatten ja keine Papiere mehr. Man mußte nachweisen können, daß man wirklich Pole war. Das ist mir schließlich gelungen. Ich bekam einen neuen Ausweis und wurde hierher, ins Grenzgebiet zu Deutschland, geschickt. Da übernahm ich einen der leerstehenden Höfe. Habe ihn aber später verkauft, das Bauern liegt mir nicht. Und dann habe ich als Traktorfahrer, Kranführer und Mechaniker gearbeitet.«

»Sie hatten ein schweres Leben«, sagte ich.

»Ja, aber ein lustiges!« sagte Paweł und lachte auffordernd in die Runde.

Er war eben in Rente gegangen, bekam sechshundert Złoty im Monat und vertrieb sich die Zeit damit, in der Nachbarschaft herumzureisen und zu plaudern. Aus jedem seiner Erlebnisse machte er eine Episode, die er mit einer Pointe krönte; war diese lanciert, war auch die Geschichte vorbei, und nachzufragen war, wie sich einen Witz erklären zu lassen. Es war amüsant, ihm zuzuhören, aber ich durfte nicht auf eine Lektion in *oral history* hoffen.

»Ich war einundzwanzig, als man mich gehen ließ und ich von Rußland nach Polen heimkonnte«, fuhr er fort. »Im Haus eines Freundes hatte ich Gelegenheit zu baden. Als ich den Wasserhahn aufdrehte, flammte das Gas auf. Ich erschrak zu Tode und rannte, splitternackt wie ich war, aus der Wohnung. Dann kehrte ich um, versuchte es nochmals, und rannte wieder weg. Bis mein Kollege kam und mir erklärte, daß das ein Gas-Durchlauferhitzer und alles ganz in Ordnung sei. Dann habe ich mit großer Freude gebadet!«

Die Rede kam auf den Krieg, den Paweł noch als kleiner Junge erlebt hatte.

»Es gibt Dinge, die man nicht vergißt«, sagte er. »Einmal ist es mir gelungen, ein frisches, zwei Kilo schweres Brot zu ergattern. Stellt euch vor, was für ein Luxus! Und dann – wumm! – schlug eine Artilleriegranate in der Nähe ein. Ich ließ vor Schreck das Brot fallen und rannte davon. Noch heute habe ich den Geruch dieses frischen Brotes in der Nase!«

Er fischte Bronisławs Brille aus dessen Brusttasche und setzte sie sich auf.

»Alte Geschichten«, sagte er. »Und was ist der Kommunismus gewesen?« Paweł holte mit beiden Armen aus. »Ein fauler Apfel auf dem Tisch und ein Kommissar, der sagt: ›Genosse, du kannst wählen!‹ Der Sozialismus hat dazu geführt, daß alle lügen. Wir sind mit der Lüge aufgewachsen, das geht nicht so schnell vorbei. Wir ändern uns nicht mehr. Die nächste Generation – die hat eine Chance. Die Enkel. Mein Sohn vielleicht. Ist ja ein Einzelkind. Ein Einzelkind ist das beste für alle, für das Kind und für die Eltern.«

Ich warf einen Blick auf Bartek und sah, wie er den Kopf hängen ließ. Vielleicht war er ein Einzeldackel. Vielleicht dachte er, ich als Oberdackel müßte dem irgend etwas entgegenhalten.

»Und ich bin auch noch immer mit meiner Frau zusammen. Obwohl ich sie fast getötet hätte! Damals, als wir im Wald Holz holen gegangen waren. Was strengstens verboten war. Wir fuhren mit dem Traktor nach Hause, und was sehe ich? Einen Polizisten! Also sage ich zu meiner Frau: ›Mach rasch das Tor auf!‹ Sie steigt vom Traktor, und ich, ich fahre los – und überfahre sie! Sie mußte ins Spital, Schulter gebrochen, aber schließlich wurde es wieder gut. Stellt euch vor: die eigene Frau überfahren!«

Wie es denn heute seiner Meinung nach stehe mit Polen, ob er das Gefühl habe, es gehe aufwärts, fragte ich Paweł.

»Die Wirtschaft? Nun, die wächst nicht so schnell wie ein Pimmel in einer Damenhand! Wer in der PGR, dem staatlichen Landwirtschaftsbetrieb, arbeitet, verdient dreihundert Złoty im Monat, aber die Monatskarte für den Zug nach Wolin kostet allein schon hundertzwanzig Złoty. Und ein Dutzend Eier kosten nur zwei Złoty. Wozu da noch Hühner halten? Höchste Zeit, daß Polen in die EU aufgenommen wird. Wir Polen haben im Zweiten Weltkrieg an allen Fronten gekämpft, und was haben wir jetzt davon? Meine Familie ist verstreut über die ganze Welt, in Australien, auf den Philippinen, hinter dem Ural.«

Er sagte es zornig, das war etwas, was ihn wirklich empörte. Aber dann war sein Unmut auch schon wieder verflogen.

»Habe ich euch die Geschichte schon erzählt vom Sohn meines Bruders, der mit einem Kumpel zusammen getrunken hat? Ist noch nicht lange her. Den beiden war das Bier ausgegangen. Sagt der Sohn meines Bruders: ›Kein Problem, ich hole welches.‹ Worauf der andere sagt: ›Nein, du kannst nicht mehr fahren, wenn dich die Polizei erwischt, bist du geliefert.‹ – ›Warte nur, ich gehe schon‹, antwortet der. ›Spinnst du? Es sind sechs Kilometer bis zur Bar.‹ Und was macht der Sohn meines Bruders? Geht in die Scheune, schiebt sein Flugzeug heraus, wirft den Motor an, rattert über die Wiese und fliegt los, sechs Kilometer hin, sechs Kilometer zurück! Sagte noch, in der Luft gebe es keine Polizei! Hatte er selber gebastelt, das Ding, ist ja Mechaniker. Ein paar alte Maschinenteile, ein Motor und ein Propeller. Hat immer in seiner Scheune gehockt und daran herumgewerkelt. Hat niemand geglaubt, daß er damit je wird fliegen können. Man kann alles, wenn man will. Und wenn man nicht höher als zweihundert Meter fliegt, sogar ohne Bewilligung!«

Paweł ging zum Fahrrad, schwang sich auf den Sattel, hob den Arm zum Abschied und radelte los. Wir sahen ihm alle nach – bis auf Bartek, der unverwandt zu mir hochblickte, das Dackelgesicht voller Fragen.

XXIV

Świnoujście

Świnoujście – oder Swinemünde, wie es früher hieß – liegt auf zwei Inseln, Usedom und Wolin, die sich mit ihren zahlreichen Landzungen und Buchten auf der Karte ausmachen wie Amöben, die ins Oderhaff geschwemmt wurden. Das Meer greift hier mit langen Armen ins Land, die man erst überqueren muß, um in die kleine Hafenstadt unmittelbar an der Grenze zu gelangen.

Jenseits des Schlagbaums, auf deutschem Terrain, reiht sich ein Seebad ans andere, Ahlbeck, Heringsdorf, Bansin. Ich spazierte hinüber, und es war, als spazierte ich von der Gegenwart in die Zukunft. Die Zukunft, das war Deutschland. Da wurde gebaut und umgebaut. Der sozialistische Tourismus war zu Ende, nun ging es glanzvolleren Zeiten entgegen. Ein Gestus des Mondänen war spürbar, der Versuch, mit der Vergangenheit auch jene Gäste herbeizuzitieren, die einst für Atmosphäre gesorgt hatten. Noch roch es nur nach Leim und Farbe.

Viel gab es nicht zu sehen in Ahlbeck, der einstigen »Badewanne Berlins«. Über einem kleinen Friedhof stand der Sowjetstern mit Hammer und Sichel, die Grabsteine namenlos.

In Polen, auf einem Sträßchen parallel zum Strand, reihte sich ein Stand an den andern; Buden und Läden boten jene Sorte von Kram feil, den man in den Ferien aus lauter Langeweile kauft. Die Leute schoben sich gegenseitig, sahen sich über die Schulter, hofften auf Unerhörtes im Gedränge, das entstand, bloß weil einer stehengeblieben war. Jung wie alt ging in Trainingsanzug oder Badehose, futterte mit Plastikbesteck Kartoffelpuffer und Bratfisch von Kartontellern, die Ohren taub von der lauten Musik aus den Ghettoblastern, mit denen ein Verkäufer den anderen zu übertönen suchte. Das Publikum war deutsch und offensichtlich unbeeindruckt von der Warnung, die ich an einem Lokal – *Zur Grenze* hieß es – in Ahlbeck gesehen hatte: »Letzte deutsche Kneipe vor Moskau«. Ein paar Schritte vom Meer entfernt, an der Swinemünder Chaussee gelegen, rühmte sie sich ihrer Wildspezialitäten.

Ich hatte unweit der Grenze eine Unterkunft gefunden, im Nachbarort Międzyzdroje. Es war eine Ferienkolonie für polnische Touristen, ein Dutzend kleiner Häuser, nicht sehr weit vom Strand entfernt, die schön ausgerichtet in einer Reihe standen und der Einfachheit halber alle *Kasia* (Katrin) hießen – *Kasia I, Kasia II, Kasia III* usw. Ich war in Katrin Nummer sieben.

Ein paar Villen und Kuranlagen deuteten darauf hin, daß auch Międzyzdroje einmal bessere Zeiten gesehen hatte. Eine schöne Uferpromenade säumte den kilometerlangen weißen Sandstrand, der sich bis Świnoujście hinzog. Im Osten standen die Berge, Steilküsten fielen ab ins Meer.

Am Strand war Festbetrieb. In einem Grill von der Größe einer Stalinorgel brutzelten drei Dutzend Brathähnchen, militärisch in Reih und Glied übereinander aufgespießt. Ich besorgte mir eines, setzte mich an einen Tisch und hörte, während ich darauf achtete, mir nur ein Hosenbein mit dem triefenden Fett zu ruinieren, einer Band zu, die sich auf der Bühne nebenan eben bereit gemacht hatte. Es waren Ukrainer, die Pop und Folk spielten. Der Sänger sang auf polnisch, englisch und manchmal auch auf ukrainisch, wofür er sich jeweils entschuldigte. Das eine war in dieser Lautstärke so unverständlich wie das andere.

Und dann lernte ich Arthur kennen. Er setzte sich an meinen Tisch, ein etwas weichlich wirkender junger Mann, und fragte mich, ob ich Deutscher sei. Hierauf begann er von sich zu erzählen, in der Art des Kindes, das sich nicht darum kümmert, ob das für den Zuhörer von Interesse ist oder nicht. Es wunderte mich, denn er schien eher scheu und stotterte leicht.

Er lebte in Görlitz, wo er eine Elektrikerlehre gemacht hatte. Sein Vater, ein Schlesier aus Jelenia Góra, hatte ihn dorthin gebracht und als Deutschen angemeldet. Doch Arthur gefiel der Beruf nicht. Er war dreiundzwanzig und konnte sich nicht vorstellen, sein Leben als Elektriker zu verbringen. Die Arbeit auf den Baustellen, wo er Leitungen verlegte, sei zu hart für ihn, sagte er. Er war nicht in die Bundeswehr eingetreten und machte jetzt zivilen Ersatzdienst, pflegte Alte. Diese Arbeit gefiel ihm, und nun wollte er umsatteln und Altenpfleger lernen. Den Alten Essen bringen, ein bißchen mit ihnen schwatzen, sich ihre Geschichten anhören, das hatte er gern.

»Braucht viel Geduld«, sagte er. »Aber die habe ich.«

Zwei Jahre würde die Umschulung dauern.

Es war ein glücklicher Zufall, daß er hier einen Polen kennnengelernt hatte, der als Krankenpfleger in Deutschland arbeitete und auch in den Ferien war. Er wartete auf ihn.

Wenig später kam Arthurs Vater hinzu. Er hieß Raimund, mochte etwas über sechzig sein und war braungebrannt, kräftig und sehnig, das pure Gegenteil seines blaßhäutigen Sohnes. Raimund wollte sofort eine ganze Menge von mir wissen: In welchem Hotel ich wohnte, was ich dafür bezahlte, wie der Komfort sei, ob es einen Fernseher habe, was für eine Automarke ich führe. Meine Auskünfte befriedigten ihn nicht. Von einem reichen Schweizer schien er mehr erwartet zu haben.

Raimund war Deutscher, war aber nach dem Krieg in Polen geblieben. Er war vierzehn gewesen 1945, eines von acht Kindern. Die Familie, die in einem kleinen Dorf in Schlesien an der heutigen Grenze lebte, war nicht nach Deutschland geflüchtet. Über die Gründe mochte Raimund sich nicht näher auslassen. Als er zur polnischen

Armee eingezogen wurde, hatte er in die Kohlegruben gemußt, 800 Meter unter Tag, eine harte Arbeit. Ein Freund von ihm, der auch geblieben war, habe seinen eigenen Bauernhof zurückkaufen müssen, sagte er. Und deutsch zu reden war verboten. Raimund hatte eine Polin geheiratet, und ein paarmal hatten sie Antrag auf Ausreise gestellt, aber immer eine abschlägige Antwort bekommen. Nach der Wende hätten sie dann nach Deutschland übersiedeln dürfen, aber seine Frau wollte nicht mehr.

»Letztes Jahr war sie in Israel und Ägypten«, sagte er. »Hat 1500 Dollar gekostet, die Reise.«

Er konnte nicht mit, für beide hatte das Geld nicht gereicht.

Nun war er pensioniert. Er war Berufsschullehrer gewesen und bekam eine Rente von 500 Złoty im Monat.

»Dafür habe ich fünfunddreißig Jahre gearbeitet.«

Seine Frau, eine leitende Beamtin, verdiente 650 Złoty.

Raimund wies auf seinen Sohn. »Er hat alles«, sagte er. »Wohnung, Auto, alles. Und ein paar tausend Mark auf dem Sparkonto.«

Er schien über die Berufspläne seines Sohnes nicht sehr glücklich. Konnte man es als Elektriker nicht zu einem größeren Auto bringen denn als Krankenpfleger? Er sprach es nicht aus, aber es war zu spüren, daß er es dachte. Er machte aus seiner Benachteiligung kein Hehl, er trug sie wie ein Schild vor sich her. Er war auf der falschen Seite der Grenze gestrandet, und das Unglück hatte sich auf seinem Gesicht eingegraben. Alle Fragen, die er mir stellte, galten meinem Status; daß ich ihn enttäuschte in seiner Hoffnung, Nahrung für seinen Neid zu finden, und daß er mich doch nicht einordnen konnte, irritierte ihn.

Immer, wenn ihm etwas in den Sinn kam, was er nicht hatte, zeigte er auf Arthur, den Sohn, und sagte:

»Er hat es!«

Darauf war Raimund stolz. Er hatte dafür gesorgt, daß es so war, hatte ihn aus Polen weggebracht. Arthur war

Doppelbürger, besaß einen Paß der Europäischen Union und war aus Polen abgemeldet. Daß er es zu etwas gebracht hatte allein deshalb, weil er im Westen, in Deutschland lebte, schien dem Vater sehr viel mehr als dem Sohn zu bedeuten.

Schließlich kam Marek, Arthurs Ferienbekanntschaft. Er mochte etwa dreißig sein, war schlank und trug einen weißen Trainingsanzug, in dem er sich, wenn auch etwas scheu, mit einer Eleganz bewegte, die einem Abendanzug angemessen gewesen wäre. Er war ebenfalls aus Schlesien, aus Zabrze, und arbeitete in einem Spital in Wuppertal. Sein Vater, ebenfalls Rentner, wohnte wie Raimund auch in Jelenia Góra. Die beiden kannten sich aber nicht.

Marek hatte sich in Arthur verliebt, das konnte ein Blinder sehen. Nur Arthur und Raimund sahen es nicht. Marek warf dem schüchternen und etwas linkischen jungen Mann immer wieder Blicke zu, mit denen dieser nichts anzufangen wußte. Nicht einmal verlegen wurde er. Daß Marek den Beruf hatte, auf den Arthur umsatteln wollte, gab Gesprächsstoff.

»Ich möchte euch alle zu mir einladen«, schlug Marek so plötzlich wie formell vor. »Ich habe ein Appartement, ganz in der Nähe.«

Wir drängten uns durch das Getümmel, ließen den Strandlärm hinter uns und standen bald vor einem neuen Hochhaus. Der Sockel hatte etwas von einem Schiff, sein Bug stand in Richtung Meer. Ein deutsch-polnisches Baukonsortium, sagte Marek, habe es errichtet, alles mit westlicher Technologie ausgestattet. Es gab eine Menge Klingelknöpfe mit Nummern und eine Tastatur, auf der Marek den Code für seine Wohnung eintippte.

Nichts bewegte sich. Marek probierte ein paarmal, aber die Tür blieb zu. Einen Moment kam mir der Gedanke, daß er vielleicht geblufft hatte und in diesem Haus, das stolz und reich sein Haupt über alle anderen Häuser erhob, vielleicht gar nicht wohnte.

»Laß mich mal«, sagte Raimund und fischte seinen Schlüsselbund aus der Tasche. Er probierte ein paar Schlüssel aus, drückte ein bißchen herum, und die Tür war offen.

»Ich habe Schlosser gelernt«, sagte er nur.

Wir fuhren in die achte Etage.

Mareks Wohnung war winzig. Ein Zimmer mit Kochgelegenheit und Naßzelle. Die Wände waren mit einem halben Dutzend verschiedener Kunststoffverkleidungen und Tapeten beklebt, alle fünfzig Zentimeter etwas anderes. Es gab Reliefs mit rosa und blauen Linien, Holzimitation, Blumen. Nur hinter der Heizung war der weiße Verputz stehen geblieben.

»Und, wie gefällt es Ihnen?« Erwartungsvoll sah Marek mich an.

»Es ist sehr abwechslungsreich«, sagte ich. »Toll!«

Marek war erleichtert. Ich war es, der altgediente Westler, der seinem Werk den Segen geben mußte. Nicht Raimund und nicht Arthur.

»Und da, schauen Sie!«

Ich hatte mich schon gewundert, daß das Zimmer so schmal war. Zwischen der Wand und den zwei Bettsofas, die mit einem abenteuerlichen Bezug überdeckt waren, gab es kaum Platz. Marek hatte der Länge nach eine Trennwand mit einer gut getarnten Schiebetüre eingebaut, die sich in Falten legte, als er sie aufstieß. Dahinter verbarg sich ein Kajütenbett.

»Raffiniert«, sagte ich.

Wir setzten uns an den kleinen Couchtisch, auf dem ein leuchtender Porzellanelefant stand, der den Lampenschirm auf seinem Rüssel balancierte. Marek zündete eine Duftkerze an, und ein süßlicher Geruch füllte den Raum.

»Alles aus Deutschland«, sagte Marek und wies mit der Hand auf seine Eroberungen. Eines nach dem anderen hatte er über die Grenze geschafft, Dekomaterialien, Zweiplattenkochherd, Spülbecken, Dunstabzug und Elektroofen. »Qualitätsware«, sagte er, »nichts aus polnischer

Produktion.« Bloß den Wandteppich mit dem Waldweiher im Mondlicht hatte er in Polen gekauft, auf dem Basar.

»War alles im Rohzustand hier«, sagte er. »Hat 27000 Mark gekostet, das Appartement. 25000 habe ich von der Bank als Kredit aufgenommen.«

Raimund nickte säuerlich.

»Letztes Jahr habe ich es gekauft. Wenn ich es jetzt verkaufen würde, bekäme ich doppelt soviel dafür«, sagte Marek. Aber er wollte es nicht verkaufen, er wollte es vermieten an Touristen während der Saison.

In weniger als drei Monaten hatte er alles herrichten, die Fliesen verlegen, die Tapeten kleben lassen.

»Hat mich nicht mehr als 500 Mark gekostet, die Arbeit«, sagte er. »Das wäre in Deutschland unmöglich.«

Er lobte die Arbeit der polnischen Handwerker.

Raimund beugte sich zu mir vor und begann über die Polen zu schimpfen. Die Zigeuner, die Klauerei. Er tippte sich mit gespreiztem Zeige- und Mittelfinger an die Kehle.

»Trinken alle zuviel, die Polen«, sagte er.

Dann lehnte er sich zurück und machte sich lustig über einen Bekannten, der in Deutschland lebe und Nationalist sei. Ein polnischer Nationalist! Sein Vater sei Deutscher, die Mutter Polin, und sie sei es gewesen, die ihn zum Patrioten erzogen habe. Nur polnisch habe sie gesprochen mit ihm, und er habe nur polnische Bücher von polnischen Autoren lesen dürfen. Und schließlich habe er selbst nur polnische Literatur lesen wollen.

»Ich habe ihm gesagt, daß das alles verlogen ist, die Geschichte, die Literatur«, sagte Raimund. »Und wißt ihr, was er geantwortet hat?«

Raimund schaute auf Arthur, der pflichtschuldig lachte.

»Mickiewicz sei aber gut!«

Raimund schaute Bestätigung heischend in die Runde.

»Mickiewicz!«

Marek schüttelte den Kopf und stimmte zögernd ein in sein Lachen über den »polnischen Goethe«.

Raimund gefiel nichts in Polen, rein gar nichts.

»Ich bin weder für Solidarność noch für den Kommunismus«, sagte er. »Ich bin für Deutschland.«

Das Krankenhaus in Wuppertal, wo er arbeite, habe ein paar Ostdeutsche eingestellt, wechselte Marek das Thema. Die seien aber alle nach zwei Monaten wieder entlassen worden.

»Sind nachmittags einkaufen gegangen«, sagte er. »Und dann kamen zwei Notfälle, und niemand war da. Die waren das so gewohnt. Von offiziell acht Stunden haben die in der DDR nur zwei bis drei Stunden gearbeitet.«

Marek hatte den Fernseher eingeschaltet und ließ ihn ohne Ton laufen, nachdem er uns die vierzehn Programme, die er empfangen konnte, der Reihe nach vorgeführt hatte. Auf dem Balkon hatte er zwei Thermometer installiert, ein Säulenthermometer, das in den Türrahmen eingeschraubt war, und ein elektronisches hinter der Fensterscheibe, an dem er per Knopfdruck die Maximal- und Minimalwerte der Tagestemperaturen von innen ablesen konnte.

Es waren alltägliche Dinge, die Marek uns zeigte, doch an seiner Begeisterung konnte man erkennen, daß sie für ihn nicht alltäglich waren. Er hatte etwas, was andere nicht hatten und das zu haben er sich einst nicht hatte träumen können. Und es war etwas, was er Raimund entgegensetzen konnte, das Stück Deutschland, das er, der Pole, sich erobert hatte, und das Raimund, dem Deutschen, für immer vorenthalten bleiben würde.

Wir standen auf dem Balkon und sahen auf die Ostsee. Man konnte den ganzen Strand überblicken, vom Lärm war hier nichts mehr zu hören. Irgendwo verlor sich das Meer im Himmel, wurde der Horizont verschluckt vom Schwarz, in dem ein paar Sterne blinkten. Der Balkon war klein, schien aber, da mit nichts verstellt, größer als das Zimmer. Ein wunderbarer Platz, eine Loge im Himmel.

Man konnte bis nach Deutschland sehen. Und übers Meer bis nach Bornholm.

»Das allerdings nur bei gutem Wetter«, sagte Marek. »Und nur vom Dach aus.«

Ich sah hinunter in die Tiefe. Am Fuß des Hochhauses gähnten zwei Baugruben. Die Fundamente waren schon gelegt. Ihrem Ausmaß nach war da ein beträchtliches Gebäude am Entstehen.

»Ja«, sagte Marek. »Die haben illegal gebaut, und die Gesellschaft, die unser Haus baute, hat dagegen prozessiert. Nun dürfen die nicht mehr weiterbauen.«

»Gott sei Dank«, sagte ich.

»Ja.« Marek lachte. »Wäre schön blöd gewesen, so direkt vor der Nase.«

Wir gingen. Marek begleitete uns bis zur Straße. Ein Wohncontainer stand am Straßenrand. Er gehörte zur Baustelle. Ein Mann war eben dabei, ihn abzuschließen. Marek ging zu ihm hin und wechselte ein paar Worte mit ihm. Dann kam er zurück. Die Enttäuschung stand ihm ins Gesicht geschrieben.

»Ist etwas?« fragte ich.

»Sie dürfen weiterbauen«, sagte er. »Die beiden Gesellschaften haben sich geeinigt. Der Mann hat es mir eben gesagt.«

Marek zuckte die Schultern.

»Zehn Stockwerke.«

Er würde das Meer und den Strand nicht mehr sehen können. Und vermutlich auch Bornholm nicht mehr, selbst wenn er aufs Dach stieg. Aber immer noch ein Stück von Deutschland, wenn er den Kopf weit nach Westen verrenkte.

Epilog

Hier am Meer, das die Polen das baltische, die Deutschen Ostsee nennen, hatte sich die Grenze aufgelöst, verfloß im Wasser, das am Horizont den Himmel berührte. Weit draußen tuckerte ein Fischerboot, umschwärmt von Möwen. Ein deutsches? Ein polnisches? Und in welchen Gewässern es wohl fischte?

Um Świnoujście herum machte die Grenzlinie einen Bogen; der Hafen, das Tor zur Welt, lag auf polnischem Boden. Von hier gingen die Fähren nach Ystad, Kopenhagen, Travemünde und Malmö – Orte, die vor nicht langer Zeit noch für beide, für Ostdeutsche und Polen, im unerreichbar fernen »Westen« gelegen hatten.

Damals, im »realexistierenden Sozialismus«, galt der östliche Nachbar für manche Ostdeutsche als realexistierendes Paradies. »Polen, das war für uns der Westen«, hatte mir ein Professor, den ich in Berlin kennengelernt hatte, einmal erklärt. Er war Historiker und einer der wenigen, die ihren Lehrstuhl an der Humboldt-Universität, nachdem sie von der Gauck-Behörde auf ihre politische Vergangenheit überprüft worden waren, hatte behalten können. Nicht ohne Bitterkeit hatte er beigefügt, daß seine polnischen Kollegen keinem aus der DDR, also auch ihm nicht, zugetraut hatten, zur Opposition zu gehören.

Die nicht ganz neun Jahre, in denen die Grenze für den visafreien Reiseverkehr geöffnet gewesen war, nutzte man, freie Luft zu schnappen. Polnische Buchhandlungen führten all die Literatur, die in der Heimat auf dem Index stand, in den Presseklubs lagen westdeutsche Tageszeitungen und Nachrichtenmagazine auf, in den Kinos liefen Hollywoodfilme, polnisch untertitelt. Jugendliche konnten in Polen trampen, ohne die Polizei fürchten zu müssen, und in Studentenheimen übernachten ohne langwierige Anmeldeprozeduren. In Klubs und Jazzkellern war die Musik zu hören, die zu Hause verpönt war, und in Diskussionen wurde über die Kommunisten und die Russen geschimpft, ohne daß dies Folgen gehabt hätte.

1989, als sie für ihre Freiheit auf die Straße gingen, hatten die Ostdeutschen mehr als ein halbes Jahrhundert Diktatur hinter sich. Die Entmündigung, die 1933 begann, hatte sich 1945 unter anderen Vorzeichen fortgesetzt, und der Widerstand war beide Male gering gewesen. Während des Sozialismus gab es keine Kirche wie in Polen, die dem Diktat der Lüge entgegengetreten wäre, keine Bauern, die stur auf ihrer Freiheit beharrten, und nur wenige Intellektuelle, die den Verführungen der Macht nicht erlagen. Ein Witz aus jener Zeit illustriert, was die Nachbarn damals aneinander fanden. Zwei Hunde treffen sich am Grenzübergang mitten auf einer der »Brücken der Freundschaft«. Fragt der ostdeutsche Hund den polnischen: »Was willst denn du bei uns?« – »Mich wieder mal richtig vollfressen! Und du?« – »Wieder mal richtig bellen!«

Ich stand am Ufer und rief mir die Orte in Erinnerung, die ich bereist, die Grenzlinie, die ich so viele Male überschritten hatte. Was hatte man sich eigentlich gedacht, als man sie zur »Friedensgrenze« erklärte? Staatsgrenzen trennen den einen Staat vom anderen, die Wohlstandsgrenze die Reichen von den Armen, und eine ganze Menge anderer Grenzen irgend etwas von irgend etwas. Was sollte die »Friedensgrenze« trennen? Den Frieden vom Krieg?

Es war müßig, darüber zu räsonnieren; nun war all dies nicht mehr von Belang. Das Fundament der »deutsch-polnischen Freundschaft« war das gemeinsame Bekenntnis zur Sowjetunion gewesen, und mit ihr war auch es in die Brüche gegangen.

Doch die Floskeln von einst hatten sich hinübergerettet in die neue Zeit. Auch heute war viel von »Freundschaft«

die Rede, und man zögerte vor allem auf deutscher Seite nicht, sie bei jeder Poeten-Dampferfahrt wortreich zu bekunden.

Was hatte die Grenze jetzt zu bedeuten? Polen war, soviel war sicher, nicht mehr der Westen für die im Osten Deutschlands Lebenden. Das zeigte schon ein flüchtiger Blick auf die Statistik. Hunderte polnischer Kinder standen auf der Warteliste für einen der zwölf Plätze, die im Kindergarten von Guben für sie reserviert waren; ein einziges deutsches Elternpaar war bereit gewesen, seinen Sprößling auf die andere Seite, nach Gubin, zu schicken. Und in Deutschlands neuer Hauptstadt Berlin lebten mittlerweile mehr Polen als Türken; in Warschau konnte man Deutsche mit der Lupe suchen.

Für die Polen, »ein slavisches Grenzvolk an der Pforte der germanischen Welt«, wie der ihnen wohlgesinnte Heinrich Heine sie genannt hatte, stand diese Pforte jetzt ein Stück weit offen. Daß dies auch in umgekehrter Richtung der Fall sein sollte, erfüllte manche mit Sorge. »Früher sind sie mit Divisionen gekommen, heute kommen sie mit Devisen«, wurde geklagt in der Furcht, Deutsche kauften sich das im Krieg verlorene Land zurück. Doch daß man als Deutscher in Polen eher willkommen war denn als Westdeutscher in Ostdeutschland, das hatte ich auch erfahren auf meiner Reise.

Es entbehrte nicht einer gewissen Ironie, daß Polen, das sich immer wieder gerne als »Christus der Völker« und »Schicksalsnation Europas« sah, nun offiziell beauftragt war, Europa gegen den Osten zu schützen. Die Befestigung der Grenze zur Ukraine, zu Weißrußland, Litauen und zur russischen Exklave Kaliningrad ist in Gang gekommen, noch bevor die Zollanlagen und Grenzpolizeistellen an Oder und Neiße abgebaut werden können. Es mag ein weniger heroisches Unternehmen sein, als es die Rettung des christlichen Europa vor dem Ansturm der muselmanischen Türken gewesen war, die der polnische König Jan Sobieski 1683 vor Wien geschlagen hatte. Als neues Mitglied der NATO und künftiges Mitglied der Europäischen Gemeinschaft nimmt man die aktuelle Aufgabe indes nicht weniger ernst.

Ich setzte mich auf einen Stein am Strand und öffnete meine Flasche *Lech*-Bier. Die Sonne war untergegangen, und die Musik, die von der Promenade herüberdrang, verflog in der leichten und kühlen Brise. Der Herbst war gekommen, meine Reise zu Ende.

Immer wieder – merkwürdigerweise ausschließlich von Deutschen – war ich gefragt worden, wie ich es denn nun sehe, das Verhältnis zwischen Polen und Deutschen. Es hat selten an großen Worten gefehlt, es zu beschreiben – Schuld und Sühne, Vergebung, das ganze Vokabular einer Geschichte, die in vielem verhängnisvoll verlaufen war. Vielleicht war es einmal sinnvoll gewesen, sich so auszusprechen. Nun drohte es zum Ritual zu werden. Die Frage war, was darüber hinaus gültig blieb.

Konnte man aus dem Umstand, daß man sich im Deutschen mit »Wie geht's?«, im Polnischen aber mit »Wie fliegt's?« (»Jak leci«) begrüßt, irgendwelche Schlüsse ziehen? Der »deutsche Ernst« blieb den Polen fremd, hinderte aber viele nicht daran, sich die Tugenden eines Volkes, das den Krieg verloren und den Frieden gewonnen hatte, zu eigen zu machen. Wer nach Beispielen für »deutschen Fleiß« im Grenzgebiet suchte, wurde auf der polnischen Seite eher fündig. Die leichte Herablassung im Wohlwollen, das man in Deutschland dem armen Nachbarn gegenüber an den Tag legte, blieb davon unberührt. Nicht nur die Stammkunden der Polenmärkte, die nie ein *Dzień dobry* (Guten Tag) über die Lippen brachten, hielten ihre Kaufkraft für einen Ausweis kultureller Überlegenheit.

Und dann gab es die Begeisterung derer, die ihr Leiden an Deutschland kultivierten und in Polen zu kurieren hofften. Ich hatte in einer jener Gesprächsrunden, die Polen und Deutsche an einen Tisch bringen, einmal erlebt, wie eine Vertreterin dieser Spezies der Philopolen – eine Altachtundsechzigerin – auf die Frage, was ihr denn an Polen gefalle, ausrief: »Alles!« Die Gesprächsleiterin, eine Polin, konnte darüber nicht recht froh werden.

Es war Zeit für einen Szenenwechsel. Nun, da die große Politik Europa so umsichtig geordnet hatte wie noch nie in seiner Geschichte, waren die Voraussetzungen geschaffen für eine Nachbarschaft zwischen dem einstigen Aggressor und seinem ersten Opfer. Erst jetzt war das Gebiet an Oder und Neiße zu einem wirklichen Grenzgebiet wie andere geworden, konnte Handel getrieben werden, war die Bühne frei für Zank und Liebschaft. Manche meiner polnischen Freunde, denen ich, bevor ich meine Reise antrat, von meinem Vorhaben erzählt hatte, hatten ihre Geringschätzung nur schlecht verbergen können. Es war nicht »Kultur«, was sich da an der Grenze zu Deutschland abspielte, nicht würdig, daß man sich damit befaßte. Nein, es war Alltag – und gerade das, dünkte mich, war das Außergewöhnliche.

Ich trank mein Bier aus und warf einen letzten Blick aufs Meer. Was sollte ich antworten auf die Frage über das Verhältnis zwischen Polen und Deutschen?

Eine Geschichte, die mir Krystyna, die pensionierte Schauspielerin aus Warschau, erzählt hatte, kam mir in den Sinn. Sie war einer Freundin von ihr passiert, als sie zum ersten Mal Deutschland – damals Westdeutschland – besuchte. Sie konnte leidlich gut Deutsch, hatte aber solche Hemmungen, daß sie ihre Frage nach dem Weg zum Bahnhof, die sie einer Passantin stellen wollte, mit der Erklärung einleitete: »Ich bin Polin.« Die Angesprochene, etwas verdutzt, hatte geantwortet: »Ich bin Deutsche.«

Und war ihres Weges gegangen.

Polnisch-deutsches Ortsnamenverzeichnis

Boryszyn	Burschen
Cedynia	Zehden
Giżycko	Lötzen
Gorzyca	Göritz
Gryfino	Greifenhagen
Gryfów Sląski	Greiffenberg
Gubin	Guben
Jelenia Góra	Hirschberg
Kostrzyn	Küstrin
Krosno Odrzańskie	Crossen
Łęknica	Lugknitz
Lubań	Lauban
Lubniewice	Königswalde
Międzyrzecz	Meseritz
Międzyzdroje	Misdroj
Nowe Warpno	Neuwarp
Osinów Dolny	Niederwutzen
Poznań	Posen
Racibórz	Ratibor
Rzystnowo	Rißnow
Świnoujście	Swinemünde
Szczecin	Stettin
Włosień	Heidersdorf
Wolin	Wollin
Wrocław	Breslau
Zabrze	Hindenburg O. S.
Żagań	Sagan
Żary	Sorau
Zgorzelec	Görlitz
Zielona Góra	Grünberg

Dank

Vielen möchte der Autor danken. In erster Linie all denen, die sich während seiner Reise Zeit genommen und ihm bereitwillig von sich und ihrem Leben erzählt haben.

Daß ich mich ein Jahr lang frei von Verpflichtungen der Auswertung meiner Reisenotizen und weiteren Recherchen widmen konnte, verdanke ich einem Forschungsstipendium des von Prof. Stephan Russ-Mohl initiierten Europäischen Journalisten-Kollegs der Freien Universität Berlin. Die *Neue Zürcher Zeitung* hat das Vorhaben großzügig unterstützt und mich dafür freigestellt.

Unschätzbare Dienste haben mir Birgit Christensen und Manfred Papst erwiesen, die – obwohl selber mit Arbeit überhäuft – das Manuskript gelesen und mir mit ihrer Kritik weitergeholfen haben.

Ohne die Geduld, Großmut und Hilfe meiner Frau Katrin Laskowski wäre dieses Buch nie zustande gekommen.

Da dies kein wissenschaftliches Werk ist, soll auf ausführliche Literaturangaben verzichtet werden. Ausgiebigeren Gebrauch habe ich – abgesehen von der im Buch selbst erwähnten Literatur – von einigen Spezialstudien gemacht, die unerwähnt zu lassen eine Ungerechtigkeit ihren Verfassern gegenüber wäre. Zu nennen sind die *Frankfurter Studien zur Grenzregion*, namentlich die Bände *Grenze der Hoffnung* (Hg. Helga Schultz und Alan Nothnagle), *Die offene Grenze* (Hg. Stanisław Lisiecki) und *Geteilte Städte an Oder und Neiße* von Dagmara Jajeśniak-Quast und Katarzyna Stokłosa. Das Buch *Eisenhüttenstadt: ›Erste sozialistische Stadt Deutschlands‹*, hg. von der Arbeitsgruppe Stadtgeschichte, war eine der wichtigeren

Lokalhistorien, die ich zu Rate zog. Zur Geschichte der Oder-Neiße-Grenze waren mir *Die Entstehung der Oder-Neiße-Linie als Nebenprodukt alliierter Großmachtpolitik während des Zweiten Weltkrieges* von Carsten Lilge und die Arbeit von Philipp Ther über *Deutsche und polnische Vertriebene* besonders von Nutzen.

Über den Autor

Peter Haffner wurde 1953 in Zürich geboren. Er studierte Philosophie und Geschichte an der Universität Zürich und arbeitete ein Jahrzehnt als freier Journalist für schweizerische, deutsche und österreichische Zeitungen und Zeitschriften. Seit 1991 ist er Redakteur von *NZZ-Folio*, dem monatlichen Magazin der *Neuen Zürcher Zeitung*. Für seine Reportagen wurde er mit dem Egon Erwin Kisch-Preis und manch anderen Ehrungen ausgezeichnet.

Buchveröffentlichungen (Auswahl):

Die unheimlichen Patrioten. Politische Reaktion in der Schweiz. Zürich 1978 (Mitautor).

Wie steht's mit Pachulski? Zürich 1993.

Die fixe Idee. 13 Versuche, die Welt zu erklären. Zürich 1996 (Taschenbuch 1999).

Herz auf Eis. Ein Quast & Quimby Kriminalroman. Zürich 2000 (unter dem Pseudonym Louis P. Laskey).

Peter Haffner *Grenzfälle*

Zwischen Polen und Deutschen
ist im September 2002 als zweihundert-
unddreizehnter Band der *Anderen Bibliothek*
im Eichborn Verlag, Frankfurt am Main, erschienen.
Die Karte auf der Seite 6 zeichnete Katrin Laskowski.
Das Lektorat besorgte Rainer Wieland.

Dieses Buch wurde in der Korpus Garamond
von Wilfried Schmidberger in Nördlingen gesetzt
und bei der Fuldaer Verlagsagentur auf 100 g/m²
holz- und säurefreies mattgeglättetes Bücherpapier
der Papierfabrik Schleipen gedruckt.
Den Einband besorgte die Buchbinderei
G. Lachenmaier, Reutlingen.
Ausstattung & Typographie von Franz Greno.

1. bis 7. Tausend, September 2002.
Von diesem Band der *Anderen Bibliothek*
gibt es eine handgebundene Lederausgabe
mit den Nummern 1 bis 999; die folgenden Exemplare
der limitierten Erstausgabe werden ab 1001 numeriert.
Dieses Buch trägt die Nummer:

3554 *